주식에
장기투자하라

STOCKS FOR THE LONG RUN 5/E
by Jeremy J. Siegel

Copyright ⓒ 2014, 2008, 2002, 1998, 1994 by Jeremy J. Siegel
All rights reserved.
This Korean edition was published by IreMedia Co., Ltd in 2015 by arrangement with The McGraw-Hill Education Holdings, LLC through KCC(Korea Copyright Center Inc.), Seoul.

이 책은 (주)한국저작권센터(KCC)를 통한 저작권자와 독점계약으로 (주)이레미디어에서 출간되었습니다. 저작권법에 의해 한국 내에서 보호를 받는 저작물이므로 무단전재와 복제를 금합니다.

와튼스쿨 제러미 시겔 교수의 위대한 투자철학

주식에 장기투자하라

제러미 시겔 지음 | 이건 옮김 | 신진오 감수

이레미디어

| 서문 |

1997년 7월, 나는 피터 번스타인Peter Bernstein에게 전화를 걸어 내가 뉴욕에 갈 예정인데, 함께 점심을 먹고 싶다고 말했다. 내게는 속셈이 있었다. 그동안 나는 그의 저서 《세계 금융시장을 뒤흔든 투자 아이디어Capital Ideas: The Improbable Origins of Modern Wall Street》와, 그가 창간하여 편집한 학술지 〈저널 오브 포트폴리오 매니지먼트Journal of Portfolio Management〉를 무척 즐겨 읽었다. 내게는 그가 《주식에 장기투자하라Stocks for the Long Run》 2판의 서문을 써주었으면 하는 간절한 기대가 있었다.

피터의 비서가 날짜를 잡았고, 그가 즐겨 찾는 어퍼 이스트 사이드 서커스의 레스토랑을 예약했다. 그는 내 책 초판을 겨드랑이에 낀 채, 아내 바버라와 함께 왔다. 그가 다가와서 그 책에 사인해주겠느냐고 물었다. 나는 "물론이죠."라고 대답하면서, 그 책 2판에 서문을 써주신다면 영광으로 생각하겠다고 말했다. 그도 웃음 지으면서 "물론이죠."라고 흔쾌히 대답했다. 이후 매우 환상적인 대화가 이어졌다. 금융 분야 출판계와 학계 동향에 대해서는 물론, 우리가 필라델피아와 뉴욕에 대해 가장 좋아하는 점에 관해서도 이야기를 나누었다.

2009년 6월, 그가 90세를 일기로 세상을 떠났다는 소식을 들었을 때, 나는 당시 점심을 떠올렸다. 우리가 처음 만난 이후 12년 동안 피터는 과거 어느 때보다도 왕성하게 집필에 몰두하여, 베스트셀러 《리스크The Remarkable Story of Risk》를 포함해서 저서 세 권을 내놓았다. 이렇게 놀라운 속도로 글을 써내면서도, 그는 항상 시간을 내어 이후 내 책 개정판 두 권의 서문을 다시 써주었다. 그가 4판에 써준 서문을 다시 읽어보니, 20년 전쯤에 썼던 '장기투자의 어려움과 보상'에 대한 통찰이 지금까지도 여전히 타당했다. 나는 피터를 기리는 더없이 좋은 방법이, 그의 지혜를 여기에 다시 소개하는 것이라고 생각했다.

사람들은 보통 데이터 수집을 지극히 따분한 작업으로 생각한다. 그러나 어떤 사람은 도전 과제로 받아들인다. 제러미 시겔은 데이터 수집을 예술의 경지로 끌어올렸다. 시겔 교수가 주식 장기투자를 지지하는 근거로 제시한 광범위하고, 명료하며, 유쾌한 데이터에 우리는 감탄할 수밖에 없다.

게다가 이 책의 내용은 제목을 훨씬 뛰어넘는다. 우리는 자본시장과 미국 경제의 환상적인 역사를 통해서 경제 이론도 많이 배우게 된다. 시겔 교수는 역사를 최대한 효과적으로 활용하여 독특한 방식으로 숫자에 생기를 불어넣고 의미를 부여한다. 또한, 그의 가설에 반대하는 모든 과거 사례(광란의 1990년대 등)에 대담하게 맞서 싸워 승리를 이끌어낸다.

이 4판에서도 제러미 시겔은 소중한 주식투자 기법을 유쾌하고도 놀라운 방식으로 설명했다. 그는 행동재무학, 세계화, ETF를 추가하여 기존 자료에 신선한 통찰과 중요한 주제를 더했다. 개정판 전체에 걸쳐 소중한 실제 자료와 강력한 새 주장을 보탬으로써, 주식 장기투자의 근거를 강화했다. 따라서 초보 투자자든, 노련한 투자 전문가든, 이 책에서 많이 배울 수 있다.

제러미 시겔은 전혀 겁이 없는 사람이지만, 이 개정판에서 펼치는 그의 주장은 과거 어느 때보다도 대담하다. 이 책 전체를 통틀어 가장 흥미로운 결론은 두 가지이다. 하나는 좋은 소식이고, 또 다른 하나는 나쁜 소식이다. 좋은 소식은 지금은 세계화 덕분에 PER이 과거보다 상승한다는 점이다. 그러나 나쁜 소식은 PER 상승이 축복이자 저주여서, 장차 수익률이 평균으로 돌아가면 PER도 과거보다 낮아진다는 점이다.

제러미 시겔의 이런 식의 예측에 대해 여기서는 논외로 하겠다. 그러나 행복했든 불행했든 과거의 다른 환경에서도 비슷한 사례들을 찾아볼 수는 있다. 역사를 통해 배우는 커다란 교훈 하나는, 어떤 경제 환경도 오래도록 유지되지는 않는다는 사실이다. 예컨대 지금부터 20년 지나서 우리가 어떤 문제에 직면할지 어떤 성과를 거둘지 우리는 전혀 알 수 없으며, 이런 요소들이 PER에 어떤 영향을 미칠지도 전혀 알 수 없다는 말이다.

그건 아무래도 상관없다. 시겔 교수의 가장 중요한 소견은, PER은 상승하고 수익률은 하락한다는 예측이 아니다. 그는 이렇게 썼다. "주식의 수익률이 과거보다는 낮아질지 몰라도, 장기적으로 안정적인 수익을 추구하는 사람들에게 최고의 투자수단이라는 근거가 압도적이다."

"근거가 압도적이다."는 매우 절제된 표현이다. 자본주의 시스템이 계속 존재하려면, 주식의 위험 프리미엄이 앞으로도 장기간 온전하게 유지되어야만 한다. 자본주의 시스템에서는 채권 수익률이 장기적으로 주식 수익률보다 높을 수도 없고 높아서도 안 된다. 채권 계약은 법원의 강제집행을 통해 보호받는다. 그러나 주식은 주주들에게 아무런 약속도 하지 않는다. 그래서 주식은 위험하므로, 미래에 대한 확신이 필요하다. 이렇게 주식은 본질적으로 채권보다 '불리'하므로, 우리는 그 위험에 대한 보상으로 더 높은 수익률을 요구한다. 채권의 장기 기대수익률이 주식의 장기 기대수익률보다 높다면, 이는 위험에 대한 보상이 자산 가격에 반영되지 않는다는 뜻이다. 그러나 이럴 수는 없다. 주식은 '장기적으로 안정적인 수익을 추구하는 사람들에게 최고의 투자수단'으로 유지되어야만 한다. 그렇지 않으면, 투자자들이 불평하는 수준이 아니라 자본주의 시스템 자체가 갑자기 최후를 맞이하게 될 것이다.

피터 번스타인

| 개정5판에 대하여 |

내가 《주식에 장기투자하라》 4판을 쓴 시점은 2007년이다. 지난 몇 년 동안 내 또래 동료들이 자신들은 연구에 열을 올리지 않는데, 나는 왜 그 고생을 하면서 개정판을 내느냐고 묻고는 했다. 나는 진지한 표정으로 대답했다. "지난 6년 동안 얼마나 중요한 사건들이 일어났는지 알잖아?"

그렇다. 실제로 중요한 사건들이 일어났다! 2008~2009년에 시장이 붕괴하면서 1930년대 대공황 이후 가장 심각한 경기 침체가 시작되었다. 시장이 매우 광범위하게 붕괴했으므로, 나는 이 개정판 집필을 연기했다. 아직도 완전히 회복되지 않은 금융위기의 원인과 결과를 더 잘 이해하려는 목적이었다.

그 결과 나는 과거 어느 개정판보다도 이 개정판을 더 치밀하게 다시 썼다. 그렇다고 이전 판에서 내린 결론을 바꾼 것은 아니다. 실제로 2013년에 미국 주식시장은 역사상 신고가를 기록했으므로, 이 책의 핵심 신조는 오히려 더 강화되었다. 주식은 단기 변동성을 견뎌내는 사람들에게는 장기적으로 최고의 투자 수단이라는 신조 말이다. 실제로 잘 분산된 보통주 포트폴리오의 장기 실질 수익률은, 《주식에 장기투자하라》 초판(1992년 수익률까지 분석)에서 밝힌 6.7%와 거의 같은 수준으로 계속 유지되고 있다.

금융위기

지난 몇 년 동안 금융위기가 경제에 심각한 영향을 미쳤으므로, 나는 금융위기를 5판에서 가장 중요하게 다루기로 했다. 그래서 챕터 2개를 추가하여 금융시장 붕괴의 원인과 결과를 설명하였다. 1장에서는 내가 주식과 채권을 분석하여 내린 주요 결론을 간단히 소개하고, 지난 1세기 동안 투자자, 펀드매니저, 학계가 주식을 보는 관점이 어떻게 바뀌었는지 살펴본다.

2장에서는 금융위기를 설명하고, 거대 투자은행의 CEO, 규제 당국, 의회의 책임을 따져본다. 세계 최대 신용평가기관인 스탠더드 앤드 푸어스Standard and Poor's가 잇달아 저지른 치명적인 실수도 조명한다. 이 회사는 비우량 주택담보대출subprime mortgages에 AAA 등급을 부여함으로써, 미국 국채만큼이나 안전하다고 발표하는 잘못을 저질렀다.

3장에서는 금융위기가 금융시장에 미친 이례적인 영향을 분석한다. 은행의 자본비용 척도인 리보 스프레드libor spread가 유례없는 수준까지 치솟았고, 1930년대 암흑기 이후 최악으로 주가가 폭락하여 시가총액의 3분의 2가 사라졌으며, 단기 국채 수익률이 제로 이하 수준까지 떨어졌다.

경제학자들 대부분은 예금보험 제도, 신용거래 증거금 제도, 금융규제 등에 의해 위와 같은 사건들이 사실상 불가능하다고 제시했다. 이런 요소들이 합쳐져서 금융위기로 이어진 과정은 1929년 주식시장 붕괴 과정과 놀라울 정도로 비슷했다. 다만, 이번에는 주식 대신 주택담보대출채권mortgage-back securities이 주범이 되었을 뿐이다.

금융위기 예측에 연준은 처참하게 실패했지만, 연준의장 벤 버냉키Ben Bernanke는 유례없는 조처로 금융시장을 지켜냈다. 그는 금융시장에 막대한 유동성을 쏟아부었고, 수조 달러에 이르는 대출과 단기 예금을 보장해주었다. 그러나 이 과정에서 연준의 대차대조표가 거의 4조 달러로 급증하여 위기 이전의 5배로 불어나자, 유례없이 증가한 대차대조표를 연준이 과연 어떤 방법으로 줄일 수 있을지 많은 의문이 제기되었다.

금융위기 이후 자산 클래스 사이의 상관관계도 바뀌었다. 세계 주식시장 사이에 상관관계가 높아지면서, 글로벌 분산투자로 얻는 이점이 감소했다. 반면에 연방정부 보증채권에 대한 수요가 유례없는 수준으로 증가함에 따라, 미국 국채와 달러가 '안전자산safe haven'이 되었다. 경기 침체가 최악의 단계에 이르자 금을 포함한 모든 상품 가격이 하락했지만, 중앙은행의 획정 정책으로 인플레이션 우려가 발생하자 귀금속 가격은 반등했다.

4장에서는 미국 경제 복지에 장기적으로 영향을 미치는 요소들을 다룬다. 경기 침체 이후 미국 재정 적자는 1.3조 달러로 치솟아, GDP 대비 부채 수준이 2차 세계대전 이후 최고 수준에 도달했다. 생산성 증가 속도도 둔화하면서, 생활수준 개선 속도 역시 대폭 둔화하거나 중단되리라는 우려가 나타났다. 여기서 우리 자녀 세대의 생활수준이 처음으로 부모 세대의 생활수준보다 내려갈지 모른다는 우려가 제기되었다.

또한 4장에서는 UN 인구위원회에서 제공하는 새 데이터와 세계은행World Bank과 IMF가 제공하는 생산성 예측 데이터를 이용해서 이전 판 분석 결과를 갱신하고 확장하였다. 이제 나는 21세기 말까지 세계 주요 국가와 지역의 생산량 분포를 계산하게 되었다. 이 분석이 강하게 시사하는 바로는,

선진국들은 인구 고령화 추세에 따라 정부의 사회보장과 의료혜택 부담이 증가할 수밖에 없지만, 신흥국들의 생산성 증가 속도가 계속 높게 유지된다면 선진국 정부들의 부담 증가는 크지 않을 것이라는 점이다.

5판에 추가된 기타 새로운 자료

금융위기와 그 여파가 5판에서 가장 중요하게 다루는 내용이지만, 이 밖에도 주요 변경 사항이 있다. 차트와 표를 모두 2012년까지 갱신했을 뿐 아니라, 주식 평가에 관한 챕터의 내용을 보강했다. 예컨대 CAPE 비율 같은 중요한 새 예측 모델을 추가했고, 미래 주식 수익률 평가 변수로 이익률도 추가했다.

19장 시장 변동성에서는 2010년 5월의 '갑작스러운 시장붕괴Flash Crash'를 분석하였고, 최근 금융위기의 변동성과 1930년대 은행 위기의 변동성을 비교하였다. 20장에서는 200일 이동평균 같은 단순한 기술적 분석 원칙만 따랐어도, 최근 약세장에서 최악의 국면을 피할 수 있었다는 점을 다시 보여주었다.

5판에서는 1월 효과, 9월 효과, 소형주 효과 등 유명 캘린더 이상현상이 이 책 초판에서 설명한 이후 20년 동안이나 유지되는 이유도 살펴보았다. 유동성 투자liquidity investing에 대해서도 처음으로 설명하였으며, 유동성 투자가 '규모' 효과와 '가치' 효과를 보완할 수 있다는 점도 논하였다.

결론

그동안 《주식에 장기투자하라》가 뜨거운 호응을 받은 데 대해 나는 기쁘고 영광스럽게 생각한다. 20년 전쯤 이 책 초판이 발행된 이후, 나는 세계 시장과 경제에 관한 강연을 수백 번이나 했다. 나는 청중이 제기하는 질문에 귀를 기울였고, 독자들의 많은 편지, 전화, 이메일에 대해 숙고했다.

최근 몇 년 동안 자본시장에서는 분명히 이례적인 사건들이 일어났다. 장기적으로는 주식이 우월하다고 계속 믿어온 사람들조차 금융위기 기간에는 심각한 시험을 받았다. 1937년 존 메이너드 케인스는 《고용, 이자, 화폐의 일반이론 The General Theory of Employment, Interest and Money》에서 이렇게 말했다. "정말로 장기를 내다보는 투자는 오늘날 실행하기가 매우 어려워서 거의 불가능할 정도다." 75년이 지난 지금도 쉽지 않기는 마찬가지다.

그러나 주식을 끈질기게 보유한 사람들은 항상 보상받았다. 반면에 장기적으로 주가 하락이나 경제 성장률 하락에 돈을 걸어서 성공한 사람은 아무도 없다. 경제 전문가들과 투자자들이 다시 비관론을 한 목소리로 외칠 때 흔들릴 수밖에 없는 사람들에게, 이 최신판이 용기를 북돋워주길 바라는 마음이다. 장기 수익을 추구하는 모든 사람에게 주식은 과거에도 최고의 투자였고 미래에도 여전히 최고의 투자가 된다는 사실을 역사는 확실하게 보여주기 때문이다.

제러미 시겔 Jeremy J. Siegel

2013년 11월

| 추천사 |

주식의 매력이 돋보이는 시대,
반드시 소장해야 할 투자서

우리나라에서 출간된 투자 관련 서적을 통틀어 반드시 소장해야 할 두세 권의 책을 꼽는다면 《주식에 장기투자하라》는 반드시 한자리를 차지해야 할 책이다. 내가 2014년에 출간한 투자교양서 《메트릭 스튜디오》에서 가장 많이 인용한 책 중의 하나이기도 하다.

어느 투자 포럼에서 계량투자 관련 강연 후의 일이다. 뒤풀이 자리에서 단정한 이미지를 주는 분이 옆에 앉았다. 그리고 나에게 우리나라에서 출간된 투자서 중 소장할 만한 가치가 있는 책을 몇 권 추천해 달라고 하였다. 이 책 《주식에 장기투자하라》와 《데이빗 드레먼의 역발상투자》를 들었다. 계량투자를 추구하는 나에게 깊은 영향을 준 책들이다. 그런데 공교롭게도 《역발상투자》를 번역하신 분이 바로 그 질문자였다. 《주식에 장기투자하라》는 다른 곳에서 번역했었는데 개정판은 직접 번역하기로 결정된 시점이었던 것 같다. 공교롭게도 나는 그가 번역한 두 권의 책을 그에게 권해 별 도움이 안 되는 대답을 한 셈이다. 이 책을 번역한 이건 선생은 해외 유학 후 메이저 금융 회사의 펀드매니저와 임원을 역임한 현장 출신이다. 탁월한 언어 능력과 투자에 대한 깊은 이해를 바탕으로 그간 뛰어난 번역서들을 내놓았다. 그는 깊은 의역을 통한 간결한 문체를 구사한다. 내 책꽂이에 있는 읽을 만한 투자서의 상당수가 이건 번역이라는 사실을 최근에야 알았다. 몇 권만 나열하면《역발상투자》,《벤저민 그레이엄의 증권분석》,《가치투자 실전 매뉴얼》등이다. 이번 책도 저 리스트의 상단에 끼어야 할 책이다.

이 책의 핵심주제는 장기적 주식투자 수익률이다. 대부분의 내용이 주식투자 수익률과의 연관성을 중심으로 기술되어 있다. 예를 들면 펀더멘털, 세금, GDP, 밸류에이션, 배당, 이자율, 통화정책, 경기 사이클, 정치, 경제 데이터, 계절 등 우리가 궁금해할 만한 거의 모든 것과 관련된 주식수익률을 분석하고 있다. 많은 투자 관련 서적들에서 실망스러운 부분이 시장의 데이터로 말하지 않고 저자의 느낌이나 주장, 또는 전해 내려오는 이론을 말하는 관행이다. 이 책은 그러한 관행과는 정반대의 접근법을 취한다. 철저히 과거의 데이터를 기반으로 말한다. 이만큼 방대한 데이터와 다양한 관점으로 시장을 분석한 책은 예를 찾기 힘들다. 계량투자의 고전이다.

개정판에서 가장 큰 변화는 금융위기에 관련된 내용이 포함된 것으로, 지면의 상당 부분을 차지하고 있다. 1920~1929년의 대안정기, 1929년 시작된 대공황, 1982~2000년의 2차 대안정기의 대형 강세장을 거치면서 형성된 역사적 거품, 그리고 2008년의 금융위기를 계기로 역사적인 약세장을 맞은 미국 증시를 개관하고 있다. 거품 붕괴로 역사 기술을 마무리하지만 저자는 앞으로의 증시에 대한 낙관적 시각을 전한다. 전편에도 세계 경제의 글로벌화에 대한 기술이 꽤 있지만 개정판에서는 이 부분이 더욱 강해졌다. 전편에서 2006년까지의 데이터를 사용하였는데, 개정판에서는 2012년까지의 데이터로 수정 보완하였다. 계량투자에 관한 책을 써본 사람으로서 이런 방대한 책의 데이터 업데이트가 얼마나 엄청난 부담을 주는지 안다.

재미로 전편과 개정판에서 내용이 변하지 않은 부분들의 번역을 좀 따라가 보았다. 번역이 똑같지가 않다. 문체가 전반적으로 간결하고 명료해졌다. 예를 들면 이런 식이다. 전편에서 "장기간의 주식 수익률은 같은 기간의 채권 수익률과는 대조적으로 인플레이션과 함께 가고 있음을 보여준다."라고 번역한 부분을 개정판에서는 "채권의 장기 수익률과는 달리, 주식의 장기 수익률은 인플레이션을 따라갔다."로 번역했다. 참 간결한 호흡이다.

이 책이 한국 독자들에게 의미가 있으려면 미국 시장을 근거로 내리는 결론이 한국 시장에서도 적용되어야 한다. 내가 검증해본 결과로는 미국 시장에서 작동하는 많은 현상들이 한국 시장에서는 작동하지 않는다. 예를 들어, 미국 시장에서는 지난 1년간 많이 상승한 주식들이 향후 1년간 많이 상승하는 경향이 있다고 어떤 책에서 소개되어 있는데, 한국 시장에서는 전혀 그렇지 않다. 하지만 이 책에서 소개하는 주식 수익률에 관한 많은 결론은 한국 시장에서도 작동한다. 대표적인 예가 펀더멘털이 수익률에 미치는 영향이다. 저PER주와 고PER주, 저PBR주와 고PBR주, 고배당주와 저배당주의 예후 등이 대표적인 예인데, 이들과 관련된 결론은 내가 한국 시장에서 검증한 결과와 같은 경향을 보인다. 소형주와 대형주의 역사적 수익률에 관한 결론도 한국 시장과 일치한다. 고수익 그룹과 저수익 그룹의 수익률 편차는 대체로 한국 시장이 더 크다. 한국 시장이 이런 실험을 근거로 투자하기에 더 재미있는 시장임을 뜻한다.

전 세계적으로 이자수익률이 보잘 것 없이 되면서 상대적으로 주식의 매력이 돋보이는 시대가 되었다. 금융위기 대처 과정에서 정책적으로 신용을 과도하게 팽창시켜 이자율을 쉽게 올리기 힘든 시대가 되었다. 낮은 이자율은 금융자산 전반에 관한 기대수익을 낮추어, 주식 시장에서는 PER의 기대치를 높이는 효과가 있다. 낮은 이자율, 풍부한 유동성. 주식 전성시대의 조건이 갖추어졌다. 이건 선생의 멋진 번역으로 명저의 가치가 더 오른 《주식에 장기투자하라》를 독자 여러분의 투자 여행에 꼭 지참하시길 권한다.

문병로
서울대학교 컴퓨터공학부 교수
㈜옵투스투자자문 대표이사

| 차례 |

서문 · 4
개정5판에 대하여 · 8
추천사 · 13

1부
주식 수익률의 과거, 현재, 미래

1장 | 주식에 투자해야 하는 이유 · 26

"누구든지 부자가 될 수 있다" · 27 | 과거 주식투자에 대한 관점 · 31 | 급변한 투자심리 · 36 | 시장붕괴 이후 주식투자에 대한 관점 · 37 | 1982~2000년 대형 강세장 · 39 | 금융위기 · 46

2장 | 2008년 대형 금융위기 · 50

세계시장을 뒤흔든 한 주 · 50 | 대공황이 다시 올까? · 52 | 금융위기의 원인 · 53 | 위기 시 연준의 역할 · 64

3장 | 금융위기 발생과 시장, 경제, 정부 정책 · 71

디플레이션 방지 · 73 | 금융위기에 대한 금융시장의 반응 · 74

4장 | 사회보장제도의 위기 · 92

우리의 현실 · 93 | 고령화 물결 · 94 | 증가하는 기대수명 · 94 | 낮아지는 은퇴 연령 · 95 | 은퇴 연령 상승 필요성 · 96 | 세계인구와 고령화 물결 · 99 | 본질적 질문 · 100 | 공백을 메워주는 신흥국 · 105 | 생산성 증가율이 유지될까? · 106 | 결론 · 109

2부
역사가 내린 평가

5장 | 1802년 이후 주식과 채권 수익률 · 112

1802년~현재 금융시장 데이터 · 112 | 자산별 총수익률 · 114 | 채권의 장기 실적 · 116 | 금, 달러, 인플레이션 · 117 | 실질 총수익률 · 119 | 채권의 실질 수익률 · 122 | 지속적으로 하락한 채권 수익률 · 123 | 주식 프리미엄 · 125 | 세계의 주식 수익률과 채권 수익률 · 126 | 결론: 장기적으로는 주식 · 129

참고자료 1802~1870년의 주식 · 130

6장 | 위험, 수익률, 포트폴리오 자산배분 · 132

위험과 수익률 측정 · 132 | 보유 기간과 위험 · 133 | 위험 측정 · 137 | 주식 수익률과 채권 수익률의 상관관계 · 139 | 효율적 투자선 · 141 | 결론 · 142

7장 | 시장을 대표하는 척도 · 144

시장평균 · 144 | 다우존스산업평균 · 145 | 시가총액가중 지수 · 150 | 주가지수의 수익률 편향 · 155

참고자료 다우존스산업평균 최초 구성 종목 12개는 이후 어떻게 되었을까? · 156

8장 | S&P500지수 · 160

S&P500지수의 섹터 구성 · 162 | 최고 실적 기업들 · 168 | 기업의 악재가 투자자에게 호재로 · 170 | 다른 실적 우수 기업들 · 170 | 대박으로 바뀐 기업들 · 172 | 최초 S&P500 기업들의 실적이 지수를 능가한 이유 · 173 | 결론 · 175

9장 | 세금이 주식과 채권 수익률에 미치는 영향 · 176

이자소득세율과 자본이득세율 · 177 | 세전 수익률과 세후 수익률 · 177 | 자본이득세 이연 혜택 · 180 | 인플레이션과 자본이득세 · 181 | 앞으로도 주식이 세금 면에서 더 유리한 이유 · 182 | 세금이연계좌에는 주식을 넣나, 채권을 넣나? · 184 | 결론 · 185

참고자료 세법의 변천사 · 185

10장 | 주주 가치의 원천 · 188

현금흐름 할인 · 189 | 주주 가치의 원천 · 189 | 배당 증가율과 이익 증가율 · 191 | 이익 개념 · 196 | 결론 · 202

11장 | 주식의 평가척도 · 204

다시 나타난 흉조 · 204 | 전통적인 시장평가 척도 · 207 | 주가가 더 상승할 수 있는 근거 · 218 | 결론 · 221

12장 | 시장 초과수익 · 223

시장실적을 능가하는 종목 · 223 | 소형주와 대형주 · 227 | 가치주의 수익률이 성장주보다 높다 · 230 | 배당수익률 · 231 | PER · 235 | PBR · 237 | 회사의 규모와 PBR 연계 분석 · 238 | 기업공개: 신규 상장 소형 성장주의 저조한 수익률 · 240 | 성장주와 가치주의 특성 · 243 | 회사 규모와 기본 가치에 따라 수익률이 달라지는 이유 · 243 | 결론 · 247

13장 | 국제투자 · 248

국제투자와 경제성장률 · 250 | 국제분산투자 · 252 | 주식 위험 · 255 | 결론 · 261

3부
경제환경이 주가에 미치는 영향

14장 | 금, 통화정책, 인플레이션 · 264

통화와 물가 · 266 | 금 본위제 · 269 | 연준 설립 · 270 | 금 본위제의 몰락 · 270 | 평가절하와 통화정책 · 272 | 금 본위제 폐지 이후 통화정책 · 273 | 연준과 통화 창조 · 275 | 연준의 행위가 금리에 미치는 영향 · 275 | 주가와 중앙은행의 정책 · 276 | 주식은 인플레이션 방어 수단 · 279 | 주식이 단기 인플레이션을 방어하지 못하는 이유 · 281 | 결론 · 286

15장 | 주식과 경기순환 · 287

누가 경기순환의 기준점을 설정하나? · 289 | 경기전환점을 전후한 주식 성과 · 292 | 경기순환을 이용한 투자전략의 성과 · 295 | 경기순환을 예측하는 데 어떤 어려움이 있나? · 296 | 결론 · 300

16장 | 세계적 사건이 금융시장에 미친 영향 · 301

어떤 요인이 시장을 움직이는가? · 304 | 불확실성과 주식시장 · 309 | 민주당과 공화당 · 310 | 주식과 전쟁 · 314 | 결론 · 321

17장 | 주식, 채권, 그리고 경제데이터의 흐름 · 322

경제 데이터와 시장 · 324 | 시장 반응의 원칙들 · 324 | 데이터에 담긴 정보 · 325 | 경제성장과 주가 · 327 | 고용보고서 · 328 | 경제 데이터 발표 주기 · 330 | 인플레이션 보고서 · 332 | 금융시장에 미치는 영향 · 335 | 중앙은행의 정책 · 335 | 결론 · 337

4부
주식의 단기 변동성

18장 | ETF, 주가지수 선물, 옵션 · 340

ETF · 341 | 주가지수 선물 · 343 | 선물시장의 기본 · 346 | 지수 차익거래 · 348 | 글로벡스 시세를 이용한 뉴욕 개장시세 예측 · 350 | 두 마녀와 세 마녀 · 351 | 증거금과 레버리지 · 353 | ETF와 선물을 이용한 세금 절감 · 354 | ETF, 선물, 인덱스펀드의 장단점 · 354 | 지수 옵션 · 357 | 지수상품의 중요성 · 361

19장 | 시장 변동성 · 362

1987년 10월 주식시장 붕괴 · 364 | 1987년 10월 시장붕괴의 원인 · 367 | 서킷 브레이커 · 371 | 플래시 크래시-2010년 5월 6일 · 372 | 시장 변동성의 특성 · 376 | 주식 변동성의 추세 · 377 | 변동성 지수 · 380 | 일간 변동성이 컸던 날의 분포 · 382 | 시장 변동성과 경기순환 · 384 | 시장 변동성의 중요성 · 386

20장 | 기술적 분석과 추세 투자 · 387

기술적 분석의 특징 · 387 | 기술적 분석가 찰스 다우 · 388 | 주가의 무작위성 · 389 | 무작위로 만들어낸 주가차트 · 391 | 추세와 반전 · 393 | 이동평균 · 394 | 모멘텀 투자 · 400 | 결론 · 401

21장 | 캘린더 이상현상 · 404

캘린더 이상현상 요약 · 405 | 1월 효과 · 406 | 대형주의 월별 수익률 · 410 | 9월 효과 · 412 | 기타 주기별 수익률 · 414 | 요일 효과 · 416 | 캘린더 이상현상 활용 · 417

22장 | 행동재무학과 투자심리 · 419

기술주 거품, 1999~2001 · 420 | 행동재무학 · 424

5부
주식을 이용한 재산 형성

23장 | 일반 주식형 펀드와 인덱스펀드 · 444

일반 주식형 펀드의 실적 · 445 | 유능한 펀드매니저 찾아내기 · 450 | 펀드 수익률이 지수보다 낮은 이유 · 452 | 조금 알면 더 위험 · 453 | 중급 투자자가 빠지는 함정 · 454 | 비용이 수익률에 미치는 영향 · 454 | 인덱스펀드의 인기몰이 · 455 | 시가총액가중 지수의 함정 · 456 | 시가총액가중 지수와 펀더멘털가중 지수 · 457 | 펀더멘털가중 지수의 역사 · 460 | 결론 · 461

24장 | 장기 성장형 포트폴리오 구축 · 462

투자의 이론과 실제 · 463 | 성공 투자 지침 · 464 | 투자 계획 실행과 투자상담사 · 467 | 결론 · 468

감수후기 · 470
감사의 글 · 485
주 · 487

1부

주식 수익률의
과거, 현재, 미래

01
주식에
투자해야 하는 이유
역사적 사실과 매스컴의 허구

(우량주는 아무리 비싼 가격에 매수해도 건전한 투자라고 보는) '새 시대' 이론은 거의 모두가 빠져든 도박 열풍을 '투자'라는 이름으로 합리화하는 수단에 불과했다.
—벤저민 그레이엄Benjamin Graham과 데이비드 도드David Dodd, 《증권분석Security Analysis》 1)

주식투자는 국민의 취미가 되었고 국민을 망상에 빠뜨렸다. 마르크스의 표현을 빌리면, 주식투자는 대중의 종교가 되었다.
—로저 로웬스타인Roger Lowenstein, 《일반 시장: 투자에 열중하는 대중A Common Market: The Public's Zeal to Invest》 2)

시겔의 《주식에 장기투자하라》 말인가요? 이제는 문짝을 괴는 용도로나 쓰지요.
—CNBC에 전화한 투자자의 말, 2009년 3월 3)

"누구든지 부자가 될 수 있다"

1929년 여름, 새뮤얼 크라우더Samuel Crowther라는 기자가 GM의 재무담당 임원 존 라스콥John J. Raskob을 인터뷰했다. 주제는 평범한 개인이 주식투자로 부자가 되는 방법이었다. 그해 8월, 크라우더는 '누구든지 부자가 될 수 있다'라는 대담한 제목으로 라스콥의 아이디어를 〈레이디스 홈 저널Ladies' Home Journal〉에 소개했다.

이 인터뷰에서 라스콥은 미국 산업이 폭발적인 성장 직전이라고 주장했다. 매달 15달러 정도만 우량주에 투자해도, 이후 20년 동안 재산이 꾸준히 증가해서 8만 달러가 될 수 있다고 그는 말했다. 이는 연 24%에 해당하는 유례없이 높은 수익률이지만, 1920년 강세장 분위기에서는 이런 불로소득 전망조차 그럴듯하게 들렸다. 주식에 열광한 수많은 투자자가 단기 이득을 얻으려고 저축을 깨서 주식을 샀다.

라스콥의 주장이 보도되고 며칠 뒤인 1929년 9월 3일, 다우존스산업평균지수Dow Jones Industrial Average는 381.17로 역사적 고점을 기록했다. 그러나 7주 뒤 주식시장이 붕괴했고, 이후 34개월 동안 미국 역사상 가장 참혹한 주가 하락이 이어졌다.

1932년 7월 8일 마침내 대학살이 끝났을 때, 다우지수는 41.22였다. 세계 최고기업들의 시가총액이 무려 89%나 감소한 것이다. 수많은 투자자가 평생 모은 저축을 날려버렸고, 빌린 돈으로 주식을 샀던 수천 명은 파산을 면치 못했다. 미국은 역사상 가장 깊은 경기침체의 수렁에 빠졌다.

라스콥의 조언은 이후 오래도록 조롱과 비난거리가 되었다. 주식시장이 영원히 상승한다고 믿는 미친 사람들과, 주식의 엄청난 위험을 무시하는 어리석은 사람들을 대변하는 말로 통했다. 인디애나주 상원의원 아서 로빈슨Arthur Robinson은 라스콥을 공개적으로 비난했다. 시장 정점에서 주식을 사라고 대중에게 조언한 탓에 주식시장이 붕괴했다는 말이다.4) 63년 후 1992년, 〈포브스Forbes〉는 '대중의 착각과 군중의 광기Popular Delusions and Madness of Crowds'라는 표제로 주식이 과대평가되었다고 경고했다. 이 잡지는 시장 주기를 개괄한 기사에서, 주식시장이 재산 증식을 보장한다고 옹호한 사람 중에서도 라스콥을 최악의 인물로 지목했다.

라스콥의 터무니없는 조언이, 주기적으로 월스트리트를 휩쓰는 광기의 전형이라고 사람들은 생각했다. 그러면 이는 공정한 평가일까? 천만의 말씀이다. 시장 정점에서 시작하더라도, 주식에 장기투자하는 사람은 항상 높은 성과를 거두었다. 1929년 라스콥의 조언대로 매달 15달러씩 주식에 투자한 사람의 실적은, 같은 금액을 단기국채에 투자한 사람의 실적을 4년 내에 따라잡았다. 20년 뒤인 1949년에는 이 주식 포트폴리오의 가치가 9,000달러에 육박했을 것이다. 이는 연 7.86%로서, 채권 수익률의 2배가 넘는다. 그리고 30년 뒤에는 6만 달러가 넘어가면서 연 12.72%를 기록했을 것이다. 라스콥이 처음 예측했던 수익률에는 못 미치지만, 이 주식 포트폴리오의 30년 수익률은 채권의 8배, 단기국채의 9배를 초과했다. 대공황을 들먹이면서 주식을 멀리했던 사람들의 실적은, 꾸준히 주식을 사 모은 사람들보다 훨씬 뒤처질 수밖에 없었다.6)

존 라스콥의 예측 사례는 월스트리트 역사의 중요한 단면을 보여준다. 강세장과 약세장은 놀라운 수익과 손실 이야기를 만들어낸다. 그러나 무시무시한 뉴스를 참아낸 주식투자자들의 실적은, 겁먹고 채권 등 다른 자산을 선택한 투자자들보다 항상 높았다. 1929년 주식시장 붕괴나 2008년 금융위기 같은 재난에도, 주식 장기투자가 낫다는 사실은 바뀌지 않는다.

1802년 이후 자산 수익률

도표 1-1은 이 책에서 가장 중요한 차트다. 이는 지난 2세기 동안 (1) 주식, (2) 장기국채, (3) 단기국채, (4) 금, (5) 미국 통화에 각각 1달러씩 투자했을 때 늘어난 (인플레이션을 고려한) 실질 재산을 연도별로 추적한 자료다. 이 수익률은 실질 총수익률total real returns로서, 이자 소득과 자본 손익을 모두 포함하며, 불변 구매력으로 측정하였다.

이 수익률 차트는 비율 즉, 로그 척도로 표시하였다. 경제학자들은 장기 데이터를 표시할 때 이 척도를 사용하는데, 세로축 어느 지점이나 그 변동 비율이 똑같기 때문이다. 따라서 로그 척도에서는 추세선의 기울기가 인플레이션을 고려한 불변 수익률을 나타낸다.

이들 자산의 복리 수익률도 표에 열거했다. 지난 210년 동안 광범위하게 분산투자한 주식 포트폴리오의 실질 수익률은 연 6.6%였다. 이는 인덱스펀드 같은 주식 포트폴리오의 구매력이 평균적으로 10년마다 거의 2배가 되었다는 뜻이다. 그러나 채권의 실질 수익률은 훨씬 낮았다. 장기 국채는 평균 실질 수익률이 연 3.6%였고, 단기국채는 연 2.7%에 불과했다.

금은 평균 실질 수익률이 겨우 연 0.7%였다. 장기적으로 금 가격 상승률이 인플레이션보다 높기는 했지만, 차이가 거의 없었다. 달러는 1802년 이후 구매력이 평균적으로 연 1.4% 감소했는데, 특히 2차 세계대전 이후 감소 속도가 훨씬 빨라졌다. 이들 수익률에 대해서는 5장에서 자세히 다루기로 한다.

도표 1-1에서 주식의 실질 수익률에 대해 통계 추세선도 표시하였다.

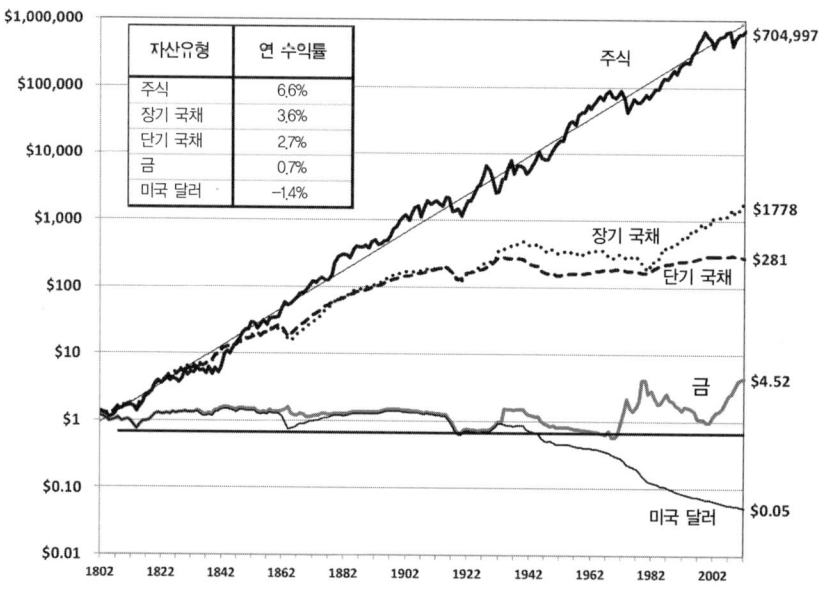

도표 1-1 | 미국 주식, 장기 국채, 단기 국채, 금, 달러의 실질 총수익률, 1802~2012년

주식의 실질 수익률이 놀라울 정도로 안정적이어서, 19세기 실질 수익률이 20세기 실질 수익률과 크게 다르지 않다. 수익률이 추세선 위아래로 출렁이긴 하지만, 결국 추세선으로 회귀한다. 경제학자들은 이런 현상을 평균회귀 mean reversion라고 부르는데, 대체로 수익률이 일정 기간 평균을 웃돈 다음에는 평균을 밑돌고, 일정 기간 밑돈 다음에는 웃돈다는 뜻이다. 다른 자산들(국채, 금, 달러 등)은 장기 실질 수익률이 주식만큼 안정적이지 않다.

그러나 단기적으로 보면 주식 수익률은 변동성이 매우 높다. 기업의 실적, 금리, 위험, 불확실성이 변하는 데다가, 낙관과 비관, 공포와 탐욕 같은 심리적 요인도 영향을 미치기 때문이다. 이런 단기 등락이 투자자와 금융매체들을 사로잡긴 하지만, 장기적으로 상승하는 주식 수익률 추세선에 비하면 사소한 움직임에 불과하다.

1장 나머지 지면에서는 지금까지 경제학자와 투자자들이 주식투자를 본 관점과, 대형 강세장과 약세장이 대중 매체와 투자 전문가들의 견해에 미친 영향을 살펴보기로 한다.

과거 주식투자에 대한 관점

19세기 내내 사람들은 주식이 투기자와 내부자들의 영역이지, 보수적인 투자자들의 영역은 절대 아니라고 간주했다. 이후 20세기 초가 되어서야 특정 경제 여건에서는 주식에 대한 투자도 타당하다고 실감하게 되었다.

20세기 상반기, 투자에 크게 성공한 예일대 경제학 교수 어빙 피셔Irving Fisher는 주식이 인플레이션 기간에는 채권보다 유리하지만, 디플레이션 기간에는 채권보다 불리하다고 믿었다. 그리고 이 견해는 당시의 통념이 되었다.[7]

1920년대에 재무 분석가 겸 펀드매니저였던 에드거 로렌스 스미스Edgar Lawrence Smith는 과거 주가를 분석하여 이 통념을 무너뜨렸다. 스미스는 물가 상승기뿐 아니라 물가 하락기에도, 분산투자한 주식 포트폴리오의 실적이 채권보다 높다는 사실을 처음으로 입증했다. 스미스는 이 연구 결과를 1925년 저서 《주식 장기투자Common Stocks as Long-Term Investments》에 발표했다. 그는 서문에 다음과 같이 썼다.

이 연구는 실패의 산물이다. 물가 하락기에는 우량등급 채권에 대한 투자가

유리하다는 이론을 뒷받침하려 했으나, 실패하면서 얻은 결과물이다.[8]

스미스는 투자자의 포트폴리오에 주식을 반드시 포함해야 한다고 주장했다. 스미스는 남북전쟁 시점까지 거슬러 올라가며 주가를 분석했는데, 장기간(6년~최장 15년) 기다려야 매매차익이 가능한 사례는 매우 적었다. 스미스는 다음과 같이 결론지었다.

보통주에는 그 주요 가치를 계속 높여주는 요소가 작용하고 있었다. 지극히 운이 나빠서 상승장 정점에 투자하는 경우가 아니라면, 보유 주식에서 평가손이 유지되는 기간은 비교적 짧다. 지극히 운 나쁜 경우에도 투자 위험은 시간만 흐르면 해소되는 듯하다.[9]

스미스가 내린 결론은 당시는 물론, 이후 시장에 대해서도 옳았다. 이후 1929년에 스미스가 조사했던 사례보다 훨씬 심각하게 시장이 붕괴했지만, 투자원금 회복에 15년 남짓 걸렸을 뿐이다. 그리고 2차 세계대전 이후에는 원금회복에 걸리는 기간이 더 짧아졌다. 1930년대 이후 최악의 약세장인 최근 금융위기를 포함해도, (배당을 재투자할 때) 원금회복에 걸리는 최장 기간은 5년 8개월(2000년 8월~2006년 4월)이었다.

스미스의 연구가 미친 영향

스미스가 책을 쓴 1920년대는 미국 역사상 최대 강세장이 펼쳐지는 시기였다. 그가 내린 결론은 학계와 투자자들 양쪽에서 선풍을 일으켰다. 일류 주간지 〈이코노미스트 The Economist〉는 "모든 현명한 투자자와 주식 중개인은 스미스의 매우 흥미로운 저서를 공부하고, 그 놀라운 연구 결과들을 하나씩 조사해서 확인해야 한다."라고 주장했다.[10]

스미스의 아이디어는 곧바로 대서양 건너 영국에서도 열띤 토론 주제가 되었다. 경기순환이론을 창시한 위대한 영국 경제학자 존 메이너드 케인스 John Maynard Keynes는 스미스의 책을 매우 흥분된 어조로 이렇게 논평했다.

> 연구 결과가 충격적이다. 스미스는 물가 상승기는 물론 물가 하락기 등 거의 모든 상황에서, 장기적으로 보통주의 실적이 가장 좋았으며, 그것도 현저히 좋았다는 사실을 발견했다. 이렇게 지난 50년 동안 미국에서 나온 실제 사례는 채권은 안전하고 보통주는 우량주조차 투기적이라는 기관과 개인들의 편견 탓에, 채권은 상대적으로 과대평가되고 보통주는 과소평가되었다는 명백한 증거다.[11]

보통주 투자이론

스미스의 연구는 〈리뷰 오브 이코노믹 스태티스틱스 Review of Economic Statistics〉와 〈저널 오브 아메리칸 스태티스티컬 어소시에이션 Journal of the American Statistical Association〉 같은 일류 학술지에 실리면서 학계에서도 신뢰를 얻게 되었다.[12] 외국에서도 스미스의 연구를 본떠, 지그프리드 슈테른 Siegfried Stern은 1차 세계대전이 시작된 1914년부터 1928년까지 유럽 13개국 보통주의 수익률을 광범위하게 연구하여 발표했다. 슈테른의 연구에 의하면, 보통주는 미국 시장 밖에서도 채권과 기타 금융상품보다 높은 수익률을 기록했다.[13] 이후 이렇게 보통주가 유리함을 입증하는 연구를 보통주 투자이론 common stock theory of investment이라고 불렀다.[14]

시장 정점

스미스의 연구는 저명한 예일대 경제학자 어빙 피셔의 생각에도 영향을 미쳤다. 피셔는 인플레이션 위험성을 고려할 때 채권이 안전자산으로서 과대평가되었다고 오래전부터 믿었는데, 스미스의 연구가 자신의 믿음을 뒷받침한다고 생각했다. 1925년 피셔는 스미스의 연구를 다음과 같이 요약했다. 투자자들의 행태에 대한 피셔의 통찰이 엿보인다.

> 시장은 '안전한' 증권의 안전성을 과대평가하여 지나치게 높은 가격을 치르고, '위험한' 증권의 위험성도 과대평가하여 지나치게 낮은 가격을 치르고 있다. 즉 단기 수익에는 지나치게 높은 가격을 치르고 장기 수익에는 지나치게 낮은 가격을 치르고 있는 것이다. 채권에서 나오는 안정적인 소득을 실질 소득으로 착각하지만 안정적인 실질 소득, 즉 구매력 유지 측면에서는 잘 분산된 보통주가 채권보다 유리하다.15)

어빙 피셔의 '영원한 고원'

미국의 위대한 경제학자이자 자본이론의 아버지로 인정받던 피셔 교수는 상아탑에만 머무는 인물이 아니었다. 그는 금융시장을 적극적으로 분석하고 예측하였으며, 건강에서 투자에 이르기까지 다양한 주제로 수십 번의 뉴스레터를 썼고, 자신의 발명특허를 바탕으로 카드색인회사를 설립하여 큰 성공을 거두었다. 그는 평범한 집안 출신이었는데도, 1929년 여름 개인 재산이 1,000만 달러, 현재 가치로는 1억 달러가 넘는 거액의 자산가였다.16)

어빙 피셔를 비롯한 1920년대 경제학자들은 1913년에 설립된 연방준비제도 Federal Reserve System(이하 연준)가 경기 변동을 축소해줄 것으로 믿었다. 실제로 1920년대는 매우 안정적인 성장기여서 산업생산과 생산자 물가 같은 경제 변수들의 변동성이 대폭 감소했고, 그 영향으로 주식 등 위험자산의 가격이 상승했다. 2장에서 보겠지만, 2008년 금융위기 이전 10년과 1920년대는 안정성 면에서 매우 비슷했다. 두 기간 모두 경기 변동이 심하지 않았으며, 사람들은 연준이 경기변동을 없애진 못하더라도 완화해줄 것으로 굳게 믿었다.

1920년대에 강세장이 펼쳐지자 수많은 미국인이 주식시장에 몰려들었다. 투자자와 분석가 중에는 시장 예측으로도 명성을 날리면서 거액을 벌어들인 피셔를 따르는 사람이 많았다. 1929년 10월 초 시장이 혼란에 빠지자, 피셔의 말에 귀 기울이는 사람이 대폭 증가했다.

1929년 10월 14일 저녁 어빙 피셔가 구매관리자협회Purchasing Agents Association 월례 모임에서 연설을 하기 위해 뉴욕시 빌더스 익스체인지 클럽 건물에 도착하자, 기자를 포함한 수많은 사람이 회의장에 몰려 들어갔다. 9월 초 사업가 겸 시장 예측가 로저 뱁슨Roger Babson이 주가가 '엄청나게' 폭락한다고 예측한 이후, 투자자들의 근심이 쌓여가고 있을 때였다.[17] 피셔는 뱁슨이 오래전부터 약세장을 거론했다고 지적하면서 그의 비관론을 일축한 바 있었다. 그러나 대중은 주식을 장기간 옹호한 위대한 인물이 다시 안심시켜주길 바랐다.

피셔는 대중을 실망시키지 않았다. 서론을 몇 마디 던지고 나서, 피셔는 주식시장 역사상 가장 자주 인용되는 말을 했다. "주가는 이를테면 영원한 고원permanently high plateau 단계에 도달했습니다."[18]

피셔가 연설한 2주 뒤 10월 29일, 주식시장이 붕괴했다. 그가 말한 '고원'은 바닥을 알 수 없는 심연으로 바뀌었다. 이후 3년 동안 주식시장은 역사상 가장 참혹한 폭락을 이어갔다. 어빙 피셔는 그동안 많은 업적을 세웠지만, 그의 명성과 주식 옹호론은 산산조각이 났다.

급변한 투자심리

1930년대에 경제와 주식시장이 함께 붕괴하면서 투자자들의 마음에는 지워지지 않는 상처가 남았다. 보통주 투자이론은 사방에서 공격받았고, 주식이 본질적으로 건전한 투자라는 아이디어는 곧바로 무시당했다. 유명한 투자은행가 겸 저자인 로렌스 체임벌린Lawrence Chamberlain은 말했다. "장기투자 대상으로 보통주는 채권보다 못합니다. 보통주는 기본적으로 투자 대상이 아니라 투기 대상이기 때문입니다."[19]

1934년 펀드매니저 벤저민 그레이엄과 컬럼비아 대학 재무학 교수 데이비드 도드가 출간한 《증권분석》은 가치투자의 바이블이 되었다. 이 책은 여러 개정판으로 거듭 출간되면서, 학생과 시장 전문가들에게 지속적으로 영향을 주었다.

그레이엄과 도드는 스미스의 책이 그럴듯하지만 잘못된 이론으로 주식 매수를 정당화하면서 1920년대에 시장 과열을 불러왔다고 비난했다.

그러나 기만적인 투기 광풍도 그럴듯한 이유가 있었다. 분산된 주식 포트폴리오가 새 시대 강세장에서는 장기간에 걸쳐 투자실적을 기록할 수 있었기 때문이다. 이런 투자실적을 내세운 새 시대 논리에는 치명적 결함이 있었다. 그 논리를 뒷받침하는 많지 않은 데이터를 대충 훑어보기만 해도 결함이 드

러난다. 그 책이 1924년 출간된 에드거 로렌스 스미스의 저서 《주식 장기투자》였다.[20]

시장붕괴 이후 주식투자에 대한 관점

시장붕괴 이후 대중매체와 분석가들은 주식시장과 주식 옹호자들을 쓰레기 취급했다. 그래도 1930년대에 주식 수익률에 대한 연구는 대대적인 후원을 받았다. 콜스경제연구위원회Cowles Commission for Economic Research 설립자 알프레드 콜스Alfred Cowles는 1871년까지 거슬러 올라가 뉴욕증권거래소 상장 종목을 모두 포함하는 시가총액가중 주가지수를 개발했다. 이 총수익률 지수에는 배당 재투자가 포함되었으며, 현재 사용되는 주가 수익률 산출 방법론과 거의 같았다. 콜스는 시장붕괴 이전에 스미스가 밝힌 연구 결과가 사실임을 확인하였고, 대부분 기간에 주식이 저평가되므로 주식에 투자하면 높은 수익을 거둘 수 있다고 결론지었다.[21]

2차 세계대전 이후 미시간대학 교수 윌포드 아이트먼Wilford J. Eiteman과 프랭크 스미스Frank P. Smith는 활발하게 거래되는 제조업 주식에 투자했을 때 나오는 수익률을 분석하여 발표했다. 주식시장 주기에 상관없이 이들 92개 종목에 정기적으로 투자했을 때 (이른바 정액분할매수dollar cost averaging 전략) 나오는 수익률은 연 12.2%로서, 채권투자 수익률보다 훨씬 높았다. 이들은 12년 뒤에도 똑같은 종목을 이용해서 분석을 되풀이했는데, 그 사이에 새로 등장한 산업이나 기업을 반영하지 않았는데도 수익률이 더 높아졌다. 이들은 다음과 같이 썼다.

이 연구에서처럼 매우 단순한 방법으로 선정한 보통주 포트폴리오에서도 연 수익률이 14.2%나 나왔으므로, 시장 지식이 부족한 소액 투자자도 어느 정도 확실한 종목에 장기간 분산투자하면, 원금을 보호하면서 적정 수익률을 얻을 수 있을 것이다.[22]

그러나 1929~1932년 주가 대폭락 기간이 포함되지 않았다는 이유로 아이트먼과 스미스의 연구를 무시하는 사람이 많았다. 이후 1964년 시카고대학 교수 로렌스 피셔Lawrence Fisher와 제임스 로리James H. Lorie는 1929년 주가 대폭락, 대공황, 2차 세계대전까지 포함해서 주식 수익률을 조사했다.[23] 피셔와 로리는 1926년부터 1960년까지 35년 동안 주식의 수익률(연 9%)이 다른 어떤 상품보다도 훨씬 높았다고 결론지었다. 이들은 세금과 거래비용까지 수익률 계산에 반영했다.

주식 수익률이 계속해서 그토록 높았다는 사실이 놀라울 것이다. 주식보다 수익률이 훨씬 낮은 채권을 선택한 사람들이 많다는 사실은, 사람들이 근본적으로 보수적이어서 보통주에 내재하는 손실 위험을 걱정했다는 뜻이다.[24]

10년 뒤 1974년, 로저 이봇슨Roger Ibbotson과 렉스 싱크필드Rex Sinquefield는 〈주식, 채권, 단기국채, 인플레이션: 1926~1974년 연도별 수익률Stocks, Bonds, Bills, and Inflation: Year-by-Year Historical Returns (1926~74)〉라는 논문에서 더 광범위한 수익률 연구자료를 공개했다.[25] 이들은 로리와 피셔의 연구를 이용했다고 인정하였고, 주식 장기투자 수익률이 더 높다는 사실을 확인했다. 이들이 연감에 매년 발표하는 요약통계는 빈번하게 인용되는 자료이며, 증권산업에서 수

익률 벤치마크로도 자주 사용된다.[26]

1982~2000년 대형 강세장

1970년대는 주식과 경제가 모두 고전한 기간이었다. 치솟는 인플레이션과 유가 급등 탓에, 1966년 말부터 1982년 여름까지 15년 동안 주식의 실질 수익률이 마이너스를 기록했다. 그러나 연준이 금융긴축 정책으로 인플레이션을 진정시키자 금리가 급락했고, 주식시장은 사상 최대 강세장으로 진입하여 마침내 주가가 10배 넘게 상승했다. 1982년 8월 790까지 내려갔던 다우지수는 1982년 말 1,000을 돌파하면서 신기록을 세웠다. 거의 10년 전인 1973년에 밟았던 고점을 마침내 넘어선 것이다.

주가의 지속 상승에 대해 회의론을 펴는 분석가들이 많았지만, 매우 낙관적인 사람도 몇 있었다. 1983년 10월 E.F허튼$^{E.F. Hutton}$ 사장 겸 회장 로버트 포먼$^{Robert Forman}$은 "주식의 새 시대"가 밝았다고 선언하면서, 1980년대 말에는 다우지수가 2,000 이상이 될 것이라고 대담하게 예측했다.

그러나 포먼의 예측도 지나치게 보수적이었다. 다우지수는 1987년 1월 2,000을 돌파했고, 1990년 8월 사담 후세인$^{Saddam Hussein}$이 쿠웨이트를 침공하기 직전에 3,000을 넘어섰다. 걸프전$^{Gulf War}$과 부동산 침체로 약세장이 왔지만, 1987년 10월 주식 폭락과 마찬가지로 이 약세장은 오래가지 않았다.

걸프전에서 이라크가 패배하자, 주식시장 역사상 가장 멋진 10년이 시작되었다. 공산주의까지 붕괴하면서 세계 분쟁 위협도 감소했다. 미국은 군사비 지출에 사용되던 자원이 민간 소비로 전용된 덕분에, 인플레이션이 억

제되면서 경제 성장률이 상승했다.

주가가 계속 상승했지만 이런 강세장이 지속될 것이라는 시람들은 많지 않았다. 1992년 〈포브스〉는 표지기사 '사람들이 주가를 합리화하는 정신 나간 논리The Crazy Thing People Say to Rationalize Stock Prices'에서 투자자들에게 경고했다. 이 기사는 주식시장이 '투기적 매수 공황' 상태라고 말하면서, 1929년 시장 정점에서 주식을 사라고 주장한 라스콥의 어리석은 조언을 인용했다.27)

그러나 이 경고는 경솔했다. 1994년 연준이 인플레이션을 성공적으로 진압하고 나서 금리를 인하하자, 1995년 초 다우지수는 4,000을 돌파했다. 그 직후 〈비즈니스위크BusinessWeek〉는 1995년 5월 15일 '다우 5,000? 농담이 아니다Dow 5000? Don't Laugh' 기사에서 강세장이 더 갈 수 있다고 주장했다. 곧이어 11월 다우지수는 5,000을 넘어섰고, 11개월 뒤에는 6,000에 도달했다.

1995년 말, 주가가 계속 오르자 경보를 울리는 분석가들이 늘어났다. 오펜하이머Oppenheimer의 마이클 메츠Michael Metz, 메릴린치Merrill Lynch의 찰스 클러프Charles Clough, 모건 스탠리Morgan Stanley의 바이런 빈Byron Wien은 주가 상승의 근거가 매우 의심스럽다고 말했다. 1995년 9월, 살로먼 브라더스Salomon Brothers 최고주식전략가 데이비스 셜먼David Shulman은 '탐욕과 공포Fear and Greed'라는 글에서, 현재 시장 분위기가 1929년과 1961년 주식시장 정점과 비슷하다고 주장했다. 셜먼은 지식인들의 시장 옹호가 강세장을 유지하는 주요인이라고 주장하면서, 에드거 스미스와 어빙 피셔의 1920년대 연구, 피셔 로리의 1960년대 연구, 1994년에 발간된 내 저서 《주식에 장기투자하라》를 지적했다.28) 그러나 주가는 이런 비관론자들을 무시한 채 계속 상승했다.

시장과열에 대한 경고

1996년, S&P500지수의 주가수익비율$^{Price/Earning\ Ratio:\ PER}$이 20에 도달했다. 제2차 세계대전 이후 평균 PER보다 훨씬 높은 수준이다. 경고가 더 쏟아졌다. 유명 저자 겸 금융 기고가 로저 로웬스타인의 글이 〈월스트리트저널$^{Wall\ Street\ Journal}$〉에 실렸다.

> 주식투자는 국민의 취미가 되었고 국민을 망상에 빠뜨렸다. 사람들은 정부, 학교, 못된 스포츠 스타는 헐뜯으면서도 주식시장만은 철석같이 믿고 있다. 마르크스의 표현을 빌리면, 주식투자는 대중의 종교가 되었다.[29]

〈뉴욕타임스$^{New\ York\ Times}$〉의 선도적인 금융 기고가 플로이드 노리스$^{Floyd\ Norris}$도 1997년 1월에 쓴 글 '우리는 시장을 믿나이다$^{In\ the\ Market\ We\ Trust}$'에서 로웬스타인의 논평에 공감했다.[30] 논평 몇 마디로 1980년대 채권시장을 뒤흔들던 살로먼 브라더스의 전문가 헨리 코프먼$^{Henry\ Kaufman}$은 "금융시장이 갈수록 과도한 도취감에 빠져들고 있다."라고 선언했다. 그는 당시 낙관론자들의 장담이, 주가가 영원한 고원 단계에 도달했다던 어빙 피셔의 말과 같다고 했다.[31]

강세장이 끝나간다고 경고한 주체는 대중매체와 월스트리트뿐이 아니었다. 이 유례없는 주가 상승을 조사하는 학자들도 늘어났다. 예일대학의 로버스 실러$^{Robert\ Shiller}$와 하버드대학의 존 캠벨$^{John\ Campbell}$은 시장이 심하게 과대평가되었다는 논문을 썼고, 1996년 12월 이 연구 결과를 연준 이사회에 제출했다.[32]

다우지수가 6,400을 돌파하자, 1996년 12월 5일 연준의장 앨런 그린스편$^{Alan\ Greenspan}$도 미국기업연구소$^{American\ Enterprise\ Institute}$ 워싱턴 연례만찬 연설에서 경고했다. 그는 질문했다. "이상과열$^{irrational\ exuberance}$에 의해서 자산가격이 과도하게 상승한 다음, 지난 10년 동안 일본에서 그랬던 것처럼 자산가격이 장기간 하락할지 누가 알겠습니까? 그렇다면 이런 판단을 통화정책에 어떻게 반영해야 할까요?"

그의 말은 충격을 주었다. 특히 '이상과열'은 그린스펀이 연준의장 재직 기간에 한 말 중 가장 유명해졌다. 그의 말이 컴퓨터 모니터에 깜빡이며 지나가자 아시아와 유럽시장이 급락했고, 이튿날 아침 뉴욕 증권시장은 개장하자마자 폭락했다. 그러나 미국 투자자들은 곧바로 낙관론을 되찾았으므로, 뉴욕증시는 약간 하락한 정도로 폐장했다.

대형 강세장 말기, 1997~2000년

이후에도 주가는 계속 상승하여, 다우지수가 1997년 2월에는 7,000을 돌파했고 7월에는 8,000을 넘어섰다. 〈뉴스위크^{Newsweek}〉는 표지기사로 '시장과 결혼했다$^{Married\ to\ the\ Market}$'를 실어 경고했다. 당시 상황을 미국과 강세장이 월스트리트에서 결혼한 것으로 묘사했으나, 투자자들의 낙관론을 누그러뜨리지는 못했다.[33]

미국의 중상위 소득자들은 갈수록 더 시장에 집착했다. 경제경영 도서와 잡지가 넘쳐났고, 특히 CNBC를 비롯한 케이블 TV 경제뉴스의 시청률이 급등했다. 미국 전역의 구내식당, 술집, 심지어 주요 경영대학원 라운지에서도 주식시세와 모든 경제뉴스를 볼 수 있었다. 1만 미터 상공에서 항공기 승객들도 좌석 앞에 걸린 전화기 모니터로 최근 다우지수와 나스닥지수를 볼 수 있었다.

폭발적으로 발전한 통신기술이 이미 불붙은 시장에 기름을 부었다. 인터넷 덕분에 투자자들은 세계 어디에서나 시장에 접근하고 포트폴리오를 관리할 수 있었다. 인터넷 채팅방, 금융 웹사이트, 이메일 뉴스레터 등 어디에서나 투자자들은 수많은 정보를 손쉽게 얻을 수 있었다. CNBC의 인기가 매우 높아졌으므로, 주요 증권사들은 주식중개인들에게 이 방송을 반드시 시청하라고 지시했다. 금융속보를 보고 고객이 전화를 걸어오기 전에, 상황을 파악하라는 뜻이었다.

금융시장과 경제에 충격이 발생해도 강세장 심리는 요지부동인 듯했다. 아시아 경제위기의 첫 파도가 밀어닥치자, 1997년 10월 27일 시장이 554포인트 하락하면서 기록을 세웠고, 일시적으로 매매가 중단되었다. 그런데도 주식에 대한 열기는 식을 줄을 몰랐다.

이듬해 러시아 정부가 채무 불이행을 선언했고, 세계 최고 헤지펀드로 인정받는 롱텀캐피탈 매니지먼트Long-Term Capital Management는 수조 달러에 이르는 투기 포지션에 발목 잡혀 빠져나올 수가 없었다. 이런 사건으로 다우지수가 거의 2,000포인트(20%)나 하락했지만, 연준이 즉시 세 차례 금리를 인하하자 시장이 다시 치솟았다. 1999년 3월 29일 다우지수 종가가 10,000을 넘어섰고, 2000년 1월 14일에는 11,722.98로 기록을 세웠다.

시장 정점

늘 그렇듯이, 강세장이 정점에 도달하면 명성이 실추된 비관론자들은 뒤로 물러서지만, 지속적인 주가 상승에 고무된 낙관론자들은 더욱 대담해진다. 1999년 두 경제학자 제임스 글래스먼James Glassman과 케빈 하셋Kevin Hassett은 《다우 3만 6,000Dow 36,000》이라는 책을 출간했다. 이들은 그동안 다우지수

수가 화려하게 상승했으나 여전히 매우 저평가되었으므로, 제대로 평가받으려면 3배 상승하여 3만 6,000이 되어야 한다고 주장했다. 이들이 제시한 분석의 근거는 놀랍게도 내 저서 《주식에 장기투자하라》였다! 장기적으로 보면 채권도 주식만큼 위험하므로, 주가가 3배 상승해야 채권 수익률과 균형을 이룬다는 나의 논리를 제시한 것이다. 그러나 이들은 실제 비교 대상이 물가연동국채Treasury Inflation-Protected Bonds이며, 당시에는 그 수익률이 훨씬 높았다는 사실을 무시했다.[34]

그동안 다우지수도 계속 상승했지만, 실제로 시장을 주도한 것은 나스닥에 상장된 기술주들이었다. 예컨대 시스코Cisco, 선 마이크로시스템즈Sun Microsystems, 오라클Oracle, JDS 유니페이즈JDS Uniphase, 기타 잘 나가는 인터넷 주식들이었다. 1997년 11월부터 2000년 3월까지 다우지수는 40% 상승했지만, 나스닥지수는 185% 상승했다. 그리고 24개 인터넷 기업으로 구성된 닷컴지수는 142에서 1,350으로 거의 10배 상승했다.

기술주 거품 붕괴

2000년 3월 10일, 나스닥뿐 아니라 여러 인터넷주 지수와 기술주 지수도 정점을 기록했다. 심지어 오랜 기간 낙관론자였던 나조차, 터무니없이 상승한 기술주 주가가 붕괴의 전조라고 썼다.[35]

기술 분야 지출이 예상 밖으로 둔화하자 거품이 붕괴했고, 심각한 약세장이 시작되었다. 시가총액이 9조 달러나 감소하면서 기록을 세웠고, S&P500지수는 49.15%나 하락했다. 이는 1972~1974년 약세장에서 기록한 하락률 48.2%를 넘어서는 대공황 이후 최악의 폭락이었다. 나스닥지수는 78% 하락했고, 닷컴 지수는 95% 넘게 폭락했다.

강세장이 분별없는 낙관론자들을 불러왔듯이, 시장붕괴는 비관론자들을 무더기로 불러들였다. 2002년 9월, 다우지수가 약세장 저점인 7,286을 찍기 몇 주 전 7,500선을 맴돌 때, 세계 최대 뮤추얼펀드를 보유한 핌코^{PIMCO}의 전설적인 대표 빌 그로스$^{Bill\ Gross}$가 나섰다. 그는 '다우 5,000$^{Dow\ 5,000}$' 이라는 글에서, 그동안 시장이 무섭게 하락했지만, 경제 펀더멘털을 고려하면 아직도 바닥에 도달하려면 멀었다고 주장했다. 놀랍게도 겨우 2년 사이에, 높이 평가받는 분석가 중 일부는 다우지수가 3만 6,000까지 상승한다고 보았고, 일부는 5,000까지 떨어진다고 보았다!

약세장이 닥치자 대중은 주식에 대해 흥미를 잃었다. 공공장소에 설치된 TV 채널은 CNBC 대신 스포츠와 할리우드 프로그램에 맞춰졌다. 한 술집 주인이 이를 생생하게 표현했다. "지금 사람들은 상처를 치료받는 중입니다. 이제는 주식에 대해서 말하고 싶어하지 않습니다. 스포츠, 여자, 게임의 승자로 관심을 돌렸지요." [36]

시장이 하락하여 전문가들은 주식에 매우 회의적이었지만, 채권도 수익률이 4% 밑으로 내려갔으므로 매력을 느끼지 못했다. 투자자들은 주식과 채권 외에 매력적인 투자 대상이 없는지 궁금했다.

1985년 이후 예일대학 최고투자책임자였던 데이비드 스웬슨$^{David\ Swenson}$이 답을 제시하는 듯했다. 그는 저서 《포트폴리오 성공 운용$^{Pioneering\ Portfolio\ Management}$》에서 사모펀드, 벤처캐피털, 부동산, 목재, 헤지펀드 등 '비전통적' 자산의 장점을 옹호했다. 그 결과 투자대상에 제한이 없는 헤지펀드가 호황을 누렸다.[37] 1990년 1,000억 달러에 불과했던 헤지펀드 자산 규모가 2007년에는 1.5조 달러로 증가했다.

그러나 헤지펀드의 매수 규모가 급증함에 따라, 비전통적 자산의 가격도 전례 없는 수준으로 상승했다. 한때 비전통적 자산을 강하게 옹호하던 GMO의 성공적인 펀드매니저 제러미 그랜섬$^{Jeremy\ Grantham}$은 2007년 4월 이렇게 말했다. "헤지펀드가 급증한 이후, 비전통적 사산이 대부분 심하게 과대평가되었습니다." 38)

금융위기

2000~2002년 기술주 거품이 붕괴하고 나서 2002년 10월 9일 저점 7,286을 기록한 주식시장은, 정확히 5년 뒤인 2007년 10월 9일에는 거의 2배나 상승하여 사상 최고가인 14,165에 도달했다. 기술주가 정점에 도달했을 때에는 S&P500지수의 PER가 30이었지만, 2007년 시장 정점에서는 PER가 16에 불과했으므로 시장이 전반적으로 과대평가된 상태는 아니었다.

그러나 불길한 조짐이 없는 것은 아니었다. 강세장 기간에 S&P500지수에서 섹터 비중이 가장 커진 금융주는 2007년 5월 정점에 도달했으나, 이후 시티뱅크와 뱅크아메리카 등 대형은행들의 주가가 1년 내내 하락하고 있었다.

더 불길한 조짐은 부동산 시장에서 나타났다. 지난 10년 동안 거의 3배 상승한 부동산 가격이, 2006년 여름 정점에 도달하고 나서 하락 중이었다. 비우량 주택담보대출 연체가 갑자기 급증했다. 2007년 4월, 선도적인 비우량 주택담보 대출회사 뉴 센추리 파이낸셜$^{New\ Century\ Financial}$이 파산 신청을 했고, 6월에는 베어스턴스$^{Bear\ Stearns}$가 이름도 편입 증권만큼이나 복잡한 하이 그레이드 스트럭처드 크레딧 스트래티지 인헨스트 레버리지 펀드High-Grade Structured Credit Strategies Enhanced Leverage Fund의 환매를 중단한다고 투자자들에게 통보했다.

처음에는 이런 흐름이 주목받지 못했다. 그러나 2007년 8월 9일, 프랑스 최대 은행인 BNP 파리바BNP Paribas가 모기지 펀드 환매를 중단하자, 세계 주식시장이 급락했다. 하지만, 연준이 8월 비상회의에서 연방기금 금리를 50bp(베이시스 포인트basis point: 1bp=0.01%) 인하하고, 이어서 9월 정기회의에서도 50bp 인하하자, 주가가 회복되었다.

2008년에도 비우량 주택담보대출 문제는 완화되지 않았다. 베어스턴스는 자체 자금으로 떠안아야 하는 비우량 주택담보대출 규모가 갈수록 증가했다. 그러나 자금조달이 어려워지기 시작하자, 베어스턴스 주가가 추락했다. 2008년 3월 17일, 연준은 베어스턴스의 파산을 막으려고 그 자산을 JP모건에 긴급하게 매각하는 거래를 주선했다. 가격은 전년도 1월의 고가 172.61달러보다 거의 99%나 낮은 주당 2달러였다(나중에 10달러로 올렸다).

리먼 브라더스의 파산

베어스턴스는 이번 약세장의 애피타이저였고, 곧이어 메인 디시가 등장했다. 1850년대에 설립된 리먼 브라더스는 시어스Sears, 울워스Woolworth's, 메이시Macy's, 스튜드베이커Studebaker 등 대기업들을 상장시킨 유서 깊은 회사였다. 리먼 브라더스는 1994년 상장 이후 수익성이 급상승하여, 2007년에는 4년 연속 수익성 신기록을 세우고 있었다. 순매출이 192억 달러에 달했고, 직원 수는 3만 명에 육박했다.

그러나 베어스턴스처럼 리먼 브라더스도 비우량 주택담보대출 사업과 부동산 차입투자 사업을 벌이고 있었다. 2008년 3월 베어스턴스가 JP모건에 인수되자, 리먼의 주가는 40달러 대에서 20달러로 폭락했다. 리먼은 대규모 부동산 차입거래로 유명했는데, 투자자가 상업용 부동산을 매각하면, 리먼이 두둑한 보수를 받고 차입 자금으로 인수한 다음, 더 높은 가격에 매각하곤 했다. 8월에 다른 대형 투자회사 블랙스톤Blackstone도 높은 보수를 받고 229억 달러에 인수한 샘 젤Sam Zell의 에퀴티 오피스Equity Office 부동산을 시장이 붕괴하기 전에 거의 모두 매각했다.

비우량 주택담보대출 시장은 혼란에 빠졌지만, 리먼은 상업용 부동산 시장을 낙관했다. 분석가들은 주거용 부동산과는 달리, 상업용 부동산에는 공급과잉 문제가 없다고 확신했다. 실제로 상업용 부동산 가격은 주거용 부동산 가격이 정점에 도달한 다음에도 계속 상승했다. 다우존스 부동산투자신탁 지수Dow Jones REIT Index는 금리 인하에 호응하여 2008년 2월 정점에 도달했는데, 이는 주거용 부동산 시장이 정점에 도달하고 나서 4개월 뒤였고, 대형 상업은행들이 고점을 기록하고 1년 이상 지난 시점이었다.[39]

상업용 부동산 시장이 정점에 도달한 직후인 2008년 5월, 리먼은 220억 달러에 이르는 아치스톤-스미스 트러스트Archstone-Smith Trust를 인수했다. 몇 달 전 블랙스톤이 그랬던 것처럼, 팔아넘길 수 있다고 생각했던 것이다.[40] 그러나 이 '의자 빼앗기 놀이'에서는 음악이 2008년 8월에 멈추었다. 블랙스톤이 마지막 의자를 차지했으므로, 리먼은 서 있을 수밖에 없었다. 2008년 9월 15일, 리먼 CEO 리처드 폴드Richard Fuld는 마지막 순간까지 인수자를 찾으려고 몸부림쳤지만, 150년 넘게 번창했던 리먼 브라더스는 파산을 면치 못했다. 리먼의 부채는 미국 역사상 최대 규모인 6,130억 달러였다. 1929년 증시 대폭락이 1930년대 대공황을 불러왔듯이, 2008년 리먼의 몰락은 거의 100년 만의 세계 최대 금융위기와 최악의 경제 침체를 재촉했다.

02

2008년
대형 금융위기

금융위기의 원인, 영향, 흔적

내놓황은 우리가 막지 못했습니다. 대단히 죄송합니다. 그러나 선생님 덕분에, 대공황을 다시 겪는 일은 없을 것입니다.

—벤 버냉키, 2002년 11월 8일, 밀튼 프리드먼Milton Friedman 90회 생일 축하식에서

세계시장을 뒤흔든 한 주

9월 17일, 혼란에 빠진 금융시장을 파악하려던 나는 겨우 수요일인데도 이미 탈진 상태였다. 리먼 브라더스가 미국 역사상 최대 규모로 파산했다는 소식이 일요일 밤 뉴스에 보도되었는데도, 월요일 주식시장은 상승세로 출발하면서 투자자들을 놀라게 했다. 대공황에도 살아남았던 150년 역사의

리먼 브라더스이지만, 정부가 지원할 계획이 없으므로 이번에는 생존 가능성이 없었다.

그러나 곧이어 주요 기업들이 리먼 브라더스 고객들의 거래를 청산해주지 않는다는 소문이 퍼지자, 희망을 안고 출발했던 시장은 근심에 빠져들었다.[1] 월요일 아침의 상승세는 하락세로 바뀌었고, 금융시장은 공포감에 휩싸였다. 투자자들은 알고 싶었다. 어떤 자산이 안전할까? 다음에는 어느 회사가 파산할까? 이 위기를 과연 극복할 수 있을까? 모든 신용시장에서 대출기관들이 몸을 사리자, 국채를 제외하고 모든 상품의 위험 프리미엄이 치솟았다.[2] 그날 다우지수는 500포인트 넘게 폭락했다.

이튿날에는 투기자들이 수익성 높은 세계 최대 보험사 AIG를 공격했다. 1년 전 60달러에 육박했던 AIG 주가는 3달러 밑으로 떨어졌다. 지난 금요일만 해도 종가가 10달러를 웃돌았었다. AIG 주가가 무너지자 시장이 급락했다. 그러나 일부 투자자는 연준이 AIG마저 파산하도록 내버려둘 수는 없으리라 추측했고, 폐장 무렵에는 시장이 안정을 찾았다. 실제로 연준은 폐장 후 AIG에 850억 달러를 대출했다고 발표하였다. 연준이 AIG를 구제한 것은 극적인 반전이었다. 겨우 1주일 전 AIG가 400억 달러 대출을 요청했을 때, 벤 버냉키 의장이 거절했기 때문이다.

그러나 위기가 끝나려면 아직 멀었다. 화요일 폐장 후 나온 자산규모 360억 달러짜리 리저브 프라이머리 MMF Reserve Primary Money Market Fund의 발표가 매우 불길했다. MMF에서 보유 중인 리먼 증권을 제로로 평가손실처리하여 순자산가치가 액면가 밑으로 떨어졌으므로, 투자자에게 1달러당 97센트만 지급한다는 말이었다.[3]

다른 MMF들은 보유 자산 중 리먼 채권이 없으므로 모든 투자자에게 액면가 이상을 지급한다고 안심시켰지만, 이 발표로 투자자들을 안심시킬 수는 없었다. 6개월 전 베어스틴스도 아무 문제가 없다고 투자자들을 거듭 안심시켰지만, 연준에 의해서 강제로 JP모건에 인수당했기 때문이다. 리먼 브라더스 역시 파산 신청 1주일 전, CEO 리처드 폴드가 회사에 아무 문제가 없다고 말하면서, 공매도 투자자들이 주가를 떨어뜨린다고 비난했었다.

대공황이 다시 올까?

수요일 점심 후 나는 사무실로 돌아와 블룸버그 화면을 보았다. 주가가 다시 하락세로 돌아선 것은 놀랄 일이 아니었다. 그러나 내 시선을 사로잡은 것은 단기국채 수익률이었다. 그날 오후 실행된 3개월 만기 단기 국채 경매에서는 매수 신청액이 모집액을 크게 웃돈 탓에 수익률이 600분의 1%로 내려갔다.

나는 거의 50년 동안 시장을 자세히 관찰하면서, 1970년대 저축대부조합 위기, 1987년 주식시장 붕괴, 아시아 위기, 롱텀캐피탈 매니지먼트 위기, 러시아 채무 불이행, 9.11 테러, 기타 많은 위기를 지켜보았다. 그러나 투자자들이 이렇게 국채로 몰려드는 모습은 본 적이 없다. 단기국채 수익률이 제로 근처까지 떨어졌던 마지막 시점은, 75년 전 대공황 기간이었다.[4]

화면을 다시 들여다본 나는 등골이 오싹했다. 우리 경제학자들이 완전히 잊어버린 시대가 다시 시작된 것일까? 두 번째 '대공황'이 온다는 신호일까? 정책 입안자들은 이 재난이 재발하는 것을 막을 수 있을까?

이후 몇 달 동안 이런 질문들에 대한 답변이 나오기 시작했다. 연준은 대공황을 막으려고 적극적인 계획을 실행했다. 그러나 리먼 파산에 이어 신용시장이 붕괴하자, 대공황 이후 가장 심각한 경기 침체와 주가 폭락이 나타났다. 그리고 이번 '대공황'은 회복 속도가 미국 역사상 가장 더딘 수준이어서, 2007년 10월 다우지수가 14,000을 넘어섰을 때처럼 과연 미국 경제의 앞날이 밝아질 수 있을지 의심하는 사람들이 많다.

금융위기의 원인

대안정기

2008년 금융위기의 배경은 '대안정기大安定期The Great Moderation'였다. 대안정기는 대공황 이전 경제가 장기간 매우 안정적이었던 기간에 대해 경제학자들이 붙인 이름이다. 1983~2005년에는 실질 GDP나 명목 GDP의 분기 변동률 같은 핵심 경제지표들의 변동성이, 2차 세계대전 이후 평균 수준보다 절반 정도나 감소했다.[5] 서비스 섹터 비중 확대와 재고자산 관리능력 개선도 경제지표 변동성 감소에 이바지했지만, 1986~2006년 연준의장 앨런 그린스펀이 실행한 통화정책의 효과 증대를 주된 요인으로 꼽는 사람이 많다.

이 대안정기에는 금융상품들의 위험 프리미엄이 대폭 감소했다. 경제에 심각한 충격이 발생하면 연준이 신속하게 대응할 것으로 투자자들이 믿었기 때문이다. 실제로 2001년 침체를 겪으면서 사람들은 시장이 더 안정되었다는 생각을 굳혔다. 2000년에는 거대한 기술주 거품이 붕괴했고, 9.11 테러 뒤에는 소비 축소가 나타났지만, 이 침체는 과거 기준으로 보면 매우 완만했다.

이 이례적인 안정기는 1929년 대공황 이전의 대안정기와 매우 비슷했다. 1920~1929년 산업생산의 표준편차도 그 이전 20년의 절반 미만이었다. 그리고 1920년대에도 어빙 피셔 등 유력 경제학자들은 안정성 증대가 연준 덕분이라고 보았다. 1920년대 투자자들 역시 경제가 위기에 빠지면 연준이 나서서 경기침체를 막아줄 것으로 믿었다.

그러나 대안정기에 위험자산에 대한 수요가 대폭 증가했는데, 이것이 이후 더 심각한 위기를 불러왔다. 경기가 둔화해서 자산 가격이 하락할 때, 부채비율이 높으면 버티기 어렵기 때문이다.

일부 경제학자는 위험 프리미엄 축소와 부채비율 증가가 경기 변동을 일으키는 주된 요인이라고 믿는다. 세인트루이스 소재 워싱턴대학 경제학 교수 하이먼 민스키Hyman Minsky는 금융 불안정성 가설financial instability hypothesis을 제시했다. 이 가설에서 그는 장기간 경제가 안정되어 자산 가격이 상승하면 투기자와 모멘텀 투자자들만 몰려드는 것이 아니라, 시장 상승세에 편승하려는 일반 투자자들을 대상으로 사기꾼들이 폰지 사기를 벌인다고 보았다. 민스키의 이론은 엄격한 체계를 따르지 않았으므로, 주류 경제학자들 사이에서 널리 수용되지는 않았다. 그러나 민스키는 MIT 경제학 교수 찰스 킨들버거Charles Kindleberger 등 많은 학자에게 큰 영향을 미쳤다. 킨들버거의 저서 《광기, 패닉, 붕괴 금융위기의 역사Manias, Panics, and Crashes》는 5판까지 나오면서 널리 읽힌 책이다.

서브프라임 모기지Subprime Mortgages(비우량 주택담보대출)

1929년에는 차입자금을 동원한 과도한 주식투자가 금융위기를 불러왔다. 그러나 2008년 금융위기는 대형 금융기관들이 차입자금을 동원하여 서브프라임 모기지 등 부동산 증권을 대량으로 사들여서 일어난 것이다. 부동산 시장이 하락세로 돌아서면서 모기지 증권 가격이 폭락하자, 자금을 차입한 금융기관들은 재정난에 빠졌다. 결국 일부는 파산하고, 일부는 다른 금융기관에 인수되었으며, 일부는 정부의 긴급 구제자금을 받았다.[7)]

대안정기에 투자자들은 연준의 '안전망'을 믿고, 고수익 모기지 증권을 기꺼이 사들였다. 게다가 스탠더드 앤드 푸어스와 무디스[Moody's] 등 주요 신용평가기관들이 서브프라임 모기지에 최고등급을 부여하자, 모기지 증권 판매량이 가파르게 증가했다. 최고등급 채권에만 투자하는 세계 각국의 연기금, 지방자치단체 등 기관투자가들도 모기지 증권을 수천억 달러나 사들였다. 고수익을 추구하던 월스트리트 회사들도 AAA등급에 매력을 느껴 사들였다.

일각에서는 투자은행들이 신용평가기관들을 압박하여 모기지 증권의 신용등급을 높였다고 생각하지만, 실제로 모기지 증권 평가에 사용된 통계기법은 다른 증권과 매우 비슷하다. 그러나 그동안 부동산 가격이 펀더멘털보다 훨씬 치솟았으므로, 이런 기법은 주택시장 파산확률 분석에 적합하지 않았다.

중대한 평가 오류

도표 2-1에 2차 세계대전 이후 주택가격을 연도별로 표시하였다. 하나는 인플레이션을 반영했고, 하나는 반영하지 않았다. 1997~2006년에는 부동산 실질 가격과 명목 가격 모두 가파르게 상승했다. 이 기간에 20개 대도시에서 측정한 케이스-실러 지수[Case-Shiller Index]는 3배 정도 상승했고, 실질 주택가격은 130% 증가하여 1970년대는 물론, 2차 세계대전 직후의 기록적인

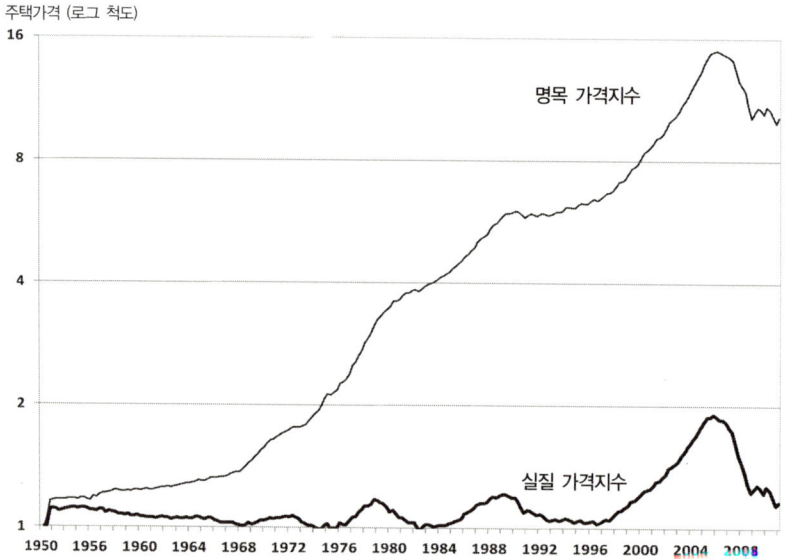

도표 2-1 | 미국의 명목 주택가격과 실질 주택가격, 1950~2012년

상승세마저 훨씬 뛰어넘었다.

주택시장 호황 전에는 전통적인 모기지의 대출 한도가 주택 시장가격의 80%였고, 차입자의 신용등급도 대출 심사에 중요한 요소였다. 그 때까지는 개별 주택가격이나 특정 지역의 평균 주택가격이 20% 넘게 하락하면 주택의 담보가치가 훼손되는 문제가 발생할 수 있었기 때문이다.

그런데 다양한 지역의 모기지를 하나로 묶어 부동산 가격변동 위험을 대폭 줄일 수 있다면 어떻게 될까? 그러면 모기지 증권 가격은 도표 2-1의 명목 가격지수와 같아야 하지 않을까? 이 지수는 2006년까지 하락한 적이 거의 없었다. 실제로 명목 전국주택가격지수가 하락한 사례는 1997년 이전에 단 3번이었다. 두 번은 하락률이 1% 미만이었고, 한 번은 1990년 2분기에서 1991년 3분기의 하락률 2.8%였다. 따라서 2차 세계대전 이후 데이터를

근거로 삼으면, 전국 실질 부동산가격지수 하락률은 20% 근처에도 간 적이 없었다.[8),9)]

스탠더드 앤드 푸어스와 무디스 등 신용평가기관들은 이런 과거 주택가격을 분석하여 모기지 증권의 위험과 수익을 측정하는 표준 통계시험을 했다. 이들은 이 분석을 바탕으로, 전국적으로 분산된 모기지 포트폴리오의 담보가치가 훼손될 확률은 사실상 제로라고 보고했다. 그리고 투자은행 위험관리부서들도 이 결론에 동의했다.

이 분석에서 매우 중요한 결론 또 하나가 도출되었다. 담보 부동산의 가치가 모기지보다 항상 높다면, 차입자의 신용도는 상관없다는 결론이다. 차입자가 파산해도 대출자는 담보 부동산을 매각하여 대출금 이상을 회수할 수 있기 때문이다. 그래서 신용평가기관들은 차입자들의 신용도를 무시한 채 모기지 증권에 AAA 등급을 마구 부여했다. 이 가정에 힘입어, 신용서류도 없는 서브프라임 모기지와 '비전통적' 모기지가 수천억 달러나 팔려나갔다.

그러나 일부 신용평가기관은 주택가격이 계속 상승해야만 모기지 신용등급이 유지된다는 사실을 알고 있었다. 이는 캘리포니아 소재 투자자문사 퍼스트 퍼시픽 어드바이저스[First Pacific Advisors] CEO 로버트 로드리게스[Robert Rodriguez]가 공개한 대화에서 드러난다. 다음은 2007년 6월 같은 회사 동료가 신용평가기관 피치[Fitch]와 나눈 대화이다.

내 동료가 피치에 문의했습니다. "당신 회사 신용평가 모델의 핵심 요소는 무엇입니까?"

그들은 주택가격 상승률이 한 자릿수 초중반이냐와 신용점수가 핵심 요소인데, 지난 50년 동안 주택가격이 계속 상승했다고 대답했습니다.

내 동료가 또 물었습니다. "주택가격 상승률이 장기간 제로라면 어떻게 됩니까?"

그들은 평가 모델이 무너지기 시작한다고 말했습니다.

동료가 다시 물었습니다. "주택가격이 장기간 1~2% 하락하면 어떻게 되나요?"

그들은 평가 모델이 완전히 무너진다고 대답했습니다.

그가 다시 물었습니다. "주택가격이 2% 하락하면, 상위 평가 등급 어디까지 피해가 발생합니까?"

그들은 AA나 AAA 등급까지도 피해를 볼 수 있다고 답했습니다.[10]

그런데 이 대화를 나눈 시점에는 주택가격이 전년보다 이미 4%나 떨어진 상황이었다. 이는 제2차 세계대전 이후 가장 큰 하락률이었으므로, 이후에도 주택가격 하락 가능성이 매우 커졌다. 그런데도 이 가능성이 모기지 증권 신용등급에 반영되지 않았다.

위 대화에서 피치가 예상했던 대로, 주택가격이 하락하자 최상급 모기지 증권의 등급도 급락했다. 주택가격이 정점에 도달하기 몇 달 전인 2006년 4월, 골드만삭스는 모기지 채권 12종을 투자자들에게 판매했다. 그중 10종이 투자등급(BBB 등급 이상)이었고, 3종은 AAA 등급이었다. 2007년 9월이 되자, 원래 투자등급이었던 10종 중 7종은 정크본드로 전락했고, 4종은 완전히 휴지조각이 되었다.[11]

부동산 거품

도표 2-2를 보면, 주택가격 상승세가 계속 이어지기 어렵다는 점을 알 수 있다. 1978~2002년 동안 중간 가구 소득 대비 주택가격 비율은 2.5~3.1 범위에서 벗어나지 않았다. 그러나 이후 급등하여 2006년 4.0을 넘어섰는데, 이전보다 거의 50%나 높은 수준이었다.

그러나 자산 가격이 경제 펀더멘털을 초과했더라도, '거품'이 끼었다고 장담할 수는 없다. 가격 상승을 뒷받침하는 구조적 변화가 있을지도 모르기 때문이다. 실제로 과거를 돌아보면, 가격이 펀더멘털을 초과했으나 경제환경 변화가 이를 충분히 뒷받침한 사례가 있다. 나중에 11장에서 설명하겠지만, 주식 배당수익률과 장기국채 금리 사이의 관계가 그런 사례다. 1871~1956년 동안 배당수익률이 항상 채권수익률보다 높았는데, 이는 주식

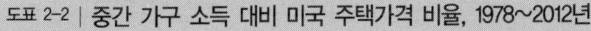

도표 2-2 | 중간 가구 소득 대비 미국 주택가격 비율, 1978~2012년

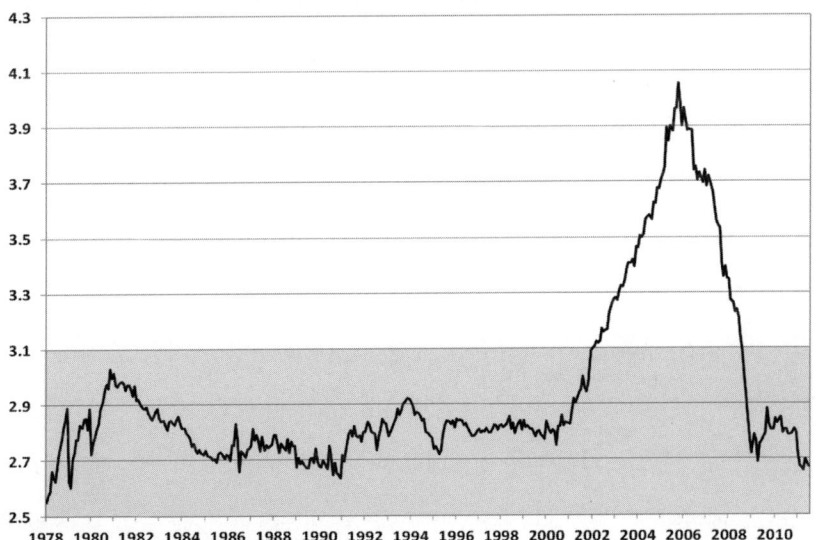

이 채권보다 위험하다고 간주되었기 때문이다. 그래서 두 수익률의 차이가 축소될 때 주식을 팔고, 확대될 때 주식을 사면, 수십 년 동안 이익을 얻을 수 있었다.

그러나 미국이 금 본위제를 포기하자, 고질적인 인플레이션이 금리에 반영되기 시작했다. 이후 1957년 금리가 주식 배당수익률을 초과한 다음, 반세기 넘게 이 관계가 유지되고 있다. 두 수익률 차이가 축소된 1957년 주식을 팔고 채권을 산 사람은 수익률이 낮았다. 인플레이션에 대해 주식이 채권보다 훨씬 효과적인 헤지수단이기 때문에 주식의 투자수익률이 훨씬 높았다.

같은 맥락에서, 2000년대 초에 중간 가구 소득 대비 주택가격 비율이 과거보다 훨씬 상승한 데에도 그럴듯한 이유가 있었다. 첫째, 명목 금리와 실질 금리가 모두 대폭 하락했기 때문에 주택자금 조달비용이 지극히 낮아졌다. 둘째, 서브프라임 모기지는 물론이고 심지어 주택구입자금보다도 더 많이 대출해주는 신종 모기지 상품이 넘쳐났다. 이런 모기지 상품 덕분에 전에는 자격이 안 되었던 사람도 대출받을 수 있게 되어 주택 수요가 대폭 증가했다. 전액 대출 모기지 상품의 인기는 2006년 1월 미국 부동산 중개사 협회(National Association of Realtors: NAR)가 발표한 자료에서 드러난다. 최초 주택 구입자 중 전액 대출 모기지 상품으로 구입한 사람이 43%였고, 중간 가격인 15만 달러짜리 주택의 계약금 중간값은 겨우 2%였다.[12]

저금리가 부동산 가격 상승을 뒷받침한다고 주장한 사람 중에는 저명한 경제학자가 많았다. 뉴욕연방준비은행 수석 이코노미스트 찰스 힘멜베르크Charles Himmelberg, 컬럼비아 경영대학원 부동산센터Center for Real Estate 책임자 크리스 메이어Chris Mayer, 와튼스쿨Wharton School 부동산학 부교수 토드 시나이

Todd Sinai 등이다.[13] 일각에서는 별장 붐을 지적했는데, 베이비붐 세대가 은퇴하면서 이런 추세가 장기간 이어진다고 생각한 사람도 많았다.[14]

그러나 주택가격 상승세 지속을 의심하는 사람도 많았다. 케이스-실러 지수를 개발한 예일대학 교수 로버트 실러와 칼 케이스는 2003년 〈브루킹스 페이퍼Brookings Papers〉에 실린 논문 '주택 거품이 존재하는가?'Is There a Housing Bubble?'[15]에서 처음으로 부동산 거품에 대해 경고했다. 2005년과 2006년 워싱턴 경제정책 연구센터Center for Economic and Policy Research 공동책임자 딘 베이커Dean Baker도 주택 거품 위험성에 관해 광범위하게 글을 쓰고 강연했다.[16], [17] 이렇게 전문가들 사이에서는 부동산 거품에 대해 의견이 분분했지만, 신용평가기관들은 모기지 증권에 파산 위험이 전혀 없다는 듯 아무런 조치도 하지 않았다.[18]

규제 실패

이런 경고가 있었는데도 연준을 비롯한 규제 당국들은 주택가격 상승이 경제를 위협한다고 보지 않았고, 서브프라임 모기지 증권의 높은 등급도 문제 삼지 않았다. 게다가 핵심 금융기관 대차대조표에 모기지 관련 위험증권이 쌓여가고 있는데도 아무런 규제를 하지 않았다. 이런 규제 실패가 미국 통화 당국에 심각한 오점을 남겼다.

특히 경제 분야에서 단연 가장 영향력 있는 공직자인 연준의장 앨런 그린스펀이 유례없는 주택가격 상승의 위험성을 경고하지 않았다는 점은 비극적이다. 급증하는 서브프라임 부채가 경제를 위협한다는 사실을 그린스펀은 알고 있었을 것이다. 2007년 6월 연준의 동료 이사 에드워드 그램리치Edward Gramlich가 서브프라임을 광범위하게 다룬 저서 《서브프라임 모기지

Subprime Mortgages》를 출간했기 때문이다.¹⁹⁾

연준은 비은행 금융기관에 대한 감독권한이 없으며, 부동산 가격 상승이 미치는 영향은 연준의 감독범위가 아니라는 주장도 있다. 그러면 10년 전 그린스펀은 왜 '이상과열' 운운하면서 주가 상승에 심각한 우려를 표명했을까? 원천이 은행이든 아니든, 금융부문 안정에 영향을 미치는 문제는 모두 연준의 책임이다. 그린스펀이 금융기관들의 위험자산 증가에 무관심했다는 사실은 2008년 10월에 열린 의회 위원회에서 나타났다. 선도적 대출기관들이 주택시장 붕괴에 대비해서 자기자본 보호조처도 하지 않았고, 금융파생상품이나 신용부도스왑으로 위험을 헤지하지도 않았다는 사실에 대해 그는 '충격과 불신'을 드러냈다.[20), 21)]

비록 그린스펀이 금융위기를 내다보지는 못했지만, 나는 주택시장 거품이 그의 책임이라고는 생각하지 않는다.[22)] 연준의 금리 인상 지연이 부동산 가격을 끌어올린 주요인은 아니기 때문이다. 경제성장이 둔화하여 장기 금리가 하락하자, 연기금 자금이 주식에서 채권으로 이동했고, 중국 등 아시아 국가에 막대한 준비금이 쌓였으며, 서브프라임 모기지와 전액대출 모기지가 넘쳐난 사실이 부동산 가격 상승에 훨씬 큰 영향을 미쳤다. 게다가 부동산 가격 상승은 통화도 다르고 중앙은행도 다른 세계 곳곳에서 나타난 현상이었다. 예를 들어 스페인과 그리스에서도 부동산 가격이 치솟았는데, 두 나라의 통화정책을 결정하는 주체는 유럽중앙은행 European Central Bank 이었다.

과도한 차입으로 위험자산을 쌓은 금융기관들

핵심 금융기관들이 차입금으로 위험자산을 과도하게 사모으지 않는

한, 단지 부동산 가격이나 모기지 증권 가격의 등락 탓에 금융위기가 발생하기는 어렵다. 2007년 2분기에 서브프라임(신용도 하), '알트-A alt-A'(신용도 중), 점보 모기지 jumbo mortgage(신용도 상)를 모두 합한 금액은 2.8조 달러였다.[23] 이들 증권이 모두 휴지조각이 되더라도, 그 손실액은 7년 전 닷컴 거품이 붕괴할 때 기술주가 입은 손실액에도 못 미친다. 9.11 테러 사건으로 경제가 혼란에 빠지고 주식시장이 붕괴했을 때에도, 경기 침체는 완만한 수준이었다.

기술주 거품 붕괴와 신용위기 사이에는 중요한 차이가 있다. 기술주 거품이 붕괴하던 시점에는 증권사와 투자은행들이 보유한 기술주가 많지 않았다. 기술주 거품이 붕괴하기 전에 투자자들에게 거의 모두 팔아넘겼기 때문이다.

반면에 부동산 시장이 정점에 도달했을 때에는 이들이 보유한 부동산 관련 증권이 목까지 차 있었다. 앞에서 언급했듯이, 금리가 하락해서 투자자들은 수익률에 갈증을 느끼고 있었는데, 모기지 증권들은 신용등급이 같은 회사채나 국채보다 수익률이 더 높았다. 따라서 베어스턴스 같은 투자은행들은 모기지 증권이 안전성은 비슷한데도 수익률은 더 높다고 선전하면서 투자자들에게 팔았다.[24] 투자은행들 역시 고유계정으로 모기지 증권을 보유하고 있었다. 그러나 모기지 증권의 신용등급이 급락하자 투자자들이 위험을 제대로 알리지 않았다고 항의했고, 투자은행들은 모기지 증권을 되사들일 수밖에 없었다. 이 과정에서 투자은행이 보유한 모기지 증권이 대폭 증가했다.[25]

세계 최대 보험사 AIG는 모기지 증권 부도 시 원금을 보장하는 신용부도스왑 credit default swap을 수천억 달러나 판매했다. 이것이 금융 시스템 위험을 증폭시켰다. 모기지 증권 가격이 폭락했지만 AIG는 수십억 달러에 이르는 손실을 보상해줄 자금이 없었다. 게다가 막대한 자금을 차입하여 모기지 증권을 사들였던 투자은행들도 재정난에 빠졌다. 담보로 제공했던 모기지 증권의 가격이 폭락하자, 대출자들이 자금 회수에 나섰기 때문이다. 결국, 모기지 증권의 가격 하락이 금융위기를 재촉했다. 2000년 말 기술주 주가가 폭락할 때에도 투자은행들이 차입자금으로 기술주를 보유하고 있었다면, 역시 비슷한 유동성 위기가 발생했을 것이다.

위기 시 연준의 역할

대출은 경제가 매끄럽게 돌아가게 해주는 혈액과 같다. 사람들은 금융기관이 안전하다고 믿고 있었지만, 금융위기가 발생하자 갑자기 금융기관을 의심하게 되었다. 리먼이 파산하자 공포감이 확산했고, 다른 금융기관들도 곤경에 빠졌다. 대출기관들은 자금을 회수하고 신규대출을 중단했으며, 투자자들은 포트폴리오에서 위험자산의 비중을 낮추고 안전자산의 비중을 높였다.

위기가 발생했을 때 유동성을 공급할 수 있는 기관은 하나뿐이다. 19세기 영국 언론인 월터 배젓 Walter Bagehot이 '최종 대부자 the Lender of Last Resort'라고 부른 중앙은행이다.[26] 중앙은행은 시중은행이 보유한 증권을 사주거나 시중은행에 돈을 빌려줌으로써 유동성을 창출한다. 따라서 예금자들이 돈을 인출하려고 시중은행에 한꺼번에 몰려들어도, 시중은행은 중앙은행으로부터 받은 돈으로 부도를 막을 수 있다.

최종대부자의 조처

리먼이 파산하고 나서, 연준은 시장에 유동성을 공급했다. 리저브 프라이머리 MMF가 원금손실이 발생했다고 발표하고서 3일 뒤인 9월 19일, 재무부는 프로그램에 참여하는 모든 MMF의 원금을 보장한다고 발표했다. 재무부는 외환안정기금Exchange Stabilization Fund을 동원해서 MMF의 원금을 보장한다고 말했다. 그러나 재무부가 이 기금으로 보유한 금액은 500억 달러여서 MMF 총액의 2% 미만이었으므로, 연준이 자금을 무제한 지원해야만 했다. 연준은 신용융자제도를 신설하여 비소구非遡求대출(nonrecourse loan: 미래 현금흐름이 있을 때에만 상환 받는 대출)로 시중은행이 보유한 기업어음을 사들였고[27], 1개월 뒤에는 단기금융시장 유동성공급제도Money Market Investor Funding Facility: MMIFF를 도입했다.

2008년 9월 29일, 연방예금보험공사Federal Deposit Insurance Corporation: FDIC는 시티그룹과 손실분담계약을 맺었다고 발표했다. 대출금 3,120억 달러에 대해 초기에 발생하는 손실 420억 달러는 시티그룹이 부담하고, 그 이상 발생하는 손실은 연방예금보험공사가 부담하는 조건이었다. 연준은 공사가 보장하는 자금 2,700억 달러에 대해서도 비소구대출을 제공했다. 시티그룹은 계약을 맺는 대가로 연방예금공사에 우선주와 워런트 1,200억 달러를 발행해주었다. 1월에는 뱅크 오브 아메리카도 약 3분의 1 규모로 비슷한 계약을 맺었다. 9월 18일, 연준은 세계의 주요 중앙은행들과 1,800억 달러 규모로 스왑계약을 맺어 세계금융시장의 유동성을 개선하였다.

10월 3일 의회가 '2008년 긴급경제안정법Emergency Economic Stabilization Act of 2008'을 통과시키자, 10월 7일 연방예금보험공사는 계좌당 예금보험 한도를 25만 달러로 인상했다. 10월 14일, 연방예금보험공사는 한시적 유동성 보증

프로그램Temporary Liquidity Guarantee Program을 도입하여 무이자 예금계좌는 물론, 공사가 보증하는 모든 금융기관과 그 지주회사의 선순위채권까지 보증해주었다.[28] 파산법에 의하면 예금에 우선권이 있으므로, 이로써 정부가 사실상 모든 예금을 보증한 셈이다.

연방예금보험공사가 이런 보증정책을 펼 수 있었던 것은, 연준의 전면지원을 받았기 때문이다. 연방예금보험공사도 신탁기금을 보유하고 있지만, 기금 규모가 보증예금 규모의 극히 일부에 지나지 않는다.[29] 연준의 무제한 자금지원 덕분에 외환안정기금이 MMF의 원금을 보장할 수 있었던 것처럼, 연방예금보험공사 역시 연준의 지원 덕분에 예금을 보증할 수 있었다.

그러면 연준의장 버냉키는 왜 민간부문에도 유동성을 공급하는 대담한 조처를 했을까? 대공황 시절 중앙은행이 저지른 잘못으로부터 교훈을 얻었기 때문이다.

거시경제학자는 누구나 노벨상을 받은 시카고대학 경제학자 밀턴 프리드먼Milton Friedman의 1963년 저서 《미국 통화의 역사》The Monetary History of the United States》를 공부한다. 이 저서에서 그는 대공황 기간에 연준이 은행시스템에 준비금을 제공하지 않은 점을 비판했다. MIT에서 통화이론과 정책을 전공하고 경제학 박사 학위를 받은 벤 버냉키는 프리드먼의 연구를 잘 알고 있었기 때문에 당시 연준의 잘못을 되풀이하지 않겠다는 의지가 강했을 것이다.[30] 금융위기 6년 전인 2002년 밀턴 프리드먼 교수의 90회 생일 축하식 연설에서 버냉키는 말했다. "대공황은 우리가 막지 못했습니다. 대단히 죄송합니다. 그러나 선생님 덕분에, 대공황을 다시 겪는 일은 없을 것입니다."[31]

리먼 브라더스를 구제하는 편이 옳았을까?

연준은 리먼 브라더스가 파산한 직후 행동에 나섰지만, 연준이 우선 리먼 브라더스를 구제하는 편이 옳았느냐에 대해서는 경제학자와 정책 분석가들의 논쟁이 오랜 기간 이어질 것이다. 연준은 리먼을 구제할 충분한 법적 권한이 없었다고 주장하지만, 사실은 그렇지 않다. 1932년, 의회가 1913년 연방준비법Federal Reserve Act of 1913에 추가한 13절 (3)항은 다음과 같다.

> 이례적으로 위급한 상황에서 연준 이사 5명 이상이 찬성하면, 연준이사회는 기간을 지정하여 연방준비은행을 통해 어떤 개인, 조합, 기업에 대해서든 충분한 담보를 확보하고 사채, 어음, 환어음을 할인해줄 수 있다. 다만 할인해주기 전에 연방준비은행은 그 개인, 조합, 기업이 다른 은행기관으로부터 적정 자금을 조달할 수 없다는 증거를 확보해야 한다.[32]

리먼은 파산 선언 전 주말에 틀림없이 연준의 지원 요건을 갖췄다. 다른 은행기관으로부터 적정 자금을 조달할 수 없었기 때문이다.

연준이 리먼을 구제하지 않은 것은, 경제적 요인보다는 정치적 이유 때문이다. 먼저 정부가 베어스턴스, 패니메이Fannie Mae(연방저당권협회), 프레디맥Freddie Mac(연방주택금융 저당회사)을 구제했을 때, 공화당을 비롯한 대중으로부터 거센 비난을 받았다. 3월 베어스턴스를 구제한 다음, 부시 행정부에서 "추가 구제는 없다." 라는 말이 나왔다. 베어스턴스를 구제한 직후, 재무장관 헨리 폴슨Henry Paulson은 리먼 브라더스에 문제를 스스로 해결해야 하며, 연준의 지원을 기대해서는 안 된다고 말했다. 리먼이 파산 신청을 하기 며칠 전, 연준은 리먼의 400억 달러 대출 요청을 거절했다. 재무장관과 연준은 이

미 오래전에 경고했으므로 리먼의 파산을 금융시장이 큰 혼란 없이 소화해 낼 것으로 기대했다.[33]

그러나 사실은 재무부가 경고한 3월에도 리먼은 이미 회복할 수 없는 상태였다. 리먼은 모기지 증권 구입에도 막대한 부채를 졌지만, '아치스톤 -스미스 트러스트' 인수 목적으로도 거금을 차입했다. 리먼은 막대한 보수를 챙기고 이 부동산을 팔아넘길 수 있을 것으로 기대했다. 그러나 리먼은 50억 달러에 이르는 부동산을 매각하지 못하여, 이른바 리먼 역사상 최악의 거래를 기록하고 말았다.[34] 리먼 CEO 리처드 폴드는 재정에 문제가 없다고 계속 주장했지만, 부동산 시장 침체 탓에 리먼의 생존 가능성이 희박하다는 사실을 트레이더들은 알고 있었다. 과열된 모기지 증권과 부동산 시장에 뛰어든 이후, 리먼의 파산은 되돌릴 방법이 없었다.

리먼 파산 직후 금융시장이 뜻밖에 혼란에 빠지자, 연준은 AIG를 구제할 수밖에 없었다. 투자자들이 갑자기 앞다퉈 현금을 인출하고 세계자금시장에 위험 프리미엄이 치솟자, 연준과 재무부는 파산이 또 발생하면 수천억 달러에 이르는 채권과 신용부도스왑마저 의심받게 되어 세계금융시스템이 붕괴할 것이라고 생각했다. 그래서 AIG는 리먼보다도 연준의 책임 범위에서 멀리 벗어난 회사였는데도 구제했다.[35] 만일 AIG가 먼저 파산했다면, 곧 이어진 금융공황 탓에 연준은 리먼을 즉시 구제할 수밖에 없었을 것이다.

다음 챕터에서 자세히 다루겠지만, 부실자산구제프로그램Troubled Asset Relief Program: TARP은 금융위기 해결의 핵심 요소가 전혀 아니었다. 의회의 승인 없이도 연준은 기존 법을 근거로 TARP 승인액 이상을 공급할 수 있었기 때문이다. TARP는 정치적 보호막을 얻으려고 버냉키와 폴슨이 추진한 방편이었다. 이들은 구제가 매우 인기 없는 정책인 줄 알고 있었기 때문에 의회 승인을 얻고자 했다.

연준 역사학자인 카네기멜론대학 경제학 교수 앨런 멜처^Allan Meltzer는 연준을 비판했다. 그는 베어스턴스가 파산하면 금융 시스템이 위험해진다고 구제하여 기대수준을 높여 놓고서, 리먼은 파산하도록 수수방관했다고 지적했다.36) 필라델피아 연방준비은행 총재 찰스 플로서^Charles Plosser도 똑같은 말을 했다. 그는 3월에 베어스턴스가 파산했다면 시장이 그 충격을 소화해냈을 것이고, 다른 회사들은 유동성을 확보하여 추가 피해를 막았을 것으로 믿었다.

그러나 나는 그렇게 생각하지 않는다. 베어스턴스가 파산하도록 내버려두었다면 리먼이 파산하는 시점도 훨씬 앞당겨졌을 것이고, 금융위기는 9월이 아니라 3월에 시작되었을 것이다. 연준의 베어스턴스 구제가 금융회사들에 위험자산을 더 쌓으라는 신호가 되었다고는 상상할 수도 없다. 베어스턴스가 '구제'되었다고는 해도 분해되었으며, 그 주주들은 순자산가치의 극히 일부만 받았다는 사실을 기억해야 한다. AIG 소유주들은 지금도 소송을 진행 중이다. 연준의 구제를 받았다는 이유로 거대 보험사를 정부에 거의 송두리째 빼앗겼기 때문이다. 2008년은 규제 당국이 위기를 막기에 이미 늦은 시점이었다. 신용평가기관들이 서브프라임 모기지에 AAA 등급을 남발하고, 은행들이 수익률을 높이려고 차입금으로 이런 증권을 늘리기 시작하던 시점부터 이미 규제 당국이 나섰어야 했다.

금융위기를 돌아보며

금융위기 이전에 금융기관들의 차입금이 급증한 이유는 여러 가지다. 금융시장이 장기간 안정되면서 위험이 낮아졌고, 신용평가기관들은 모기지 증권 등급을 잘못 매겼으며, 정계에서는 자택 소유 증진을 지지했고, 연준을 비롯한 규제 당국들은 감독을 소홀히 했다. 그러나 가장 큰 책임은 관리를 제대로 하지 못한 금융회사들에 있다. 이들은 주택시장 호황이 끝날 때 회사에 닥칠 위험을 파악하지 못했고, 위험평가 책임을 어설픈 통계 기술자들에게 떠넘겼다.

이 금융위기는 연준에 대한 미신도 깨뜨렸다. 그린스펀이 연준의장을 맡는 동안, 사람들은 연준이 경제를 조정하여 경기순환을 없앨 수 있다고 착각했다. 연준은 경제위기를 미리 내다보지는 못했지만 신속하게 유동성을 공급하여 경기침체 악화를 막았다.

2008년 금융위기는 다음과 같이 비유할 수 있다. 공학의 발전 덕분에 승용차는 50년 전보다 확실히 안전해졌다. 그러나 아무리 과속해도 안전한 것은 아니다. 최첨단 승용차라도 과속 중 도로 돌출부와 충돌하면 전복될 수 있다. 다만 과거에는 시속 130킬로로 달릴 때 사고가 났다면, 지금은 시속 200킬로를 넘어설 때 사고가 날 수 있다는 것이 다를 뿐이다. 대안정기에는 실제로 위험이 낮았고, 금융회사들이 이에 대응하여 부채비율을 높인 것은 합리적이었다. 그러나 이 부채비율이 지나치게 높아졌다. 결국 서브프라임 모기지 부도율의 갑작스런 상승이 도로 돌출부가 되었고, 경제를 전복시켰다.

03
금융위기 발생과 시장, 경제, 정부 정책

> 심각한 위기도 소중한 자산이다. 중요한 일을 할 수 있는 보기 드문 기회다.
> – 오바마 대통령 수석 보좌관 람 이매뉴얼Rahm Emanuel, 2008년 11월

미국에서 신용 시스템이 흔들리고 부동산 가격이 급락하며, 주식시장이 폭락하자, 다른 선진국들도 2차 세계대전 이후 가장 심각한 침체를 겪게 되었다. 미국은 2007년 4분기~2009년 2분기 동안 실질 GDP 감소율이 4.3%로서, 1973~1975년 침체기의 감소율 3.1%보다 훨씬 컸다. 2007년 12월~2009년 6월까지 이어진 침체기간 18개월은 1930년대 초 대공황 침체기간 43개월 이후 가장 길었으며, 2009년 10월에는 실업률이 10.0%에 이르렀다. 이 실업률은 1982년 11월에 기록한 2차 세계대전 이후 최고 실업률 10.8%보다는 낮았지만, 실업률 8% 초과 기간이 3년이었으므로 1981~1982년 침체기보다 2

배 이상 길었다.

도표 3-1에서 보듯이, 금융위기가 시작된 곳은 미국이었는데도 미국 GDP 감소율은 대부분 선진국보다 낮았다. GDP 감소율이 일본은 9.14%, 유로존은 5.50%, 유럽 최대 경제국 독일은 6.80%였다. 은행들이 부채를 동원해서 부동산 자산을 늘린 적이 없는 캐나다는 GDP 감소율이 가장 낮았다.

도표 3-1에 의하면 신흥국이 선진국보다 충격을 훨씬 잘 버텨냈다. 중국과 인도 같은 고성장 국가들은 GDP 증가율이 둔화하긴 했지만, 감소하지는 않았다. 신흥국 전체로 보면 GDP 감소율은 3%에 불과했다. 그리고 2009년 2분기에는 GDP 규모가 이전 고점을 넘어섰다. 반면에 미국은 2011년 말이 되어서야 GDP가 이전 고점을 회복했고, 일본은 2013년 밑에 회복

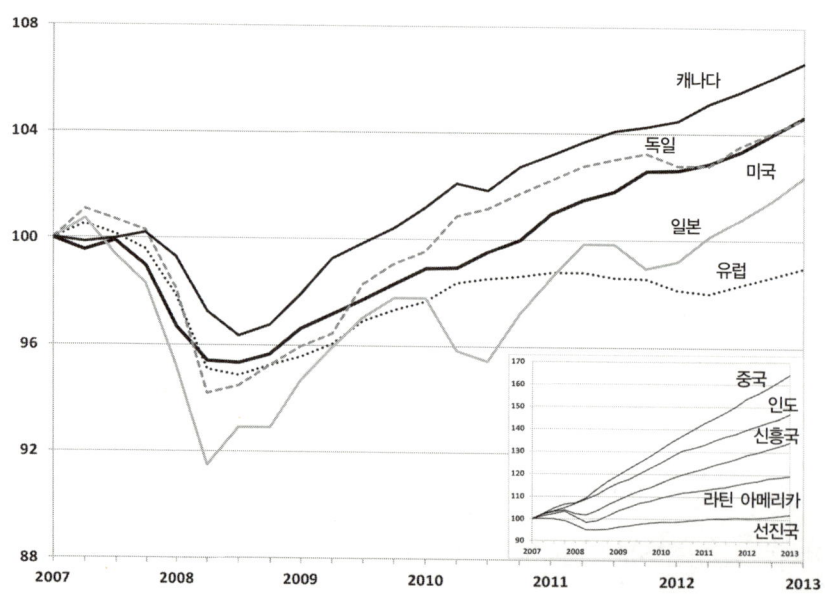

도표 3-1 | 금융위기 기간 GDP 감소율의 국제 비교 (2007년 4분기 = 100)

했으며, 유럽은 아직도 회복하지 못하고 있다.

디플레이션 방지

금융위기에 의한 대침체Great Recession가 혹독하긴 했지만, 1930년대 대공황에 비할 바는 아니었다. 1929~1933년 대공황 기간에는 미국 GDP 감소율이 26.3%로서 대침체 기간의 5배가 넘었으며, 실업률은 25~30%까지 치솟았다.[1), 2)] 1929~1933년 대공황과 2007~2009년 대침체가 이렇게 다른 이유 하나는 물가 흐름이 다르기 때문이다. 대공황 기간에는 소비자 물가지수 하락률이 27%였지만, 대침체 기간에는 최대 3.5%였다.[3)] 게다가 2010년 3월에는 소비자 물가지수가 이전 고점을 넘어섰지만, 대공황 기간에는 소비자 물가지수가 1929년 수준을 회복하기까지 14년이나 걸렸다.

디플레이션은 경기순환을 더욱 악화시킨다. 임금과 물가가 하락하면 부채는 실질 가치가 증가하기 때문이다. 금융위기가 발생하기 전인 2007년, 소비자들이 진 부채는 이미 기록적인 수준이었다. 임금과 물가가 대공황 기간처럼 하락했다면 소비자들의 부채와 모기지 부채의 실질 부담은 3분의 1 이상 증가했을 것이고, 부도 건수도 대폭 증가했을 것이다.[4)] 바로 이런 이유 때문에 연준이 서둘러 물가를 안정시켰고, 덕분에 2007~2009년에는 1930년대만큼 소비자와 기업의 지출이 감소하지 않았다.[5)]

연준은 통화공급을 이용해서 디플레이션을 막을 수 있었다. 대공황 기간에는 1929년 8월~1933년 3월 동안 M2(요구불 예금+저축성 예금)가 29%나 감소했다.[6)] 반면에 2008년 금융위기 때에는 연준이 준비금을 1조 달러 넘게 늘렸으므로, 통화공급이 실제로 증가했다. 따라서 은행들은 1930년대와는 달리, 대출금을 억지로 회수할 필요가 없었다. 이후 연준의 쥬비금 주입(이른바 양적 완화quantitative easing)이 경제에 도움이 되었는지는 의문의 여지가 있지만, 초기의 유동성 공급이 금융시장 안정과 경기 추가악화 방지에 불가결했다는 점에는 이론의 여지가 없다.

금융위기에 대한 금융시장의 반응

주식

연준은 경기침체 완화조치를 했지만, 리먼 파산으로 신용경색이 발생하자 주식시장은 75년 만에 최악의 폭락을 겪게 되었다. 9월 15일 이후 7주 동안 S&P500지수는 11월 21일 장중 저점 740까지 40%나 폭락했다. 그리고 2009년 3월 9일에는 12년 만의 저점인 676까지 하락하여, 1년 반 전에 기록한 최고가보다 거의 57%나 하락했다. 이렇게 S&P500지수는 제2차 세계대전 이후 최고 하락률이었던 1973년 1월~1974년 10월의 48% 기록을 넘어서긴 했지만, 대공황기의 87%가 넘는 하락률에는 미치지 못했다.[7] 시장 정점이었던 2007년 10월부터 2009년 3월까지 미국 주식시장의 시가총액은 11조 달러가 감소했는데, 이는 미국 GDP의 70%가 넘는 금액이었다.

약세장에서 늘 그렇듯이, 주가 변동성도 급증했다. 주식 풋옵션과 콜옵션 프리미엄으로 측정하는 변동성VIX지수(일명 공포지수-사실상 주식 포트폴리오에 대한 '보험' 비용)는 금융위기가 시작되기 전 2007년 3월에는 10 미만이었으나, 리먼 파산 직후에는 90에 육박했다. 이는 1987년 10월 19일 주식시장

붕괴 직후를 제외하면, 2차 세계대전 이후 최고 수준이었다.[8]

주식시장 등락률 5% 이상 일수로도 변동성을 측정하는데, 이 척도는 1930년대 이후 최고 수준으로 급등했다. 리먼이 파산한 9월 15일부터 12월 1일까지, 다우지수가 5% 이상 하락한 날은 9일이었고, 5% 이상 상승한 날은 6일이었다. 등락률 5% 이상 일수가 78일이었던 1930년대를 제외하면, 이는(등락률 5% 이상 일수 15일) 1890년대 이후 10년 단위로 최고 기록이었다.[9]

미국 주식시장이 폭락하자 외국 주식시장들도 폭락했다. 세계 주식시장 시가총액 감소액이 약 33조 달러로서, 세계 연간 GDP의 약 절반이었다.[10] 미국을 제외한 선진국 시장을 추적하는 모건 스탠리 EAFE 지수의 하락률은, 현지통화 기준으로는 미국시장과 거의 같았다. 그러나 이 기간에 달러 가치가 상승했으므로, 달러 기준으로는 하락률이 62%에 달했다. 신흥국들의 통화 역시 중국 위안화를 제외하면 거의 모두 달러에 대해 약세를 보였으므로, 달러 기준으로는 신흥시장 주가지수 하락률이 64%나 되었다.[11]

신흥시장 지수 하락률은 1997~1998년 아시아 금융위기 기간의 하락률과 거의 같았다. 그러나 2009년에는 지수 저점이 2002년 약세장 저점보다 훨씬 높았다. 반면에 미국과 대부분 선진국 시장지수는 2009년 저점이 2002년 약세장 저점보다 낮았다.

일부 주식 섹터는 신용경색으로 주식시장이 폭락하던 초기에 잘 견뎌냈다. 부동산 투자신탁REITs이 그런 예다. 금리가 하락하자 처음에는 투자자들이 수익률을 보고 REITs에 몰려들었으므로, 리먼이 파산한 다음 주에는 오히려 가격이 상승했다. 그러나 투자자들이 대출기관들의 자금 회수를 걱정하게 되면서 이후 10주 동안 평균 가격이 무려 3분의 2나 하락했고, 2009년 3월 약세장이 끝날 때까지 모두 75%나 하락했다. 특히 단기 대출금을 사용

하거나 투자수익률을 높이려고 부채비율을 높인 REITs가 큰 타격을 받았다.[12]

S&P500 지수 중 금융 섹터는 2007년 5월 정점에서 2009년 3월 바닥까지 84%나 하락하여, 시가총액 약 2.5조 달러가 사라졌다. 2000~2002년 S&P500지수 중 기술 섹터는 하락률이 82.2%였지만, 정점에서 시가총액이 금융 섹터의 3배가 넘었으므로 사라진 시가총액도 훨씬 많아서 4조 달러에 이르렀다.[13] 그러나 기술주 거품 붕괴 기간에 기술주들은 이전 5년 동안의 상승분을 반납했지만, 금융위기 기간에 금융주들은 17년 동안의 상승분을 반납하고 1992년 수준으로 내려갔다.

금융회사 중에는 평균 하락률 84%보다 더 내려간 회사가 많았다. 뱅크 오브 아메리카는 정점에서 바닥까지 시가총액이 94.5%나 감소했고, 시티뱅크는 98.3% 감소했으며, AIG는 무려 99.5%가 감소했다.[14] 리먼 브라더스, 워싱턴 뮤추얼Washington Mutual, 기타 소형 금융기관 주주들은 완전히 빈손이 되었고, 패니메이, 프레디맥 같은 정부후원 거대기업 주주들은 투자금 일부나마 회수하려는 실낱같은 희망을 품고 있다.[15] 미국은행처럼 곤경에 처한 외국은행도 많았다. 바클레이즈Barclays는 정점에서 바닥까지 시가총액이 93% 감소했고, BNP 파리바는 79% 감소했으며, HSBC는 75%, UBS는 88% 감소했다. 잉글랜드 은행Bank of England에서 대출금을 받아 생존한 스코틀랜드 왕립은행The Royal Bank of Scotland은 시가총액이 99% 감소했다.

S&P500지수 하락률은 지수 구성 기업들의 영업이익 하락률을 초과했다. 12개월 영업이익 하락률은 1997년 6월 30일 91.47달러에서, 2009년 9월 30일 39.61달러로 57%였다. 그러나 순이익 하락률은 훨씬 높았는데, 2008년 4분기의 기록적인 손실 23.25달러 때문이었다. S&P500지수 12개월 순이

익은 1997년 최고액 84.92달러에서 2009년 3월 31일 6.86달러로 92%나 하락했다. 1929~1932년 대공황 기간에도 순이익 하락률은 83% 정도였다.[16]

2008년과 2009년 S&P500지수 구성기업들의 이익이 급감한 주된 원인은 금융회사들의 대규모 상각이었다. 스탠더드 앤드 푸어스는 S&P500지수의 PER을 산출할 때, '구성 기업들의 시가총액 합계액'을 '구성 기업들의 손익을 모두 더한 합계액'으로 나누어 계산한다. 당시 지수구성 비중이 0.2% 미만이었던 AIG의 2008년 4분기 손실액이 610억 달러여서, 지수구성 비중이 거의 절반이었던 수익성 상위 30대 기업의 이익을 모두 상쇄하고도 남았다. 이처럼 몇몇 기업이 대규모 손실을 기록하는 침체기에는 S&P500지수 기업들의 이익이 과소평가되어, S&P500지수의 PER이 실제보다 훨씬 높아진다.[17] 실제로 국민소득계정에 나오는 기업들의 12개월 세후 이익은 2007년 6월 30일~2009년 3월 31일 동안 24% 감소했을 뿐이다.

부동산

앞에서도 지적했지만, 금융위기가 발생한 주된 요인은 부채비율이 높은 금융기관들이 부동산 및 부동산 관련 자산을 대량으로 보유했기 때문이다. 연준이 발표한 2007년 3분기~2009년 1분기 '자금흐름 보고서 Flow of Funds Report'에 의하면, 주거용 부동산의 시가총액은 24.2조 달러에서 17.6조 달러로 27% 감소했다. 20개 대도시에서 측정한 케이스-실러 지수에 의하면, 2007년 10월~2009년 11월 동안 주거용 부동산 가격지수는 26% 하락했고[18] 상업용 부동산 지수는 41% 하락했다.[19]

부동산 가격의 등락은 경제에 미치는 영향이 크다. 2002~2006년 부동산 호황기에 소비자들은 주택담보대출금의 25~30%를 소비한 것으로 추정된다.[20] 평균적으로 주택담보대출금이 GDP의 2.8%였던 점을 고려하면, 이 기간 주택가격 상승에 의해서 늘어난 소비가 GDP 증가율을 약 0.75퍼센트포인트 끌어올렸으며, 미국 연간 경제성장률의 4분의 1을 높인 셈이다. 2008년 이후 부동산 가격이 하락하자 소비가 감소했고, 대침체가 회복되는 속도도 매우 둔화하였다.

국채시장

리먼 파산 후, 안전자산 수요가 폭증하면서 단기국채 수익률이 심지어 제로 이하까지 내려갔다. 2008년 12월 4일, 90일 만기 단기국채 수익률이 사상 최저인 마이너스 1.6bp까지 내려갔다.[21] 국채에 대한 엄청난 수요는 장기물로도 이어져서, 2008년 말에는 10년 만기 국채 수익률이 거의 2%까지 내려갔다. 30년 만기 장기국채는 수익률 하락세가 4년 더 이어졌고, 10년 만기 국채는 2012년 7월 수익률 1.39%로 저점을 기록했다.

금융위기 기간에 연준은 시장에 유동성을 공급했을 뿐 아니라, 연방기금금리도 가파르게 인하했다. 연준은 2008년 10월 23일 긴급회의에서 연방기금 목표금리를 2%에서 1.5%로 인하했고, 11월 정기회의에서 1%로 더 낮췄다. 그러나 상황이 계속 악화하자, 12월 16일 연방공개시장위원회Federal Open Market Committee는 연방기금 금리를 역사상 최저 수준인 0~0.25%로 낮췄다. 이후 2013년 말까지도 연방기금 금리는 같은 수준이어서, 2차 세계대전 이후 금리 유지 최장기간을 기록했다.

연준이 은행 예금과 MMF를 보장하여 유동성 공황은 막았지만, 신용시장으로 퍼진 충격파까지 막을 수는 없었다. 따라서 장기국채 수익률은 대폭 하락했지만 나머지 채권 수익률은 상승했다. 2008년 11월, 최저 투자등급 회사채와 10년 만기 국채의 스프레드(spread: 수익률 차이)가 6.1퍼센트포인트까지 확대되었는데, 대공황이 바닥에 접근하던 1932년 5월에 기록한 스프레드 8.91퍼센트포인트 이후 최고 기록이었다. 30년 만기 B 등급 회사채와 30년 만기 국채의 스프레드는, 베어스턴스 구제 이전에는 4퍼센트포인트였다가 이후 거의 8퍼센트포인트까지 확대되었으며, 2009년 1월 첫주에는 15.1퍼센트포인트로 기록을 세웠다.

리보 시장

시장에서 가장 주목받는 단기자금 스프레드는, 연준의 연방기금 금리(미국 은행간 최단기 대출 금리)와 리보London Interbank Offered Rate: LIBOR (런던 은행간 대출 금리)의 스프레드다.

변동금리 모기지의 절반가량을 포함해서, 그야말로 수백조 달러에 이르는 세계의 대출과 금융상품이 LIBOR를 기준으로 삼고 있다. LIBOR의 역사는 1960년대까지 거슬러 올라간다. 당시 미국 정부가 국제수지 적자와 금 유출을 방지하려고 달러 유출을 제한하는 헛된 시도를 하자, 역외 달러 대출시장이 극적으로 성장했다. 이에 따라 10개 통화에 걸쳐 하루에서 1년까지 15개 기간의 LIBOR 금리가 산출되었다. 물론 달러 LIBOR가 단연 가장 중요한 금리였다.

도표 3-2를 보자. 금융위기 이전에는 LIBOR가 연방기금금리와 매우 비슷한 수준(대개 10bp 이내)이었다. 2007년 8월, BNP 파리바가 펀드 환매를 중단한다고 발표하고 영국 노던 록Northern Rock에서 문제가 발생하는 등 은행 섹터에서 처음으로 혼란이 나타나자, LIBOR-연방기금 스프레드가 50bp를 넘어섰다. 이후 12개월에 걸쳐 서브프라임 위기가 확대되는 동안 LIBOR-연방

도표 3-2 | 금융위기 기간 S&P500과 LIBOR-연방기금 스프레드, 2007년 1월~2013년 6월

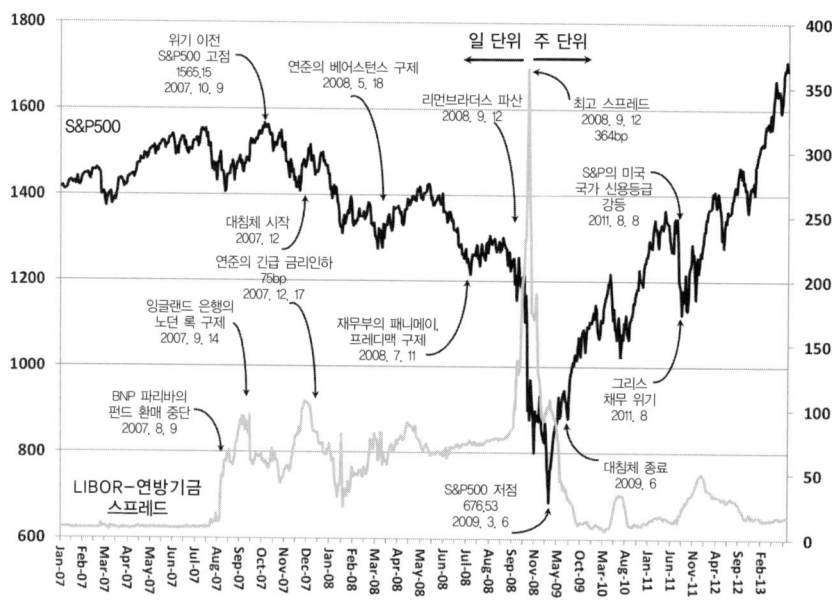

기금 스프레드는 대체로 50~100bp 안에서 머물렀다. 그러나 리만 브라더스가 파산하자 스프레드가 치솟았고, 10월 10일에는 전례 없는 수준인 364bp에 도달했다.

연준이 적극적으로 연방기금금리를 인하하는데도 수많은 대출의 기준이 되는 LIBOR는 상승했으므로, 정책입안자들은 극도의 좌절감을 느꼈을 것이다. 결국, 연준이 금융시스템에 준비금을 쏟아붓고 나서야 LIBOR가 내려갔다. 그러나 전미경제연구소National Bureau of Economic Research가 대침체가 끝났다고 발표하기 3개월 전인 2009년 3월, 주식시장이 약세장 저점에서 회복을 시작한 시점에서야 스프레드가 100bp 밑으로 확실하게 내려갔다.

LIBOR는 대출금리 결정에 지극히 중요한 기준이지만, 실제 거래를 근거

로 산출된 지표는 아니다. LIBOR는 실제 자금 차입과는 상관없이, 은행이 예상하는 무담보 차입비용을 근거로 산출된다. 리먼 파산 이후 은행 파산에 대한 공포감이 퍼지자, 은행간 대출시장이 사실상 얼어붙었다. 이런 상황에서는 은행들이 무담보 차입비용을 추정할 근거가 없었는데도, 영국은행협회British Bankers Association에 LIBOR 금리를 계속 제출해야 했다. 2008년 11월 영국 의회에서 잉글랜드은행 총재 머빈 킹Mervyn King은 이렇게 말했다. "여러 면에서, LIBOR는 은행간 실제 대출금리가 아닙니다." [22]

미국과 영국의 규제 기관들은 여러 은행이 시장 평판을 두려워하여 차입비용을 낮춰 보고했다고 강하게 의심했다. 그러나 영국 정부는 2012년 7월이 되어서야 제재 사실을 발표했다. 영국 정부는 거짓 금리를 제출한 바클레이즈에 벌금 4억 5,300만 달러를 부과했고, 다른 은행들 역시 거짓 금리를 제출했다는 점을 시사했다.[23] 이렇게 추문이 드러나자 LIBOR 시장을 개혁하라는 요구가 빗발쳤다. 따라서 기준금리 산정방식을 완전히 재구성하든가, 대체 상품을 찾아야 하는 상황이다.

상품시장

서브프라임 위기 초기에는 신흥시장이 고성장세를 이어갔으므로, 상품가격이 급등했다. 2007년 1월 배럴당 40달러였던 서부 텍사스 중질유는 2008년 7월 사상 최고치인 147.27달러까지 상승했고, 18개 주요 거래상품으로 구성된 CRB지수Commodity Research Bureau Index는 60% 넘게 상승했다. 그러나 리먼 위기로 경제활동이 침체하자 상품가격이 급락했다. 12월에는 유가가 32달러로 떨어졌고, CRB지수는 58% 하락하여 2002년 이후 최저 수준으로 내려갔다.

CRB지수 하락률이 세계 주가지수 하락률과 거의 같다는 점도 주목할 만하다. 상품이 주식에 대한 헤지 수단이 된다고 믿는 사람들도 있었으나, 이들의 생각은 빗나갔다. 나중에 더 설명하겠지만, 금융위기 기간 주가 급락에 효과적인 헤지수단이 된 상품은 사실상 장기 국채뿐이었다. 금도 2008년 7월 온스당 1,000달러에 육박하면서 정점에 도달했다가, 리먼 파산 이후 700달러 밑으로 떨어졌다.

외환시장

달러는 2001년 여름 15년 고점을 기록한 이후, 금융위기 초기까지 계속해서 주요 선진국 통화에 대해 약세를 유지했다. 베어스턴스가 JP모건에 인수된 직후까지도 달러는 약세 행진을 이어가다가 2008년 3월 17일 사상 최저점에 도달했는데, 이는 금융위기 이전 고점인 2005년 11월 환율보다 23% 낮은 수준이었고, 25년 고점인 2001년 환율보다 41% 낮은 수준이었다. 그러나 금융위기가 악화하자 달러는 '안전자산' 지위를 되찾았고, 외국 투자자들은 다시 달러 증권을 사들였다. 이에 따라 달러의 가치는 2009년 3월 4일(미국 주식시장이 약세장 저점에 도달하기 1주일 전) 고점까지 26% 넘게 상승했다. 금융위기 기간에 달러 대비 강세통화는 일본 엔화뿐이었는데, 이는 금융위기 탓에 '캐리 트레이드 carry trade(저금리 통화를 빌려 고금리 통화에 투자하는 거래)'를 청산하는 거래가 많았기 때문이다. 그러나 금융위기가 완화하고 주식시장이 회복하기 시작하자, 달러는 안전자산 지위를 상실하면서 가치가 하락했다.

각 자산의 수익률과 그 상관관계

주요 금융이론에 의하면, 위험을 높이지 않으면서 최고의 수익률을 얻으려면 다양한 자산에 분산투자해야 한다. 바로 이런 이유 때문에 시장과 상관관계가 마이너스인 자산 가격에는 프리미엄이 붙고, 플러스인 자산 가격은 할인된다.

도표 3-3은 1970~2012년 동안 다양한 자산과 S&P500지수의 상관관계를 보여준다. 금융위기는 자산 사이의 상관관계에 커다란 영향을 미쳤는데, 대개 금융위기 이전에 발생한 추세를 가속했다. 선진국 주식시장지수 Europe, Australia, Asia, and the Far East: EAFE와 신흥국 주식시장지수 Emerging Market: EM 모두 미국 주식시장과 상관관계가 대폭 높아져서, EAFE는 0.91, EM은 0.85에 이르렀다.

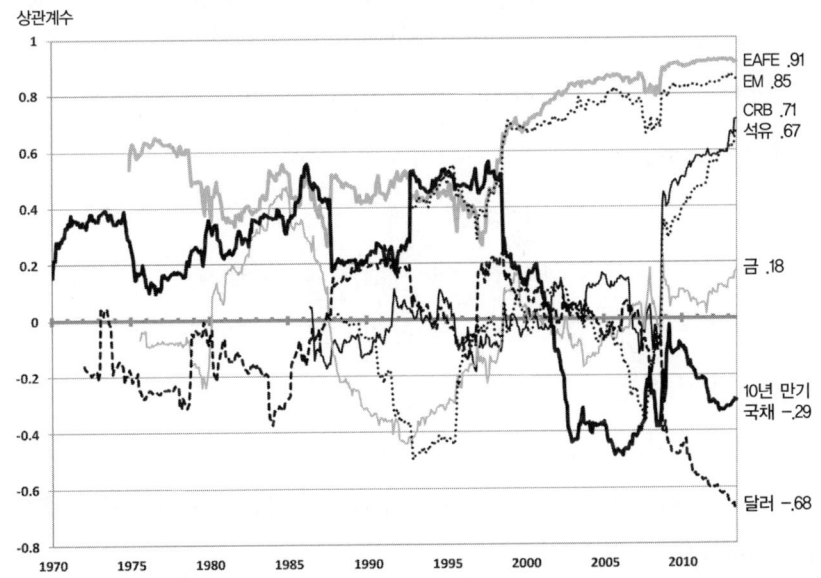

도표 3-3 | S&P500와 다양한 자산의 월별 상관관계, 1970~2012년

최근 주식시장들 사이의 상관관계가 높아진 데에는 그만한 이유가 있다. 첫째, 세계 무역이 세계 총생산에서 차지하는 비중이 계속 증가함에 따라, 시장들 사이의 상호의존성도 높아졌다. 둘째, 이제는 투자자와 트레이더들이 동시에 세계 여러 시장에서 거래하므로, 시장심리 역시 동시에 세계 여러 시장으로 확산하는 경향이 강하다. 셋째, 2008년 이후 발생한 시장충격들은 대부분이 한 국가나 시장보다는 세계 전체에 영향을 미치는 충격이었다.

도표 3-3을 보면 금융위기 이후에는 주식시장들 사이의 상관관계뿐 아니라, 주식시장지수와 상품시장지수 사이의 상관관계도 급격히 높아졌다.[24] 상품가격에 영향을 미치는 요소로는 세계경제 성장 같은 수요 요소, 농사를 좌우하는 날씨 등 공급 요소, 석유 같은 정치 요소가 있다. 수요 요소는 주가나 상품가격과 상관관계가 플러스이지만, 공급 요소는 상관관계가 마이너스다. 따라서 공급 요소가 상품가격 등락에 주로 영향을 미친다면, 상품은 주식에 대해 효과적인 헤지 수단이 될 수 있다. 그러나 수요 요소가 압도적인 영향을 미친다면, 상품가격도 주가와 함께 움직이게 되므로, 상품은 주식에 효과적인 헤지 수단이 되지 못한다.

상품과 주가 사이의 상관관계가 계속 높은 데에도 그만한 이유가 있다. 최근 에너지 시장에서 OPEC는 석유 공급에 과거만큼 큰 영향을 미치지 못하고 있다. 수압파쇄법fracking 등 추출기법이 발전함에 따라, 비OPEC 국가들의 석유와 가스 생산 비중이 증가하고 있기 때문이다. 이에 따라 에너지 가격 결정에 수요 요소가 더 큰 영향을 미치게 되었고, 상품과 주가 사이의 상관관계도 플러스가 되었다. 이는 주식에 대해서 상품의 헤지 효과가 감소했다는 뜻이다.

일각에서는 세계 주식시장 사이의 상관관계가 높아졌으므로, 국제 분산투자 필요성이 사라졌다고 주장한다. 즉 세계 주식시장이 같은 방향으로 움직인다면, 외국시장에 분산투자해도 포트폴리오의 변동성이 감소하지 않는다는 논리다. 그러나 상관관계 측정 기간은 대개 1주일이나 1개월처럼 단기이며, 장기 상관관계는 단기 상관관계보다 훨씬 낮다. 따라서 단기적으로는 포트폴리오의 변동성이 대폭 감소하지 않더라도, 장기투자자는 계속해서 국제 분산투자를 할 필요가 있다.

상관관계 감소

금융위기 이후 상품은 주식과 상관관계가 높아졌지만, 국채 및 달러는 주식과 상관관계가 훨씬 낮아졌다.

외환시장에서 달러의 가치에 영향을 미치는 요소는 미국 경제의 건전성과 국제 투자자들이 인정하는 안전자산으로서의 지위다. 미국 경제의 건전성은 달러와 주가의 상관관계를 플러스로 이끄는 요소다. 미국 경제에 관해서 호재가 나오면 주가와 환율이 함께 강세를 보이고, 악재가 나오면 함께 약세를 보인다.

그러나 달러가 안전자산 지위를 얻으면, 달러와 주가의 상관관계는 마이너스가 된다. 특히 미국 밖에서 악재가 나오면 달러에 대한 수요가 급증하면서 달러 가치는 상승하고, 미국을 포함한 세계 주식시장은 하락한다. 금융위기 이후 특히 유럽 통화위기가 발생했을 때, 달러는 안전자산 지위를 얻어 가치가 극적으로 상승했다. 유럽 통화위기로 세계 주식시장과 유로화 가치가 하락하면서 외환시장에서 달러 가치는 상승했다. 도표 3-3에서 보듯이, 유럽 통화위기 기간에 달러와 미국 주식시장의 마이너스 상관관계가 기록을 세웠다.

미국 국채도 금융위기 이후 안전자산 지위가 강화되었다. 미국 안팎에서 악재가 나오면 투자자들은 서둘러 국채를 사들였으므로, 국채와 주가 사이에는 높은 마이너스 상관관계가 형성되었다. 이에 따라 주식 포트폴리오의 위험을 헤지하려는 투자자들의 매수세가 몰리면서, 금융위기 이후 국채 장기물의 가격은 상승하고 수익률은 하락했다.

외국 투자자가 미국 국채 장기물을 사면 주식 포트폴리오 헤지 효과가 더 커진다. 외국 투자자들은 악재가 발생하면 달러표시 자산, 특히 미국 국채를 더 많이 사들이기 때문이다. 따라서 '달러 이외의 통화로 측정한 주가'와 '미국 국채' 사이에서는 마이너스 상관관계가 더 높아진다. 장기국채는 사실상 세계의 궁극적인 '헤지' 자산이 되었으므로, 수익률이 매우 낮은데도 수많은 국부펀드의 포트폴리오에서 큰 비중을 차지하고 있다.

금융위기 이후에도 주식시장과 상관관계가 크게 바뀌지 않은 유일한 자산은 금이다. 금융위기 이후 초인플레이션과 금융시장 붕괴에 대한 두려움 탓에 금 가격이 상승하긴 했지만, 지난 50년 동안 주식시장과의 상관관계는 계속 제로에 가까웠다. 2008년에서 2013년 초까지 동안 금 가격이 대폭 상승하긴 했으나, 인플레이션을 고려하면 대단한 수준은 아니었다. 1980년 거품기 고가가 온스당 850달러였고, 2013년 고가는 2,545달러였다.

주식시장의 상관관계가 상품과는 플러스로, 국채나 달러와는 마이너스로 나타나자, '위험선호 시장risk-on market', '위험회피 시장risk-off market'이라는 용어가 등장했다. 위험선호 시장에서는 호재가 나오면, 투자자들은 주식과 상품은 사고 국채와 달러는 판다. 따라서 위험선호 시장에서는 주가와 상품 가격은 상승하고, 국채와 달러 가치는 하락한다. 반대로 위험회피 시장에서는 악재가 나오면 투자자들은 국채와 달러는 사고, 주식과 상품은 판다. 금 가격은 오를 수도 있고 내릴 수도 있다.

그러나 도표 3-3에서 보듯이, 지금까지 자산들 사이의 상관관계는 일정하지가 않았다. 특히 1970년대와 1980년대에는 주가와 국채 가격의 상관관계가 마이너스가 아니라 플러스였다. 당시에는 경제를 위협하는 주범이 인플레이션이어서, 낮은 인플레이션이 주가와 채권 양쪽에 호재가 되었기 때문이다. 따라서 인플레이션 위험은 없는 상태에서 금융시장이 불안해질 때에만 국채가 안전자산의 지위를 얻게 되고, 주가와 상관관계가 마이너스가 된다.

물론 현재의 통화정책이 유지된다면 인플레이션 위험이 재등장할 가능성이 크다. 그런 상황이 되면 국채는 헤지 기능을 상실하면서 가격이 급락할 수 있다. 국채를 주식 포트폴리오 헤지 용도로 사용하지 못하게 되면, 투자자들은 국채에 대해 훨씬 높은 수익률을 요구할 것이기 때문이다. 국채가 금융시장 붕괴에 대비하는 '보험'이라고 투자자들이 믿어준 덕분에 지금까지 유례없는 국채 강세장이 펼쳐졌지만, 세기 전환기에 기술주 강세장이 처참하게 무너진 것처럼 언제든 무너질 수 있다. 경제성장률이 상승하면 국채 보유자들은 금리 상승과 안전자산 지위 상실 탓에 이중으로 타격을 받을 수 있다.

장기분석이 주는 중요한 교훈 하나는, 펀더멘털의 영향을 영구히 받지 않는 자산은 없다는 사실이다. 기술주 거품이 붕괴하고 금융 시스템이 무너졌을 때 주식은 당연히 받아야 할 벌을 받았다. 세계 중앙은행들이 풀어놓은 유동성에 의해서 경제성장률과 인플레이션이 상승하면, 채권 보유자들도 비슷한 운명을 맞이하기가 쉽다.

금융위기의 여파로 제정된 법률

대공황의 여파로 수많은 법률이 제정되었듯이 (SEC 설립 근거가 된 증권거래법Securities and Exchange Act, 상업은행과 투자은행을 분리하고 연방예금보험공사를 설립하게 한 글래스-스티걸 법Glass-Steagall Act 등), 2008년 금융위기의 여파로 수많은 법률이 쏟아져나왔다. 그 결과물이 849페이지에 이르는 법안으로서, 상원의원 크리스토퍼 도드Christopher Dodd(민주, 코네티컷)와 바니 프랭크Barney Frank(민주, 매사추세츠)가 만든 도드-프랭크 금융개혁법안Dodd-Frank Wall Street Reform and Consumer Protection Act이다. 2010년 7월 오바마 대통령이 서명하여 법률로 통과되었다. 이 법은 미치는 범위가 매우 넓어서 직불카드에 대한 수수료, 헤지펀드 설립에 대한 규제, '약탈적 대출' 규제, 임직원 보상 제한, 경제 및 금융시스템 안정화 조처를 포함한다. 16편으로 구성된 이 법에 따라, 규제 당국들은 243개 규정을 만들고, 67개 연구를 수행하며, 22개 정기 보고서를 제출해야 한다.[25]

이 법에서 경제 전반에 영향을 미치는 가장 중요한 부분은 다음 세 가지다. (1) 상업은행의 자기자본거래를 제한하는 볼커룰Volcker Rule, (2) 연방보험공사의 규제를 받지 않는 대형금융회사의 청산을 다루는 II편, (3) 연준의 책임과 제한을 추가하는 XI편.

볼커룰은 전직 연준의장이자 오바마 대통령 산하 경제회복자문위원회 의장인 폴 볼커Paul Volcker의 이름을 딴 법률이다. 그는 금융시스템을 안정시키려면 의회가 은행들의 자기자본거래를 엄격하게 제한해야 한다고 주장했다. 이 조항은 원래 법안에는 없었으나 나중에 추가되었다. 볼커가 제안한 원안은 은행이나 은행지주회사들의 자기자본거래와, 헤지펀드나 사모펀드에 대한 투자를 명확하게 금지하는 내용이었다. 그러나 이 제안은 나중에 수정되어 미국 국채 거래와 헤지거래는 규제 대상에서 제외되었고, 자기자본거래도 은행 자본금의 3%까지는 허용되었다. 볼커룰은 상업은행과 투자은행을 다시 분리하려고 만든 법이었다. 1933년 글래스-스티걸 법이 처음으로 상업은행과 투자은행 분리를 의무화했으나, 1999년 그램-리치-블라일리 법Gramm-Leach-Bliley Act에 의해 사실상 폐지되었다.

그러면 볼커룰이 2007년 이전에 발효되었다면 2008년 금융위기가 일어나지 않았을까? 금융위기를 촉발한 주역은 과도한 차입금으로 부동산 관련 증권을 사들인 베어스턴스와 리먼 브라더스였는데, 이들은 투자은행이어서 볼커룰 적용 대상이 아니었다. 이후 연준이 구제해준 거대 보험사 AIG 역시 볼커룰 적용 대상이 아니었다. 게다가 시티뱅크와 뱅크 오브 아메리카가 곤경에 처해 연준의 자금지원을 받아야 했던 것은, 자기자본거래 때문이 아니라 부동산 대출 때문이었다. 이렇게 과거 상황을 되짚어보면, 볼커룰이 2007년 이전에 발효되었더라도 금융위기를 막을 수 있었을지 의심스럽다.

도드-프랭크 법 II편에 의하면, 정부는 금융시스템 안정을 위협하는 금융회사를 신속하게 해체하여 위험을 최소화할 수 있다. 연방예금보험공사에는 상업은행 청산규정이 있고, 증권투자자보호공사에는 증권회사 자산 청산권이 있지만, 정부에는 베어스턴스와 리먼 같은 투자은행이나 AIG 같은 보험사 해체 지침이 없다. 평상시의 파산법에 의하면 청구권 우선순위 결정에 수개월이나 수년이 걸리므로, 위기에 신속하게 대처하기가 어렵다.

도드-프랭크 법 II편에 의하면, 금융회사들은 채무를 이행할 수 없을 때 청산할 자산의 순서를 정부에 제출해야 한다. 그리고 정부는 해체되는 회사의 주식을 인수할 수 없다. 또한, 다른 채권자들이 부담할 손실을 부당하게 납세자들에게 떠안길 수 없도록 했다. 지난 금융위기에서는 연준이 AIG와 시티뱅크 등 금융회사들의 주식을 인수했지만, 개정법에서는 이를 금지했다.

XI편에서는 중앙은행이 위기에 빠진 금융회사 어디에나 대출할 수 있도록 한 연준법 13(3)절을 폐지함으로써, 연준의 권한을 제한했다. 개정법에 의하면 연준은 재무장관의 승인을 얻어 금융시스템 전반에 유동성을 공급할 수는 있지만, 개별 회사에 자금을 대출해줄 수는 없다. 게다가 연준은 긴급지원하는 회사들의 명단을 7일 이내에 공개해야 한다.[26]

이런 제한이 다음 금융위기 대처에 걸림돌이 될지는 두고 볼 일이다. 이런 제한 대부분은 공화당의 지지를 얻어 법안을 통과시키려고 추가된 내용이다. 공화당 지지자 대다수는 연준이나 의회의 금융회사 구제에 반대했기 때문이다. 이들은 특히 2008년 10월 3일 통과된 부실자산구제프로그램Troubled Asset Recovery Program: TARP에 불만이 많았다. 이는 최대 7,000억 달러까지 금융회사들을 지원하는 자금이었지만, GM 지원에도 사용되었다.[27]

TARP는 재무장관 폴슨과 연준의장 버냉키가 리먼 파산 며칠 후 처음 제안한 법안으로서, 매우 논란이 많았다. 부시 대통령이 이 법안을 지지했는데도, 2008년 9월 29일 공화당 하원에서 부결했고, 그러자 다우지수가 777포인트(6.98%)나 폭락했다. 그러나 나흘 뒤 생각을 바꾼 공화당 하원의원들은 사소한 수정을 거쳐 법안을 통과시켰다(공화당 의원들은 성난 투자자들로부터 수많은 항의전화를 받았을 것이다).

2장에서도 언급했듯이, 버냉키는 TARP 없이도 연준법 13(3)절을 근거로 위기에 빠진 금융회사나 비금융회사에 자금지원을 할 수 있었다. 그러나 이전에 연준이 개입했다가 비난받은 사례가 있으므로, 버냉키와 폴슨은 의회의 승인이 필요하다고 생각했다. 2008년에 도드-프랭크 금융개혁법안이 발효되었다면, 연준은 AIG 같은 개별회사에 자금지원을 할 수 없었을 것이다.

그렇더라도 연준은 충분히 유연성을 발휘하여 시장 안정조처를 했을 것이다. 도드-프랭크 법에 의해서도 연준은 재무부의 승인을 얻어 투자은행과 보험사 등 다양한 금융회사에 유동성을 공급할 수 있다. 실제로 재무장관 폴슨은 금융위기 모든 단계에서 버냉키와 긴밀하게 협력관계를 유지했다. 따라서 버냉키는 도드-프랭크 법에 따라서도 필시 재무부의 승인을 얻어 시장에 유동성을 공급했을 것이다.

하지만, 재무장관과 연준의장 사이가 항상 좋을 수만은 없는 법이다. 과거에 행정부가 연준을 비난한 적이 있었다. 그리고 재무장관은 대통령이 언제든 바꿀 수 있지만, 연준의장은 임기가 4년이고, 상원의 탄핵이 있어야만 바꿀 수 있다.

도드-프랭크 법이 얼마나 효과가 있을지는 세월이 지나야 알 수 있다. 지금은 대부분 규정과 절차도 완성되지 않았다. 성패는 세부사항이 좌우한다는 말도 있지만, 아직 세부사항 대부분이 나오지 않았다.

마무리 논평

금융위기로 주식은 1930년대 대공황 이후 최대 약세장을 겪었고, 국채는 최대 강세장을 누렸다. 이후 경제활동이 급격히 둔화하면서 정부 재정 적자는 전시를 제외하고 최대를 기록했고, 경기 회복에 이례적으로 오랜 기간이 걸리고 있으며, 미국의 장래에 대해 비관론이 늘어가고 있다.

그러나 대침체의 유산이 꼭 부채, 재정 적자, 경제성장률 둔화가 될 필요는 없다. 4장에서는 금세기 말까지 미래 경제지형을 지배할 추세를 살펴보면서, 미국과 세계경제의 미래를 낙관할 만한 근거를 설명하고자 한다.

04
사회보장제도의 위기

고령화 물결이 주식시장을 집어삼킬까?

인구는 운명이다.

-오귀스트 콩트 Auguste Comte

　대침체 이후 미국, 유럽, 일본 정부는 (전쟁 기간을 제외하면) 사상 최대 재정 적자를 기록했다. 이제 갈수록 비용이 상승하는데도 넉넉한 사회보장제도를 계속 유지할 수 있겠느냐에 사람들의 이목이 쏠리고 있다. 게다가 주택시장과 주식시장도 무너져 수조 달러에 이르는 자산이 사라진 탓에, 사람들은 안락한 은퇴생활을 기대하기 어려운 형편이다.

　여론조사에 따르면, 미국의 미래에 대한 자신감도 대폭 낮아졌다. 2010년, "자녀가 자신보다 더 풍요롭게 살 것으로 생각하십니까?"라는 질문에 "예"라고 답한 사람은 절반에도 못 미쳤다.[1] 생활수준이 계속해서 향상되리라는 믿음은 미국인들의 핵심 신념이자 수많은 이민자를 미국으로 끌어들인 등대였으나, 이제는 이 믿음이 희미해지고 있다.

4장에서는 이런 비관론이 타당한지 살펴보기로 한다. 과연 미국 역사상 처음으로 우리 자녀의 미래가 부모보다 어두워졌을까? 아니면 아메리칸 드림이 되살아나고 경제가 다시 성장할 수 있을까?

우리의 현실

앞으로 수십 년 동안 세계경제에 영향을 미치는 요소는 두 가지다. 첫째는 재정 적자를 키우고 연금제도를 압박하는 요소로서, '고령화 물결^{age} ^{wave}'이다. 선진국에서는 은퇴연령대에 진입하는 인구가 유례없이 증가하고 있다. 고령화 물결이 제기하는 근본적인 질문은 두 가지다. '은퇴자들이 소비할 상품과 서비스를 누가 생산할 것인가?', '은퇴자들이 매각할 자산을 누가 사줄 것인가?'이다. 선진국 은퇴자들이 소비할 상품과 서비스를 모두 선진국 스스로 생산해야 한다면, 이들의 은퇴 연령은 훨씬 높아져야 할 것이다.

둘째 요소는 빠르게 성장하는 신흥국으로서, 첫째 요소를 상쇄한다. 특히 중국, 인도 등 아시아 국가들의 생산량이 세계 생산량에서 큰 비중을 차지하게 될 것이다. 그러면 신흥국들의 생산량은 선진국 은퇴자들을 충분히 감당할 수 있으며, 이들이 매각하는 자산을 받아줄 정도가 될까? 이제부터 그 답을 찾아보면서 미국과 세계경제의 미래를 내다보기로 한다.

고령화 물결

오귀스트 콩트의 유명한 말 "인구는 운명이다."는 고령화 물결이 세계의 미래에 매우 중요하다는 사실을 일깨워준다. 2차 세계대전 이후에는 인구가 빠르게 증가했다. 대공황과 전쟁 탓에 출산을 미뤘던 사람들이, 장래에는 양육 부담이 가벼워질 것으로 낙관했기 때문이다. 1946~1964년에는 출산율이 이전 20년 평균보다 훨씬 높아져서 '베이비붐 세대'라는 집단이 탄생하게 되었다.

그러나 베이비붐 이후에는 출산율이 급락했다. 1960년대 중반에는 출산율이 극적으로 하락했다. 대부분 선진국은 출산율(여성 한 사람이 낳는 자녀의 수)이 (인구 유지 기준선인) 2.1보다 낮게 유지되었다. 유럽의 출산율은 1960년에 2.5가 넘었으나, 2010년에는 1.8로 내려갔다. 스페인, 포르투갈, 이탈리아, 그리스는 출산율이 1.5보다 훨씬 밑으로 내려갔다. 아시아는 출산율이 더 내려가서, 일본과 한국은 이제 1.3이고, 타이완은 1.1이며, 상하이는 1 미만이다. 2011년에는 미국도 출산율이 2.0 밑으로 내려갔고, 출생률(15~44세 여성 1,000명당 신생아 수)은 역사상 최저치인 63.2로 떨어지면서 1957년 수준의 거의 절반이 되었다.

증가하는 기대수명

2차 세계대전 이후에는 기대수명도 증가했다. 미국에서 (65세부터 혜택을 제공하는) 사회보장법이 통과된 1935년, 노동인구 대다수를 차지하던 남성은 기대수명이 겨우 60년이었다. 1950년에는 남성의 기대수명이 66.6년으로 늘었고, 2010년 남성은 76.2년, 여성은 81.1년에 도달했다.[2]

케임브리지대학 제임스 보펠^{James Vaupel}과 제임스 오이펜^{James Oeppen}의 연구에 의하면, 1840년 이후 선진국의 기대수명은 10년마다 2.5년씩 매우 일정하게 증가했으며, 이 증가 추세는 약간 약해지는 모습이었다.[3] 그러나 20세기 중반까지는 기대수명이 증가한 주된 이유가 유아 사망률 감소 때문이었다. 1901~1961년 동안 신생아 남성의 기대수명은 20년 넘게 증가했지만, 60세 남성의 기대수명 증가량은 2년 미만이었다.

그러나 지난 반세기 동안에는 의학 발전에 힘입어 노인의 기대수명이 대폭 증가했다. 그동안 질병, 전쟁, 자연재해에 시달려온 인류는 대부분 기간에 청년층 인구가 노인층 인구보다 많았다. 하지만 베이비붐 세대의 사망률이 하락한 데다가 출산율까지 낮아지면서, 선진국들의 연령 분포가 극적으로 바뀌었다. 금세기 중반이 되면 일본과 그리스, 스페인, 포르투갈 등 남유럽 국가들은 연령 분포가 역전될 것이다. 즉, 70대와 80대 인구 비중이 가장 커지고, 80세 이상 노인 인구가 15세 미만 어린이보다 많아지게 된다.

낮아지는 은퇴 연령

지금까지 기대수명은 증가하는데도 선진국의 은퇴 연령은 계속 낮아졌다. 1935년에 제정된 사회보장법에서는 65세부터 혜택을 제공했는데, 당시에는 평균 은퇴 연령이 67세였다. 2차 세계대전 이후, 62세부터 감액연금을 받을 수 있는 법안이 1961년 의회에서 통과되자 은퇴 연령이 급격히 낮아졌다.

유럽은 미국보다도 은퇴 연령 저하 속도가 더 빨랐다. 1970년대 초 유럽 정부들은 은퇴 연령 하한선을 65세에서 60세로 낮췄고, 55세로 낮춘 사례도 많았다.4) 미국은 은퇴를 연기하는 사람들에게 사회보장급여액을 높여주었지만, 유럽은 은퇴를 연기하는 사람들에게 우대조치를 거의 해주지 않았다. 미국은 1970~1998년 동안 60~64세 인구 중 노동인구 비중이 50%를 훨씬 넘었지만, 프랑스는 약 70%에서 20% 미만으로 감소했고, 서독은 70% 초과에서 30%로 감소했다.5)

기대수명은 증가하고 은퇴 연령은 낮아진 결과, 사람들의 은퇴생활 기간이 극적으로 증가했다. 1950~2010년 동안 미국인들의 기대수명은 69년에서 78년으로 증가하고, 평균 은퇴 연령은 67세에서 62세로 낮아졌다. 그 결과 은퇴생활 기간은 1.6년에서 15.8년으로 8배 넘게 증가했다. 그리고 유럽인들의 은퇴생활 기간은 더 늘어났다.

은퇴생활 기간이 급격히 증가하면서, 사람들의 생활 스타일도 매우 달라졌다. 2차 세계대전 이전에는 은퇴 후 오래 산 사람이 매우 드물었고, 건강하게 오래 산 사람은 더욱 드물었다. 그러나 지금은 미국, 유럽, 일본에서 국가나 기업으로부터 연금을 받으면서 건강하게 은퇴생활을 즐기는 사람이 수없이 많다.

은퇴 연령 상승 필요성

그러나 기대수명은 증가하고 은퇴 연령은 낮아지는 이 멋진 추세는 계속 이어질 수가 없다. 도표 4-1A에서 보듯이, 1950년에는 미국 노동인구

| 도표 4-1 | 근로인구 대비 은퇴자 비율, 1950~2060년

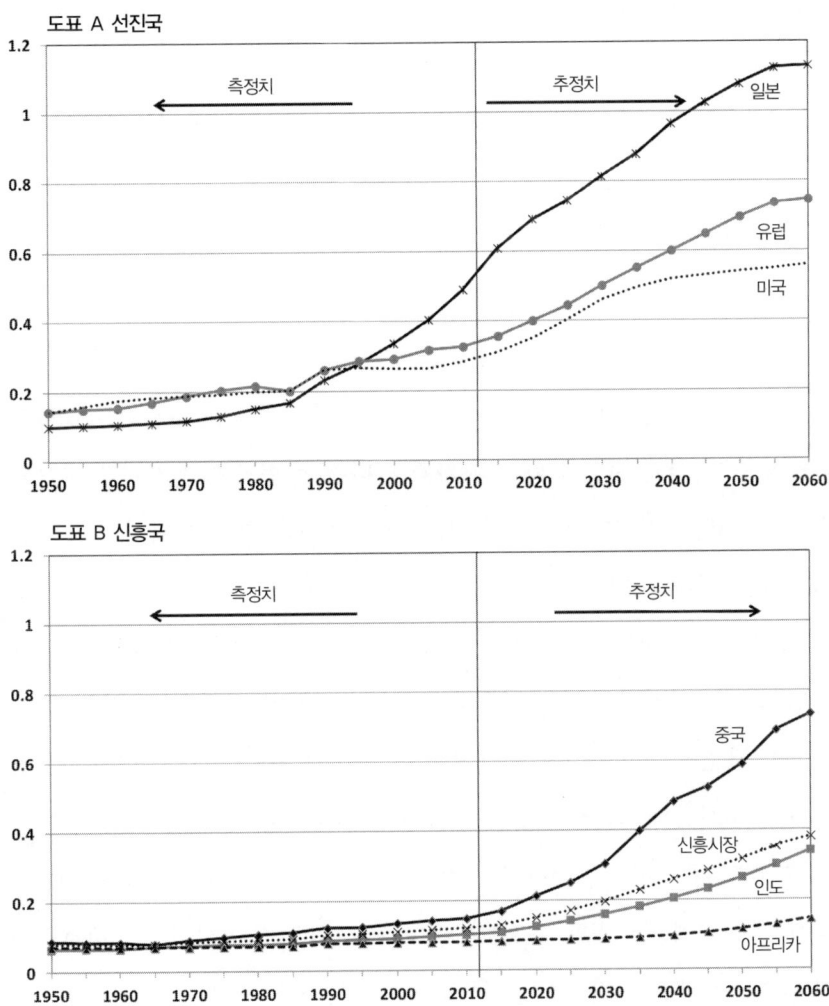

100명당 은퇴자가 14명이었다. 2013년에는 노동인구 100명당 은퇴자가 28명으로 증가했고, 2060년에는 56명으로 예상된다. 일본은 노동인구 100명당 은퇴자가 현재 49명에서 2060년에는 113명으로 증가하고, 유럽은 75명

으로 증가할 것이다. 게다가 이 비율 계산에서는 은퇴 연령을 65세로 가정했으므로, 은퇴자 비중을 과소평가하는 경향이 있다. 실제로 미국과 일본은 은퇴 연령이 65세보다 낮고, 유럽은 훨씬 더 낮다.

인구 추세의 문제점은 유럽과 일본이 미국보다 더 심각하지만, 그 부담은 세계가 함께 짊어지게 된다. 상품과 서비스는 세계시장에서 거래되므로, 장차 유럽과 일본 은퇴자들의 수요 증가로 세계 물가가 상승하면 미국도 그 영향을 받기 때문이다.

그러나 고령화 물결이 미치는 영향은 세계의 물가 상승에 그치지 않는다. 고령화 물결은 사람들이 은퇴 후 소비하려고 축적한 자산의 가격에도 악영향을 미친다. 주식과 채권의 가격도 다른 상품과 마찬가지로 수요와 공급에 따라 결정되기 때문이다. 사람들은 일하는 동안 저축하여 자산을 사고, 은퇴 후에는 자산을 팔아 생활비로 사용한다.

그러나 은퇴자 수가 증가하면 자산을 사는 사람보다 파는 사람이 많아지므로 자산 가격이 대폭 하락한다. 이렇게 자산 가격이 하락하면, 사람들은 조기에 은퇴하여 풍요로운 생활을 즐길 수가 없다. 따라서 베이비붐 세대는 은퇴 시점을 계획보다 늦출 수밖에 없을 것이다.

그러면 은퇴 시점을 얼마나 늦춰야 할까? 미국 베이비붐 세대가 은퇴 연령에 미치는 영향은 도표 4-2에 나온다. 시나리오 A는 선진국 은퇴자들에게 필요한 상품을 선진국 노동자들이 모두 생산하는 경우다.

고령화 물결의 영향이 극적이어서, 현재 62세인 은퇴 연령을 금세기 중반에는 77세로 15세나 높여야 한다. 이는 기대수명 증가량을 넘어서는 수준이다. 이 시나리오에 의하면 은퇴생활 기간은 현재의 15.8년에서 7년으로 절반 넘게 감소하게 된다. 이는 제2차 세계대전 이후 늘어난 은퇴생활 기간의

도표 4-2 | 기대수명과 시나리오별 은퇴 연령, 1950~2060년

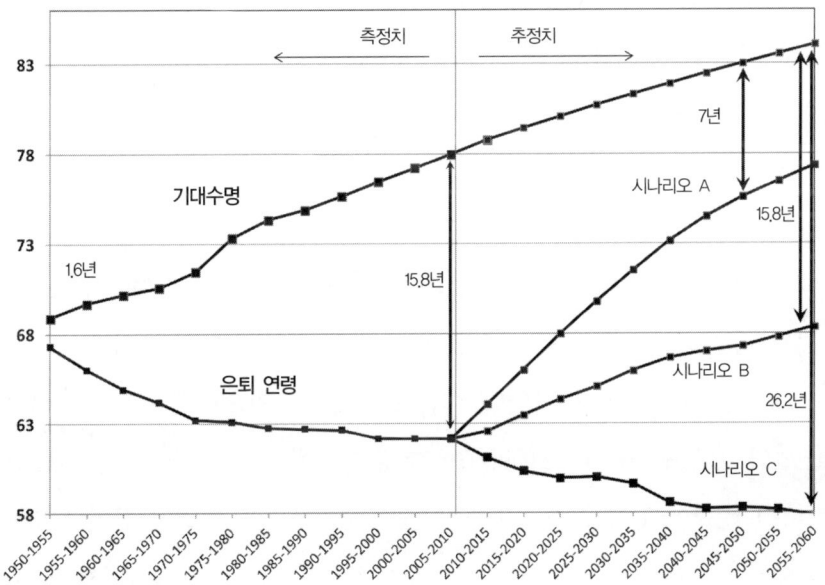

대부분을 반납해야 한다는 뜻이다.[6]

세계인구와 고령화 물결

이런 분석을 근거로 일각에서는 미래 자산 수익률을 비관한다. 일부 분석가는 각 나라의 인구를 바탕으로 그 나라 자산 수익률을 예측했다.[7]

그러나 각 나라의 인구를 통해서 그 나라의 미래를 내다보는 방식은 틀렸다. 이제 세계는 하나의 경제로 보아야 하므로, 국가별로 소비와 생산을 따져서는 안 된다. 신흥국들이 상품을 생산해서 선진국 은퇴자들에게 공급

할 수 있기 때문이다.

이는 선진국은 고령화 물결이 심각한 문제이지만, 나머지 국가들은 심각하지 않기 때문이다. 일본, 유럽, 미국과는 달리, 신흥국에는 청년 인구가 많다.

도표 4-1 B는 신흥국의 근로인구 대비 은퇴자 비율이다. 물론 근로인구 대비 은퇴자 비율은 거의 모든 나라에서 상승하고 있다. 그러나 중국을 제외하면, 비율 상승 추세가 선진국보다 훨씬 완만하다. 선진국 베이비붐 세대 대부분이 은퇴하는 2013~2033년 동안, 신흥국은 노동인구 100명당 은퇴자가 11명에서 18명으로 증가한다. 이는 27명에서 45명으로 증가하는 미국보다 훨씬 낮은 수준이다. 아프리카는 7.5명 수준에서 거의 바뀌지 않는다. 한 자녀 정책 탓에 고령화 속도가 가장 빠른 중국도 앞으로 20년 동안 14명에서 30명으로 증가하는 정도이며, 2060년이 되어야 미국을 추월하게 된다.

본질적 질문

문제는 신흥국 노동자들이 선진국 은퇴자들에게 상품을 충분히 생산해서 공급할 수 있으며, 충분히 저축해서 선진국 은퇴자들이 매각하는 자산을 사줄 수 있느냐이다. 지금은 그 대답이 "아니오."이다. 신흥국이 세계 인구에서 차지하는 비중은 80%이지만, 세계 생산량에서 차지하는 비중은 약 절반에 불과하다.

그러나 이 비중은 빠르게 바뀌고 있다. 1980년 중국의 덩샤오핑은 중국 경제를 시장경제 체제로 변경하여 지속적인 고성장 시대를 열었다. 그 결과 중국의 구매력 기준 1인당 소득이 1980년에는 미국의 2.1% 수준이었으나 2010년에는 16.1% 수준으로 상승했다. 중국은 인구가 미국의 거의 4배이므로, 1인당 소득이 미국의 25%만 되어도 세계 최대 경제국이 된다. 2016년 전후가 그 시점으로 예상된다. 그리고 두 나라의 1인당 소득 증가율이 최근 수준으로 유지된다면 2025년에는 중국의 경제 규모가 미국의 2배에 이르게 된다.

중국이 고속 성장을 시작하고 10년 뒤, 인도에서도 비슷한 변화가 일어났다. 1991년 총리 나라시마 라오Narasimha Rao는 재무장관 만모한 싱Manmohan Singh과 함께 인도 경제 자유화에 착수했다. 이들은 각종 관료주의를 철폐하고, 관세와 금리를 인하했으며, 여러 전매專賣사업을 없앴다. 이후 인도도 고속성장하기 시작했다. 현재 성장률은 중국보다 낮지만 2030년대에는 GDP가 미국을 넘어설 것이며, 결국에는 중국도 추월할 것이다.

도표 4-3은 세계 GDP 분포의 변화 추이를 보여준다. 근거 자료는 IMF와 OECD의 생산성 증가율 추정치와 UN의 각국 인구 증가율 추정치다. 1980년에는 선진국이 세계 생산량에서 차지하는 비중이 4분의 3이었고, 미국의 비중이 4분의 1이었다. 현재는 선진국의 비중이 세계 GDP의 약 절반이다. 그러나 20년 뒤에는 이 비중이 3분의 1로 감소하고, 금세기 말에는 4분의 1로 줄어들 것이다. 반면에 금세기 말 신흥국이 세계 GDP에서 차지하는 비중은 4분의 3으로 증가할 것이다.

특히 중국과 인도의 GDP 성장률이 주목할 만하다. 중국이 세계 생산량에서 차지하는 비중은 1980년 2%에서 현재 16%로 증가하였고, 2032년에는 최대 32%까지 도달했다가, 금세기 말 14%로 감소할 것으로 추정된다. 나중에 중국의 비중이 감소하는 것은, 그동안 중국이 한 자녀 정책을 펼친 데

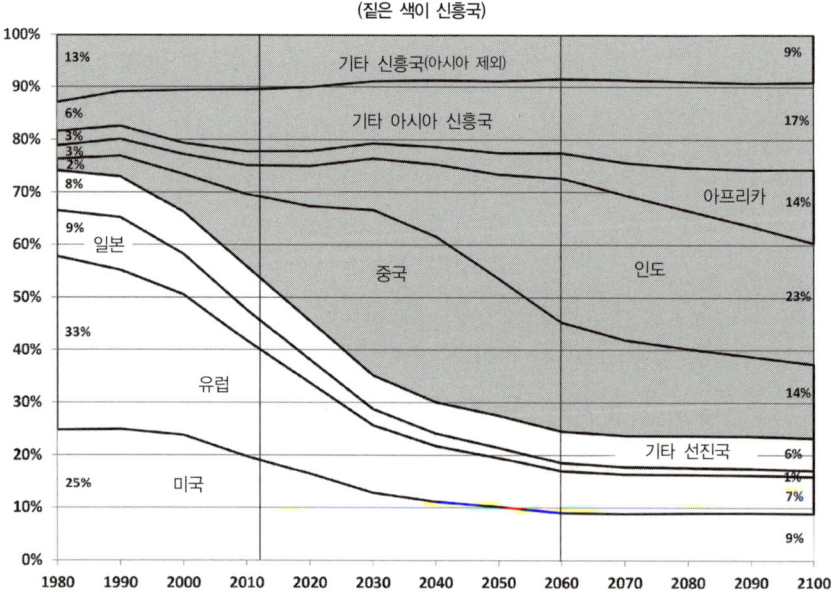

도표 4-3 | 1980~2100년 세계 GDP(IMF, OECD, UN 추정치에 근거)

다, 1인당 GDP가 선진국 수준에 근접하면서 성장률이 둔화하기 때문이다. 인도가 세계 생산량에서 차지하는 비중은 1980년 3%에서 현재 6%로 증가하였고, 2032년에는 11%로 추정된다. 인도는 더 높은 인구증가율에 힘입어 2060년에는 경제 규모가 중국을 넘어설 것으로 보인다. 2040년부터 금세기 말까지 인도가 차지하는 비중은 약 4분의 1로 추정된다.

아프리카는 세계경제에서 차지하는 비중이 2070년까지는 낮게 유지되지만, 이후 고속 성장하여 금세기 말에는 중국과 같은 수준인 14%에 도달할 것이다. 아프리카의 성장률 추정에는 매우 보수적인 가정을 적용했으므로 금세기 하반기에 차지하는 비중이 과소평가되었을 수도 있다. 중국 경제는 1980년대에 도약했고 인도 경제는 그 10년 뒤에 도약했지만, 신흥국 경제가 언제 도약할지 예상하기는 매우 어렵다. 현재 IMF는 사하라 사막 이남 아프리카의 성장률을 5%로 추정하는데, 이는 선진국보다는 높지만 아시아에서 달성한 것보다는 훨씬 낮은 수준이다. 금세기 말 아프리카가 세계인구에서 차지하는 비중이 거의 3분의 1로 추정되므로(이 기간 출산율이 대폭 하락한다고 가정), 경제가 고속 성장한다면 아시아를 제치고 세계 최대 경제가 될 수도 있다.

다른 분석가들도 신흥국들이 세계경제에 중요하다는 점을 인정했다. OECD 개발센터 호미 카라Homi Khara의 추정에 의하면, 2009~2030년 동안 연간 소득이 3,650~3만 6,500달러인 '중산층'이 30억 명(170%) 넘게 증가한다.[8] 이들의 소비도 150% 증가하여 34조 달러 이상 늘어나면서, 현재 미국 경제 규모의 2배를 넘어서게 된다. 이 성장의 80% 이상이 아시아에서 나올 것으로 추정된다. 반면에 이 기간 서유럽과 미국의 소비는 거의 증가하지 않을 것이다.

신흥국들의 성장은 선진국에 심대한 영향을 미친다. 첫째, 선진국 은퇴자들에게 필요한 상품 다수를 신흥국에서 공급하게 될 것이다. 신흥국 근로자들은 이렇게 얻은 소득으로 소비도 늘리고 저축도 늘린다. 아시아는 전통적으로 저축률이 높다. 일본처럼 부유한 저성장 국가조차 국민 저축률이 25%에 육박하는데, 이는 대부분 유럽 국가보다 훨씬 높고 미국의 2배가 넘는 수치이다.

이렇게 신흥국 근로자들의 저축이 증가하면, 선진국 은퇴자들이 자산을 매각해도 가격이 크게 하락하지 않는다. 앞으로 50년 동안 신흥국 생산성 증가율이 평균 4.5%(1990년 이후 지금까지 평균 성장률) 이상으로 유지된다면, 미국의 장래 은퇴 연령은 도표 4-2의 시나리오 B가 될 것이다.

시나리오 B에 의하면, 장래 은퇴 연령은 현재 수준인 62세보다 낮아지지도 않고 유지되지도 않는다. 다만, 사람들의 은퇴생활 기간은 그대로 유지되는데, 은퇴 연령은 높아지지만 기대수명도 그만큼 증가하기 때문이다.

도표 4-4는 1980~2035년 선진국과 신흥국의 생산성 증가율이다. 대침체 기간을 포함한 지난 20년 동안 신흥국의 생산성 증가율은 거의 5%였다.

그러면 선진국 은퇴 연령은 과연 계속 낮아질 수 있을까? 시나리오 C는 모든 신흥국의 경제성장률이 중국과 같은 수준인 9%가 된다고 보는 지극히 낙관적인 전망이다. 이렇게 되면 선진국 은퇴자들에게 필요한 상품과 서비스를 신흥국이 완벽하게 공급해주게 된다. 그러면 미국 은퇴 연령은 계속 낮아지며, 2060년에는 은퇴생활 기간이 26년을 넘어가게 된다.

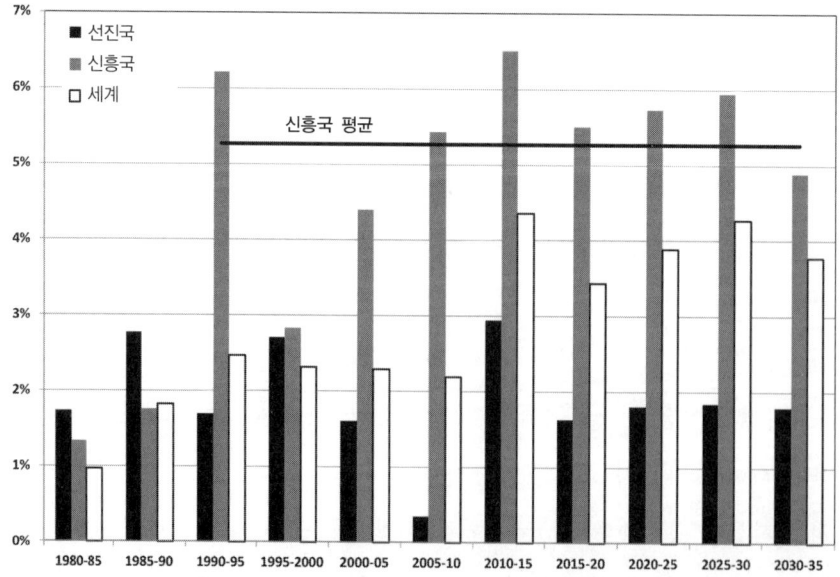

도표 4-4 | 선진국과 신흥국의 생산성 증가율, 1980~2035년

공백을 메워주는 신흥국

4장을 시작하면서 나는 다음 두 가지 질문을 던졌다. 은퇴자들이 소비할 상품과 서비스를 누가 생산할 것인가? 은퇴자들이 매각할 자산을 누가 사줄 것인가?

이제는 그 답이 신흥국 근로자와 투자자임을 알 수 있다. 신흥국 사람들이 선진국에 상품을 제공하고 받은 돈으로, 선진국 은퇴자들이 매각하는 주식과 채권을 사준다는 말이다. 신흥국이 고령화 물결을 얼마나 막아주느냐는 신흥국의 경제성장률에 좌우된다. 신흥국이 고속성장을 이어간다면 미국, 유럽, 일본 기업들이 발행하는 주식과 채권 대부분을 신흥국 투자자들이 보유하게 될 것이다. 금세기 중반에는 중국과 인도 등 신흥국 투자자들이 대부분 세계적 기업의 지배지분을 갖게 될 것이다.

그러면 신흥국 투자자들은 왜 선진국 자산을 사들이게 될까? 기업들은 이제 세계 전역에서 기회를 찾는다. 신흥국 경제가 성장하면, 선진국 기업들은 신흥국에서 새로 형성되는 중산층을 공략한다. 신흥국에서는 인프라에 대한 수요도 엄청나게 증가한다. 앞으로 20년 동안 신흥국의 인프라 지출이 세계 GDP의 2~3%에 이를 것으로 추정된다. 이는 연 2조 달러가 넘는 규모이며 미국 기업들이 최대 수혜자가 된다.[9]

고성장 신흥국 소비자들이 선진국 유명 브랜드에 매력을 느낀다는 사실에는 의심의 여지가 없다. 인터브랜드Interbrand가 발표한 '2013년 베스트 글로벌 브랜드'에서 이 사실이 드러난다. 인터브랜드는 매년 세계 100대 브랜드 순위를 발표하는데, 그 기준은 회사의 재무 실적, 그 브랜드가 소비자들의 선택에 미치는 영향, 브랜드의 수익성 기여도 등이다. 상위 7대 브랜드(애플, 구글, 코카콜라, IBM, 마이크로소프트, GE, 맥도널드) 전부와 상위 20대 브랜드 중 14개가 미국 기업 소유였다.

선진국 기업들이 세계시장에서 경쟁력을 상실한다면 어떻게 될까? 그렇다면 틀림없이 신흥국 기업들이 그 공백을 메울 것이다. 그렇더라도 유명 브랜드를 보유한 선진국 기업들은 신흥국 투자자들에게 인수되어 활용될 것이다.

생산성 증가율이 유지될까?

생산성이 증가하면 우리 생활수준이 향상된다.[10] 신흥국은 선진국에서 이미 개발한 기술을 가져와서 활용하면 생산성을 빠르게 높일 수 있다.

그러나 선진국은 기술 수준이 이미 한계에 도달했으므로, 혁신과 발명을 통해서만 생산성을 높일 수 있다. 지금까지 선진국의 생산성 증가율은 늘 연 2~2.5%로 놀라우리만큼 안정적이었다. 이는 35년마다 생활수준이 2배로 향상되었다는 뜻이다.[11]

그러나 노스웨스턴대학 로버트 고든Robert Gordon 교수 등 일부 경제학자는 미국의 생산성 증가율이 극적으로 하락할 것이라 말한다.[12] 그가 제시하는 근거는 인구 고령화, 소득 불평등 심화, 학업성취도 저하 등이다. 그는 소득 상위 1%를 제외한 대다수 미국인의 생산성 증가율이 연 0.5%에 그칠 것으로 예상한다. 이는 장기 평균의 4분의 1 미만이다.

일부 경제학자는 고든의 비관론에 동조하면서, 최근 개발된 기술은 1세기 전에 개발된 기술만큼 생활수준을 높여주지 못했다고 지적한다. 《거대한 침체The Great Stagnation》를 쓴 조지 메이슨 대학 경제학자 타일러 코언Tyler

Cowen은 기술 면에서 선진국은 고원 상태에 도달했다고 말했다. 낮게 매달린 열매는 이미 모두 따먹었다는 뜻이다.[13]

표 4-1은 지난 100년 동안 우리 생활을 크게 바꾼 주요 발명품들이다. 전반기에 나온 발명품들이 후반기에 나온 발명품들보다 우리 생활 변화에 훨씬 큰 영향을 미친 듯하다.[14]

실리콘밸리 일각에서는 미국이 내림세로 접어들었다고 생각한다. 페이팔PayPal 설립자 피터 티엘Peter Thiel은 미국의 혁신이 '빈사 상태'에 빠졌다고 주장했다.[15] 이런 비관론은 투자업계에도 널리 퍼졌다. 거대 투자회사 핌코PIMCO의 빌 그로스Bill Gross와 모하메드 엘-에리언Mohammed El-Erian은 2009년 '뉴 노멀new normal'이라는 용어를 만들어냈다. 이는 미국 경제성장률이 2차 세계대전 이후 평균인 3% 이상에서 1~2% 수준으로 훨씬 내려간 현실을 가리키는 말이다.[16] 다른 펀드매니저들도 이 개념을 수용했다.[17]

미국의 성장률이 둔화된다고 해서 세계 전체의 성장률이 둔화되는 것은 아니다. 표 4-1 첫째 열의 혁신적 발명들을 선진국에서는 오래전부터 이용

표 4-1 | 지난 100년 동안 생활을 바꾼 발명품

1910~1960	1960~2010
전기	피임약
옥내 화장실	휴대전화
세탁기	인터넷
냉장고	PC
자동차	
전화	
TV/영화	
대형 컴퓨터	
항공 여행	
항생제/백신	
원자력	

했지만, 신흥국들은 이제 막 활용하는 단계다. 2006년 UN인간개발보고서 United Nations Human Development Report 추정에 의하면, 옥내 화장실 없이 사는 사람이 세계 인구의 40%에 해당하는 26억에 이른다. 아직도 전기, 냉장고, 기본 의료 혜택을 받지 못하는 사람이 수십억이나 된다. 앞으로 수십 년에 걸쳐 신흥국이 선진국의 생활방식을 습득하는 과정에서 세계의 막대한 부가 창출될 것이다.

나는 선진국의 생산성 증가율도 하향추세라고 생각하지 않는다. 디지털화가 진행되고 정보를 즉시 이용하게 되면서 생산성 증가율이 상승할 것이다.

역사를 돌아보면, 1세기 채륜의 종이와 15세기 구텐베르크의 인쇄술 등 의사소통을 촉진하는 발명이 나온 다음에 발명과 혁신이 잇달았다.[18] 19세기와 20세기에는 전보와 전화가 원거리 의사소통을 촉진하면서 생산성을 높여주었다.

그러나 최근 개발된 인터넷만큼 혁신을 촉진할 만한 발명품은 아직 없었다. 지금까지 (종이, 테이프, 필름, 디지털 등에) 기록된 거의 모든 정보가 조만간 인터넷을 통해 즉각적으로 제공될 것이다. 인류 역사상 처음으로, 세계의 지식체계에 누구나 거의 무료로 무제한 접속하게 된다는 뜻이다.

스탠퍼드대학 교수 찰스 존스 Charles Jones 가 생산성 증가율을 광범위하게 조사하고 주장한 바로는, 1950~1993년 미국 생산성 증가분의 50%는 세계 각국에서 연구개발 강도가 높아진 덕분이었다. 그의 논문 〈세계의 아이디어가 미국 경제성장의 원천 Sources of U.S. Economic Growth in a World of Ideas〉에 의하면, 생산성 증가를 결정하는 요소는 "세계 전역에서 개발한 아이디어를 실행하는 능력이며, 이렇게 개발되는 아이디어의 양은 혁신 국가들의 총인구에 비례한다."[19]

따라서 '혁신 국가'의 수가 증가하면, 우리 장래는 그만큼 더 밝아진다.

지난 세기에 유럽과 미국은 세계 인구에서 차지하는 비중이 매우 작았는데도, 과학 분야에서 노벨상 수상자를 90% 넘게 배출했다. 이제는 이런 판도가 급변할 것이다. 중국과 인도만 추가해도 이제 혁신 국가의 인구가 2배 넘게 증가한다. 그리고 동시 번역 기술에 의해서 언어 장벽도 사라지고 있다. 이는 앞으로도 수십 년 동안 생산성 증가율이 상승한다는 뜻이다.[20]

결론

미국 등 대부분 선진국에서 은퇴자들을 위한 상품과 서비스를 스스로 생산해야 한다면, 은퇴 연령이 기대수명보다 훨씬 빠르게 증가할 것이다. 그러나 세계 신흥국의 생산성이 증가하고 있으며, 이들이 상품과 서비스를 생산하고 선진국 은퇴자들의 자산을 사줄 수 있으므로 은퇴 연령 증가 속도는 빠르지 않을 것이다. 또한, 장래 주식 수익률도 과거 수준을 유지할 수 있을 것이다.

이런 낙관적 시나리오는 실현되지 않을 수도 있다. 아시아나 다른 지역에서 무역전쟁, 자본이동 제한, 성장 정책 후퇴가 나타나면 경제와 주식 수익률은 악영향을 받는다. 그러나 신흥국은 물론 선진국에서도 생산성 증가율 상승을 기대할 만한 이유가 있다. 통신혁명 덕분에 몇 년 전만 해도 상상할 수 없었던 대규모 연구 협력이 가능해졌다. 협력은 발견, 혁신, 발명을 촉진한다. 연준의장 벤 버냉키는 2013년 바드칼리지 사이먼스락Bard College Simon's Rock 졸업연설에서 이렇게 말했다. "인류의 혁신 능력과 혁신 동기는 지금이 과거 어느 때보다도 큽니다."[21]

2부

역사가 내린 평가

05

1802년 이후 주식과 채권 수익률

내가 아는 미래 예측 방법은 과거를 돌아보는 것뿐입니다.

―패트릭 헨리|Patrick Henry(미국 독립혁명 지도자), 1775년 3월 23일 버지니아 컨벤션 연설

1802년~현재 금융시장 데이터

5장에서는 지난 2세기 동안 주식, 채권, 기타 자산의 수익률을 분석한다. 여기서는 미국 역사를 세 기간으로 나눈다. 1기는 1802~1870년으로서, 미국 경제가 농업에서 산업으로 전환된 기간이다. 오늘날 산업화가 진행되는 아시아와 라틴아메리카 신흥국들과 비슷한 시기였다. 2기는 1871~1925년으로서 미국이 정치와 경제 측면에서 세계 최강국이 된 기간이다. 3기는

1926년~현재로서 대공황, 제2차 세계대전 이후 성장기, 기술주 거품, 2008년 금융위기가 포함된다.

이렇게 구분한 것은 세 기간이 역사적으로도 의미가 있을 뿐 아니라 가용 데이터의 질과 양도 뚜렷이 구분되기 때문이다. 1802~1871년은 배당 데이터가 거의 없어서 주식 수익률을 계산하기가 가장 어려웠다. 이 책의 이전 판에서 나는 윌리엄 슈워트William Schwert 교수의 연구를 바탕으로 주가지수를 사용했다.[1] 그러나 그의 연구에는 배당이 포함되지 않았으므로, 나는 2기 배당 데이터와 거시경제 정보를 이용해서 배당수익률을 추정했다. 이렇게 계산한 1기 배당수익률은 다른 과거 자료에서 다룬 배당수익률과 일치했다.[2]

2006년, 미국 주식 수익률 분야 권위자인 예일대학 빌 괴츠만Bill Goetzmann과 로저 이봇슨이 1871년 이전 주식 수익률을 매우 철저하게 분석한 연구를 발표했다.[3] 이 연구는 10년 넘게 걸렸으며, 100여 년에 걸쳐 600개가 넘는 기업의 월간 주가와 배당 데이터를 밝혀냈다. 이 책에서 나는 괴츠만과 이봇슨의 연구를 바탕으로 1802~1871년 주식 수익률을 6.9%로 계산했는데, 내가 이전에 추정한 수익률보다 겨우 0.2퍼센트포인트 낮은 수준이다.[4]

1871~1925년 주식 수익률을 계산할 때에는 뉴욕증권거래소 전체 상장 주식의 시가총액가중 지수(배당 재투자 포함)와 더불어, 콜스 재단Cowles Foundation이 산출하고 실러Shiller가 발표한 유명한 지수들을 사용했다.[5] 1926~현재 주식 수익률은 증권가격연구센터 데이터를 이용해서 가장 철저하게 분석했다. 이는 뉴욕증권거래소 모든 종목의 시가총액가중 지수에 해당하며, 1962년부터는 아메리카 증권거래소American Stock Exchange와 나스닥 모든 종목을 포함한 지수에 해당한다. 로저 이봇슨은 1925년 이후 주식과 채권 수익률도 분

석하고 있으며, 그가 발간하는 연감은 1972년부터 미국 자산 수익률의 벤치마크가 되었다.[6] 이 책에 밝힌 (19세기 초 이후) 모든 주식과 채권 수익률에는 '생존편향survivorship bias'이 없다(생존편향이란, 살아남은 주식만 수익률 계산에 포함하는 탓에, 이미 사라진 주식의 낮은 수익률이 무시당하는 오류를 뜻한다).

자산별 총수익률

도표 5-1은 1802~2012년 주식, 장기국채, 단기국채, 금, 물가의 명목 총수익률 지수다. 총수익에는 자본 손익, 이자, 배당이 포함되며, 이자와 배당은 모두 재투자되는 것으로 가정한다.

지난 2세기 동안 총수익률 면에서 주식이 다른 모든 자산을 압도하는 것으로 나타난다. 1802년에 시가총액가중 포트폴리오에 1달러를 투자하고 배당을 재투자했다면, 2012년 말에는 거의 1,350만 달러가 되었을 것이다. 주식 총수익률 지수를 보면, 1929년에 일어난 엄청난 주가 폭락조차 대수롭지 않게 여겨진다. 투자자들을 그토록 위협하던 약세장이 수익률 상승세 앞에서 힘을 못 쓰는 모습이다.

도표 5-1의 주식 총수익률은 미국 주식시장 시가총액 증가율이 아니라는 점에 유의하라. 주식시장 시가총액 증가율은 주식 총수익률보다 훨씬 낮다. 주식 총수익률은 배당이 모두 회사에 재투자된다고 가정하지만, 실제로는 투자자들이 배당 대부분을 소비하므로 재투자되지 않기 때문이다. 배당을 모두 재투자한다고 가정하면, 1802년에 133만 달러만 투자했어도 2012년 말에는 현재 미국 주식시장 시가총액인 18조 달러가 되었을 것이다.

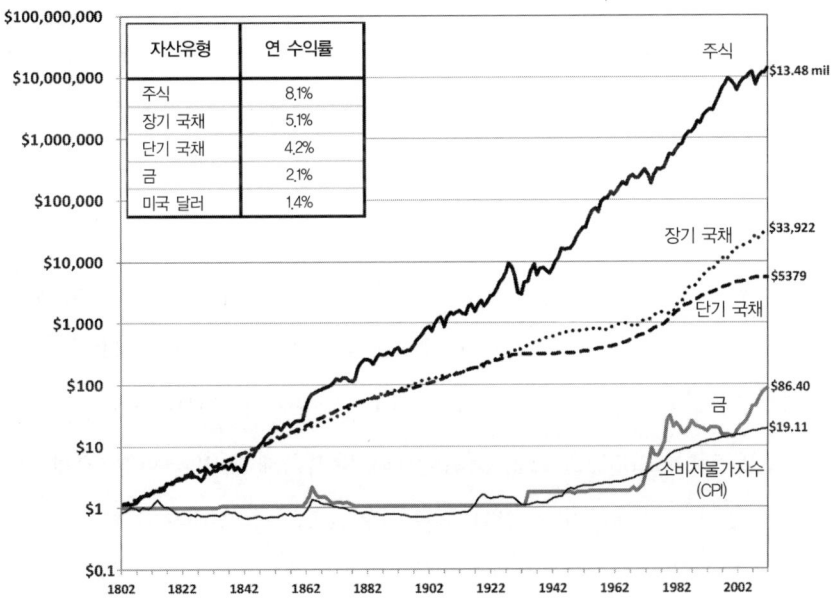

도표 5-1 | 명목 총수익률과 인플레이션, 1802~2012년

1802년에 133만 달러는 현재 구매력 기준으로 대략 2,500만 달러이므로, 당시 주식시장 시가총액보다 훨씬 적은 금액이었다.[7]

원리금에 전혀 손대지 않고 장기간 재투자하는 사람은 드물다. 흔히 장기간 재투자하는 사례는 은퇴에 대비한 연금이나 보험 정도일 것이다. 그러나 이렇게 평생 모은 재산도 자녀에게 물려주거나 기부하면 소비된다. 여러 세대에 걸쳐 인내심을 발휘한다면 주식에 투자한 1달러가 수백만 달러로 불어날 수도 있겠지만, 그 정도 인내심을 갖춘 사람은 거의 없다.

채권의 장기 실적

채권은 주식의 최대 경쟁자산이다. 채권은 일정 기간에 걸쳐 일정 금액을 지급하겠다고 약속한다. 주식과는 달리, 채권은 지급 금액 상한선이 계약 조건에 명시된다. 대신 회사가 파산하지 않는 한 채권 수익률은 회사의 수익성이 나빠져도 바뀌지 않는다.

도표 5-1에는 장기국채와 단기국채 수익률을 표시했다. 그러나 국채 수익률이 나오지 않는 일부 기간에 대해서는 최고 등급 지방채 수익률을 사용하고, 지방채의 위험 프리미엄을 추정하여 수익률에서 차감했다.[8]

도표 5-2는 1800~2012년 장기국채와 단기국채 수익률이다. 19세기와 20세기 초에는 수익률 변동 범위가 좁았다. 그러나 1926년부터 현재까지는

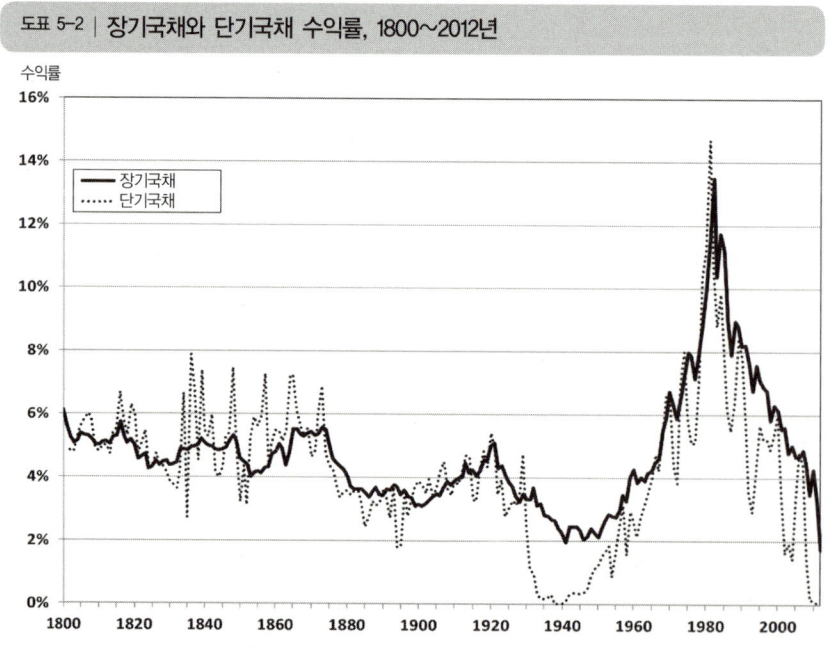

도표 5-2 | 장기국채와 단기국채 수익률, 1800~2012년

장기국채와 단기국채 모두 수익률 변동이 극심했다. 1930년대 대공황 기간에는 단기국채 수익률이 거의 제로로 내려갔고, 1941년 10월에는 20년 만기 국채 수익률이 1.82%로 저점을 기록했다. 정부는 2차 세계대전 기간과 종전 초기에는, 막대한 자금을 조달하려고 금리를 이례적으로 낮게 유지했다.

1970년대에는 금리가 전례 없는 방식으로 움직였다. 인플레이션이 두 자릿수로 치솟자 금리도 대륙통화 시절 이후 보지 못한 수준까지 올라갔다. 인플레이션과 금리가 이렇게 장기간 높았던 적은 한 번도 없었다.

대중은 정부에 물가 억제를 요구했다. 1979년부터 연준의장이었던 폴 볼커는 이에 화답하여 금리를 거의 20%까지 인상했고, 마침내 인플레이션과 금리를 정상 수준으로 낮췄다. 금리 변동은 물가 변동과 직접적으로 연관된다.

금, 달러, 인플레이션

도표 5-3은 지난 200년 동안 미국과 영국의 소비자 물가 흐름이다. 두 나라 모두 제2차 세계대전 초 물가가 150년 전과 비슷한 수준이었다. 그러나 제2차 세계대전 이후 인플레이션의 속성이 극적으로 바뀌었다. 물가가 거의 끊임없이 상승했는데, 대개는 완만하게 상승했으나 때로는 1970년대처럼 두 자릿수로 상승하기도 했다. 전쟁 기간을 제외하면 미국과 영국 모두 1970년대에 처음으로 고인플레이션이 장기간 유지되었다.

이렇게 인플레이션 추세가 극적으로 바뀐 것은 화폐 본위 제도가 바뀐 탓으로 볼 수 있다. 19세기와 20세기 초, 미국과 영국을 포함한 산업국들은

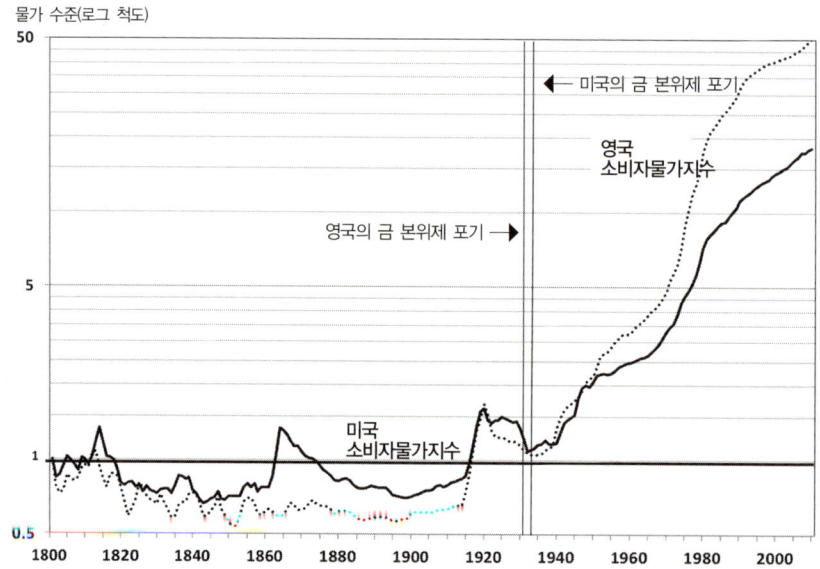

도표 5-3 | 미국과 영국의 소비자물가지수, 1800~2012년

금 본위제였다. 도표 5-1에서 보듯이, 이 기간 금 가격과 물가 수준은 매우 비슷하게 움직였다. 금 본위제는 통화 공급을 제한하므로 인플레이션도 억제되기 때문이다. 그러나 대공황과 제2차 세계대전 사이에 세계는 지폐 본위제로 전환했다. 지폐 본위제에서는 통화 공급을 제한하지 않으므로, 경제 요인뿐 아니라 정치 요인에 의해서도 인플레이션이 발생할 수 있다. 물가를 안정시키려면 정부의 적자 지출 등 인플레이션 요소에 대응해서 중앙은행이 통화 공급을 제한해야 한다.[9]

제2차 세계대전 이후 미국 등 선진국들이 만성적인 인플레이션을 겪었다고 해서 현재의 지폐 본위제가 금 본위제만 못하다고 볼 수는 없다. 금 본위제는 경제 위기가 발생해도 유연성을 발휘할 수가 없으며, 1930년대에는 은행 시스템이 붕괴하기도 했다. 반면에 지폐 본위제는 관리만 잘하면 인플

레이션을 적정 수준으로 유지하면서 예금인출사태와 심각한 경기침체를 방지할 수 있다.

그러나 지폐 본위제는 잘 관리되지 못했다. 1970년대 고인플레이션에 이어, 1980년 1월에는 금 가격이 온스당 850달러까지 치솟았다. 마침내 인플레이션을 잡자 금 가격이 내려갔다. 하지만 2008년 금융위기가 발생하여 중앙은행들이 통화를 홍수처럼 퍼붓자, 인플레이션에 대한 우려로 금 가격이 다시 상승했다. 2012년 말 금 가격은 온스당 1,675달러에 이르렀다. 1802년부터 2012년 말까지 물가가 19.12배 상승하는 동안 금 가격은 86.4배 상승했다. 그러나 금이 인플레이션은 방어할지 몰라도 그 이상을 기대하기는 어렵다. 장기적으로는 포트폴리오의 수익률을 상당 수준 갉아먹기 쉽다.[10]

실질 총수익률

장기투자자는 자산의 구매력 증대에 초점을 맞춰야 한다. 즉, 인플레이션 효과까지 고려해서 부를 창출해야 한다. 도표 5-4는 도표 5-1에 인플레이션을 반영한 자료다. 다양한 자산의 실질 총수익률은 그래프 왼쪽 위 표에 열거했다.

주식의 실질 총수익률은 약 6.6%다. 1994년에 발간된 이 책 초판에서는 6.7%였는데, 이후 20년분 주가 데이터가 추가되었는데도 수익률 차이는 0.1퍼센트포인트에 불과하다.[11]

일각에서는 이 수익률이 실질 GDP 증가율 3.0~3.5%의 거의 2배이므로 장기간 유지될 수 없다고 주장한다.[12] 그러나 이는 잘못된 주장이다. 경제

도표 5-4 | 명목 총수익률: 미국 주식, 채권, 장기국채, 단기국채, 금, 달러, 1802~2012년

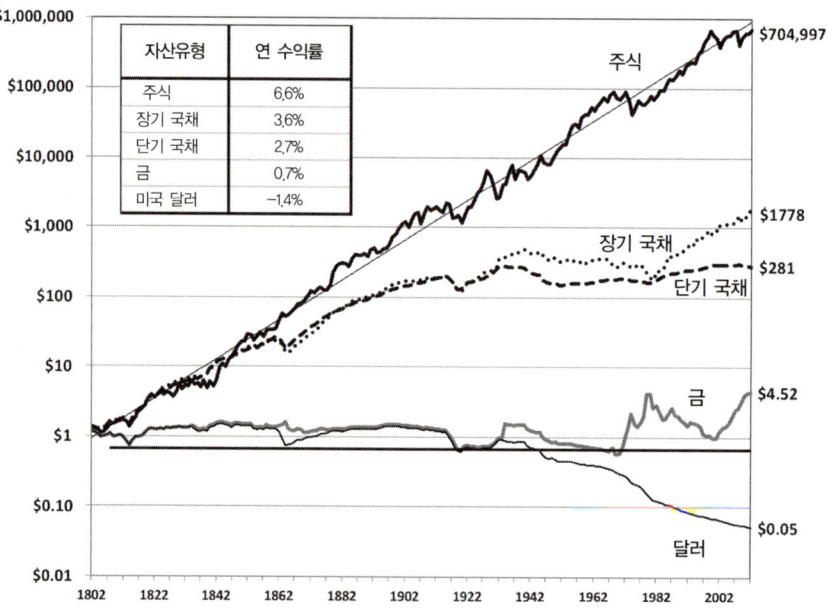

성장률이 제로이더라도 노동자는 임금을 받고 토지에서는 임차료가 나오듯이 자본도 희소한 자원이므로 수익을 얻게 된다. 앞에서 지적했듯이 주식의 실질 총수익률은 배당과 자본 손익이 모두 재투자된다고 가정하여 계산했으므로, 실질 GDP 증가율보다 당연히 훨씬 높아야 한다.[13]

표 5-1에 다양한 기간의 미국 주식 연 수익률을 요약했다. 1기~3기 모두 실질 수익률이 매우 안정적이라는 점이 눈에 띈다. 1기(1802~1870)는 연 6.7%, 2기(1871~1925)는 연 6.6%, 3기(1926~2012)는 연 6.4%였다. 제2차 세계대전 이후에는 처음으로 심각한 인플레이션을 겪었는데도 실질 수익률이 연 6.4%였다. 이는 전반적으로 인플레이션이 없었던 이전 125년의 실질 수익률과 거의 같은 수준이다. 이는 주식도 실물자산에 해당하므로 결국 인플레이

표 5-1 | 주식, 금의 실질 수익률과 인플레이션, 1802~2012년

		명목 총수익률		명목 자본이득		배당	실질 총수익률		실질 자본이득		실질 금	인플레이션
		수익률	위험	수익률	위험	수익률	수익률	위험	수익률	위험	수익률	
	1802~2012	8.1	17.6	2.9	17.2	5.1	6.6	18.0	1.5	17.4	0.7	1.4
	1871~2012	8.7	18.9	4.1	18.4	4.4	6.5	19.1	2.0	18.5	1.0	2.0
1기	1802~1870	6.9	14.5	0.4	14.0	6.4	6.7	15.4	0.3	14.8	0.2	0.1
2기	1871~1925	7.3	16.5	1.9	15.9	5.3	6.6	17.4	1.3	16.9	-0.8	0.6
3기	1926~2012	9.6	20.3	5.5	19.6	3.9	6.4	20.2	2.5	19.6	2.1	3.0
	1946~2012	10.5	17.5	6.8	16.9	3.5	6.4	17.8	2.9	17.2	2.0	3.9
2차 대전 이후	1946~1965	13.1	16.5	8.2	15.7	4.6	10.0	18.0	5.2	17.2	-2.7	2.8
	1966~1981	6.6	19.5	2.6	18.7	3.9	-0.4	18.7	-4.1	18.1	8.8	7.0
	1982~1999	17.3	12.5	13.8	12.4	3.1	13.6	12.6	10.2	12.6	-4.9	3.3
	2000~2012	2.7	20.6	0.8	20.1	1.9	0.3	19.9	-1.6	19.4	11.8	2.4

수익률: 연간 복리 수익률
위험: 산술평균 수익률에 대한 표준편차
수치는 모두 퍼센트(%)

선만큼 상승한 것으로 볼 수 있다.

지난 2세기 동안 사회는 극적인 변화를 겪었는데도, 주식의 실질 수익률은 장기간 안정적으로 유지되었다. 미국은 농업경제에서 산업경제를 거쳐 이제는 서비스와 기술이 주도하는 탈산업경제로 전환했다. 세계는 금 본위제에서 지폐 본위제로 전환했다. 전에는 정보가 외국으로 전달되는 데 몇 주가 걸리기도 했으나 이제는 세계로 즉시 전달된다. 이렇게 부를 창출하는 기본 요소들은 엄청나게 바뀌었는데도, 주식 수익률은 놀라울 정도로 안정적이었다.

그러나 주식 수익률이 장기적으로는 이렇게 안정적이었지만 단기적으로는 전혀 안정적이지 않았다. 1966~1981년의 15년 동안은 주식 수익률이 매우 저조해서, 인플레이션보다 연 0.4% 낮았다. 그러나 1982~1999년에는 미국 역사상 최대 강세장이 열리면서 실질 수익률이 연 13.6%에 달하여 전

체 기간 평균의 2배를 넘어섰다. 그러나 이 강세장이 지나치게 과열된 탓에 이후에는 수익률이 저조했다. 2000년 강세장이 정점에 도달한 이후 12년 동안 약세장과 금융위기 탓에 주식의 실질 수익률은 0.3%로 떨어졌다.

채권의 실질 수익률

주식의 장기 수익률은 안정적이었지만 채권은 그렇지 않았다. 표 5-2에서 보듯이 단기국채의 실질 수익률이 19세기 초에는 5.1%였으나, 1926년 이후에는 0.6%로 내려가서 인플레이션을 간신히 웃도는 수준이 되었다.

장기국채의 실질 수익률도 흐름은 비슷하지만 하락세는 더 완만하다. 1기에는 4.8%였으나 2기에는 3.7%로 내려갔고, 3기에는 2.6%까지 떨어졌다.

표 5-2 | 채권의 실질 수익률과 인플레이션, 1802~2012년

		표면 금리	장기국채				단기국채			인플 레이션
			명목 수익률		실질 수익률		명목 수익률	실질 수익률		
			수익률	위험	수익률	위험		수익률	위험	
	1802~2012	4.7	5.1	6.7	3.6	9.0	4.2	2.7	6.0	1.4
	1871~2012	4.7	5.2	7.9	3.0	9.3	3.6	1.6	4.4	2.0
1기	1802~1870	4.9	4.9	2.8	4.8	8.3	5.2	5.1	7.7	0.1
2기	1871~1925	4.0	4.3	3.0	3.7	6.4	3.8	3.1	4.8	0.6
3기	1926~2012	5.1	5.7	9.7	2.6	10.8	3.6	0.6	3.9	3.0
	1946~2012	5.8	6.0	10.8	2.0	11.5	4.3	0.4	3.2	3.9
2차 대전 이후	1946~1965	3.1	1.5	5.0	-1.2	7.1	2.0	-0.8	4.3	2.8
	1966~1981	7.2	2.5	7.1	-4.2	8.1	6.8	-0.2	2.1	7.0
	1982~1999	8.5	12.1	13.8	8.5	13.6	6.3	2.9	1.8	3.3
	2000~2012	4.5	9.0	11.7	6.5	11.6	2.2	-0.2	1.8	2.4

수익률: 연간 복리 수익률
위험: 산술평균 수익률에 대한 표준편차
수치는 모두 퍼센트(%)

장기국채 수익률 하락은 수요 증가로도 일부 설명할 수 있다. 장기국채는 유동성이 대폭 개선된 데다가, 다른 채권이 갖추지 못한 신뢰 요건을 두루 갖추었다. 이에 따라 수요가 증가했고 장기국채 가격이 상승하여 수익률이 하락하게 되었다. 제2차 세계대전 이후 발생한 심각한 인플레이션도 장기국채의 실질 수익률을 낮춘 요소다.

10년 단위로 주식의 단기 변동성이 높은 점은 어느 정도 수긍할 수 있다. 그러나 장기국채 실질 수익률의 변동성도 이렇게 높다는 점은 놀라운 일이다. 1946~1981년의 35년 동안 장기국채의 실질 수익률은 마이너스였다. 다시 말해서, 장기국채에서 나온 이자로는 금리 상승과 인플레이션으로 발생한 손실을 상쇄할 수 없었다. 6장에서 보겠지만 주식은 35년 단위는 물론 20년 단위로 나눠 보아도, 실질 수익률이 마이너스가 된 적이 한 번도 없었다.

최근 30년 동안 국채 수익률이 그토록 높지 않았다면 1926년 이후 실질 수익률이 훨씬 높게 나왔을 것이다. 1981년 이후 인플레이션과 금리가 하락하면서 채권 가격이 상승하여 채권투자 수익률이 대폭 높아졌다. 물론 채권 수익률이 1981~1999년 대형 강세장에 주식 수익률에는 한참 못 미쳤지만, 이후 10년 동안에는 손쉽게 앞질렀다. 실제로 채권 수익률은 1980년대 초 정점에 도달한 이후 30년 동안 주식 수익률과 거의 같았다.

지속적으로 하락한 채권 수익률

그러나 이렇게 높은 채권 수익률은 계속 유지될 수가 없다. 1997년 1월부터 물가연동국채Treasury Inflation-Protected Securities: TIPS가 발행되면서 장기국채의 실질 수익률을 예측하기가 훨씬 쉬워졌다. 이 채권의 원리금은 미국 정부가 보증하며, 미국 소비자물가지수에 연동하므로 이 채권 수익률은 인플레이션이 반영된 실질 수익률이다. 도표 5-5를 보자.

수익률이 계속해서 하락하는 모습이 뚜렷하다. 이 채권이 처음 발행되었을 때에는 수익률이 거의 3.5%였다. 내가 1802년부터 계산한 장기국채 실질 수익률(3.6%)과 거의 같다. 이후 물가연동국채 수익률은 계속 상승하여 2000년 1월 4.40%로 고점을 기록했는데, 이때가 기술주 거품도 정점에 도달한 시점이었다.

그날 이후 물가연동국채 수익률은 계속해서 하락했다. 2002~2007년 동안 수익률이 2%로 내려갔다. 금융위기가 심각해지자 수익률이 계속 하락하

도표 5-5 | 10년 만기 물가연동국채(TIPS)의 실질 수익률, 1997~2012년

여 2011년 8월에는 제로 밑으로 내려갔고, 2012년 12월에는 거의 −1%에 도달했다.14) 이 −1%는 인플레이션을 고려하면 일반 국채 수익률과 비슷했다. 10년 만기 국채 수익률은 2012년 7월 75년 만의 저점인 1.39%까지 떨어졌는데, 진행 중인 인플레이션과 예상 인플레이션보다도 훨씬 낮았다.

장기국채의 실질 수익률은 경제 상황, 인플레이션에 대한 공포, 투자자들의 위험 선호도 등 여러 요소에 좌우된다. 그러나 거의 모든 경제모형에서 국채 실질 수익률에 가장 중요한 요소는 경제성장률이다. 실제로 발행 초기 물가연동국채 경매에서 형성된 수익률 3.4%는 1990년대 실질 GDP 증가율과 거의 정확하게 일치했다. 2002~2007년에 실질 경제성장률이 약 2%로 둔화하자, 물가연동국채 수익률도 따라서 내려갔다.

그러나 물가연동국채 수익률이 마이너스로 내려간 2012년에는 앞으로 10년 동안 실질 경제성장률을 마이너스로 예측한 사람이 아무도 없었다. 주식 같은 자산의 장기 실질 수익률이 계속해서 연 6~7%인데도 장기국채의 실질 수익률이 마이너스로 내려간 사실은 투자자들의 극단적인 위험 회피로 설명할 수밖에 없을 것이다.

주식 프리미엄

채권 대비 주식의 초과수익률을 주식 위험 프리미엄equity risk premium, 또는 주식 프리미엄equity premium이라고 부른다. 도표 5-6에서 보듯이 주식 프리미엄은 주식 수익률에서 채권 수익률을 차감하여 산출할 수 있다. 표 5-1과 표 5-2를 이용하면 지난 210년 동안 주식 프리미엄은 장기국채에 대해서는 평

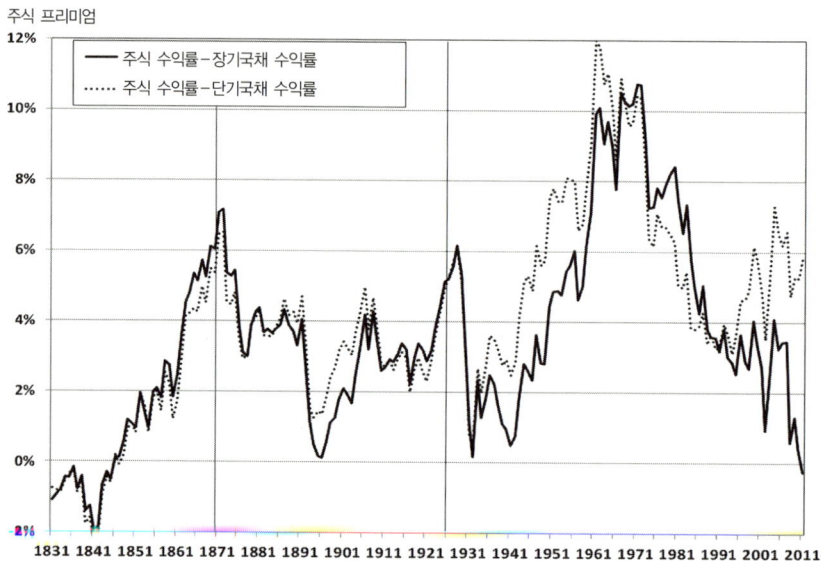

도표 5-6 | 주식 프리미엄(30년 수익률 차이), 1831~2012년

균 3.0%였고, 단기국채에 대해서는 3.9%였다.

최근 30년 동안은 장기국채의 수익률이 이례적으로 높았던 탓에 주식 프리미엄이 제로로 줄어들었다. 그러나 2013년 말 현재 선행 주식 프리미엄은 훨씬 높다. 장기국채 수익률 추정치가 매우 낮아졌기 때문이다. 선행 주식 프리미엄을 과거 평균 수준으로 본다면, 2013년에는 6% 이상이 될 수 있다.[15]

세계의 주식 수익률과 채권 수익률

1994년 이 책 초판이 나왔을 때, 일부 경제학자는 내가 미국 데이터를 분석하여 결론을 내렸으므로 세계 전체의 주식 수익률을 과대평가했을지 모른다고 문제를 제기했다. 러시아나 아르헨티나처럼 주식이 폭락하거나 사라진 나라는 무시하고 미국처럼 성공한 시장을 분석했으므로, 그들은 내 주식 수익률에 생존편향(살아남은 주식만 수익률 계산에 포함하는 탓에 이미 사라진 주식의 낮은 수익률이 무시당하는 오류) 문제가 있다고 주장했다.[16] 즉 미국은 지난 200년 동안 자그마한 영국 식민지로부터 세계 경제 패권국으로 올라선 독특한 사례이므로, 다른 나라의 주식 수익률은 더 낮을 것이라는 말이다.

이 주장에 자극받은 영국 경제학자 세 사람이 19개국의 1900년 이후 주식과 채권 수익률을 조사했다. 런던 비즈니스 스쿨 교수 엘로이 딤슨Elroy Dimson과 폴 마시Paul Marsh, 런던 셰어프라이스 데이터베이스London Share Price Database 책임자 마이크 스톤턴Mike Staunton은 연구 결과를 2002년 《낙관론자들의 승리Triumph of Optimists》라는 책으로 발표했다.[17] 이 책은 19개국의 증권 수익률을 체계적이면서도 쉽게 설명해준다.

도표 5-7은 이 연구에서 제시한 최근 수익률로서, 19개국의 1900~2012년 주식, 장기채권, 단기채권 실질 수익률을 보여준다. 여러 나라에서 전쟁, 초인플레이션, 불황 등 대형 재난이 발생했는데도 주식의 실질 수익률은 모두 상당한 플러스였다.

주식 실질 수익률의 분포는 최저 1.7%(이탈리아)에서 최고 7.2%(호주와 남아프리카 공화국)였다. 미국의 주식 수익률이 매우 높은 편이긴 하지만 이례적인 수준은 아니었다. 19개국의 산술평균 수익률은 4.6%였다. 1900년 19개국 주식시장에 1달러씩 투자했다면, 미국의 실질 수익률 6.2%와 매우 비슷한 수준인 5.4%가 나왔을 것이다. 그리고 주식 수익률이 낮았던 나라들은 채권 수익률도 낮아서, 장기채권 대비 주식 프리미엄은 3.7%, 단기채권 대비

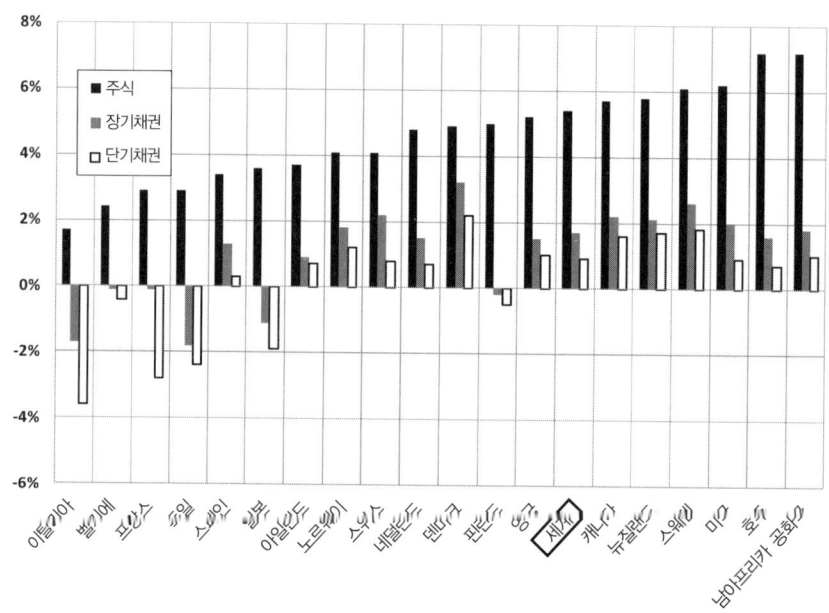

도표 5-7 | 19개국의 주식, 장기채권, 단기채권 실질 수익률, 1900~2012년

주식 프리미엄은 4.5%였다. 따라서 미국의 주식 프리미엄(장기국채 대비 3.0%, 단기국채 대비 3.9%)보다 높았다.

저자들은 정보 분석 후 다음과 같이 결론지었다.

> 미국에서 주식의 실적이 장기채권과 단기채권 실적을 능가한 현상이 우리가 조사한 모든 나라에서 그대로 나타났다. 주식의 실적이 채권 실적보다 모두 높았다. 101년 실적을 보았을 때 '실적이 가장 나쁜 주식시장'을 능가한 장기채권 시장은 둘 뿐이었고, 단기채권 시장은 단 하나였다.
> 미국과 영국 주식의 실적이 실제로 좋은 편이긴 하지만, 매우 이례적이라는 근거는 없다. 따라서 이례적인 실적과 생존편향에 대한 우려는 다소 과장된

측면이 있으며, 미국 실적이 세계 실적을 크게 오도하지는 않은 듯하다.[18), 19)]

여기서 마지막 의견이 중요하다. 세계에서 미국시장만큼 많이 연구된 시장도 없을 것이다. 세 사람은 미국에서 나온 연구 결과가 세계 모든 나라에 적용된다고 말한다. 이들이 선택한 책 제목도 결론을 암시한다. 주식시장을 주도하는 사람은 비관론자가 아니라 낙관론자이며, 지난 한 세기 동안 낙관론자가 확실하게 승리를 거두었다는 뜻이다. 국제 연구가 미국 사례를 보강해주었다.

결론: 장기적으로는 주식

지난 210년 동안 잘 분산된 미국 주식 포트폴리오의 실질 수익률은 6~7%였으며, 이 수익률은 그동안 매우 안정적이었다. 물론 주식 수익률은 시장의 유동성, 생산성, 위험에 대한 보상에 좌우된다. 그러나 경영진의 능력, 재산권을 보호하는 안정적인 정치 시스템, 소비자들에게 가치를 제공하는 경쟁환경에도 좌우된다. 지금까지 정치위기나 경제위기가 발생하면 주식 수익률이 장기 추세에서 벗어나기도 했지만, 가치를 창출하는 기본 요소에 의해서 항상 장기 추세를 회복할 수 있었다. 그래서 지난 2세기 동안 세계는 급격한 정치, 경제, 사회 변화를 겪었는데도 주식 수익률은 매우 안정적이었다.

우리는 정치, 경제, 사법 제도에도 관심을 두어야 한다. 지난 2세기 동안 주식이 우수한 실적을 낸 것은 시장경제를 채택한 나라들이 세계를 주도

했기 때문이라고 설명할 수 있다. 대공황과 2차 세계대전의 암흑기에는 시장경제가 승리할 것으로 기대한 사람이 거의 없었다. 과거 사례로 판단해보면, 지금과 같은 지폐 본위제에서는 정치나 경제에 어떤 격변이 일어나더라도 국채 수익률은 주식 수익률보다 훨씬 낮을 것이다. 6장에서 보겠지만 정치 환경이 안정적일 때에도 장기적으로는 국채가 주식보다 더 위험하다.

> **참고자료** 1802~1870년의 주식
>
> 처음으로 활발하게 거래된 미국 주식은 1791년 발행된 은행주 두 종목으로서, 뱅크 오브 뉴욕Bank of New York과 뱅크 오브 유나이티드 스테이츠Bank of the United States(민간은행)였다.20) 두 종목 모두 발행에 크게 성공하여 곧바로 프리미엄이 형성되었다. 그러나 이듬해 알렉산더 해밀턴Alexander Hamilton을 보좌하던 재무차관 윌리엄 듀어William Duer가 시장을 조작하려 하자, 주가가 폭락했다. 이 위기를 계기로 뉴욕증권거래소의 전신이 1792년 5월 17일 설립되었다.
>
> 18세기 기업 전문가 조셉 데이비드Joseph David의 주장으로는, 사람들은 수익성이 기대되는 기업뿐 아니라 '위험은 매우 크고 성공 가능성은 희박한 수많은 기업'에도 투자했다.21) 1801년 이전에 주州에서 주식 발행을 인가받은 기업은 300개가 넘었지만, 정기적으로 거래된 종목은 10개에도 못 미쳤다. 당시 주식을 발행한 기업의 3

분의 2는 부두, 운하, 유료 고속도로, 교량 등 운송 관련 기업이었다. 그러나 19세기 초에 중요한 종목은 은행과 보험사 등 금융주였다. 이들이 보유한 대출자산과 주식 중에는 당시 재무구조가 취약해서 주식을 발행하지 못한 제조회사가 많았다. 따라서 은행과 보험사 주가는 전반적인 경기와 이런 제조회사들의 수익성에 따라 오르내렸다. 최초의 대규모 벤처기업은 1825년 주식을 발행한 델라웨어와 허드슨 운하Delaware and Hudson Canal로, 60년 뒤에는 다우지수 최초 구성 종목에 포함되었다.[22] 1830년에는 첫 번째 철도회사 모호크 앤드 허드슨Mohawk and Hudson 주식이 상장되었다. 이후 50년 동안 철도주가 주요 거래소에서 시장 주도 종목이 되었다.

06

위험, 수익률, 포트폴리오 자산배분

장기적으로 주식이 채권보다 안전한 이유

> 정말로 안정적인 소득이 나오는 투자가 있을까? 이 책을 읽으면 확실히 알게 되겠지만 채권을 사는 것은 물가에 대한 투기, 즉 화폐의 구매력에 대한 투기다.
> —어빙 피셔, 1912[1]

위험과 수익률 측정

위험과 수익률은 금융과 포트폴리오 관리의 기본 구성요소다. 여러 자산의 위험, 수익률, 상관관계를 알면 현대금융이론을 이용해서 자산을 배분할 수 있다. 그러나 주식의 위험과 수익률은 빛의 속도나 중력 같은 물리상수物理常數가 아니다. 물리학에서는 통제실험을 반복하여 각 변수의 진정한

값에 접근할 수 있지만, 투자에서는 그렇게 할 수가 없다. 노벨상 수상자 폴 새뮤얼슨Paul Samuelson이 즐겨 말했듯이, "사회과학에는 역사라는 표본 하나만" 있기 때문이다.

따라서 과거 데이터가 아무리 많더라도, 자산 가격에 영향을 주는 요소들이 바뀌지 않는다고 확신해서는 절대 안 된다. 3장에서 보았듯이 자산 사이의 상관관계는 시간이 흐르면 크게 바뀔 수 있다.

그렇더라도 장래 계획을 세우려면 먼저 과거를 분석해야 한다. 5장에서 채권은 주식보다 수익률도 훨씬 낮을 뿐 아니라 장기적으로는 인플레이션 탓에 매우 위험하다고 설명했다. 6장에서는 인플레이션이 투자 기간과 위험에 미치는 영향을 살펴보기로 한다.

보유 기간과 위험

매우 보편적인 위험평가 방법 하나는 최악의 시나리오를 파악하는 것이다. 도표 6-1은 1802년 이후 주식, 장기국채, 단기국채의 최고 및 최저 실질 수익률을 보유 기간별로 보여준다. 여기서도 주식 수익률은 시가총액가중 미국 주가지수로 산출했으며 배당도 포함했다. 여기서 막대의 길이는 최고 수익률과 최저 수익률의 차이를 나타내는데, 보유 기간이 길어질수록 주식의 막대 길이가 훨씬 가파르게 줄어든다.

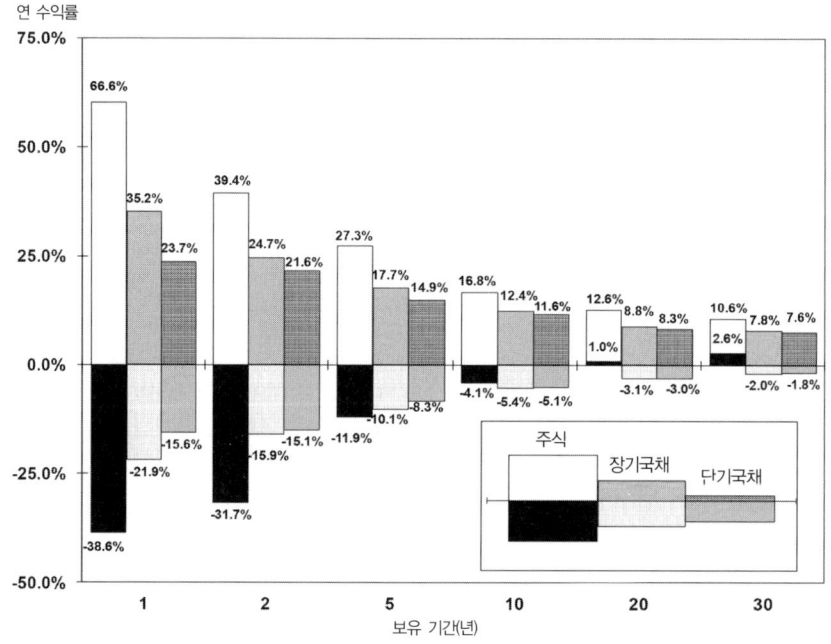

도표 6-1 | 보유 기간별 최고 실질 수익률과 최저 실질 수익률
(1802~2012년까지 보유기간 1, 2, 5, 10, 20, 30년 단위로 조사)

보유 기간이 1년이나 2년이면 주식이 장기국채나 단기국채보다 확실히 더 위험하다. 그러나 보유 기간이 5년이면 주식은 1802년 이후 최저 실질 수익률이 −11.9%였는데, 이는 채권보다 약간 더 낮은 정도였다. 그리고 보유 기간이 10년이면, 주식이 채권보다 최저 수익률도 더 높았다.

보유 기간이 20년이면 주식은 실질 수익률이 마이너스가 된 적이 한 번도 없었다. 그러나 장기국채와 단기국채는 실질 수익률이 한때 −3%까지 내려가기도 했다. 인플레이션이 심했던 이 기간에는 이자 소득을 모두 재투자했어도 장기채권의 실질 가치가 거의 50%나 떨어졌다. 보유 기간이 30년이면 주식은 최저 실질 수익률도 2.6%여서 인플레이션을 가볍게 뛰어넘었으며, 채권의 '평균' 수익률에도 크게 밀리지 않았다.

보유 기간이 17년 이상이면 주식은 채권과는 달리 실질 수익률이 마이너스였던 적이 없다는 사실이 매우 중요하다. 장기적으로 재산 축적 측면에서는 주식이 채권보다 위험해 보일지 모르지만, 구매력 보전 측면에서는 주식 분산 포트폴리오가 확실히 가장 안전했다. 물론 물가연동국채를 사면 인플레이션을 방어할 수 있다. 그러나 5장에서 지적했듯이 2012년에는 20년 만기 물가연동국채마저 실질 수익률이 마이너스로 내려갔으며, 여전히 매우 낮은 수준이다. 반면에 주식은 보유 기간이 20년 이상이면 실질 수익률이 항상 플러스였다.

일각에서는 보유 기간 20~30년 이상이 과연 적절한 기간인지 의문을 제기한다. 그러나 투자자들이 흔히 저지르는 커다란 실수는 보유 기간을 과소평가하는 것이다. 이는 투자자들이 개별 종목을 기준으로 보유 기간을 생각하기 때문에 빚어지는 실수다. 자산 배분을 고려할 때 보유 기간이란, 주식과 채권 개별 종목 매매에 상관없이 포트폴리오가 유지되는 기간이다.

표 6-1은 '주식 수익률이 채권 수익률보다 높았던 기간의 비율'을 보유 기간별로 보여준다. 보유 기간이 증가할수록 이 비율은 극적으로 증가한다. 보유 기간이 10년이면 주식이 장기국채를 앞서는 기간의 비율이 약 80%이고, 20년이면 약 90%이며, 30년이면 거의 100%다.

나는 이 책 1~4판에서 보유 기간이 30년일 때 채권 수익률이 주식을 앞섰던 사례는 남북전쟁이 시작되던 1861년이 마지막이라고 지적했다. 이제는 이 말이 맞지 않는다. 지난 10년 동안 국채 수익률이 대폭 하락한 까닭에, 1982년 1월 1일~2011년 말까지 30년 수익률이 장기국채는 11.03%였고, 주식은 10.98%였다. 이 충격적 사건이 일어나자, 일부 분석가는 이제 주식

표 6-1 | 주식의 실적이 장기국채와 단기국채를 앞선 기간의 비율

보유 기간	조사 기간	장기국채 대비	단기국채 대비
1년	1802~2012	58.8	62.1
	1871~2012	61.3	66.9
2년	1802~2012	60.5	62.9
	1871~2012	64.1	70.4
3년	1802~2012	67.2	70.2
	1871~2012	68.7	73.3
5년	1802~2012	67.6	68.6
	1871~2012	69.0	74.6
10년	1802~2012	72.3	73.3
	1871~2012	78.2	83.8
20년	1802~2012	83.9	87.5
	1871~2012	95.8	99.3
30년	1802~2012	91.2	91.2
	1871~2012	99.3	100.0

수익률이 채권 수익률을 앞선다고 확신할 수 없다고 결론지었다.[2] 그러나 이 기간 채권 실적이 주식보다 앞선 이유를 자세히 들여다보면, 앞으로 수십 년 동안 이런 일이 반복되기가 거의 불가능함을 알 수 있다. 1981년, 10년 만기 국채 금리가 16%에 이르렀다. 이후 금리가 하락하자 채권 보유자들은 자본이득을 얻었다. 그 결과 1981~2011년 채권의 실질 수익률은 7.8%가 되어 주식과 비슷한 수준이 되었다. 이 실질 수익률 7.8%는 주식의 210년 평균 수익률보다 겨우 1% 높은 수준이지만, 채권의 210년 평균 수익률보다는 2배가 넘은 실적이고, 지난 75년 수익률의 3배가 넘는 실적이다.

이제는 금리가 역사상 최저 수준으로 내려갔으므로 상황이 완전히 바뀌었다. 2012년 말 채권의 명목 수익률은 약 2%였다. 이제 이 채권에서 실질 수익률 7.8%가 나오려면 앞으로 30년 동안 소비자물가지수가 거의 6%나 하락해야 한다. 그러나 이 정도로 디플레이션이 장기간 이어진 사례는 세계

어느 나라에도 없다. 반면에 주식은 2012년 말 주가를 고려하면 지난 30년 동안 올렸던 실적을 반복하기가 어렵지 않다. 5장에서도 지적했듯이 앞으로 주식 수익률은 과거보다 훨씬 큰 차이로 채권 수익률을 넘어서기 쉽다.

그런데 주식 수익률은 장기적으로만 채권 수익률을 앞서는 것이 아니다. 보유 기간이 1년이나 2년일 때에도 대략 5번 중 3번은 주식 수익률이 채권 수익률보다 높다. 사람들은 단기적으로는 채권이나 심지어 예금의 실적이 주식보다 나을 것으로 기대하지만, 이는 착각에 불과하다.[3]

위험 측정

도표 6-2는 주식, 장기국채, 단기국채의 위험(실질 수익률의 표준편차로 정의)을 보여준다. 표준편차는 포트폴리오 이론과 자산배분모형에서 널리 사용되는 위험 척도다.

보유 기간이 짧을 때에는 주식이 채권보다 수익률 표준편차가 크지만, 보유 기간이 15~20년으로 증가하면 표준편차가 더 작아진다. 보유 기간이 30년이 되면 주식은 수익률 표준편차가 장기국채나 단기국채의 4분의 3 미만으로 감소한다. 보유 기간이 증가함에 따라 주식 수익률의 표준편차는 채권보다 거의 2배나 빠르게 감소한다.

만일 자산 수익률이 랜덤워크 random walk(무작위)라면, 자산 수익률의 표준편차는 보유 기간의 제곱근만큼 감소할 것이다. 랜덤워크 이론에서는 미래 수익률이 과거 수익률과 전혀 무관하다고 주장한다. 도표 6-2의 점선은 랜덤워크 이론에 따라 예측한 위험이다.

도표 6-2 | 주식, 장기국채, 단기국채 실질 수익률의 표준편차, 1802~2012년

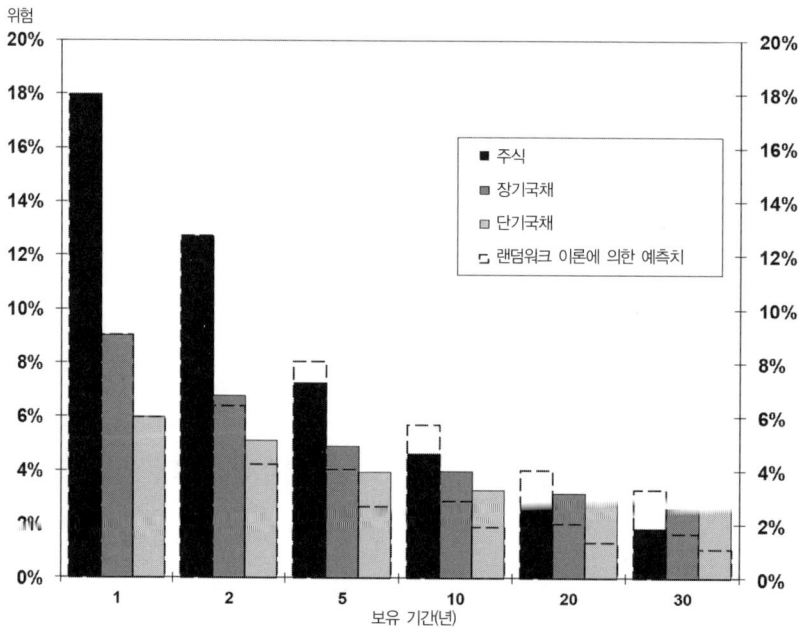

과거 데이터를 보면, 주식 수익률에는 랜덤워크 이론이 적용되지 않는다. 주식의 위험은 랜덤워크 이론에 의한 예측치보다 훨씬 빠르게 감소하는데, 이는 주식 수익률의 평균회귀$^{mean\ reversion}$ 속성 때문이다.

반면에 채권의 위험은 랜덤워크 이론에 의한 예측치만큼 빠르게 감소하지 않는다. 이는 채권 수익률이 평균이탈$^{mean\ aversion}$한다는 뜻이다. 즉, 채권 수익률이 일단 장기 평균 수익률을 벗어나면 다시 평균 수준으로 돌아가기보다는 더 벗어날 확률이 커진다는 의미다. 그 전형적인 사례가 초인플레이션으로, 물가 상승 속도가 갈수록 높아지면서 금융자산의 가치를 떨어뜨리는 현상이다. 그러나 미국 등 선진국에서 완만한 인플레이션이 진행될 때에도 평균이탈 현상이 나타난다. 일단 인플레이션이 가속되면 그 효과가 누적

되므로 채권 보유자들은 구매력 손실을 보상받을 기회가 사실상 사라진다. 반면에 주식은 실물자산에 해당하므로 인플레이션 탓에 영구 손실을 보는 사례가 드물다.

주식 수익률과 채권 수익률의 상관관계

채권이 주식보다 수익률은 낮아도 주식 포트폴리오의 위험을 낮추는 데에는 유용하다. 특히 주식과 채권 가격의 상관관계가 마이너스여서, 서로 다른 방향으로 움직일 때 위험이 많이 낮아진다.[4] 자산의 위험분산 효과를 평가하는 척도는 상관계수인데, 그 자산의 수익률과 나머지 수익률의 관계를 측정하며, 그 값은 최저 -1에서 최고 +1까지 나온다. 상관계수가 낮을수록 그 자산의 위험분산 효과가 높다. 특히 상관계수가 0이나 마이너스일 때 효과가 높다.

3장에서 우리는 10년 만기 국채 수익률과 S&P500지수 수익률의 상관관계가 바뀌는 현상을 보았다. 도표 6-3은 주식 연 수익률과 채권 연 수익률의 상관계수를 보여준다. 1926~1965년에는 상관계수가 제로를 살짝 웃돌았으므로, 채권이 주식의 위험 분산에 매우 효과적이었다. 특히 대공황 기간에는 경제활동이 둔화하고 소비자 물가가 하락했는데, 이는 주식에는 불리했지만 장기국채에는 유리했다.

그러나 지폐 본위제에서는 경제가 침체하면 디플레이션보다 인플레이션 가능성이 커진다. 1960년대 중반~1990년대가 그런 경우로, 정부는 경제가 침체하자 통화 팽창 정책으로 대응했다. 이런 상황에서는 주가와 채권 가격이 같은 방향으로 움직이므로 분산투자 효과가 급감한다.

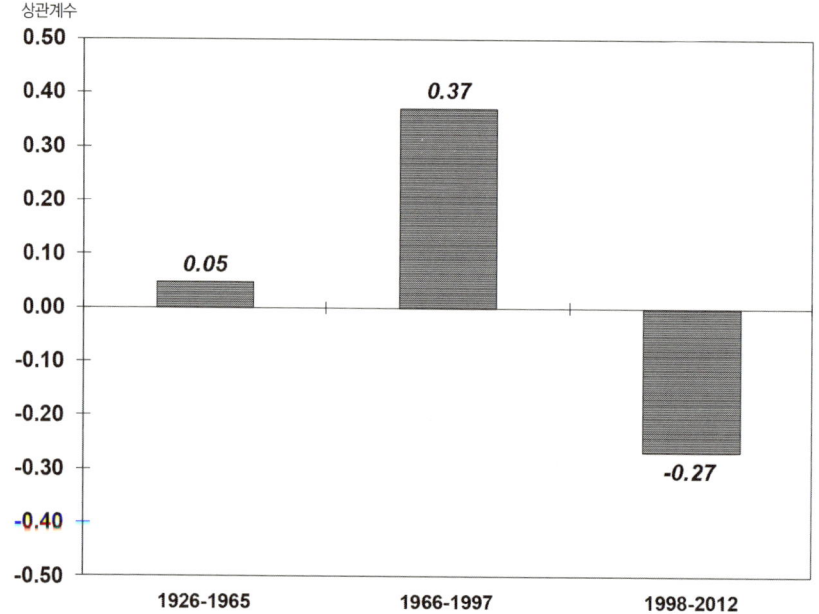

도표 6-3 | 주식과 채권 실질 수익률 사이의 상관계수

그러나 최근 수십 년 동안 상관관계가 다시 바뀌었다. 1998년 이후 주가와 장기국채 가격의 상관관계가 다시 마이너스가 되었다. 그 이유는 두 가지다. 이 기간 초 아시아에서 통화위기가 발생했고, 일본은 디플레이션을 겪었으며, 9.11 테러 사건도 일어났다. 2008년 금융위기가 발생하자 1930년대 대공황에 대한 공포감이 퍼지면서 미국 국채가 다시 안전자산의 지위를 획득했다. 이에 따라 국채 가격은 상승했지만 주가는 하락했다.

그러나 인플레이션이라는 망령이 언제든 닥칠 수 있으므로 장기국채가 앞으로도 오랜 기간 위험분산 효과를 유지하기는 어려울 것이다. 지금은 국채 가격에 디플레이션 방어 프리미엄이 붙어 있지만, 인플레이션이 닥치면 이 프리미엄은 사라지고 추가로 손실이 발생할 것이다.

효율적 투자선[5]

현대 포트폴리오 이론에 의하면, 투자자는 자산 구성비를 조절함으로써 포트폴리오의 위험과 수익을 변경할 수 있다. 도표 6-4는 주식과 채권의 비중 조절에 따라 포트폴리오의 위험과 수익이 바뀌는 모습을 보여준다.

각 곡선 바닥의 흰색 사각형은 100% 채권 포트폴리오의 위험과 수익률이고, 곡선 꼭대기의 검은색 사각형은 100% 주식 포트폴리오의 위험과 수익률이다. 곡선 위의 검은 점은 주식과 채권을 결합하여 달성할 수 있는 최소 위험이다. 이 곡선은 주식과 채권의 비중을 조절하여 얻을 수 있는 모든

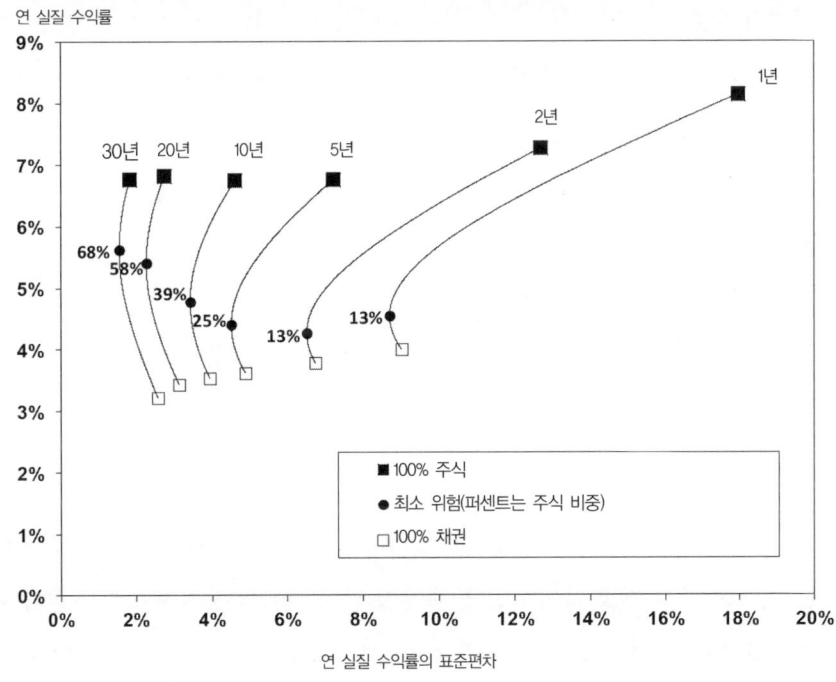

도표 6-4 | 효율적 투자선: 주식과 채권의 비중에 따른 위험-수익률 균형, 1802~2012년

위험과 수익을 나타낸다. 이 곡선이 효율적 투자선$^{\text{efficient frontier}}$으로서, 현대 포트폴리오 분석의 핵심이자 자산배분모형의 바탕이다.

위험을 최소화하는 자산 구성이 보유 기간에 따라 달라진다는 점을 주목하라. 보유 기간이 1년인 사람이 위험을 최소화하려면 포트폴리오를 거의 모두 채권으로 구성해야 하며, 보유 기간이 2년인 사람도 마찬가지다. 보유 기간이 5년일 때에는 최소 위험 포트폴리오에서 주식의 비중이 25%로 증가하며, 10년이면 비중이 3분의 1을 넘어간다. 보유 기간이 20년이면 주식의 비중이 50%를 초과하고, 30년이면 68%가 된다.

보유 기간에 따라 이렇게 큰 차이가 나는데도, 포트폴리오 이론에서 보유 기간을 거의 전적으로 무시했다는 사실이 놀랍다. 이는 현대 포트폴리오 이론이 확립되던 시점에 학자 절대다수가 증권 가격의 랜덤워크 이론을 지지했기 때문이다. 앞에서도 지적했듯이 랜덤워크 이론에서는 자산의 종류에 상관없이 위험(표준편차)이 보유 기간의 제곱근에 비례해서 감소한다고 가정하므로, 보유 기간이 달라져도 각 자산의 상대적 위험은 달라지지 않는다고 본다. 그러나 증권시장이 랜덤워크를 따르지 않는다면 이 주장은 성립되지 않는다.[6]

결론

단기적으로는 주식이 채권보다 위험하다는 사실을 아무도 부인하지 않는다. 그러나 과거를 돌아보면 구매력 보전 측면에서 장기적으로 주식이 채권보다 안전한 것으로 드러난다. 지폐 본위제에서는 언제든 인플레이션이 닥칠 수 있으므로, 1세기 전 어빙 피셔가 말했듯이 채권은 구매력을 지켜주지 않는다.

지난 10년 동안은 인플레이션이 극적으로 둔화했지만, 장래에 화폐 가치가 어떻게 될지는 매우 불확실하다. 특히 거대한 재정 적자와 세계 중앙은행들의 통화팽창 정책을 고려하면 더욱 그렇다. 과거 데이터에 의하면, 앞으로 30년 동안은 미국 국채보다 주식 포트폴리오에 투자할 때 구매력을 더 잘 지킬 수 있다.

07
시장을 대표하는 척도

숫자가 세상을 지배한다는 말이 있다.

―요한 볼프강 괴테 Johann Wolfgang Goethe, 1830년

시장평균

"오늘 시장 어때?" 한 투자자가 다른 투자자에게 묻는다.

"오늘 시장 좋아. 100포인트 넘게 상승했어."

시장 흐름을 따라가는 사람들은 "뭐가 100포인트 상승했다는 말이야?"라고 묻지 않는다. 다우존스산업평균지수는 분명히 한계가 있는 지수이지만, 그래도 여전히 널리 사용되는 시장 지표다. 흔히 다우라고 부르며,

뉴스 매체에서는 다우를 '주식시장'으로 부르기도 한다. 다우는 결함이 심각한 지수인데도(실적평가 기준으로 삼는 펀드매니저가 거의 없음), 투자자들 사이에서 널리 사용되고 있다.

그러나 지금은 다우지수보다 훨씬 포괄적인 지수가 많다. 그중 1957년 스탠더드 앤드 푸어스(현재 맥그로힐 파이낸셜McGraw-Hill Financial의 자회사)가 개발한 S&P500지수가 미국 대형주 지수의 명실상부한 기준benchmark이 되었다. 그리고 1971년에 시작된 나스닥은 기술주를 대표하는 거래소가 되었다. 나스닥지수는 마이크로소프트, 인텔, 구글, 애플 등 기술주의 실적을 평가하는 지표다.

다우존스산업평균에서 '산업industrial'은 구시대 제조회사들을 연상시키지만, 다우는 오늘날 투자 지형을 더 잘 반영하도록 구성 종목을 수정하였다. 1999년 다우는 그 유서 깊은 30대 구성 종목 중 둘(마이크로소프트와 인텔)을 처음으로 나스닥에서 선정했다. 이제부터 주식시장을 대표하는 3대 지수의 특성을 살펴보기로 한다.

다우존스산업평균

다우존스사(《월스트리트저널》도 발간) 공동설립자 찰스 다우Charles Dow는 19세기 말 다우존스 평균을 개발했다. 1885년 2월 16일, 그는 자본규모가 크고 거래가 활발한 12개 종목(철도주 10종목, 산업주 2종목)의 평균 주가를 매일 발표하기 시작했다. 그리고 4년 뒤에는 종목 수를 20개(철도주 18종목, 산업주 2종목)로 늘렸다.

표 7-1 | 다우존스산업평균 구성 종목, 1886~2013년

1896	1916	1928	1965	2013
아메리칸 카튼 오일 American Cotton Oil	아메리칸 비트 슈가 American Beet Sugar	얼라이드 케미컬 Allied Chemical	얼라이드 케미컬 Allied Chemical	3M 3M Co.
아메리칸 슈가 American Sugar	아메리칸 캔 American Can	아메리칸 캔 American Can	알루미늄 컴퍼니 오브 아메리카 Aluminum Co. of America	아메리칸 익스프레스 American Express
아메리칸 토바코 American Tobacco Co	아메리칸 카 앤드 파운드리 American Car & Foundary	아메리칸 스멜팅 American Smelting	아메리칸 캔 American Can	미국전신전화회사 AT&T
시카고 가스 Chicago Gas	아메리칸 로커모티브 American Locomotive	아메리칸 슈가 American Sugar	미국전신전화회사 American Telephone and Tel	보잉 Boeing
디스틸링 앤드 캐틀 피딩 Distilling & Cattle Feeding	아메리칸 스멜팅 American Smelting	아메리칸 토바코 American Tobacco Co	아메리칸 토바코 American Tobacco Co	캐터필러 Caterpillar
제너럴 일렉트릭 General Electric	아메리칸 슈가 American Sugar	애틀랜틱 리파이닝 Atlantic Refining	아나콘다 카퍼 Anaconda Copper	셰브런 Chevron
라클레드 가스 Laclede Gas	미국전신전화회사 American Telephone and Tel	베들레헴 스틸 Bethlehem Steel	베들레헴 스틸 Bethlehem Steel	시스코 시스템즈 Cisco Systems
내셔널 레드 National Lead	아나콘다 카퍼 Anaconda Copper	크라이슬러 Chrysler	크라이슬러 Chrysler	코카콜라 Coca-Cola
노스 아메리칸 North American	볼드윈 로커모티브 Baldwin Locomotive	제너럴 일렉트릭 General Electric	콘 프로덕츠 Corn Products	듀폰 Du Pont
테네시 콜 앤드 아이언 Tennessee Coal and Iron	센트럴 레더 Central Leather	제너럴 모터스 General Mortors	듀폰 Du Pont	엑손모빌 Exxon Mobil
US레더 U.S. Leather Corp.	제너럴 일렉트릭 General Electric	제너럴 레일웨이 시그널 General Railway Signal	이스트먼 코닥 Eastman Kodak	제너럴 일렉트릭 General Electric
US러버 U.S. Rubber	굿리치 Goodrich	굿리치 Goodrich	제너럴 일렉트릭 General Electric	골드만삭스 Goldman Sachs
	리퍼블릭 아이언 앤드 스틸 Republic Iron & Steel	인터내셔널 하비스터 International Harvester	제너럴 푸즈 General Foods	홈디포 Home Depot
	스튜드베이커 Studebaker	인터내셔널 니켈 International Nickel	제너럴 모터스 General Mortors	인텔 Intel
	텍사코 Texas Co.	맥 트럭 Mack Trucks	굿이어 Goodyear	IBM
	US러버 U.S. Rubber	내시 모터스 Nash Motors	인터내셔널 하비스터 International Harvester	존슨 앤드 존슨 Johnson & Johnson
	US스틸 U.S. Steel	노스 아메리칸 North American	인터내셔널 니켈 International Nickel	JP모건체이스 JP Morgan Chase
	유타 카퍼 Utah Copper	파라마운트 퍼블릭스 Paramount Publix	인터내셔널 페이퍼 International Paper Co.	맥도날드 McDonald's
	웨스팅하우스 Westinghouse	포스텀 Postum, Inc.	존스-맨빌 Johns-Manville	머크 Merck
	웨스턴 유니언 Western Union	라디오 코퍼레이션 Radio Corp.	오언스-일리노이 글라스 Owens-Illinois Glass	마이크로소프트 Microsoft
		시어즈 로벅 Sears Roebuck	프록터 앤드 갬블 Procter & Gamble	나이키 Nike
		스탠더드 오일 Standard Oil(N.J.)	시어즈 로벅 Sears Roebuck	화이자 Pfizer
		텍사코 Texas Co	스탠더드 오일 오브 캘리포니아 Standard Oil of Calif	프록터 앤드 갬블 Procter and Gamble
		텍사스 걸프 설퍼 Texas Gulf Sulphur	스탠더드 오일 오브 뉴저지 Standard Oil of N. J.	트레블러스 Travelers
		유니언 카바이드 Union Carbide	스위프트 앤드 컴퍼니 Swift & Company	유나이티드 테크놀로지스 United Technologies
		US스틸 U.S. Steel	텍사코 Texaco Incorporated	유나이티드헬스 UnitedHealth
		빅터 토킹 머신 Victor Talking Machine	유니언 카바이드 Union Carbide	버라이즌 커뮤니케이션스 Verizon Comm.
		웨스팅하우스 일렉트릭 Westinghouse Electric	유나이티드 에어크래프트 United Aircraft	비자 Visa
		울워스 Woolworth	US스틸 U.S. Steel	월마트 WalMart
		라이트 에어로노티컬 Wright Aeronautical	웨스팅하우스 일렉트릭 Westinghouse Electric	월트 디즈니 Walt Disney
			울워스 Woolworth	

이후 산업회사와 제조회사들이 철도회사보다 중요해지자, 1896년 5월 26일 다우존스산업평균을 만들어냈다. 표 7-1이 최초 구성 종목 12개이다. 기존 지수는 재구성하여 1896년 10월 26일 철도평균$^{Rail\ Average}$으로 명칭을 바꿨다. 1916년 산업평균 구성 종목이 20개로 늘어났고, 1928년에는 현재와 같은 숫자인 30종목으로 증가했다. 철도평균은 1970년 명칭이 운송평균$^{Transportation\ Average}$으로 바뀌었고, 구성 종목은 100여 년 전과 마찬가지로 20개로 유지되고 있다.

초기 다우 종목들은 면화, 설탕, 담배, 납, 가죽, 고무 등 원자재 관련 회사들이었다. 12개 회사 중 기존 형태를 유지하면서 지금까지 존속하는 회사는 6개이고, 기존 회사명으로 다우지수에 여전히 남아 있는 회사는 GE 하나뿐이다.[1]

처음 다우존스산업평균에 포함된 종목들은 거의 모두 번창하여 성공을 거두었으나, 결국은 지수에서 제외되었다(자세한 내용은 7장 참고자료 참조). 유일한 예외는 US레더$^{U.S.\ Leather\ Corp.}$로 1950년대에 청산되었다. 주주들은 현금 1.50달러와 자회사 키터 오일 앤드 가스$^{Keta\ Oil\ \&\ Gas}$ 주식 1주를 받았다. 그러나 1955년 사장 로웰 비렐$^{Lowell\ Birrell}$이 키터 재산을 횡령하여 브라질로 도주했다. US레더는 1909년 미국 7위 대기업이었으나, 마침내 휴지조각이 되었다.

다우지수 산출 방식

원래 다우지수는 구성 종목의 주가를 모두 더한 다음, 이를 구성 종목 수로 나누어 산출했다. 그러나 그동안 구성 종목이 변경되거나 주식분할이 발생하기도 했으므로, 분모를 조정하여 지수의 일관성을 유지해왔다. 2013년 10월 현재 분모는 약 0.1557이므로, 구성 종목 하나의 주가가 1 퍼센트포

인트 상승하면 다우지수는 약 6.5 퍼센트포인트 상승한다.[2]

지금도 다우지수는 가격가중 지수여서, 구성 종목 주가를 모두 더한 다음, 이를 종목 수로 나누어 산출한다. 따라서 회사의 규모에 상관없이 주가가 높은 종목일수록 지수에 미치는 영향이 크다. 2013년 11월 현재 비자^{Visa}는 주가가 200달러여서 지수에서 차지하는 비중이 8%가 넘지만, 주가가 가장 낮은 시스코^{Cisco}는 비중이 1%에도 못 미친다.[3]

주가가 지수에 미치는 영향이 회사의 규모와 무관하다는 점에서, 가격가중 지수는 널리 사용되는 지수가 아니다. 반면에 S&P500지수 등은 시가총액가중 지수여서, 각 종목이 지수에 미치는 영향은 그 종목의 시가총액에 비례한다. 2013년 10월 현재 다우지수 종목의 시가총액은 4.5조 달러로, 미국 전체 주식 시가총액의 4분의 1에도 다소 못 미친다. 다우 지수에는 시가총액 세계 1위 기업인 애플도 포함되지 않았고, 시가총액 10대 기업에 속하는 구글도 포함되지 않았다.

다우지수의 장기 추세

도표 7-1은 1885년부터 산출된 다우지수의 월간 고가와 저가에 인플레이션을 반영한 그래프다. 삽입한 작은 도표는 인플레이션을 반영하지 않은 그래프다.

다우지수에 통계를 적용해서 추세선과 밴드도 그려 넣었다. 밴드의 상한선과 하한선 간격은 지수 표준편차의 1배이며, 추세선과의 간격은 0.5배씩이다. 추세선의 기울기는 연 1.94%인데, 이는 1885년 이후 지수의 (인플레이션을 고려한) 실질 수익률을 가리킨다. 대부분 지수와 마찬가지로, 다우지수에도 배당이 포함되지 않는다. 따라서 다우지수 상승률은 구성 종목들의

도표 7-1 | 실질 다우지수, 1885~2012년

총수익률보다 훨씬 낮다. 이 기간 전체 주식의 평균 배당수익률은 약 4.3%였으므로, 다우 종목들의 실질 총수익률은 약 6.2%였다.[4]

실질 다우지수가 밴드 안에 머문 기간은 전체 기간의 약 4분의 3이었다. 다우지수가 상한선을 돌파한 시점은 1929년, 1960년대 중반, 2000년이었는데 이후 곧바로 지수가 하락했다. 다우지수는 하한선을 돌파한 다음에도 곧바로 지수가 상승하여 밴드 안으로 들어왔다. 2013년 8월 현재 실질 다우지수 사상 최고치는 2000년 1월에 기록한 16,130이다.

추세선을 이용한 수익률 예측은 위험

추세선과 밴드를 이용한 미래 수익률 예측은, 그럴듯해 보일지는 몰라도 투자자를 호도할 위험이 있다. 장기간 유지된 추세선도 무너진 사례가 여러 번 있기 때문이다. 도표 7-1의 삽입 도표에서 보듯이 명목 다우지수는 1950년대 중반 추세선을 상향 돌파한 이후 계속 추세선 위에 머물고 있다. 이는 지폐 본위제로 바뀐 이후 발생한 인플레이션 탓에 명목 다우지수가 과거 추세선을 넘어선 것이다. 실질 다우지수 대신 명목 다우지수의 추세선을 분석해서 매매한 사람이 있다면, 그는 1955년에 주식을 팔고 나서 다시는 주식을 사지 않았을 것이다.[5]

명목 다우지수가 추세선을 넘어선 이유는 또 있다. 앞에서도 말했듯이 주가지수는 배당을 제외하고 주가 등락만 추적하므로, 구성 종목들의 총수익률보다 낮게 나온다. 그러나 그동안 기업들은 배당을 갈수록 줄이는 대신, 자사주 매입이나 재투자 비중을 늘렸다. 따라서 근년에는 주식 수익률에서 배당 소득의 비중은 감소하고 자본이득의 비중이 증가했다. 1980년 이후 배당수익률이 평균 2.88퍼센트포인트 감소했으므로, 도표 7-1에서 새 밴드의 기울기는 자본이득 증가를 반영하여 2.88퍼센트포인트 상승했다. 2012년 말 현재 실질 다우지수는 배당수익률 하락을 반영하지 않으면 추세선보다 높지만, 반영하면 밴드 하한선 밑으로 떨어진다.

시가총액가중 지수

S&P지수

1885년부터 산출된 다우지수는 구성 종목이 최대 30개였으므로 종합지수는 분명히 아니었다. 1906년에 설립된 스탠더드 스태티스틱스$^{Standard\ Statistics}$ $^{Co.}$는 1918년부터 처음으로 시가총액가중 주가지수를 발표하기 시작했다.

지금은 시가총액가중 방식이 전체 시장을 가장 잘 보여주는 지표로 인정받고 있으며, 거의 모든 곳에서 시장 벤치마크로 두루 사용되고 있다.[6] 1939년 콜스경제연구위원회 설립자 알프레드 콜스는 뉴욕증권거래소 전체 상장 종목에 대해 S&P의 시가총액가중 방식으로 1871년까지 거슬러 올라가 지수를 산출했다.

S&P의 주가지수는 1923년부터 산출되었고, 1926년에는 90개 종목으로 구성된 S&P 종합지수Standard & Poor's Composite Index가 되었다. 1957년 3월 4일에는 종목 수가 500개로 증가하여 S&P500지수가 되었다. 당시에는 S&P 구성 종목의 시가총액 합계가 뉴욕증권거래소 전체 상장 종목 시가총액의 약 90%였다. 지수에 포함되는 500종목은 업종별로 숫자가 제한되었는데, 제조회사 425개, 철도회사 25개, 공익회사 50개였다. 그러나 1988년부터 업종별 숫자 제한이 사라졌다.

S&P500지수는 1941~1943년 평균 지수를 10으로 정했으므로, 1957년에는 평균 주가(45~50달러)와 비슷한 수준이었다. 따라서 1957년에는 평균 주가가 1% 움직이면 지수도 1포인트 움직이는 식이었으므로, 투자자들이 시장 흐름을 쉽게 파악할 수 있었다.

S&P500에는 시가총액이 매우 작은 회사도 있었는데, 이는 그동안 주가가 대폭 하락했으나 교체되지 않은 종목이었다.[7] 2012년 말 현재 S&P500 기업들의 시가총액 합계는 약 13.6조 달러로서 미국 상장회사 합계액의 75%에 못 미치므로, 1957년 당시 시가총액 비중 90%보다 상당히 감소했다. S&P500지수의 역사와 분석에 대해서는 8장에서 다루기로 한다.

나스닥지수

1971년 2월 8일, 주식매매 방식에 혁명적인 변화가 일어났다. 나스닥 National Association of Securities Dealers Automated Quotations: NASDAQ이라는 자동 호가 시스템이 도입되어 2,400개 주요 장외거래 종목의 최신 매수호가와 매도호가가 제공된 것이다. 이전에는 해당 장외거래 종목을 보유한 증권회사나 주요 트레이더가 개별적으로 호가를 제공했었다. 이제 나스닥은 500곳이 넘는 전국의 시장조성자들을 연결하여 중앙 컴퓨터 시스템을 구축했다.

반면에 뉴욕증권거래소나 아메리카 증권거래소에서는 '지정 시장조성자Designated Market Maker' (이른바 스페셜리스트)가 호가를 제시하면서 매매를 주선했다. 나스닥이 새로 선보인 호가 및 매매 방식이 투자자와 트레이더들에게 훨씬 더 매력적이었다.

나스닥이 설립되던 무렵에는 나스닥보다 거래소(특히 뉴욕증권거래소)에 상장되는 종목이 더 높이 평가받았다. 나스닥 종목들은 대개 회사 규모가 작거나, 최근 상장된 신생 기업이거나, 거래소 상장 요건을 갖추지 못한 기업이었다. 그러나 신생 기술회사 중에는 나스닥을 선택한 회사가 많았다. 예컨대 인텔이나 마이크로소프트는 뉴욕증권거래소 상장 요건을 갖추었는데도 여전히 나스닥에 머물러 있다.

나스닥 지수도 시가총액가중 방식이며, 1971년 첫 거래일 지수를 기준 지수 100으로 삼았다. 이후 거의 10년 뒤 지수가 200이 되었고, 또 10년 뒤인 1991년에는 500에 도달했다. 그리고 1995년 7월 처음으로 역사적인 지수 1,000을 기록했다.

이후 기술주에 대한 관심이 높아감에 따라 나스닥 지수 상승 속도도 높아져서, 겨우 3년 만에 2,000에 도달했다. 그리고 1999년 가을에는 기술주 붐이 일어나면서 나스닥 지수가 우주로 올라갔다. 지수는 10월 2,700을 거쳐 2000년 3월 10일 5,048.62로 사상 최고치를 기록했다.

기술주가 인기를 얻자, 나스닥 거래량도 엄청나게 증가했다. 나스닥 거래량이 처음에는 뉴욕증권거래소의 극히 일부에 지나지 않았다. 그러나 1994년에는 나스닥 거래량이 뉴욕증권거래소를 추월했고, 5년 뒤에는 거래대금마저 뉴욕증권거래소를 넘어섰다.[8]

이제 나스닥은 뉴욕증권거래소에 들어가지 못하는 소기업들이 임시로 머무는 곳이 아니다. 1998년에는 나스닥 시가총액이 도쿄증권거래소Tokyo Stock Exchange를 넘어섰다. 2000년 3월 지수가 정점을 기록했을 때에는 나스닥 시가총액이 뉴욕증권거래소의 절반을 넘었으며, 세계의 나머지 증권거래소를 모두 제쳤다. 2000년 초에는 나스닥에 상장된 마이크로소프트와 시스코가 세계 시가총액 1, 2위였으며, 인텔과 오라클 역시 세계 시가총액 10위 안에 들어갔다.

그러나 기술주 거품이 꺼지자, 나스닥지수와 거래량도 급락했다. 5,000이 넘던 나스닥지수는 2002년 10월 1,150까지 떨어졌다가 2012년 말 3,000으로 반등했다. 절정기에 평균 25억 주가 넘던 거래량도 2007년에는 약 20억 주로 감소했다. 비록 지수는 하락했지만, 나스닥에서는 여전히 세계에서 가장 활기찬 주식들이 거래되고 있다.

이제는 뉴욕증권거래소 상장 종목 절대다수가 전산으로 거래되므로 개별 거래소와 거래소 입회장floor trading은 중요성이 급감했다. 2008년 뉴욕증권거래소는 아메리카 증권거래소를 인수했고, 2012년 말에는 ICE Intercontinental Exchange가 뉴욕증권거래소를 80억 달러에 인수했다. ICE는 2000년 애틀랜타에서 설립된 선물거래회사다. 1903년 월스트리트에 설립되어 세계 유수 기업의 주식을 거래해온 뉴욕증권거래소 입회장이 뉴스 리포터들에게는 흥미로운 장소일지 몰라도, 머지않아 역사의 뒤안길로 사라질 것이다.

기타 주가지수: CRSP지수

1959년 시카고 경영대학원 교수 제임스 로리(James H. Lorie)는 증권회사 메릴린치, 피어스, 페너 앤드 스미스(Merrill Lynch, Pierce, Fenner & Smith)로부터 프로젝트를 의뢰받았다. 메릴린치는 일반인들의 주식투자 실적을 분석하고 싶었지만 신뢰할 만한 과거 주가 데이터를 구할 수가 없었다. 이를 계기로 로리는 동료 교수 로렌스 피셔(Lawrence Fisher)와 팀을 구성하여 과거 주가 데이터베이스를 구축했다.

당시는 컴퓨터 기술이 걸음마 단계였으므로, 로리와 피셔는 증권가격연구센터(Center for Research in Security Prices: CRSP(크리습))를 설립하여 컴퓨터 분석이 가능한 형태로 1926년부터 주가 데이터베이스를 구축했다. 이후 이 데이터베이스는 학계에서 널리 사용되었다. 현재 이 데이터베이스에는 뉴욕증권거래소, 아메리카 증권거래소, 나스닥에 상장된 모든 주식이 들어 있다.

2012년 말 현재 이 데이터베이스에 포함된 거의 5,000 종목의 시가총액은 19조 달러에 육박한다. CRSP는 미국 주식의 실적을 추적하는 최대 종합지수다.

도표 7-2는 시가총액 기준으로 종목 구성 비중을 보여준다. 시가총액 상위 500개 기업은 그 구성이 S&P500지수와 매우 비슷하며, 전체 주식 시가총액의 78.6%를 차지한다. 시가총액 상위 1,000개 기업은 그 구성이 러셀 인베스트먼트 그룹(Russell Investment Group)이 발표하는 '러셀1000(Russell 1000)'과 거의 같으며, 전체 주식 시가총액에서 거의 90%를 차지한다. 러셀2000은 시가총액

도표 7-2 | CRSP 전체시장 지수, 2012년

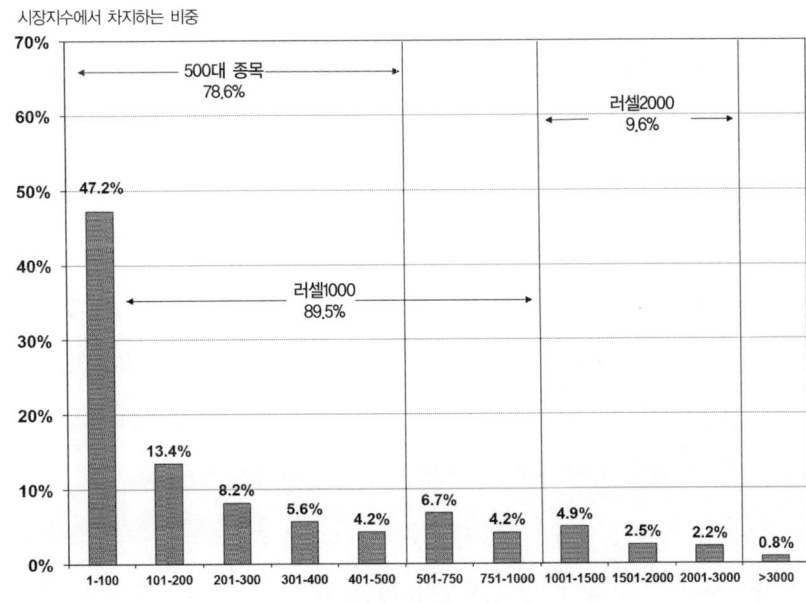

1,001~3,000위 기업으로 구성되며, 전체 주식 시가총액의 9.6%를 차지한다. 러셀3000은 러셀1000에 러셀2000을 더한 지수로서, 전체 주식 시가총액의 99.1%를 차지한다. 나머지 1,788개 종목이 전체 주식 시가총액에서 차지하는 비중은 0.8%다.[9]

주가지수의 수익률 편향

일각에서는 S&P500 같은 주가지수는 종목이 끊임없이 교체되므로 일반인은 모든 종목에 투자해도 지수 수익률을 따라갈 수 없다고 생각한다.

그러나 사실은 그렇지 않다. S&P500은 실적 좋은 종목들을 계속 유지하므로 유리한 면도 있지만, 급상승하는 중·소형주가 없다는 점에서는 불리하다. 예를 들어 마이크로소프트는 상장되고서 8년이 지난 1994년 6월에야 S&P500지수에 포함되었다. 반면에 소형주 지수는 급성장하는 일부 종목의 덕을 보기도 하지만, 대형주 지수에서 탈락하여 계속 주가가 하락하는 '추락 천사 fallen angels' 탓에 손해를 보기도 한다.

일반 투자자가 지수를 복제할 수 있으면 그 지수에는 편향이 없다. 각 지수는 일반인이 복제할 수 있도록 새 종목이 지수에 편입되거나 기존 종목이 제외되는 날짜를 사전에 공개하게 되어 있다. 특히 파산절차에 들어가는 기업이 중요하다. 파산 후에는 주가가 제로가 될 수도 있으며, 이 주가도 지수에 반영되기 때문이다. S&P, 다우존스, 나스닥 등 주요 지수는 모두 복제가 가능하다.[10] 따라서 이들 지수가 시장 수익률을 왜곡한다고 볼 통계적 근거는 없다.

> **참고자료** 다우존스산업평균 최초 구성 종목 12개는 이후 어떻게 되었을까?
>
> 2종목(제너럴 일렉트릭, 라클레드 가스)은 회사명과 업종이 바뀌지 않았다. 5종목(아메리칸 카튼 오일, 아메리칸 토바코, 시카고 가스, 내셔널 레드, 노스 아메리칸)은 기존 업종에서 대형 공익기업이 되었다. 1종목(테네시

콜 앤드 아이언)은 US스틸에 인수되었다. 2종목(아메리칸 슈가, US러버)은 1980년대에 비상장회사가 되었다. 제품 라인을 변경한 회사는 단 1종목(디스틸링 앤드 캐틀 피딩)으로서, 알코올 음료에서 석유화학 제품으로 변경하였다. 청산된 종목 역시 단 하나(US레더)뿐이었다. 다음은 이들 12종목에 대한 설명이다(시가총액은 2012년 12월 기준).

- 아메리칸 카튼 오일: 회사명이 여러 차례 변경되었다. 1923년 베스트 푸드Best Food, 1958년 콘 프로덕츠 리파이닝Corn Products Refining, 1969년 CPC 인터내셔널CPC International(58개국에서 사업하는 대형 식품회사)이 되었다. 1997년에는 옥수수 정제 사업부를 분사하여 콘 프로덕츠 인터내셔널Corn Products International을 설립하고, 모회사는 베스트푸드Bestfoods로 또 변경했다. 2000년 10월, 203억 달러에 유니레버Unilever로 인수되었다. 유니레버는 본사가 네덜란드에 있으며, 현재 시가총액은 1,150억 달러.

- 아메리칸 슈가: 회사명이 1970년 암스타Amstar로 바뀌었고, 1984년 비상장회사로 전환되었다. 1991년 9월, 세계적으로 유명한 설탕 제품 라인 도미노를 반영하여, 회사명을 도미노 푸드Domino Foods, Inc로 다시 변경했다.

- 아메리칸 토바코: 회사명이 1969년 아메리칸 브랜드American Brands(AMB), 1997년 포춘 브랜드Fortune Brands(FO)로 변경되었다. 주류, 사무용품, 골프 장비, 주택 개보수 제품 자회사 등을 거느린 소비재 지주회사다. 1994년 아메리칸 브랜드는 한때 자회사였던 브리티쉬 아메리칸 토바코B.A.T에 자회사 아메리칸 토바코(폴몰Pall Mall, 럭키 스트라이크Lucky Strike 등 보유)를 매각

했다. 2011년 회사명을 빔Beam Inc(BEAM)으로 변경하여 주류 유통사업을 하고 있다. 시가총액은 90억 달러다.

• 시카고 가스: 회사명이 1897년 피플즈 가스 라이트 앤드 코크Peoples Gas Light & Coke Co.로 바뀌었고, 1980년 피플즈 에너지Peoples Energy Corp.로 바뀌면서 공익기업 지주회사가 되었다. 2006년 WPS리소시즈WPS Resources에 인수되면서 회사명이 인티그리스 에너지 그룹Integrys Energy Group(TEG)으로 변경되었다. 시가총액은 41억 달러다. 1997년 5월까지 다우존스유틸리티평균 구성 종목이었다.

• 디스틸링 앤드 캐틀 피딩: 회사명 변경 과정이 길고 복잡하다. 회사명을 아메리칸 스피릿 매뉴팩처링American Spirits Manufacturing으로 변경한 다음 또 디스틸러스 시큐리티Distiller's Securities Corp.로 바꿨다. 이후 금주법이 통과되자 2개월 뒤 정관을 변경하여 회사명을 US푸드 프로덕츠U.S. Food Products Corp.로 변경했고, 이어서 내셔널 디스틸러스 앤드 케미컬National Distillers and Chemical로 또 바꿨다. 1989년에는 회사명을 퀀텀 케미컬Quantum Chemical Corp.로 변경하고 선도적인 석유화학 및 프로판 생산업체가 되었다. 그러나 파산에 직면하여 34억 달러에 영미 복합기업 핸슨Hanson PLC으로 인수되었다. 1996년 10월에는 밀레니엄 케미컬Millennium Chemicals(MCH)이라는 회사명으로 분사되었다. 그리고 2004년 11월 네덜란드 회사 라이온델 케미컬Lyondell Chemical에 인수되어 회사명이 라이온델 바젤 인더스트리Lyondell Basell Industires(LYB)로 바뀌었다. 현재 시가총액은 280억 달러다.

• 제너럴 일렉트릭GE: 1892년에 설립되었으며, 다우존스산업평균 최초 구

성 종목 중 지금까지 남아 있는 유일한 회사다. 거대 제조 및 방송 복합 기업으로서, NBC와 CNBC를 보유하고 있다. 시가총액이 2,180억 달러로서 미국 3위다.

- 라클레드 가스LG: 회사명이 라클레드 그룹Laclede Group, Inc.으로 변경되었다. 세인트루이스 지역 천연가스 소매기업으로서, 시가총액은 9억 달러다.

- 내셔널 레드NL: 1971년 회사명이 NL인더스트리NL Industries로 변경되었다. 보안제품, 정밀 볼 베어링 제품, 이산화티타늄 및 특수화합물 등을 생산한다. 시가총액은 5억 2,000만 달러다.

- 노스 아메리칸: 1956년 회사명이 유니언 일렉트릭Union Electric Co.(UEP)으로 바뀌었고, 미주리와 일리노이에 전력을 공급했다. 1998년 1월 십스코CipscoCentral Illinois Public Service Co와 합병하여 아메런Ameren(AEE)이 되었다. 시가총액은 720억 달러다.

- 테네시 콜 앤드 아이언: 1907년 US스틸에 인수되었고, 1991년 5월 USX-US스틸 그룹USX-U.S. Steel Group(X)이 되었다. 2002년 1월 회사명이 다시 US스틸로 바뀌었다. 시가총액은 30억 달러다.

- US레더: 1900년대 초에는 거대 신발제조업체였으나 1952년 1월 청산되었다. 주주들에게 현금 1.50달러와 자회사 주식 1주를 지급했지만, 주식은 휴지조각이 되었다.

- US러버: 1961년 회사명이 유니로열Uniroyal로 바뀌었고, 1985년 비상장회사가 되었다. 1990년 프랑스 회사 미쉐린 그룹Michelin Group에 인수되었다. 시가총액은 150억 달러다.

08
S&P500지수
50여 년 미국 기업의 역사

> 살아가면서 우리가 보는 변화는 대부분 유행의 변화에 불과하다.
> —로버트 프로스트Robert Frost, 《검은 시골집The Black Cottage》, 1914년

    미국의 3대 주식시장 지수(다우, 나스닥, S&P500) 가운데 세계 주식시장의 표준 척도가 된 지수는 하나뿐이다. 1957년 2월 28일 스탠더드 앤드 푸어스가 개발한 S&P500지수다. 이 회사는 1926년부터 90개 대형주로 시가총액가중 지수를 산출했다. 아이러니하게도 1926년 지수에서는 당시 세계 최대 종목인 미국전신전화회사 AT&T를 제외했다. 이 지수가 거대 종목 하나에 좌우되는 것을 원치 않았기 때문이다. 이 오류를 바로잡고 제2차 세계대전 이후 성장한 기업들을 반영하려고, 1957년 S&P는 뉴욕증권거래소에 상장된 대형 제조회사와 공익기업 500개로 지수를 구성했다.

당시 S&P500 구성 종목의 시가총액은 뉴욕증권거래소 전체 종목 시가총액의 90%에 육박했다. 곧이어 S&P500지수는 미국 대형주에 투자하는 기관과 펀드매니저들의 실적평가 기준이 되었다.

지수에 포함되는 500종목은 업종별로 숫자가 정해져 있었는데, 제조회사 425개, 철도회사 25개, 공익회사 50개였다. 그러나 S&P는 1988년부터 업종별 숫자 제한을 없애고, '경기 주도 업종에 속한 500개 선도기업'으로 지수를 구성했다.

지수 산출 초기부터 S&P는 시가총액, 이익, 유동성 기준을 충족하는 기업들은 계속 지수에 편입하고, 기준을 충족하지 못하는 기업은 계속 제외했다.[1] 1957~2012년 동안 S&P500지수에 편입된 종목 수는 모두 1,159개로, 연평균 약 20개였다. 그리고 신규 편입 종목의 시가총액이 지수에서 차지하는 비중은 약 5%였다.

신규 편입 종목 수가 가장 많았던 해는 1976년으로, 은행 15개와 보험사 10개를 포함해서 60개가 추가되었다. 그 이전에는 지수에 포함된 금융주가 소비자금융회사뿐이었다. 당시 은행주와 보험주들은 장외시장에서 거래되었으므로, 1971년 나스닥지수가 개발되기 전까지는 신속하게 지수에 반영할 수가 없었기 때문이다. 2000년 기술주 거품이 절정에 달했을 때에도 두 번째로 많은 49개 종목이 지수에 추가되었다. 2003년에는 편입 종목 수가 8개로 감소하여 역대 최저 타이기록을 세웠다.

S&P500지수의 섹터 구성

지난 반세기 동안 미국 경제가 발전하는 과정에서 미국 산업지형이 엄청나게 바뀌었다. 한때는 철강, 화학, 자동차, 석유 회사들이 경제를 주도했으나, 지금은 건강, 기술, 금융, 기타 서비스 회사들이 경제를 지배하고 있다.

적극적 투자자들은 갈수록 섹터 분석을 이용해서 포트폴리오 자산을 배분하고 있다. 가장 인기 있는 산업분류 시스템은 1999년 S&P가 모건 스탠리와 함께 개발한 글로벌산업분류기준 Global Industrial Classification Standard: GICS이다. 이 시스템은 과거 미국 정부가 개발한 표준산업코드 Standard Industrial Code: SIC를 참조했다.[2]

GICS는 경제를 다음과 같이 10개 섹터로 분류한다. 기초소재(화학, 종이, 철강, 광업), 산업(자본재, 방위, 운송, 상업 및 환경 서비스), 에너지(탐사, 생산, 마케팅, 석유 및 가스 정제, 석탄), 공익기업(전기, 가스, 수도, 원자력 발전, 송전), 통신서비스(유선통신, 이동통신, 무선통신, 광대역통신), 재량소비재(가정용 내구재, 자동차, 의류, 호텔, 레스토랑, 미디어, 소매), 필수소비재(식품, 담배, 개인용품, 소매, 대형 슈퍼마켓), 건강관리(장비 제조업체, 건강관리업체, 제약, 생명공학) 금융(상업 및 투자은행업, 모기지, 중개업, 보험업, 부동산투자신탁), 정보기술(소프트웨어 서비스, 인터넷, 가정용 오락기기, 데이터 처리, 컴퓨터, 반도체).

도표 8-1은 1957~2012년 동안 각 섹터가 S&P500지수에서 차지하는 비중을 보여준다. 비중이 극적으로 변한 섹터가 많다. 기초소재는 1957년에는 단연 최대 섹터였으나, 2012년 말에는 (공익기업, 통신서비스와 함께) 최소 섹터 중 하나가 되었다. 기초소재와 에너지 섹터를 더하면 1957년에는 지수에서 차지하는 비중이 거의 절반이었지만 2013에는 14%에 불과하다. 반면에 금

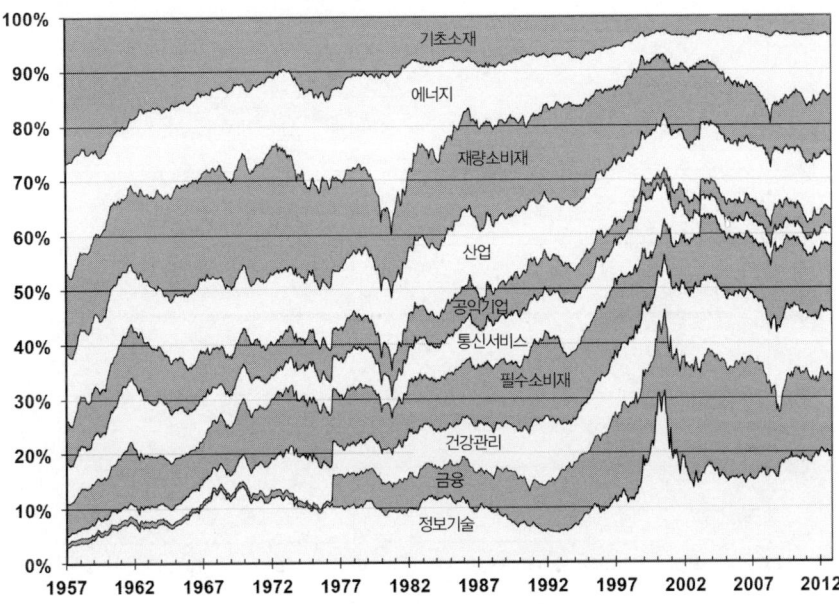

도표 8-1 | S&P500의 섹터별 시가총액 비중, 1957~2012년

융, 건강관리, 기술 섹터는 1957년에는 비중이 6%에 불과한 소형 섹터였으나, 2013년에는 비중이 절반에 육박한다.

장기적으로 보면 섹터의 비중과 투자 수익률 사이에 상관관계가 항상 존재하는 것은 아니다. 섹터의 비중 변화는 흔히 섹터에 속한 '기업의 가치' 증감보다는 '기업의 수' 증감을 반영하기 때문이다. 특히 금융 섹터가 그러한데, 상업은행과 투자은행, 보험회사, 증권회사, 패니메이와 프레디맥 같은 정부후원 기업이 금융 섹터에 속한다.[3] 기술 섹터 역시 주로 신규 기업이 늘어난 덕분에 비중이 증가했다. IBM은 1957년에 기술 섹터에서 차지하는 비중이 3분의 2였으나, 2013년에는 기술 섹터 70종목 가운데 비중 3위로 밀려났다.

도표 8-2 | S&P500 '섹터의 비중 변동'과 '섹터 수익률'의 관계, 1957~2012년

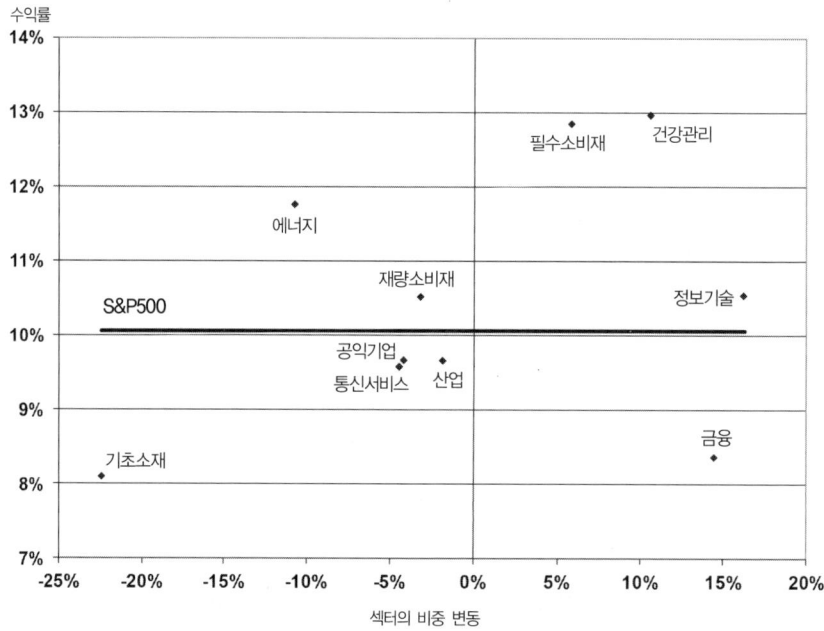

도표 8-2에서 보듯이 섹터의 비중 변동과 수익률 사이에는 상관관계가 거의 없다. 비중 증가율이 가장 높은 기술 섹터는 수익률이 평균을 간신히 웃도는 정도였으며, 비중 증가율이 두 번째로 높은 금융 섹터는 수익률이 바닥에서 두 번째였다. 기술 섹터와 금융 섹터의 비중이 증가한 것은 주가 상승 때문이 아니라 신규 기업이 섹터에 많이 추가되었기 때문이다.

물론 건강관리 섹터와 필수소비재 섹터는 비중도 증가하고 수익률도 평균을 웃돌았다. 그러나 에너지 섹터는 비중이 20%에서 11%로 감소했는데도, 수익률은 11.76%로서 S&P500지수보다 훨씬 높았다. 통계분석에 의하면 지난 50년 동안 섹터의 비중 변동과 수익률 사이의 상관관계는 10%에 불과하다. 즉 섹터 수익률의 90%는 섹터의 비중이 아니라 섹터에 포함된 종목

들의 수익률에 좌우된다는 뜻이다. 흔히 투자자들은 성장률이 높은 섹터에 지나치게 높은 가격을 치르는 탓에 투자수익률이 낮아진다. 반대로 투자자들은 흔히 침체하거나 쇠퇴하는 섹터를 무시하므로, 이런 섹터는 주가가 내재가치보다 낮아져서 수익률이 높아진다.

표 8-1은 1957년 최초 S&P500지수에 편입된 시가총액 20대 종목의 실적이다. 한 가지 두드러진 점은 수익률 상위 10종목 중 9종목이 석유회사이며, 9종목 모두 수익률이 S&P500보다 높았다는 사실(연 0.96~2.75%)이다.

표 8-1 | 최초 S&P500지수의 시가총액 20대 종목, 1957~2012년

수익률 순위	1957년 회사명	1957~2012 수익률	1957년 시가총액 순위
1	로열 더치 퍼트롤리엄	12.82%	12
2	소코니 모빌 오일	12.76%	13
3	걸프 오일	12.46%	6
4	셸 오일	12.40%	14
5	스탠더드 오일 오브 뉴저지	12.28%	2
6	스탠더드 오일 오브 캘리포니아	12.02%	10
7	IBM	11.57%	11
8	텍사코	11.43%	8
9	스탠더드 오일 오브 인디애나	11.26%	16
10	필립스 퍼트롤리엄	11.03%	20
11	AT&T	9.76%	1
12	유니언 카바이드	9.75%	7
13	제너럴 일렉트릭	9.65%	5
14	시어스	8.04%	15
15	듀폰	7.42%	4
16	이스트먼 코닥	6.09%	19
17	USX	6.00%	9
18	알루미늄 컴퍼니 오브 아메리카	4.24%	17
19	제너럴 모터스	3.71%	3
20	베들레헴 스틸	–	18
	수익률 상위 10종목	12.09%	
	20종목 평균	10.94%	
	S&P500	10.07%	

최초 S&P500지수의 20대 종목 중 실적 1위 기업은 로열 더치 퍼트롤리엄Royal Dutch Petroleum이었다. 이 회사는 네덜란드에서 설립되었으며, 2002년 해외 지사를 모두 폐쇄할 때 S&P500지수에서 제외되었다. 실적 2위 기업은 소코니 모빌 오일Socony Mobil Oil이었다. 이 회사는 1966년 'SoconyStandard Oil Company of New York(뉴욕 스탠더드 석유회사)'를 회사명에서 떼어냈고, 1999년 엑손Exxon과 합병했다. 실적 3위 걸프 오일Gulf Oil, 6위 스탠더드 오일 오브 캘리포니아Standard Oil of California, 8위 텍사코Texas Co는 합병하여 셰브런 텍사코Chevron Texaco가 되었고, 이후 회사명을 셰브런으로 단축했다. 실적 4위 셸 오일Shell Oil은 미국 회사였으나 1985년 로열 더치에 인수되어 S&P500지수에서 제외되었다. 실적 5위 스탠더드 오일 오브 뉴저지Standard Oil of New Jersey는 1972년 회사명을 엑손Exxon으로 변경했고, 현재 시가총액 세계 1위 자리를 놓고 애플과 경쟁하는 중이다. 실적 9위 스탠더드 오일 오브 인디애나Standard Oil of Indiana는 1998년 BP아모코BP Amoco에 인수되었다. 실적 10위 필립스 퍼트롤리엄Phillips Petroleum은 2002년 코노코Conoco(콘티넨털 오일Continental Oil Co.)와 합병하여 코노코필립스ConocoPhillips가 되었다.

석유회사를 제외하고 수익률 상위 10대 기업에 포함된 유일한 종목은 IBM으로서, 1911년 설립 당시에는 회사명이 C-T-RComputer-Tabulating-Recording이었다. IBM은 1983~1985년에는 S&P500지수에서 차지하는 비중이 최대(6% 초과)였으며, 2013년에도 시가총액 10위 안에 들어갔다.

시가총액 20대 종목 중 수익률 하위 10종목의 실적은 S&P500지수보다 낮았다. US스틸, AT&T, 제너럴 모터스는 한때 시가총액이 세계 최대였다. US스틸과 AT&T는 산업이 파란만장한 변화를 겪는 동안 사업 일부를 매각하였고, 한때 회사 규모가 과거의 몇 분의 1로 감소하기도 했다. 그러나 두 회사 모두 회복하였고, 2013년 현재 AT&T는 시가총액 기준 미국 13위를 기록하고 있다.

US스틸은 1901년 앤드루 카네기가 주도하고 JP모건이 자금을 지원한 10개 철강회사 합병을 통해서 설립되었다. 합병으로 탄생한 US스틸은 사상 최초로 매출 10억 달러 기업이 되었으며, 미국 시장의 3분의 2를 차지했다. 1982년에는 에너지 가격 상승에 대비해서 마라톤 오일Marathon Oil을 인수하면서 회사명을 USX USX Corporation로 바꾸었다. 1991년에는 US스틸이 별도 회사로 분사되었고, 2003년에는 시가총액이 10억 달러를 간신히 웃도는 수준으로 감소하여, 1세기 전 규모로 돌아갔다. 이후 US스틸은 적극적인 원가 절감으로 다시 회복하여 미국 2위 철강회사가 되었다. 미국 1위 철강회사는 미탈 스틸 USA Mittal Steel USA로서, 1957년 S&P500 지수 18위 기업이었던 베들레헴 스틸이 파산했을 때 자산을 인수했다.

AT&T는 S&P500지수에 편입되던 1957년부터 1975년까지 시가총액 세계 최대 기업이었다. AT&T는 1957년에 시가총액 112억 달러로 1위를 기록했지만, 이 금액이 2012년에는 S&P500 시가총액 하위 50% 안에 들어가는 수준에 불과하다. '벨 아줌마Ma Bell'로 불리던 이 독점 전화회사는 1984년 분할되어 여러 지역 전화회사인 '베이비 벨Baby Bell'이 되었다. 그러나 2005년 베이비 벨 중 하나였던 SBC 커뮤니케이션스SBC Communications가 '벨 아줌마' 잔해를 인수하고서 이후 다른 기업들을 인수하여 2007년 미국 시가총액 20대 종목으로 다시 올라섰다. AT&T의 55년 수익률은 연 9.76%로서(23년 전 분사한 베이비 벨을 모두 계속 보유한 것으로 가정), 지수 수익률과 거의 같다.

1908년 17개 자동차 회사가 합병하여 탄생한 제너럴 모터스는 세계 최대 자동차 생산업체가 되었다. 그러나 외국 기업들과의 경쟁, 의료비 부담

급증에 시달리다가 2009년 대짐체 기간에 파산했다. 그러나 이후 회생하여 세계 최대 자동차 생산업체 자리를 놓고 도요타와 경쟁하는 중이다. 제너럴 모터스 주가는 제로가 되었어도 파산 전에 분사한 델피아^{Delphia}, 레이시온^{Raytheon}, 일렉트로닉 데이터 시스템$^{Electronic\ Data\ Systems}$ 주식이 남아 있으므로 1957년 이후 수익률은 연 3.71% 수준이다. 2012년 1월에 파산한 이스트먼 코닥은 수익률이 더 높다. 1994년에 분사한 이스트먼 케미컬$^{Eastman\ Chemical\ Company}$의 실적이 매우 좋아서, 1957년 이후 수익률이 연 6% 정도다. 그러나 세계 2위 철강회사였다가 2001년 파산한 베들레헴 스틸의 주식은 휴짓조각이 되었다. 나머지 세 회사는 기초소재 산업에 속한다. 유니언 카바이드(지금은 다우 케미컬$^{Dow\ Chemical}$ 소속)는 수익률이 지수보다 약간 낮고, 듀폰과 알루미늄 컴퍼니 오브 아메리카는 지수보다 훨씬 낮다.

최고 실적 기업들

표 8-2는 최초 S&P500지수 종목 중 회사 구조를 그대로 유지하면서 실적이 가장 좋았던 20대 기업이다. 표 8-3은 합병된 기업까지 포함한 실적 상위 20대 기업이다.[4]

압도적인 실적 1위 기업은 필립 모리스다. 2003년에 회사명을 알트리아 그룹$^{Altria\ Group}$으로 변경했고, 2008년에는 국제사업부(필립 모리스 인터내셔널$^{Philip\ Morris\ International}$)를 분사했다.[5] 필립 모리스가 S&P500지수에 편입되기 2년 전에 선보인 말보로 맨$^{Marlboro\ Man}$은 인지도 세계 최고의 아이콘이 되었다. 이후 말보로는 세계에서 가장 많이 팔리는 담배 브랜드가 되었고, 필립 모리스

표 8-2 | 최초 S&P500지수의 수익률 20대 종목, 1957~2012년

수익률 순위	1957년 회사명	2012년 회사명	종목 코드	수익률	섹터	1달러 투자 시 원리금
1	필립 모리스	알트리아 그룹	MO	19.47%	필수소비재	$19,737.35
2	애벗 랩스	애벗 래버러토리스	ABT	15.18%	건강관리	$2,577.27
3	코카콜라	코카콜라	KO	14.68%	필수소비재	$2,025.91
4	콜게이트-파몰리브	콜게이트 파몰리브	CL	14.64%	필수소비재	$1,990.55
5	브리스톨-마이어	브리스톨 마이어 스큅	BMY	14.40%	건강관리	$1,768.50
6	펩시콜라	펩시코	PEP	14.13%	필수소비재	$1,547.44
7	머크	머크	MRK	13.95%	건강관리	$1,419.26
8	하인즈	하인즈	HNZ	13.80%	필수소비재	$1,317.34
9	멜빌	CVS 케어마크	CVS	13.65%	필수소비재	$1,224.81
10	스위츠	툿시 롤	TR	13.57%	필수소비재	$1,178.92
11	크레인	크레인	CR	13.57%	산업	$1,178.44
12	허시 푸드	허시	HSY	13.53%	필수소비재	$1,154.02
13	화이자	화이자	PFE	13.38%	건강관리	$1,072.61
14	에퀴터블 가스	EQT	EQT	13.16%	에너지	$964.47
15	제너럴 밀스	제너럴 밀스	GIS	13.12%	필수소비재	$947.03
16	오클라호마 내처럴	가스 원오크	OKE	13.04%	공익기업	$907.42
17	프록터 앤드 갬블	프록터 앤드 갬블	PG	13.00%	필수소비재	$890.97
18	디어	디어	DE	12.86%	산업	$833.05
19	크로거	크로거	KR	12.70%	필수소비재	$768.88
20	맥그로힐	맥그로힐	MHP	12.58%	재량소비재	$725.52

주가도 급등했다.

지난 반세기 동안 필립 모리스의 수익률은 연 19.47%로서 S&P500지수 수익률 10.07%의 거의 2배였다. 즉, 1957년 3월 1일 S&P500지수에 1달러를 투자했다면 2012년 말에 19만 1,000달러가 되었지만, 같은 기간 필립 모리스에 투자했다면 그 100배가 넘는 거의 2,000만 달러가 되었다는 뜻이다.

필립 모리스는 개별 종목의 총수익률이 수집되기 시작한 1925년 이후 실적에서도 1위를 기록했다. 1925년 말부터 2012년 말까지 필립 모리스의 수익률은 연 17.3%로서 시장 수익률보다 7.7퍼센트포인트 높았다. 1925년

에 할머니가 필립 모리스 주식 40주(매입원기 1,000달러)를 사서 배당을 재투자 했다면, 2012년 말에는 그 가치가 10억 달러가 넘어갔다는 뜻이다!

필립 모리스는 다른 회사 주주들에게도 풍요로운 수익을 안겨주었다. 최초 S&P500지수에 포함되었던 10개 기업을 인수했기 때문이다. 이들 기업 주주들은 보유 주식이 필립 모리스 주식과 교환된 덕분에 뜻밖에 큰돈을 벌었다.

기업의 악재가 투자자에게 호재로

정부의 엄격한 규제와 소송 탓에 수백억 달러에 달하는 비용을 떠안았고, 한때 파산 위기에 몰렸던 필립 모리스가 수익률 1위라는 사실이 놀라울 것이다.

그러나 흔히 증권시장에서는 기업에 발생하는 악재가 인내심 강한 투자자에게 호재가 되기도 한다. 사람들이 어떤 회사의 전망을 과도하게 비관하여 그 주가가 지나치게 내려가면, 기존 주주들은 배당으로 그 주식을 싸게 사들일 수 있기 때문이다. 인내심 강한 필립 모리스 주주들은 악재 덕분에 배당 재투자를 통해서 대박을 터뜨릴 수 있었다.

다른 실적 우수 기업들

높은 실적을 안겨준 기업은 필립 모리스뿐만이 아니다. 표 8-2에 열거된 나머지 19개 종목도 S&P500을 능가했는데, 수익률이 연 2.5~5퍼센트포인트 더 높았다. 수익률 20대 종목 중 15종목이 두 섹터에 속했다. 하나는 필수소비재 섹터로서, 국제적으로 유명한 소비재 브랜드 회사들이었다. 코카콜라와 펩시콜라를 비롯해서 허시 초콜릿, 하인즈 케첩, 툿시 롤$^{Tootsie\ Roll}$ 등 모두 세계적으로 소비자 신뢰와 브랜드 가치를 확보한 기업들이었다. 나머지 하나는 건강관리 섹터로서, 주로 대형 제약회사들이었다.

나머지 5종목은 다음과 같다. 크레인^{Crane}은 1855년 리처드 크레인$^{Richard\ Crane}$이 설립한 공학제품 생산업체다. 디어^{Deere}는 1840년 존 디어$^{John\ Deere}$가 설립한 농업 및 건설 기계 생산업체다. 맥그로힐(현재는 맥그로힐 파이낸셜$^{McGraw\ Hill\ Financial}$)은 1899년 제임스 맥그로$^{James\ H.\ McGraw}$가 설립한 세계적 정보 제공 업체로서, 스탠더드 앤드 푸어스를 소유하고 있다. 가스 생산업체 EQT는 1888년 피츠버그에서 설립되었으며, 과거 회사명은 에쿼터블 가스$^{Equitable\ Gas}$였다. 원오크^{Oneok} 역시 가스 생산업체로서, 과거 회사명은 오클라호마 내추럴 가스$^{Oklahoma\ Natural\ Gas}$였으며 1906년에 설립되었다.

CVS$^{CVS\ Corporation}$가 특이하다. 1892년 신발회사를 시작한 프랭크 멜빌$^{Frank\ Melville}$은 1922년 멜빌 슈$^{Melville\ Shoe}$를 설립했고, 이 회사는 1957년 S&P500지수에 포함되었다. 신발회사들은 지난 반세기 동안 실적이 지극히 나빠서, 워런 버핏조차 1991년에 인수한 덱스터 슈$^{Dexter\ Shoe}$에 대해 한탄할 정도였다. 그러나 운 좋게도 멜빌 슈는 1969년 개인 건강 제품 체인점 컨슈머 밸류 스토어$^{Consumer\ Value\ Store}$를 인수했다. 이 체인점은 곧 멜빌의 가장 수익성 높은 사업부가 되었으며, 1996년 회사명이 CVS로 바뀌었다. 결국, 우연히 소매약국 체인점을 인수한 덕분에 쪽박이 될 뻔했던 신발회사가 대박 기업으로 탈바꿈했다.

대박으로 바뀐 기업들

표 8-3의 합병된 기업까지 포함한 실적 상위 20대 기업 중에 비슷한 사례가 많다. 실적 2위를 기록한 대처 글라스는 1950년대 초에 우유병 제조업체였다. 그런데 치솟았던 출생률이 급감하고 우유병이 종이상자로 대체되면서 대처의 매출이 감소했다. 다행히 이 회사는 1966년 렉솔 드러그Rexall Drug에 인수되었고, 렉솔 드러그는 1980년 크래프트Kraft와 합병했으며, 1988년 마침내 필립 모리스에 인수되었다. 만일 1957년에 대처 글라스 100주를 사서 배당을 재투자했다면 필립 모리스 14만 주와 필립 모리스 인터내셔널 14

표 8-3 | 최초 S&P500지수의 수익률 20대 종목(피합병 기업 포함), 1957~2012년

순위	최초 회사명	생존 기업	연 수익률
1	필립 모리스Phillip Morris	알트리아 그룹, 필립 모리스 인터내셔널	19.56%
2	대처 글라스Thatcher Glass	알트리아 그룹, 필립 모리스 인터내셔널	18.43%
3	레인 브라이언트Lane Bryant	리미티드 그룹	17.84%
4	내셔널 캔National Can	상장폐지	17.71%
5	닥터페퍼Dr. Pepper	상장폐지	17.09%
6	제너럴 푸즈General Foods	알트리아 그룹, 필립 모리스 인터내셔널	17.03%
7	델몬트Del Monte Corp.	알트리아 그룹, 필립 모리스 인터내셔널	16.51%
8	스탠더드 브랜즈Standard Brands	알트리아 그룹, 필립 모리스 인터내셔널	16.41%
9	내셔널 데어리National Dairy	알트리아 그룹, 필립 모리스 인터내셔널	16.30%
10	셀러니즈Celanese Corp.	상장폐지	16.19%
11	RJ레이놀즈 타바코RJ Reynolds Tobacco	알트리아 그룹, 필립 모리스 인터내셔널	15.78%
12	내셔널 비스킷National Biscuit	알트리아 그룹, 필립 모리스 인터내셔널	15.78%
13	페닉 앤드 포드Penick & Ford	알트리아 그룹, 필립 모리스 인터내셔널	15.64%
14	플린코트Flintkote	브리티쉬 아메리칸 토바코	15.60%
15	로릴라드Lorillard	로우스	15.29%
16	애벗 랩스Abbott Labs	애벗 랩스	15.12%
17	컬럼비아 픽처스Columbia Pictures	코카콜라	14.85%
18	코카콜라Coca-Cola	코카콜라	14.66%
19	콜게이트-파몰리브Colgate-Palmolive	콜게이트-파몰리브	14.64%
20	브리스톨-마이어Bristol-Myers	브리스톨-마이어	14.59%

만 주가 되었을 것이며, 2012년 말에는 그 시가가 1,600만 달러가 넘어갔을 것이다.

1980년대 내내 흡연에 대한 의료계, 법조계, 언론계의 공격이 빗발치자, 필립 모리스와 RJ레이놀즈 타바코^{RJ Reynolds Tobacco}는 유명 식품으로 사업을 다각화했다. 1985년 필립 모리스는 제너럴 푸드를 인수했고, 1988년에는 크래프트(전신은 내셔널 데어리)를 인수했으며, 2000년에는 나비스코 그룹 홀딩스^{Nabisco Group Holdings}를 인수했다.

나비스코 그룹 홀딩스는 1989년 콜버그 크래비스 로버츠^{Kohlberg Kravis Roberts & Co: KKR}가 RJR나비스코^{RJR Nabisco}를 290억 달러에 인수하여 상장 폐지한 다음, 1991년에 분사한 회사였다. 우리는 장기 수익률을 계산할 때, 회사가 상장 폐지되면 그 인수 자금을 S&P500 인덱스펀드에 투자했다가 회사가 다시 상장될 때 주식을 재매입하는 것으로 간주했다.[6] RJ레이놀즈가 인수한 최초 S&P500 소속 기업은 다음 6개다. 페닉 앤드 포드^{Penick & Ford}, 캘리포니아 패킹^{California Packing}, 델몬트 푸드^{Del Monte Foods}, 크림 오브 휘트^{Cream of Wheat}, 스탠더드 브랜즈^{Standard Brands}, 내셔널 비스킷^{National Biscuit Co}. 이들 기업은 모두 필립 모리스가 인수해준 덕분에 실적 상위 20대 기업이 되었다.

최초 S&P500 기업들의 실적이 지수를 능가한 이유

최초 S&P500지수가 구성된 이후 50년 동안 지수에 추가된 기업은 1,000개가 넘는다. 그런데 놀라운 사실이 있다. 최초 S&P500지수의 실적이 이후 역동적으로 수정된 S&P500지수의 실적보다 높다는 사실이다. 수정된

S&P500지수는 수익률이 연 10.07%이지만, 최초 S&P500지수 종목의 수익률은 이보다 1퍼센트포인트 이상 높다.[7]

그 이유가 무엇일까? 미국 경제를 세계 최강으로 키워낸 새 기업들의 실적을, 어떻게 과거 기업들이 능가했을까? 답은 간단하다. 매출과 이익 증가율은 새 기업들이 과거 기업들보다 더 높았지만, 주가가 지나치게 높았던 탓에 수익률이 낮았던 것이다.

S&P500지수에 편입되려면 주식의 시가총액이 매우 커야 한다. 그러나 시가총액은 대개 사람들의 낙관론이 과도해질 때 커진다. 글로벌 마린Global Marine과 웨스턴Western Co. 같은 기업들은 1980년대 초 에너지 위기 기간에 에너지 섹터에 편입된 다음 파산했다. 실제로 에너지 주식 13종목 중 12종목은 1970년대 말과 1980년대 초에 S&P500지수에 편입되었고, 이후 실적이 에너지 섹터나 S&P500지수보다 뒤처졌다.

1957년 이후 S&P500지수에 추가된 기술주 125종목 가운데 약 30%는 1999년과 2000년에 편입되었다. 물론 이들 대부분이 지수보다 훨씬 뒤처졌다. 1957~1990년대에는 통신 섹터에 추가된 기업이 거의 없었다. 그러나 1990년대 말 월드컴WorldCome, 글로벌 크로싱Global Crossing, 퀘스트 커뮤니케이션Quest Communications 같은 기업들이 지수에 화려하게 입성했다가 결국 파산하고 말았다.

새로 추가된 기업의 실적이 기존 기업을 앞선 사례는 10개 섹터 중 재량 소비재 섹터 하나에만 있을 뿐이다. 이 섹터를 지배하는 기업들은 자동차 제조회사(GM, 크라이슬러, 포드), 자동차 부품 공급회사(파이어스톤, 굿이어), 대형 소매회사(JC페니, 울워스Woolworth) 등이다.

결론

최초 S&P500 종목의 실적이 이후 수정된 S&P500 종목의 실적보다 높다는 사실은 충격적이다. 그러나 가치투자자(12장에서 설명)들은 그 이유를 잘 알고 있다. 사람들은 흔히 성장주의 전망을 과도하게 낙관하여 지나치게 높은 가격을 치르기 때문이다. 반면에 사람들의 시선을 사로잡지 못하면, 수익성 높은 기업도 저평가되기 쉽다. 이런 기업의 주식을 사서 배당을 재투자하면 수익률이 매우 높아질 수 있다.

최초 S&P500 종목들을 분석하면 지난 반세기 동안 미국 경제가 겪어온 극적인 변화도 파악할 수 있다. 이들 중에는 50년 전과 똑같은 브랜드를 유지하는 기업도 많지만, 대부분은 국제시장으로 영역을 확장했다. 하인즈 케첩, 코카콜라, 펩시콜라, 툿시 롤 같은 브랜드는 지금도 높은 수익을 올리고 있다.

기업 중에는 더 강한 기업과 합병하여 높은 실적을 올린 기업도 많다. 그리고 최초 S&P500지수의 수익률 20대 종목 가운데 넷(닥터페퍼, 셀러니즈, 내셔널 캔, 플린코트)은 현재 외국 기업이 소유하고 있다. 장래에도 실적 우수 기업 다수를 외국 기업이 소유하게 될 것이다. 4장에서도 언급했지만, S&P500지수가 개발된 1957년에는 2류에 불과하던 외국 기업들이 장래에는 현재의 1류 기업들을 소유하기 쉽다.

09
세금이 주식과 채권 수익률에 미치는 영향

주식이 유리하다

이 세상에서 확실한 것은 죽음과 세금뿐.

―벤저민 프랭클린Benjamin Franklin 1)

과세권에는 파멸권이 포함된다.

―존 마셜John Marshall 2)

모든 장기투자자의 목표는 단 하나, 세후 실질 총수익률 극대화다.

―존 템플턴John Templeton 3)

존 템플턴이 추구하는 핵심 투자전략은 세후 실질 총수익률 극대화다. 그리고 주식은 이 전략에 매우 잘 들어맞는다. 미국에서 채권은 자본이득에 적용되는 세율과 이자소득에 적용되는 세율이 다르지만, 주식은 자본이득과 배당에 적용되는 세율이 똑같다. 따라서 주식은 세전 기준으로도 채권보다 유리하지만, 세후 기준으로는 훨씬 더 유리하다.

이자소득세율과 자본이득세율

도표 9-1은 세 가지 소득 수준(최고 세율 구간, 소득 15만 달러, 소득 5만 달러, 2012년 구매력 기준)에 적용된 한계 세율 추이이다. 도표 9-1A은 이자소득을 포함한 경상소득에 적용된 세율이다. 1913년 연방소득세가 도입되었고, 2003년 배당세율이 자본이득세율과 같아졌다. 따라서 이 도표에서 1913~2003년은 경상소득과 배당소득에 적용된 세율을 가리키고, 2003년 이후는 경상소득에 적용된 세율을 가리킨다. 도표 9-1B는 1913~2003년은 자본이득에 적용된 한계 세율 추이이고, 2003년 이후는 자본이득과 배당소득에 적용된 세율 추이이다. 더 자세한 내용은 9장 끝 부분 참고자료에 실었다.

세전 수익률과 세후 수익률

표 9-1은 소득 구간별로 다양한 자산의 세후 실질 수익률을 보여준다. 1913~2012년 주식의 세후 실질 수익률은 최고 6.1%(비과세 투자자), 최저 2.7%(매년 자본이득을 실현하는 최고 세율 구간 투자자)였다. 같은 기간 장기국채의 세후 실질 수익률은 최고 2.2%(비과세 투자자), 최저 -0.3%(최고 세율 구간 투자

도표 9-1 | 이자, 배당, 자본이득에 대한 연방세율, 1913~2012년

도표 9-1A | 이자소득세율(2003년 이전에는 배당소득세율과 같음)

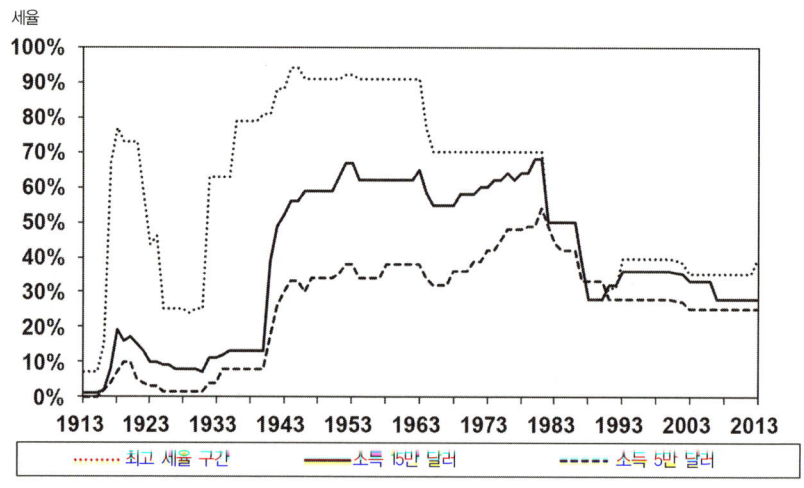

······· 최고 세율 구간   ——— 소득 15만 달러   ----- 소득 5만 달러

도표 9-1B | 자본이득세율(2003년 이후에는 배당소득세율과 같음)세율

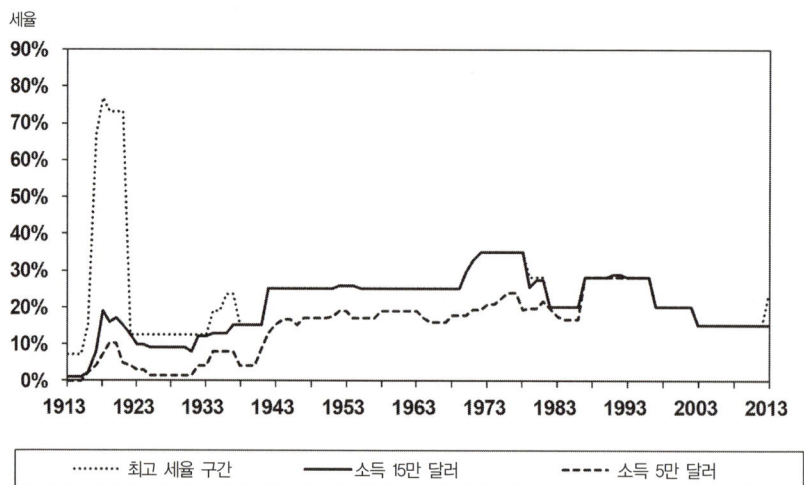

······· 최고 세율 구간   ——— 소득 15만 달러   ----- 소득 5만 달러

표 9-1 | 소득 구간별 세후 실질 수익률, 1802~2012년

		주식 세율 구간				장기국채 세율 구간				단기국채 세율 구간				지방채	금	CPI
		$	$5만	$15만	최고	$	$5만	$15만	최고	$	$5만	$15만	최고			
	1802~2012	6.6	5.7	5.4	5.0	3.6	2.9	2.7	2.4	2.7	2.2	1.7	1.4	3.1	0.7	1.4
	1871~2012	6.5	5.2	4.7	4.1	3.0	2.0	1.7	1.2	1.6	0.8	0.1	−0.4	2.2	1.0	2.0
	1913~2012	6.1	4.2	3.6	2.7	2.2	0.8	0.3	−0.3	0.4	−0.7	−1.6	−2.3	1.3	1.2	3.2
1기	1802~1870	6.7	6.7	6.7	6.7	4.8	4.8	4.8	4.8	5.1	5.1	5.1	5.1	5.0	0.2	0.1
2기	1871~1925	6.6	6.6	6.5	6.2	3.7	3.7	3.6	3.4	3.1	3.1	3.0	2.7	3.3	−0.8	0.6
3기	1926~2012	6.4	4.4	3.7	2.8	2.6	1.0	0.4	−0.2	0.6	−0.6	−1.7	−2.2	1.5	2.1	3.0
	1946~2012	6.4	4.0	3.3	2.8	2.0	0.0	−0.5	−1.0	0.4	−1.1	−2.4	−3.1	1.1	2.0	3.9
2차 대전 이후	1946~1965	10.0	7.0	5.2	3.9	−1.2	−2.0	−2.7	−3.5	−0.8	−1.5	−2.3	−2.7	−0.6	−2.7	2.8
	1966~1981	−0.4	−2.2	−3.0	−3.3	−4.2	−6.2	−7.0	−7.5	−0.2	−3.0	−5.2	−6.1	−1.0	8.8	7.0
	1982~1999	13.6	9.4	9.1	9.1	8.5	5.0	4.5	4.5	2.9	0.8	−0.8	−1.7	2.7	−4.9	3.3
	1982~2012	7.8	5.5	5.3	5.3	7.6	4.8	4.4	4.3	1.6	0.1	−1.0	−1.7	3.4	1.8	2.9

※ 연방소득세만 고려. 자본이득은 1년마다 실현하는 것으로 가정.

자)였다. 단기국채의 세후 실질 수익률은 최고 0.4%, 최저 −2.3%였다. 지방채는 1.3%였다.

세금은 주식의 수익률도 떨어뜨렸지만, 채권 수익률에 가장 큰 타격을 입혔다. 1946년 초에 최고 세율 구간 투자자가 단기국채에 1,000달러를 투자했다면, 이 사람이 회수한 원리금은 세금과 인플레이션을 고려하면 138달러여서 구매력 손실이 86%를 넘어간다. 반면에 같은 기간 최고 세율 구간 투자자가 주식에 1,000달러를 투자했다면, 이 사람이 회수한 원리금은 5,719달러로 구매력 이득이 470%에 이른다.

같은 사람이 1871년부터 단기국채에 투자했어도 세후 실질 수익률은 마이너스가 나왔으며, 주(州)세와 지방세를 고려하면 수익률이 더 낮아졌다. 반면에 이 사람이 같은 기간 주식에 투자했다면 구매력이 288배 증가했을 것이다.

자본이득세 이연 혜택

2003년 5월 조지 부시 대통령은 고용과 성장을 위한 조세감면법Jobs and Growth Tax Relief Reconciliation Act에 서명했다. 이로써 적격 배당과 자본이득에 대한 최고세율이 15%로 인하되었다. 배당과 자본이득에 대해 장기간 똑같은 우대세율이 적용된 것은 이번이 처음이다. 2013년에 고소득자에게 적용되는 배당세율과 자본이득세율은 20%다. 그래도 실효세율 면에서는 자본이득세율이 더 유리하다. 자산을 매각하여 이익을 실현할 때에만 부과되기 때문이다. 자본이득에 대해서는 이런 이연移延 혜택이 있으므로, 매각할 때까지 자산이 세전 수익률로 증식된다. 나는 자본이득이 누리는 이러한 이점을 '이연 혜택deferral benefit'이라고 부른다.

장기간 투자할 때에는 이런 이연 혜택이 매우 커질 수 있다. 예를 들어 A 종목은 배당수익률이 연 10%이고, B 종목은 자본이득만 연 10%라고 가정하자. 그리고 이 투자자에게는 배당과 자본이득에 대해 똑같이 20% 세율이 적용된다. 면세 투자자라면 어느 종목에 투자해도 수익률이 똑같이 10%가 되지만, 이 투자자는 그렇지 않다. A 종목에 투자하면 세후 수익률이 연 8%이지만, B 종목을 30년 동안 보유한 다음 팔면 세후 수익률이 9.24%다. 면세 투자자보다 겨우 0.76퍼센트포인트 낮은 수익률이다.

따라서 세금 관점에서 보면, 기업은 주주들에게 배당보다 자본이득을 제공하는 편이 낫다. 그러나 12장에서 살펴보겠지만, 배당을 지급하는 주식이 배당을 지급하지 않는 주식보다 세전 수익률은 물론 세후 수익률도 일반적으로 더 높다. 만일 과세 당국이 배당 재투자에 대해서도 주식을 매각할 때까지 세금을 이연해준다면 배당도 자본이득처럼 이연 혜택을 누릴 수 있다.

인플레이션과 자본이득세

미국에서 자본이득세는 자산의 매입원가(명목 가격)와 매각 가격의 차이에 대해 부과되며 인플레이션은 고려되지 않는다. 이렇게 명목 가격을 기준으로 세금이 부과되면 자산 가격 상승률이 인플레이션 상승률보다 낮아서 구매력 손실이 발생해도 매각할 때 세금을 내야 한다.

주식은 실물자산에 해당하므로 인플레이션이 발생하면 장기적으로 주가가 상승하여 손실을 막아주지만, 투자자는 명목 주가를 기준으로 세금을 내야 하므로 인플레이션 탓에 손실을 보게 된다. 따라서 인플레이션율이 3%라면, 5년 후 투자자가 얻는 세후 수익률은 인플레이션율이 0%일 때보

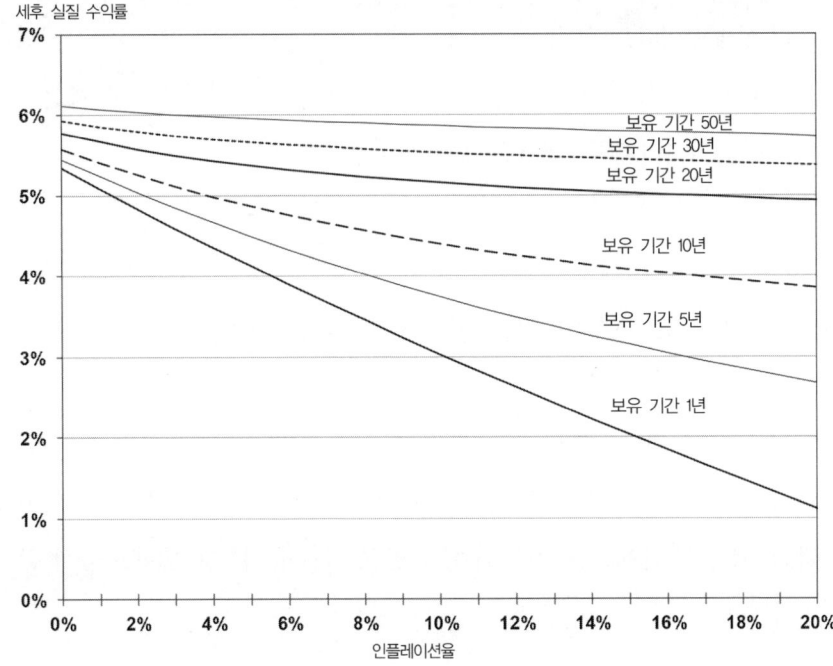

도표 9-2 | 인플레이션율과 보유 기간에 따른 세후 실질 수익률, 2013년 세법 기준

다 연 0.6퍼센트포인트 낮아진다. 그리고 인플레이션율이 6%라면, 세후 수익률은 연 1.12퍼센트포인트 낮아진다. 나는 이를 '인플레이션 세금' 효과라고 부른다. 도표 9-2는 현행 조세제도에서 발생하는 인플레이션 세금효과를 인플레이션율과 보유 기간에 따라 보여준다.[4]

인플레이션 세금은 보유 기간이 짧을수록 세후 실질 수익률을 더 많이 깎아 먹는다. 자산을 사고파는 횟수가 많아지면 '명목' 자본이득에 대해 정부가 과세하는 횟수도 그만큼 많아지기 때문이다.

조세 제도에 인플레이션을 반영해야 한다는 주장이 정부 안팎에서 상당한 지지를 받고 있다. 1986년 미국 재무부는 자본이득 물가연동제를 제안했지만, 법제화되지는 않았다. 1997년 하원은 자본이득 물가연동제를 세법에 포함했지만 대통령이 거부권을 행사하겠다고 위협하자 상원-하원 협의 위원들이 세법에서 제외했다. 자본이득 물가연동제는 보유 기간에 자산 가격이 상승했더라도 물가 상승률을 넘어선 부분에 대해서만 자본이득세를 부과하자는 제도다. 근년에는 인플레이션이 심하지 않았으므로 자본이득을 인플레이션에 연동시키려는 움직임이 잠잠하다.

앞으로도 주식이 세금 면에서 더 유리한 이유

2012년에 미국 납세자 조세감면법American Taxpayer Relief Act이 통과되면서 배당과 자본이득에 대한 최고세율이 20%(의료세를 포함하면 23.8%)로 인상되었다. 그러나 이 밖에도 지난 수십 년 동안 주식에 유리한 흐름이 다음과 같이 이어졌다.

1. 자본이득에 대한 최고 세율이 1978년 35%에서 최근 23.8%로 인하되었다.[5]
2. 인플레이션율이 낮아지면서 명목 자본이득에 부과되는 인플레이션 세금도 감소했다.
3. 기업들이 배당 대신 자본이득의 비중을 높이면서, 주주들의 이연 혜택이 증가했다.

2003년 이전에는 배당이 경상소득에 포함되어 과세되었으므로 2차 세계대전 직후에는 배당에 적용되는 세율이 90%까지 올라가기도 했다. 그러나 이제는 배당이 경상소득에서 분리되어 과세되며, 최고 세율도 낮아졌다.

앞에서 언급했듯이, 세금은 명목 가격을 기준으로 부과되므로 인플레이션이 발생하면 세금 부담이 증가한다. 그러나 1979년에 두 자릿수까지 치솟았던 인플레이션이 지난 10년 동안은 2~3% 수준으로 내려갔다. 그리고 세율 구간은 인플레이션에 따라 조정되므로, 인플레이션율이 상승해도 배당에 대한 세금이 그만큼 증가하는 것은 아니다.

자본이득은 이익을 실현할 때에만 부과되므로 그동안 기업들은 배당을 지급하는 대신 자사주 매입을 통해서 주주들의 자본이득을 늘려왔다. 그 결과 평균 배당수익률이 1980년 이전에는 5%였으나, 근년에는 2%에 불과하다.

이 모든 요소를 고려하면 지난 30년 동안 주식의 세후 실질 수익률이 약 2퍼센트포인트 증가한 것으로 추산된다. 물론 그동안 경상소득세율도 인하되었으므로 채권의 세후 실질 수익률도 증가했지만, 주식만큼 증가하지는 못했다. 어떤 평가모형을 사용하더라도, 주식이 세금 면에서 유리해졌다는 사실을 고려하면 주식의 PER 배수가 증가해야 한다. 이에 대해서는 11장에서 더 논의한다.

세금이연계좌에는 주식을 넣나, 채권을 넣나?

개인에게 가장 중요한 저축 수단은 키오^{Keogh} 플랜(자영업자를 위한 퇴직 연금 제도), 개인퇴직계좌^{IRA}, 퇴직연금401(k) 같은 세금이연계좌^{Tax-Deffered Accounts: TDA}다. 사람들은 대개 주식은 세금이연계좌에 넣고, 채권은 과세계좌에 넣는다.

그러나 최근 바뀐 세법을 고려하면 그 반대로 해야 마땅하다. 개인은 주식을 과세계좌에 넣어야만 배당과 자본이득에 대해 낮아진 세율 혜택을 누릴 수 있다. 개인은 은퇴할 때 세금이연계좌에서 자산을 매각하여 인출하면, (수익 중 자본이득과 배당소득 금액이 얼마인가에 상관없이) 수익금 전액에 대해 경상소득세율이 적용되기 때문이다.

여기서 더 고려할 사항이 두 가지다. 첫째, 증권이나 펀드를 빈번하게 매매하여 단기에 실현하는 자본이득이 많다면 세금이연계좌를 이용하는 편이 낫다. 세금이연계좌는 자금을 인출할 때에만 세금을 내므로, 복잡한 세금계산도 할 필요가 없다.

둘째, 자본손실을 공제받을 때에는 세금이연계좌가 유리하다. 과세계좌에서 자본손실이 발생하면 손실액을 경상소득에서 모두 공제받기가 어렵다. 그러나 세금이연계좌에서 자금을 인출할 때에는 수익금 전액이 과세소득으로 계산되므로, 손실액이 모두 과세소득에서 공제된다.

위에서 언급한 모든 요소를 고려하면 빈번하게 매매하지 않는 사람은 주식을 과세계좌에 넣는 편이 유리하다. 장기간 투자한다면 주식에서 손실이 발생할 가능성은 매우 적으므로, 손실액 소득공제는 중요하지 않다. 다만, 리츠^{REITs}나 수익신탁^{income trust}처럼 비적격 배당을 지급하는 주식이라면 세금이연계좌에 넣어야 세금 면에서 유리하다. 그러나 단기 변동성을 두려워하는 위험 회피형 투자자라면 만기가 긴 세금이연계좌에 주식을 보유할 때 단기 손실을 견뎌내기 쉬울 수도 있다.

결론

세금은 금융자산 수익률 극대화에 중요한 요소다. 주식은 배당과 자본이득에 대한 세율도 낮고, 자본이득세를 뒤로 미룰 수도 있으므로 채권보다 훨씬 유리하다. 게다가 근년에 자본이득과 배당에 대한 세율이 더 낮아졌고 인플레이션율이 낮게 유지되고 있으며, 기업들은 자사주 매입을 통해서 자본이득을 높이고 있으므로 주식의 이점이 더 커졌다. 이렇게 유리한 변화 덕분에 지난 50년 동안 주식의 세후 수익률이 약 2퍼센트포인트 상승했다. 장기적으로 주식은 세전 기준으로도 채권보다 유리하지만 세후 기준으로는 훨씬 더 유리하다.

참고자료 **세법의 변천사**

연방소득세는 16차 수정헌법이 발효될 때, 1913년 세입법$^{\text{Revenue Act}}$에 따라 처음 도입되었다. 그리고 1921년까지는 자본이득에 대해 아무런 우대 조치가 없었다. 그러나 1차 세계대전 기간에 세율이 급등하자 투자자들은 이익 실현을 자제했고, 세금 탓에 자산을 매각할 수가 없다고 의회에 불평했다. 의회는 세금 탓에 자본을 효율적으로 배분하기 어렵다는 투자자들의 불평을 받아들여, 1922년 자본이득에 대한 최고 세율을 12.5%로 설정했다. 이 세율은 과세소득 3만 달러까지 적용되었는데, 현재가치로 약 24만 달러에 해당한다.

1934년, 자본이득 중 일부를 과세소득에서 공제해주는 세법이 처음으로 제정되었다. 이에 따라 부유층보다는 주로 중간 소득층 투자자들이 세금혜택을 보게 되었다. 소득공제율은 자산 보유기간에 좌우되었다. 자산 보유기간이 1년 미만이면 아무런 혜택이 없었으나, 보유기간이 10년을 초과하면 소득공제율이 70%까지 올라갔다. 1936년에는 한계세율이 최고 79%였으므로 장기보유 자산에 대해서는 실효세율이 약 24%까지 내려갔다.

1938년에 세법이 또 개정되어 보유기간이 18개월을 초과하는 자산은 자본이득의 50%를 소득에서 공제해주었고, 이 자본이득에 대한 최고 세율을 15%로 제한했다. 1942년에는 자본이득에 대한 최고 세율을 25%로 높이는 대신 최소 보유기간을 6개월로 줄였다. 이 최고 세율은 1969년까지 유지되었는데, 한국전쟁 기간에만 부가세 1%가 추가되어 26%로 인상되었다.

1969년, 자본이득이 5만 달러를 초과하면 세율 상한을 두지 않는 과세방식이 단계적으로 도입되기 시작했다. 따라서 자본이득의 50%만 소득에서 공제해주었다. 1973년에는 경상소득에 대한 최고 세율이 70%였으므로, 자본이득에 대한 최고 세율이 35%로 인상된 셈이다. 1978년에는 공제율이 60%로 인상되었으므로 자본이득에 대한 최고 세율이 28%로 내려갔다. 1982년에는 경상소득에 대한 최고 세율이 50%로 인하되었으므로, 자본이득에 대한 최고 세율도 20%로 내려갔다. 1986년, 세법 구조가 대폭 간소화되어 자본이득과 경상소득에 대한 구분이 사라졌다. 1988년, 자본이득과 경상소득에 대한 최고 세율이 똑같이 33%가 되었다. 1922년 이후 처음으로 자본이득에 대한 우대가 사라졌다. 1990년, 자본이득과 경상소득에 대한 최고 세율이 함께 28%로 인하되었다. 1991년에는 자본이득과 경상소득 사이에 다소 틈이 벌어졌다. 경상소득은 최고 세율이 31%로 인상되었고, 자본이득은 최고 세율에 변화가 없었다. 1993년, 클린턴 대통령은 경상소득의 최고 세율을 39.6%로 인상하고, 자본이득에 대해서는 손대지 않았다. 1997년, 의회는 보유기간이 18개월을 초과하는 자산의 자본이득 최고 세율을 20%로 낮추었고, 이듬해에는 최소 보유기간을 다시 12개월로 줄였다. 2001년, 보유기간이 5년을 초과하는 자산에 대해 자본이득 최고 세율 18%가 적용되기 시작했다. 2003년, 부시 대통령은 자본이득과 적격 배당의 최고 세율을 15%로 낮추는 법안에 서명했다. 적격 배당은 과세 기업에서 지급하는 배당을 말하며, 부동산투자신탁이나 투자회사 같은 플로-스루$^{\text{flow-through}}$ 기관이 지급하는 배당은 제외된다. 2013년, 소득이 45만 달러가 넘는 부부에 대해 자본이득 최고 세율이 20%로 인상되었고, 소득이 25만 달러가 넘는 부부의 투자소득에 대해 처음으로 의료부가세 3.8%가 부과되었다. 적격 배당에 대한 세율도 새 자본이득 세율과 같아졌다.

10
주주 가치의 원천

이익과 배당

> 배당이 투자자들의 재산 증식에 중요하다는 점은 자명하다. 배당은 인플레이션, 성장, 주가 변동이 각각 투자에 미치는 영향을 축소할 뿐만 아니라, 인플레이션, 성장, 주가 변동이 결합하여 투자에 미치는 영향도 완화한다.
> —로버트 아노트Robert Arnott, 2003년 1)

동부 시간으로 오후 4시 직후, 미국 주요 증권거래소들이 막 폐장한 시점이다. 주요 경제뉴스 앵커가 흥분한 목소리로 보도한다. "방금 인텔이 이익을 발표했습니다! 시장 예측치를 20센트 초과한 실적입니다. 시간 외 거래에서 주가가 2달러 뛰었습니다."

이익은 주가를 좌우한다. 그래서 월스트리트는 이익 발표에 촉각을 곤두세운다. 그러면 이익은 어떻게 계산해야 하는가? 그리고 기업의 이익은 주주들의 수익에 어떤 방식으로 영향을 미치는가? 10장에서는 이런 질문에 대해 논의한다.

현금흐름 할인

한 자산의 가치는 그 자산에서 기대되는 현금흐름에 좌우된다. 주식의 현금흐름은 배당이 될 수도 있고, 회사가 자산을 매각하거나 이익을 내서 분배해주는 현금이 될 수도 있다. 주가는 이런 미래 현금흐름에 적용되는 할인율에 따라 오르내리기도 한다. 미래 현금흐름을 할인하는 이유는 미래에 받는 현금은 지금 받는 현금보다 가치가 낮기 때문이다. 미래 현금흐름을 할인할 때 고려하는 요소는 다음 세 가지다. (1) 무위험 이자율$^{\text{risk-free rate}}$: 국채나 기타 AAA 등급 채권처럼 안전한 자산에서 나오는 수익률, (2) 인플레이션: 미래에 받는 현금의 구매력을 떨어뜨리는 요소, (3) 위험: 기대 현금흐름의 불확실성 정도로서, 위험이 클수록 투자자들은 더 높은 프리미엄을 요구한다. 이 세 가지 요소(무위험 이자율, 인플레이션 프리미엄, 위험 프리미엄)를 더하면 주식의 할인율이 된다. 이 할인율을 '주식의 요구수익률'이나 '자기자본 비용'으로 부르기도 한다.

주주 가치의 원천

이익은 현금흐름의 원천이다. 이익은 매출에서 생산원가를 차감한 금액이다. 매출원가에는 노무비, 재료비, 부채에 대한 이자, 세금, 감가상각비 등이 모두 포함된다.

기업이 이익을 현금흐름으로 전환하는 방법은 여러 가지다. 예로부터 가장 중요한 방법은 '현금배당'이다.

배당으로 지급하지 않고 기업에 남겨두는 이익을 '유보이익'이라고 부른다. 유보이익을 이용해서 미래 현금흐름을 창출하는 방법은 다음과 같다.

-부채를 상환하여 이자 비용을 줄인다.
-증권 등 자산에 투자하거나 다른 기업을 인수한다.
-주요 프로젝트에 투자하여 미래 이익을 높인다.
-자사주를 매입한다.

회사가 부채를 상환하면 이자비용이 감소하므로 배당지급 여력이 증대된다. 회사가 자산을 매입하면 자산에서 나오는 소득을 장래에 배당으로 지급할 수 있다. 회사는 유보이익으로 자본을 확충하여 미래 매출을 증대하거나 비용을 절감함으로써 미래 현금흐름을 창출할 수 있다. 끝으로 회사는 자사주 매입을 통해서 발행 주식 수를 줄여 주당 이익을 높일 수 있으며, 주당 배당도 늘릴 수 있다.

자사주 매입에 대해서 더 자세히 논의해보자. 회사가 자사주를 매입하면 발행 주식 수가 감소한다. 이때 보유 주식을 회사에 매각하는 주주는 현금을 받는다. 그러나 주식을 계속 보유하면 장기적으로 자본이득을 기대할 수 있다. 물론 회사가 자사주를 매입한다고 해서 곧바로 주가가 상승하는 것은 아니다. 하지만, 장기적으로는 주당 이익이 증가하면서 주가가 상승하므로 배당 대신 자본이득을 얻을 수 있다.

배당 증가율과 이익 증가율

도표 10-1은 S&P500 기업들의 주당 실질 보고이익, 주당 실질 배당, 실질 이익 합계액의 추이를 보여준다. 실질 이익의 출처는 1929년부터 경제분석국Bureau of Economic Analysis: BEA에서 산출한 국민소득계정National Income and Product Accounts: NIPA이다. 표 10-1에 이 자료를 요약했다. 전체 기간에 걸쳐 단연 가장 중요한 요소는 배당이었다. 1871~2012년 주식의 실질 수익률은 연 6.48%였는데, 그 구성은 배당수익률 연 4.40%와 실질 자본이득 연 1.99%였다. 자본이득을 거의 모두 창출해낸 요소는 주당 이익 증가율로서, 지난 140년 동안 연 1.77%였다.[2]

표 10-1을 보면 제2차 세계대전 이후 이익 증가율 추이와 배당 증가율

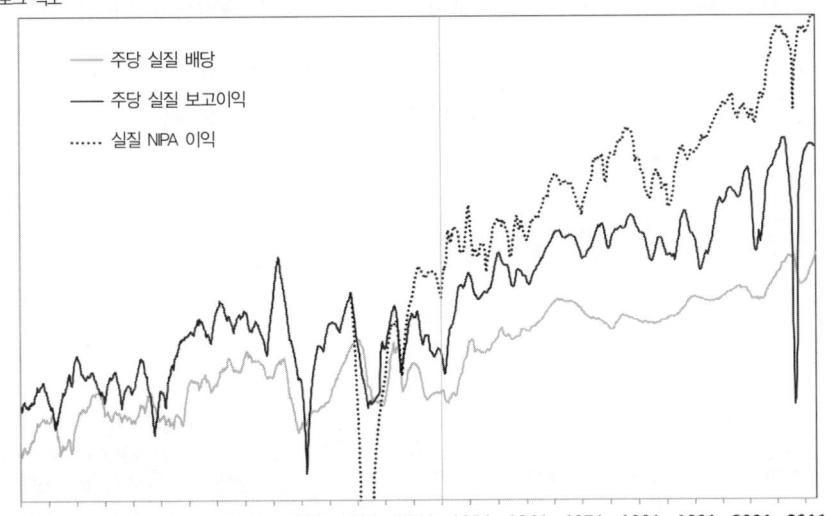

도표 10-1 | S&P500 기업들의 주당 실질 보고이익, 주당 실질 배당, 실질 NIPA 이익, 1871~2012

추이기 크게 비꼈었음을 알 수 있다. 주당 이익 증가율은 상승했지만, 배당 성향과 배당 수익률은 하락했다. 제2차 세계대전 이전에는 기업들이 이익의 3분의 2를 배당으로 지급했다. 이 때문에 기업들은 사업 확장에 필요한 자금을 주식을 발행하여 조달했으므로 주당 이익 증가율이 낮았다. 그러나 제2차 세계대전 이후에는 기업들이 배당을 줄이고 유보이익을 늘렸으므로, 사업 확장을 위한 주식 발행이 감소했다. 그 결과 주당 이익 증가율이 대폭 상승했다.

국민소득계정^{NIPA} 이익은 1929년부터 산출되었다.[3] NIPA 이익 증가율이 주당 이익 증가율보다 훨씬 높은 것은 기업들이 주식을 발행하여 사업 확장 자금을 조달했기 때문이다.

제2차 세계대전 이후 기업들이 배당 성향을 낮춘 데에는 몇 가지 이유가 있다. 첫째, 배당에 대한 세율이 대폭 인상되었다. 배당세율과 자본이득세율이 똑같더라도, 자본이득세는 주식을 매각할 때까지 이연할 수 있으므로 배당보다 유리했다. 둘째, 경영진이 받는 스톡옵션은 주가에 따라 가치가 결정되므로 배당을 낮추고 주가를 높이는 편이 경영진에게 유리했다. 이런 변화 때문에 주식 수익률에서 배당이 차지하는 비중이 감소했다.

표 10-1 | 배당, 이익, 배당성향 데이터 요약

기간	보고 EPS 증가율	배당 증가율	배당 수익율	자본 이득	주식 수익률	배당 성향	NIPA 이익
1871~2012	1.77%	1.35%	4.40%	1.99%	6.48%	61.3%	
1871~1945	0.69%	0.77%	5.26%	1.03%	6.61%	71.8%	
1946~2012	2.97%	1.99%	3.43%	3.07%	6.35%	49.6%	4.08%
1929~2012	1.85%	1.20%	3.85%	2.09%	5.69%	55.6%	3.22%

고든의 배당성장 모형

이제 1962년 로저 고든$^{Roger\ Gordon}$이 개발한 고든 배당성장 모형$^{Gordon\ dividend\ growth\ Model}$을 이용해서 배당이 주가에 미치는 영향을 살펴보자.[4] 주가는 미래에 지급되는 모든 배당의 현재가치이므로, 다음과 같이 나타낼 수 있다.

$$P = d/(1+r) + d(1+g)/(1+r)^2 + d(1+g)^2/(1+r)^3 + ...$$

또는

$$P = d/(r-g)$$

여기서 d는 주당 배당, g는 배당 성장률, r은 주식에 대한 요구 수익률(무위험 이자율, 인플레이션 프리미엄, 위험 프리미엄의 합)이다.

고든 모형에서 주가는 주당 배당과 배당 성장률의 함수이므로, 마치 배당 정책이 주가를 좌우하는 것처럼 보인다. 그러나 한 가지 조건, 즉 유보이익에서 나오는 수익률이 요구 수익률과 똑같기만 하면, 배당 정책은 주가에 아무런 영향도 미치지 않는다.[5] 오늘 지급하지 않은 배당은 유보이익이 되어 미래에 배당을 늘려주므로 전체 배당의 현재가치는 바뀌지 않기 때문이다.

물론 배당 성향$^{payout\ ratio}$(당기순이익 대비 배당 비율)은 경영진이 정할 수 있다. 배당 성향을 낮추면 가까운 장래에 지급되는 배당은 감소하게 된다. 그러나 이렇게 배당을 줄이면 유보이익이 증가하므로 장래에는 배당이 더 증가하게 된다. 따라서 유보이익에서 나오는 수익률이 요구 수익률과 똑같기만 하면, 배당 성향이 바뀌어도 미래 배당 흐름의 현재가치는 바뀌지 않는다.

고든 배당성장 모형에 숫자를 대입해보면 이런 관계를 확인할 수 있다. 주당 배당 d는 10달러, 배당 성장률 g는 0%, 주식에 대한 요구 수익률 r은 10%이며, 배당 성향은 100%라서 이익을 모두 배당으로 지급한다고 가정하자. 이 숫자들을 대입하면 주가는 100달러가 된다. 이제 회사가 배당 성향을 100%에서 90%로 낮췄다고 가정하자. 그러면 주당 배당 d는 9달러로 감소하는 대신, 유보이익이 1달러 증가한다.

유보이익에 대한 수익률이 10%라면, 이듬해에는 이익이 10.10달러가 되고, 배당 성향이 90%이므로 주당 배당은 9.09달러가 된다. 회사가 이 배당 성향을 유지한다면 배당 성장률은 1%가 된다. g=0.01, d=9를 고든 배당성장 모형에 대입하면, 주가는 똑같이 100달러가 된다. 요구 수익률 r이 10%로 유지되는 한, 주가도 주당 이익이나 주당 배당과 마찬가지로 매년 1% 상승한다. 따라서 투자자의 총 수익률은 10%로 유지되며, 이 중 9퍼센트포인트는 배당수익률로 1퍼센트포인트는 주가 상승으로 구성된다. 회사는 배당 성향을 0~100% 사이에서 변경하면서 배당과 자본이득의 비중은 마음대로 선택할 수 있지만, 주주가 얻는 수익률은 여전히 10%로 유지된다.

회사가 유보이익으로 자사주를 매입해도 결과는 똑같다. 위 사례에서 매년 유보이익 1달러로 자사주를 1%씩 매입한다고 가정하자. 매년 발행 주식 수가 1% 감소하면, 주당 배당은 연 1% 증가한다.

이 이론은 표 10-1의 장기 데이터로도 입증된다. 배당 성향이 2차 세계대전 이전에는 71.8%였으나, 대전 이후 49.6%로 떨어졌다. 이에 따라 배당수익률은 5.26%에서 3.43%로 거의 2퍼센트포인트 하락했다. 그러나 자본이득은 거의 2퍼센트포인트 증가했으므로, 총수익률은 2차 세계대전 이전이나 이후나 거의 같다. 배당수익률이 내려간 대신 주당 이익 증가율이 0.69%에서 2.8%로 상승했다.

배당 성향이 감소하면 먼 장래에는 배당이 증가하겠지만, 상당 기간은 배당이 전보다 감소한다. 표 10-1이 이런 관계를 보여준다. 배당 성장률이 이익 증가율이나 자본이득보다 뒤처졌다. 그러나 배당 성향이 계속 감소하지 않는다면 시간이 흐르면서 배당이 빠르게 상승한다.

이익 흐름이 아니라 배당 흐름을 할인

배당 규모를 좌우하는 것은 이익이지만, 주가는 미래 이익 흐름의 현재가치가 아니라 '배당' 흐름의 현재가치와 같아진다. 이익은 배당으로 지급되거나 나중에 분배금으로 지급될 때에만 투자자에게 가치가 있다. 따라서 미래 이익 흐름의 현재가치로 주식을 평가하면 심각한 과대평가가 된다.[6]

21세기 탁월한 투자분석가로서 고전《투자가치 이론Theory of Investment Value》의 저자인 존 버 윌리엄스John Burr Williams는 1938년 다음과 같이 주장했다.

> 위 공식은 미래 배당의 현재가치가 아니라 미래 이익의 현재가치로 주식을 평가해야 한다고 주장하지만, 사람들은 즉시 반대할 것이다. 그러면 비판자들이 암묵적으로 제시하는 가정 하에서도 배당 대신 이익으로 평가해서는 안 될까? 즉 배당으로 지급되지 않은 이익이 모두 복리로 재투자되어 나중에 주주들에게 배당으로 지급되면 이익으로 평가해도 타당하지만, 그렇지 않다면 손실을 보게 된다는 가정 말이다. 그러나 이익은 목적이 아니라 수단에 불과하므로 수단을 목적으로 착각해서는 안 된다.[7]

이익 개념

배당은 기업이 이익을 낼 때에만 계속 지급할 수 있다. 따라서 배당으로 지급할 현금을 지속적으로 창출하는지 측정할 수 있도록 이익을 정의해야 한다.

이익은 매출에서 원가를 차감한 금액이다. 그러나 단순히 현금 수입에서 현금 지출을 차감하는 방식으로는 이익을 계산할 수가 없다. 매출과 원가에는 자본적 지출, 감가상각 등이 포함되며 선물 계약은 만기가 몇 년이 될 수도 있기 때문이다. 게다가 일부 매출과 원가는 일회성이어서, 자본 손익이나 구조 조정 항목 등은 기업의 장기 수익성 파악에 큰 도움이 되지 않는다. 이런 문제 탓에, 이익은 산출하는 방식이 다양하다.

이익 산출 기법

기업이 이익을 보고하는 방식은 크게 두 가지다. 첫째는 당기순이익으로서, 재무회계기준위원회 Financial Accounting Standards Board: FASB가 인정하는 방식이다. 이 기준을 일반회계원칙 Generally Accepted Accounting Principles: GAAP이라고도 부르며, 사업보고서에 기재하거나 정부기관에 제출할 때 따르는 산출방식이다.[8]

둘째는 영업이익으로서, 대개 일회성 항목(구조조정 비용, 투자 손익, 재고자산 상각, 합병이나 분사 비용, 영업권 상각 등)을 제외한 이익이다. 그러나 재무회계기준위원회는 영업이익을 정의하지 않으므로, 기업에 따라 영업이익에서 제외하는 항목이 달라진다.

영업이익은 크게 두 가지로 구분된다. 하나는 스탠더드 앤드 푸어스 S&P가 계산하는 영업이익이고, 하나는 일반 기업이 계산하는 영업이익이다.

S&P는 영업이익을 계산할 때 비용 항목 중 재고자산 상각 등 자산 손상과 퇴직금만 제외한다. 그러나 기업들은 영업이익을 계산할 때 소송비용, 연금비용, 스톡옵션 비용 등 더 많은 비용 항목을 제외한다. 이렇게 산출한 영업이익을 기업 영업이익, 비^{非}GAAP 이익, 추정이익$^{pro\ forma\ earining}$, 계속사업이익 등으로 부른다.

표 10-2는 비금융기관의 이익을 산출할 때 포함하거나 제외하는 항목을 요약한 자료다.[9] 그러나 금융기관의 이익을 산출할 때에는 GAAP 이익, S&P 영업이익, 기업 영업이익에 상관없이 거의 모든 비용 항목이 포함된다. 도표 10-2는 S&P500 기업들의 GAAP 이익, S&P 영업이익, 기업 영업이익 흐름을 보여준다.

1988년부터 세 가지 이익이 모두 나오는데, S&P 영업이익은 GAAP 이익보다 평균 16.5% 높고, 기업 영업이익은 S&P 영업이익보다 평균 3.2% 높다. 특히 2007~2009년 대침체를 포함한 침체 기간에는 세 가지 이익의 차이가 대폭 벌어졌다. 2008년에 기업 영업이익은 50.84달러, S&P 영업이익은 39.61달러, GAAP 이익은 12.54달러였다.

사람들은 흔히 '당기순이익'이 영업이익보다 더 정확할 것으로 추측한

표 10-2 | 이익에 포함하거나 제외하는 비용 항목

	GAAP 이익	S&P 영업이익	기업 영업이익
자산 손상(재고자산 상각 등)	포함	제외	제외
퇴직금	포함	제외※	제외
공장폐쇄비용	포함	포함	제외
소송비용	포함	포함	제외
연금비용	포함	포함	제외
스톡옵션 비용	포함	포함	대개 포함※

※지산 손상 관련은 제외

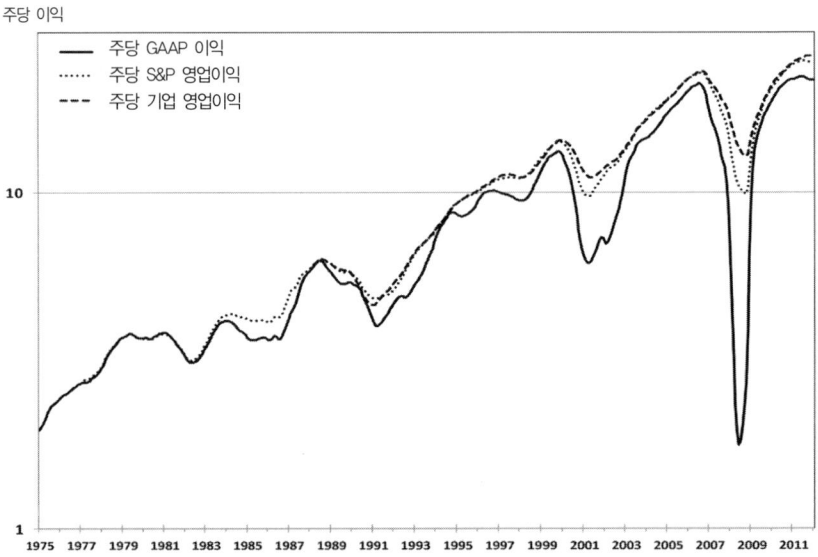

도표 10-2 | S&P500 기업들의 주당 GAAP 이익, S&P 영업이익, 기업 영업이익, 1975~2012

다. 그러나 꼭 그런 것은 아니다. 실제로는 재무회계기준위원회^{FASB}의 기준이 갈수록 보수화되는 탓에, 당기순이익은 심하게 과소평가되는 경향이 있다. 2001년에 발표된 FASB 규정 142와 144에 의하면 부동산, 공장설비, 장비, 영업권 등 무형자산에 손실이 발생하면 반드시 시가평가해야 한다. 그리고 1993년에 발표된 규정 115에 의하면 금융기관이 보유한 매도가능증권available for sale도 반드시 공정시장가격으로 장부에 표시해야 한다.[10] 이런 새 규정에 의하면, 기업은 자산을 매각하든 보유하든 반드시 '상각'해야 한다. 이런 규정들은 특히 경기가 침체해서 시장가격이 하락했을 때 가혹하다.[11] 반면에 나중에 자산 가격이 회복되더라도, 기업은 자산을 매각해서 '자본이득'을 실현하는 경우가 아니면 장부 가격을 다시 높일 수가 없다.[12]

이렇게 이익이 왜곡된 대표적인 사례가 인터넷 거품이 절정이었던 2000년

1월 타임워너Time Warner가 2,140억 달러에 아메리카 온라인America Online: AOL을 인수한 거래다. 당시 S&P500 기업이었던 AOL은, 역시 S&P500 기업이었던 타임워너에 순자산가치보다 훨씬 높은 가격에 인수되어 막대한 자본이득을 얻었다. 그러나 S&P 영업이익에는 이 자본이득이 포함되지 않았다. 2002년 인터넷 거품이 무너지고 나서 타임워너는 AOL에 대한 투자에서 990억 달러를 상각해야만 했는데, 이는 당시까지 미국 기업이 기록한 최대 손실이었다. AOL과 타임워너의 이익과 시가총액 합계액은 기술주 거품이 붕괴하기 전이나 후나 큰 차이가 없었는데도, AOL의 자본이득이 이익에 전혀 포함되지 않았던 탓에 AOL의 주가가 폭락했을 때 S&P500지수의 이익 합계는 극적으로 감소했다. 이 무렵에는 이처럼 피인수 기업의 자본이득은 인식하지 않은 채, 인수기업의 대규모 상각만 인식한 사례가 많았다.

영업이익과 NIPA 이익

도표 10-1로 다시 돌아가 보자. 최근 발생한 두 침체 기간에 나타난 S&P 영업이익 흐름은, 이전 침체기와도 매우 다를 뿐 아니라 NIPA 이익의 흐름과도 크게 다르다. 1937~1938년을 제외하면 1990년 이전에는 침체기마다 영업이익이 NIPA 이익보다 덜 감소했다. 실제로 이 기간 영업이익의 감소율은 NIPA 이익 감소율의 절반 남짓이었다. 그러나 최근 3번의 침체 기간에는 영업이익 감소율이 NIPA 이익 감소율의 2배가 넘었다. 1990년 침체기에 영업이익 감소율은 43%였지만, NIPA 이익 감소율은 4%에 불과했다. 2001년 침체기에 영업이익 감소율은 55%였지만, NIPA 이익 감소율은 24%였다. 그리고 2008~2009년 대침체기에 영업이익 감소율은 무려 92%였지만, NIPA 이익 감소율은 55%였다. 특히 대침체 기간에 GDP 하락률이 최대

5% 남짓이었으며, 대공황 기간에도 영업이익 감소율이 63%였다는 사실을 고려하면 위 감소율 92%는 매우 충격적이다. 실제로 1931년과 1932년에는 NIPA 이익이 마이너스였는데 당시 경기침체의 심각성을 생각하면 당연했다. 이런 불균형을 보면 최근 재무회계기준위원회의 규정 탓에 특히 침체기에 이익이 훨씬 감소했음을 알 수 있다.[13)]

그러나 오로지 재무회계기준위원회 규정 탓에 영업이익이 과소평가되는 것은 아니다. 연구개발비는 자본화하여 장기간 감가상각할 법한데도, 상투적으로 비용으로 처리된다.[14)] 이 때문에 제약회사처럼 연구개발비 비중이 큰 회사들은 이익이 과소평가되기 쉽다.

예를 들어 세계적인 거대 제약회사 화이자[Pfizer]는 2012년 연구개발비가 약 80억 달러였고, 공장설비와 장비 지출액이 약 15억 달러였다. 화이자는 현행 회계규정에 따라 공장설비와 장비 지출액 중에서는 5%만 당기 감가상각비로 이익에서 차감하고, 나머지는 내용연수에 걸쳐 이익에서 차감하게 된다.

그러나 연구개발비 80억 달러에 대해서는 전액을 이익에서 차감해야 한다. 화이자의 연구개발비는 GAAP 회계규정에서 자산으로 인정하지 않기 때문이다. 기술 섹터에도 이런 방식이 적용된다. 구글과 페이스북은 감가상각 대상 유형자산이 시가총액의 극히 일부에 지나지 않는다. 연구개발이나 특허대상 혁신을 통해서 제품을 생산하는 산업에서는 어떤 표준 척도를 적용해도 회사의 이익 잠재력이 과소평가될 수 있다.

인플레이션도 영업이익을 왜곡한다. 인플레이션이 상승하면 금리도 상승한다. 인플레이션은 기업의 부채를 축소해 주는데도, 기업은 이자비용 전액을 이익에서 차감해야 한다. 이 과정에서 기업의 이익이 대폭 과소평가될 수 있다.

물론 인플레이션 탓에 기업의 이익이 과대평가되기도 한다. 감가상각의 기준은 과거 가격이므로, 인플레이션 기간에는 감가상각비가 대체원가에 못 미치게 된다. 재고자산에서 발생하는 자본이득도 회사의 수익력을 과대평가한다.[15] 그래서 NIPA는 기업 이익을 산출할 때 부채의 실질가치 변동은 조정하지 않지만, 감가상각비와 재고자산 이익은 조정한다. 그래도 모든 요소를 고려하면 인플레이션 기간에는 영업이익이 과소평가되기 쉽다.

분기실적 보고서

주로 분기 말 이후 3주간 이어지는 '어닝 시즌earnings season'에는, 트레이더들이 예상하는 영업이익과 회사가 발표하는 영업이익의 차이가 주가를 좌우한다. 기업 XYZ의 실적이 "기대치를 초과했다."라는 말은, 영업이익이 컨센서스 추정치보다 높았다는 뜻이다.[16]

그러나 이 컨센서스 추정치가 항상 주가에 모두 반영되는 것은 아니다. 일부 분석가와 트레이더들은 다소 다른 추정치를 제시하지만, 이런 추정치는 주가에 잘 반영되지 않는다. 이런 추정치를 흔히 '조용한 추정치whisper estimates'라고 부른다. 조용한 추정치는 대개 컨센서스 추정치보다 높으며, 특히 기술주에 대해서는 컨센서스 추정치보다 훨씬 높다.

조용한 추정치가 컨센서스 추정치보다 높은 이유 하나는 기업이 제시하는 실적 전망earnings guidance이 다소 비관적이기 때문이다. 이는 기업이 사전에 투자자들의 기대치를 낮춰놓아, 나중에 기대치를 초과하려는 의도다. 지난 10년 동안 발표된 분기실적의 약 65%가 컨센서스 추정치를 초과했는데, 이는 달리 설명할 길이 없다.[17] 게다가 컨센서스 추정치를 정확히 1센트 초과한 기업들이 매우 많았는데, 이것 역시 통계적으로 설명이 안 된다.

이익이 매우 중요하긴 하지만, 트레이더들이 분기실적에서 이익만 바라보는 것은 아니다. 사람들은 매출이 기업의 전망을 알려주는 두 번째로 중요한 지표라고 생각하며, 일부 트레이더는 매출이 이익보다도 더 중요하다고 간주한다. 매출 데이터와 이익 데이터를 결합하면 매출 이익률을 계산할 수 있는데, 이것도 중요한 데이터가 된다.

그러나 매출 데이터는 금액으로 발표하지만 이익 데이터는 주당 이익으로 발표한다. 그리고 매출은 컨센서스 추정치에 못 미치면서 주당 이익은 추정치를 초과하는 기업도 많다. 자사주 매입을 통해서 발행 주식 수를 줄이면, 매출이 정체해도 주당 이익은 계속 증가할 수 있기 때문이다.

끝으로, 기업이 제시하는 실적 전망은 주가에 영향을 미친다. 실적 전망이 추정치에 못 미치면 주가는 여지없이 하락한다. 과거에는 경영진이 회사 관련 호재나 악재를 분석가들에게 종종 귀띔해주었다. 그러나 2000년 증권거래위원회^{SEC}가 엄격한 공정공시제도를 채택하고 나서, 이제 이런 선택적 공시는 허용되지 않는다. 이제는 분기 전화회의가 주요 정보를 공개하기에 이상적인 시점이 되었다.

결론

주식의 가치는 예상되는 미래 현금흐름에 따라 결정된다. 이런 현금흐름, 특히 배당흐름은 이익에서 나온다. 기업의 유보이익에서 나오는 수익률이 요구 수익률과 똑같으면 배당 정책은 주가에 아무런 영향도 미치지 않는다.

　이익 개념은 여러 가지다. 분기실적에서는 분석가들이 추정하는 기업 영업이익이 가장 중요하다. 기업 영업이익은 거의 예외 없이 당기순이익보다 높다. 그러나 재무회계기준위원회의 엄격한 규정 탓에, 당기순이익은 과소평가되는 경향이 있다. 특히 침체 기간에는 미실현 자본손실까지 실적에 반영해야 하므로 심하게 과소평가되기 쉽다.

11
주식의 평가척도

주식 매수 동기가 단지 투기적 탐욕이더라도, 사람들은 본능적으로 이런 추악한 충동을 명확한 논리와 훌륭한 의식 뒤에 숨기려 한다.
—벤저민 그레이엄과 데이비드 도드, 1940년 1)

다시 나타난 흉조

1958년 여름, 주식시장의 오랜 평가척도를 따르던 사람들에게 매우 중요한 사건이 일어났다. 역사상 처음으로 장기국채의 수익률이 보통주의 배당수익률보다 높아진 것이다.

1958년 8월 〈비즈니스위크〉는 '다시 나타난 흉조$^{An\ Evil\ Omen\ Returns}$'라는

기사에서, 주식의 배당수익률이 채권 수익률에 근접하면 이는 머지않아 시장이 폭락한다는 경고라고 썼다.[2] 1929년 주식 배당수익률이 채권 수익률 수준으로 떨어졌을 때에도 시장이 붕괴했었다. 1891년과 1907년 주가가 폭락하기 전에도 주식 배당수익률과 채권 수익률의 차이가 1% 이내로 좁혀졌었다.

도표 11-1에서 보듯이 1958년 이전에는 배당수익률이 장기 금리보다 항상 높았으며, 투자자들은 이를 당연하게 받아들였다. 주식은 채권보다 더 위험하므로 수익률이 더 높아야 한다고 생각했던 것이다. 이런 방식으로 생각하면, 주가가 지나치게 상승해서 배당수익률이 채권 수익률보다 낮아지면 주식을 팔 시점이었다.

그러나 1958년에는 주가가 폭락하지 않았다. 배당수익률이 채권 수익

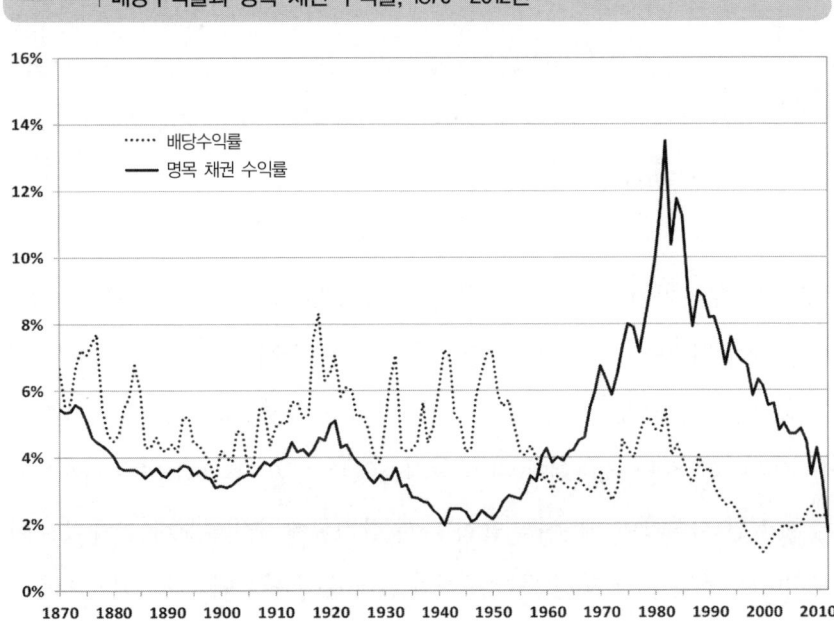

도표 11-1 | 배당수익률과 명목 채권 수익률, 1870~2012년

률 밑으로 떨어진 이후 12개월 동안 주가는 30% 넘게 상승했으며, 1960년 대 초까지 계속 치솟았다.

널리 인정받던 평가지표가 기능을 상실한 데에는 그럴 만한 이유가 있었다. 인플레이션 탓에 대출자들은 금리를 인상했고, 투자자들은 실물 자산에 해당하는 주식을 샀기 때문이다. 〈비즈니스위크〉는 일찌감치 1958년 9월에 이렇게 지적했다. "배당수익률과 채권 수익률의 관계는 분명히 경고 신호이지만, 투자자들은 인플레이션이 필연적이며 주식이 그 유일한 대비책이라고 여전히 믿는다."[3]

그러나 월스트리트 사람들은 이 수익률 역전을 놓고 고심했다. 화이트, 웰드 앤드 코White, Weld & Co. 부사장 겸 〈파이낸셜 어낼리시스 저널Financial Analysis Journal〉의 편집자 니콜라스 몰로도프스키Nicholas Molodovsky는 다음과 같이 썼다.

> 금융 분석가 일부는 이 수익률 역전을 금융혁명이라고 부르면서, 여러 복잡한 요인에 의해서 발생했다고 말한다. 반면에 일부는 설명할 수 없다면서 설명을 시도하지도 않는다. 이들은 수익률 역전이 금융계에 나타난 섭리라고 생각하면서 주저 없이 받아들인다.[4]

어떤 투자자가 널리 인정받던 이 평가지표에 따라 1958년 8월 주식을 모두 팔아 채권을 사고 나서, 배당수익률이 다시 채권 수익률보다 높아지기 전에는 주식을 절대 사지 않겠다고 맹세했다고 가정하자. 이 투자자가 맹세를 지켰다면, 50년 지나서야 다시 주식을 샀을 것이다. 2009년 금융위기가 닥치고 난 다음에야 배당수익률이 다시 장기국채 수익률보다 높아졌기 때문이다. 그러나 지난 50년 동안 주식의 실질 수익률은 연 6%가 넘었으며 채권보다 압도적으로 높았다.

평가척도는 근원적인 경제여건이 유지될 때에만 타당하다는 사실을 이 사례는 보여준다. 지폐 본위제가 채택되면서 제2차 세계대전 이후 만성적인 인플레이션이 발생하자, 투자자들은 주식과 채권 평가방식을 영원히 바꿔버렸다. 주식은 실물자산에 해당하므로 물가와 함께 가격이 상승했지만 채권은 그렇지 않았다. 과거 평가척도를 고수한 사람들은 역사상 최대 강세장에 참여하지 못했다.

전통적인 시장평가 척도

주가가 과대평가되었는지 과소평가되었는지 판단하는 척도는 많다. 대부분 척도는 주가를 경제 펀더멘털(이익, 배당, 순자산가치, GDP, 금리 등)과 비교하여 평가한다.

PER과 이익수익률

가장 기본적인 주식평가 척도는 주가수익비율$^{Price\ Earning\ Ratio:\ PER}$이다. 주식의 PER은 주가를 이익으로 나눈 값이다. 시장의 PER은 상장주식 시가총액 합계를 상장주식 이익 합계로 나눈 값이다. PER은 당기 이익 1달러에 대해 투자자가 얼마를 지불하려 하는지 측정한다.

도표 11-2는 1871~2012년 시장 PER 추이를 보여준다. 하나는 기준이 최근 12개월 S&P 영업이익이고, 하나는 기준이 최근 10년 평균 이익인 CAPE 비율이다(CAPE 비율은 나중에 논의한다). 12개월 이익 기준 PER은 2009년 대침

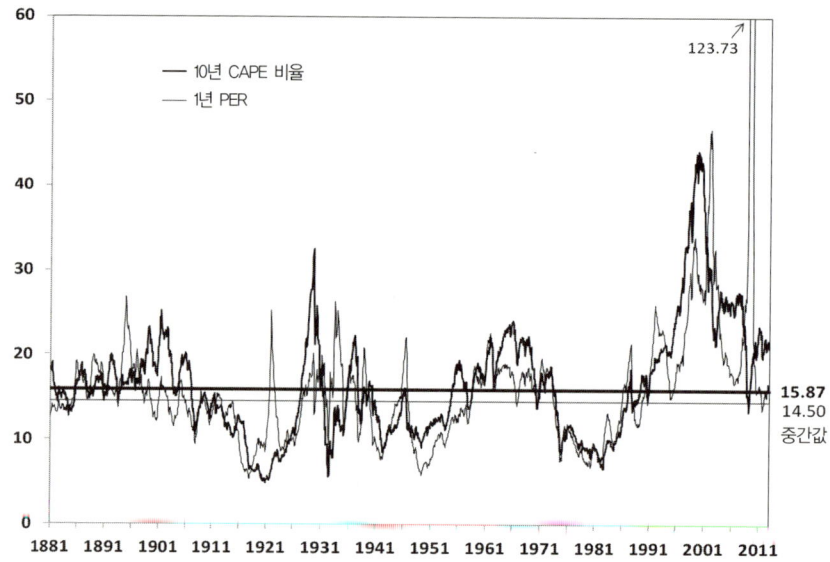

도표 11-2 | 1년 PER과 10년 CAPE 비율, 1881~2012년

체 기간에 123.73까지 급등했다. 이는 주가가 상승해서가 아니라, 몇몇 기업이 막대한 손실을 보아 이익 합계가 급감한 탓이다. 2000년 침체기에 나타난 PER 급등도 몇몇 기업이 대규모 손실을 기록한 탓이었다. 그러나 산술평균으로 PER을 산출하는 대신 PER 중간값을 사용하면 이런 급등이 완화되므로 시장 흐름을 평가하기가 더 좋다. 1871~2012년 12개월 후행 PER 중간값은 14.50이고, 12개월 선행 PER 중간값은 15.09다.

합산편향

지수의 PER을 계산하는 전통적인 방법은 지수에 포함된 모든 기업의 이익 합계를 시가총액 합계로 나누는 것이다. 보통은 이 방식으로 가치를 잘 파악할 수 있다. 그러나 한두 회사가 대규모 손실을 보면, 이 방식은 지수를 심하게 왜곡할 수 있다.

예를 들어 포트폴리오에 두 회사 A와 B의 주식이 있다고 가정하자. 건실한 회사 A는 이익이 100억 달러이고 PER이 15여서, 시가총액이 1,500억 달러다. 그러나 부실한 회사 B는 손실이 90억 달러이고 시가총액은 100억 달러에 불과하다. 포트폴리오의 시가총액에서 차지하는 비중이 A는 약 94%(1,500억 달러/ 1,600억 달러)이고, B는 6%다. 그러나 전통적인 방식으로 이 포트폴리오의 PER을 계산하려면 이익 합계 10억 달러를 시가총액 합계 1,600억 달러로 나눠야 한다. 이렇게 계산하면 PER이 무려 160으로 올라간다. 비중이 94%인 A의 PER이 15인데도 말이다. 나는 이런 PER 왜곡 현상을 '합산편향aggregation bias'이라고 부른다.

전통적인 계산방법이 PER을 왜곡하는 이유는 계산 과정에서 한 회사의 손실이 다른 회사의 이익을 상쇄하기 때문이다. 그러나 실제로 한 회사에서 손실이 발생하더라도 다른 회사의 이익이 사라지는 것은 아니다. 한 회사가 이익을 내면 주주는 그 이익에 고유한 권리를 행사할 수 있으며, 다른 회사가 손실을 보더라도 아무 영향을 받지 않는다.

합산편향은 2001~2002년 침체기와 최근 금융위기에 특히 두드러지게 나타났다. 2001년에는 기술 섹터가 붕괴한 탓에 타임워너 같은 회사들이 대규모 상각을 하면서 이익이 대폭 감소했다. 2009년에는 시티뱅크, 뱅크아메리카, AIG 등 금융회사들이 대규모 손실을 보면서, S&P500 기업들의 이익 대부분을 갉아먹었다.

합산편향을 바로잡기는 쉽지 않다. 한 가지 방법은 회사의 시가총액 비중만큼 손익에 가중치를 두는 것이다.[5] 대부분 기업이 흑자이면서 적자 기업의 손실도 크지 않은 정상 기간에는 합산편향이 미미하다. 그러나 일부 기업이 대규모 손실을 보면 합산편향이 커진다.

이익수익률

중요한 변수 또 하나는 '이익수익률earnings yield'로서, PER의 역수逆數다. 배당수익률이 시가 1달러당 배당을 측정하듯이, 이익수익률은 시가 1달러당 이익을 측정한다.[6]

미국 주식시장의 PER 중간값은 약 15이므로, 이익수익률 중간값은 1/15, 즉 6.67%다. 이 값은 주식의 장기 실질 수익률과 놀라울 정도로 비슷하다. 그러나 이는 우연이 아니어서, 금융이론으로도 예측할 수 있다. 채권은 인플레이션이 발생해도 원금과 표면금리가 바뀌지 않지만, 주식은 실물자산에 대한 청구권이므로 물가가 상승하면 주가도 상승한다. 따라서 이익수익률은 실질 수익률이며, 장기적으로는 투자자가 얻은 평균 실질 수익률과 일치해야 한다.

CAPE 비율

1998년, 로버트 실러와 공저자 존 캠벨은 〈평가비율과 주식시장 장기전망 Valuation Ratios and the Long-Run Stock Market Outlook〉[7] 이라는 혁신적 논문을 발표했다. 이 논문은 과거에 발표한 주식시장 예측성 연구의 후속 작업이었는데, 주식시장 장기 수익률은 랜덤워크가 아니며, 이른바 CAPE 비율cyclically adjusted price earning ratio이라는 평가척도로 예측할 수 있다는 사실을 입증했다.[8] CAPE 비율은 S&P500 같은 광범위 지수 기업들의 시가총액 합계를 이익 합계의 10년 평균으로 나누어 산출했다. 모두 인플레이션을 고려한 실질 가치로 측정했다. 이는 경기순환에 의한 일시적인 이익 증감을 제거하려는 목적이었다. 이들은 이후 10년 실질 수익률에 대해 CAPE 비율을 회귀분석하여, 주식 장기 수익률 예측에 이 비율이 주요 변수임을 입증했다.[9] 도표 11-2에 CAPE 비율을 1년 PER과 함께 표시했다. 1년 PER 흐름에는 급등이 나타나지만, CAPE 비율은 '이익 합계의 10년 평균'을 사용하므로 급등이 나타나지 않는다.

CAPE 비율로 주식의 실질 수익률을 예측할 수 있다는 말은 주식의 장기 수익률이 '평균회귀'한다는 뜻이다. 즉, CAPE 비율이 장기 평균보다 높으면 이후 주식의 실질 수익률이 평균보다 내려가고, CAPE 비율이 장기 평균보다 낮으면 이후 주식의 실질 수익률이 평균보다 올라간다는 의미다. 도표 11-3은 CAPE 모형의 예측과 실제 주식의 10년 실질 수익률을 보여준다.[10]

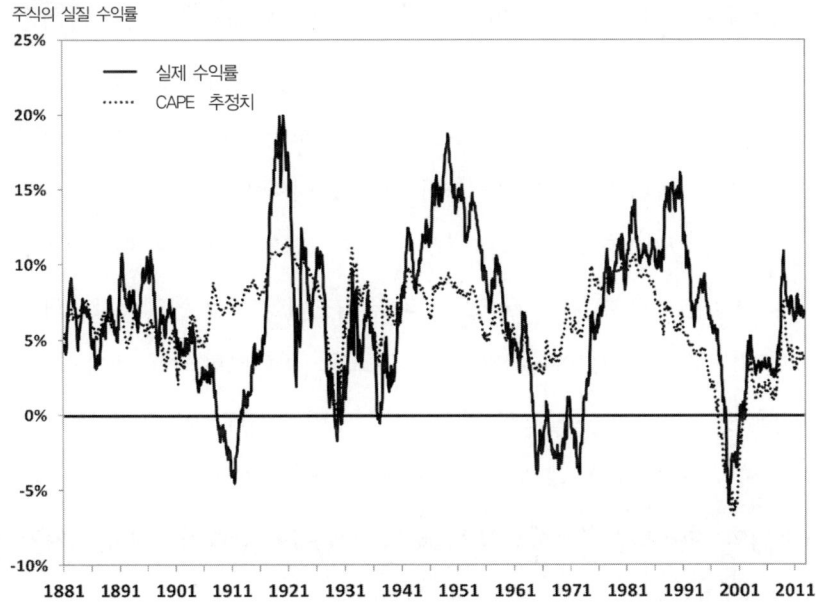

도표 11-3 | CAPE 추정치와 실제 10년 실질 수익률, 1881~2012년

CAPE 비율이 처음 관심을 끈 시점은 1996년 12월 3일 실러와 캠벨이 연준 이사회에서 연구의 잠정 결과를 발표한 때였다. 이들은 1990년대 말 주가가 이익과 비교해서 지나치게 높다고 경고했다. 그린스펀은 1주일 뒤 연설에서 '이상과열'을 언급했는데, 이 연구가 어느 정도 영향을 미쳤다는 말이 있다.[11] 2000년 강세장 정점에는 CAPE 비율이 역사상 최고치인 43을 기록했다. 이는 과거 평균의 2배가 넘는 수치였는데, 과연 예측이 적중하여 이후 10년 동안 주식 수익률이 저조했다.

2013년 1월에는 CAPE 비율이 20.68로서 장기 평균보다 약 30% 높았으며, 이후 10년 실질 수익률 추정치는 4.16%로서 장기 평균보다 약 2.50퍼센트포인트 낮았다. 이 때문에 이 추정치가 당시 채권 수익률보다는 훨씬 높았는데도, 시장 예측가들은 2012년 말 주식시장이 과대평가되어서 곧 약세장이 올지도 모른다고 걱정하기 시작했다.

그러나 자세히 분석해보면 이 CAPE 비율은 S&P500 기업들의 당기순이익 기준이므로 지나치게 비관적이다. CAPE 비율이 장기 평균보다 낮았던 기간은 1991년 이후 9개월뿐이었는데도, 실제로는 1981~2012년의 384개월 중 380개월 동안 10년 실질 수익률이 CAPE 추정치보다 높았다.

이렇게 CAPE 모형이 지나치게 비관적인 데에는 몇 가지 이유가 있다. 가장 중요한 이유는 S&P500 기업들의 당기순이익이 매우 과소평가되었다는 점이다.[12] 앞에서도 언급했듯이, 재무회계기준위원회 규정 탓에 특히 침체기에 당기순이익이 축소되었다. 게다가 몇몇 기업에 대규모 손실이 발생할 때에도 합산편향 탓에 실적이 심하게 과소평가되었다. 2009년에는 당기순이익이 지나치게 감소했으므로, 2009년 실적이 산출기간에서 제외되는 2019년까지 CAPE 비율은 계속 편향될 것이다.

당기순이익 대신 영업이익이나 NIPA 이익을 사용하면 매우 다른 모습이 나타난다.[13] 도표 11-4는 당기순이익, 영업이익, NIPA 이익으로 CAPE 비율을 산출하여 비교한 자료다. 이 자료를 보면, 최근 주식시장의 과대평가 현상이 대폭 완화된 모습이다.

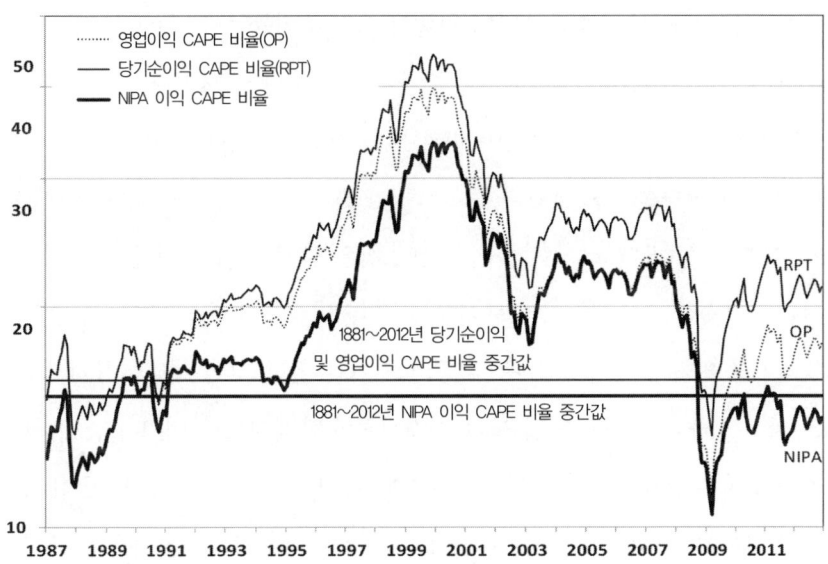

도표 11-4 | 당기순이익, 영업이익, NIPA 이익 기준 CAPE 비율, 1987~2012년

연준 모형, 이익수익률, 채권 수익률

연준의장 앨런 그린스펀이 주식시장 과열을 걱정하자, 1997년 초 연준 연구원 세 사람이 〈이익 추정과 주식 수익률 예측 가능성: S&P 거래에서 나온 증거〉라는 논문을 발표했다.[14] 이 논문은 주식의 이익수익률과 30년 만기 국채 수익률 사이의 놀라운 관계를 정리했다.

그린스펀은 이 연구 결과를 지지했다. 즉 이익수익률이 채권 수익률보다 내려가면 주식시장이 과대평가된 것으로 간주하고, 그 반대이면 과소평가된 것으로 간주한다는 뜻이다. 이 분석에 의하면 1987년 10월 주식시장 붕괴 직전인 1987년 8월에는 시장이 매우 과대평가되었고, 거대 강세장이 시작되던 1980년대 초에는 시장이 매우 과소평가되었다.

연준 모형의 기본 아이디어는 11장 시작 부분에서 논의한 배당수익률과 채권 수익률 비교 방식과 비슷하다. 단지 배당수익률 대신 이익수익률을 사용했을 뿐이다. 이 모형은 이익수익률이 채권 수익률보다 낮아지면, 투자자들이 주식을 팔고 채권을 사므로 주가가 하락한다고 보았다. 반면에 이익수익률이 채권 수익률보다 높아지면, 투자자들이 채권을 팔고 주식을 사므로 주가가 상승한다고 보았다.

연준 모형이 어느 정도 들어맞았던 것은 당시 주식 위험과 인플레이션 위험이 비슷한 수준이었기 때문이다. 그러나 인플레이션율이 낮아지거나 디플레이션 위협이 높아지면, 두 위험의 크기가 달라진다. 채권(특히 장기국채)은 실적이 좋아지지만, 기업은 가격 결정력이 약해지므로 이익이 감소한다. 연준 모형은 인플레이션이 심했던 1970년대에도 예측력이 약했고, 금융위기 이후 디플레이션 위험이 커진 최근에도 신통치 않았다. 이런 이유로 근래에는 연준 모형에 대한 관심이 감소했다.

기업의 이익과 GDP

기업들의 이익 합계를 GDP로 나눈 비율도 주식시장을 평가하는 지표다. 근년에 이 비율이 상승하자 주식시장 분석가들이 두려움에 빠졌다. 이 비율이 다시 장기 평균 수준으로 내려가면서 이익도 감소하고 주가도 하락할 것을 걱정했기 때문이다.

그러나 데이터를 자세히 들여다보면, 걱정할 필요가 없다. 도표 11-5는 GDP 대비 기업의 세후 이익과 GDP 대비 기업의 세후 이익 + 비법인非法人 이익 비율이다. 비법인 이익에는 조합 이익과 개인 소유주의 이익이 포함된다.

도표를 보면 GDP 대비 기업의 세후 이익 비율은 대폭 상승했지만, GDP 대비 기업의 세후 이익+비법인 이익 비율은 24.3%로서, 장기 평균보다 겨우 4% 높은 정도다. 이 기간에 증권회사와 투자은행들이 상장회사로 전환되면서, 그 이익도 비법인 이익에서 기업 이익으로 분류가 바뀌었기 때문이다.

GDP 대비 기업의 세후 이익 비율이 증가한 이유 또 하나는, 외국에서 벌어들인 이익의 비중이 증가했기 때문이다. 2011년에는 S&P500 기업의 매출 중 외국에서 일으킨 매출이 46%가 넘었다. 그동안 미국 경제가 세계 경

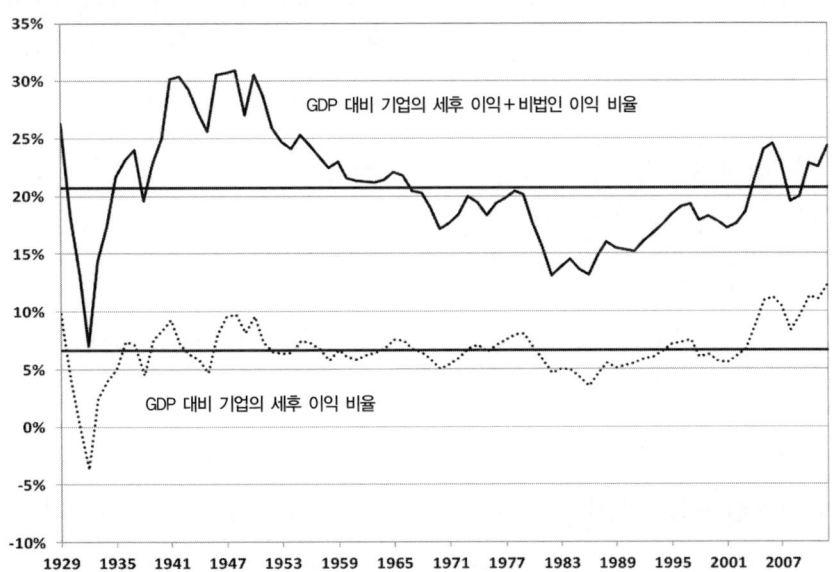

도표 11-5 | GDP 대비 기업의 세후 이익과 GDP 대비 기업의 세후 이익+비법인 이익 비율, 1929~2012년

11장 | 주식의 평가척도

제에서 차지히는 비중이 감소하면서, 미국 GDP 대비 미국 다국적기업들의 이익 비중이 자연스럽게 증가했다. 이것도 GDP 대비 기업의 세후 이익 비율 증가를 걱정할 필요가 없는 이유다.

순자산가치, 시장가격, 토빈의 Q

순자산가치도 자주 사용되는 평가척도다. 순자산가치는 회사의 자산에서 부채를 차감한 값으로서 취득원가로 평가한다. 그러나 취득원가를 사용하는 탓에 자산이나 부채의 가격 변동을 무시하므로, 평가척도로서 한계가 많다. 회사가 100만 달러에 취득한 토지가 현재 가격은 1,000만 달러이더라도 순자산가치에는 이 사실이 드러나지 않는다. 자산의 취득원가는 시간이 흐를수록 평가척도로서 신뢰도가 감소한다.

노벨상을 받은 전직 예일대 교수 제임스 토빈 James Tobin 은 이런 왜곡을 바로잡으려고, 미국 기업들의 자산과 부채 순자산가치에 인플레이션을 반영하여 '대체원가 replacement cost'를 산출했다.[15] 그는 기업의 균형가격은 기업의 실질 순자산가치와 같아야 한다고 제시했다. 기업의 시장가격이 대체비용보다 높다면, 기업은 주식을 발행하여 자본을 늘리면 이익이 증가한다. 그러나 기업의 시장가격이 대체비용보다 낮다면, 기업을 청산하거나 사업을 축소하는 편이 낫다.

토빈의 Q는 시장가격을 대체원가로 나눈 비율로서, 주식시장이 적정 수준이라면 1이 되어야 한다. 2000년 영국의 앤드루 스미더즈 Andrew Smithers 와 스티븐 라이트 Stephen Wright 는 저서 《월스트리트에 대한 평가 Valuing Wall Street》에서, 토빈의 Q가 최고의 평가척도이며, 이 기준에 의하면 미국시장, 영국시장, 여러 유럽시장이 지극히 과대평가되었다고 주장했다. PER 분석가들 역시 시장이 과대평가되었다고 보았다.

그러나 토빈의 Q에 대한 비판도 있다. 자본장비와 구조물 등은 유통시장이 취약하므로, 주식시장을 제외하면 현실적으로 평가할 방법이 없다는 주장이다. 2013년 7월 미국은 국민소득계정을 개정하여 연구개발과 기타 지식투자(연예, 문학, 예술 창작물 등)를 투자 범주에 포함했다. 이 개정을 통해서 자본재가 약 2조 달러 증가하여 Q 이론의 타당성이 확실히 개선되었다. 그렇더라도 순자산가치는 과거의 산물이고, 시장가격을 좌우하는 것은 미래에 대한 전망이다. 주가는 기업 자산의 취득원가가 아니라 미래 이익에 따라 형성된다고 보아야 한다.

이익률

기업의 이익을 매출로 나눈 비율인 이익률도 근래에 걱정거리가 된 지표다. 도표 11-6은 S&P500 기업들의 이익률 추이다. 최근 이익률이 45년 최고 수준으로 상승했다. 사람들은 이렇게 높은 이익률은 유지될 수 없으므로, 이익률이 대폭 하락하면서 주가도 하락할 수 있다고 주장한다.

그러나 이익률이 높은 데에는 여러 이유가 있어서, 쉽게 하락할 것 같지 않다.[17] 첫째, 미국 기업들의 부채 비율이 낮아지면서 이자 비용이 감소했다. 둘째, 1990년대 이후 증가한 이익률 중 3분의 1은 국외 매출 비중이 증가한 효과다. 외국은 거의 모두 법인세율이 미국보다 낮으므로, 이익률이 더 높다. 끝으로 전통적으로 이익률이 높은 기술 섹터에서 매출이 많이 증가했다. 기술회사들은 지적 자본의 비중도 크고, 국외 매출의 비중도 크기 때문이다.

이렇게 높은 S&P500 기업들의 이익률은 크게 하락할 것 같지 않다. 국

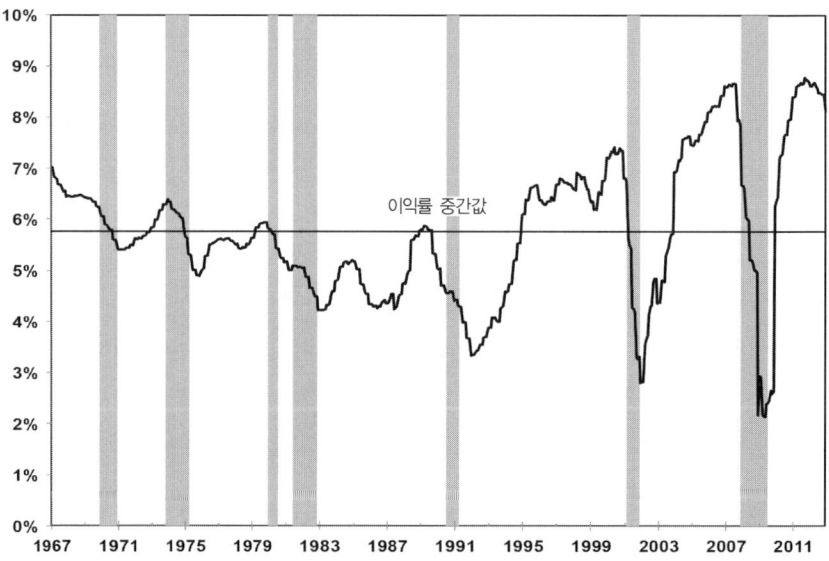

도표 11-6 | S&P500 기업들의 이익률, 1967~2012년

외 매출 비중은 계속 증가할 것이다. 기업이 부채 비중을 높이면 이익률은 낮아지겠지만, 금리가 이익수익률보다 훨씬 낮으므로 주당 이익은 대폭 증가할 것이다. 근래에 공화, 민주 양당이 법인세율 인하를 지지하고 있으므로 법인세율이 인하되면 이익률은 더 상승할 수도 있다.

주가가 더 상승할 수 있는 근거

앞에서도 언급했지만 지금까지 주식의 장기 실질 수익률은 연 6~7%였으며, 평균 PER은 약 15였다. 그러나 그동안 시장환경이 변화했으므로 장래에는 PER이 더 상승할 수도 있다. 이런 변화에는 인덱스펀드 투자비용 감소, 금리 하락, 주식의 이점에 대한 사람들의 이해도 상승이 포함된다.

거래비용 감소

5장에서 보았듯이, 지난 2세기 동안 주가지수의 실질 수익률은 연 6~7% 였다. 그러나 19세기와 20세기 초반에는 거래비용 탓에 일반인은 주가지수를 복제하기가 지극히 어려웠다.

컬럼비아대 찰스 존스Charles Jones는 지난 1세기 동안의 주식 거래비용을 분석했다.[18] 이 거래비용에는 중개수수료와 매수-매도 호가 차이도 포함되었다. 그의 분석에 의하면, 사거나 파는 편도 거래 비용이 (중개수수료 규제 완화 이전인) 1975년 말까지도 1%가 넘었지만, 2002년에는 0.18% 밑으로 내려갔고, 지금은 더 낮아졌다.

즉, 과거에는 주가지수를 복제하는 포트폴리오를 구성해서 유지하려면 비용이 연 1~2%나 들었다는 말이다. 따라서 이렇게 높은 비용 탓에 사람들은 분산투자를 하지 못하여 주가지수보다 더 큰 위험을 떠안았다. 만일 비용을 감수하고 주가지수를 복제했다면 실질 수익률이 연 5% 수준으로 내려갔을 것이다. 이렇게 주식에 대한 실질 요구수익률이 5%에 불과하다면 거래비용이 훨씬 낮아진 지금은 PER이 20이 되어야 한다.[19]

채권 수익률 하락

지난 10년 동안 채권의 실질 수익률은 극적으로 하락했다. 1997년 1월, 10년 만기 물가연동국채TIPS가 처음 발행될 때에는 실질 수익률이 거의 3.5%였으며, 이듬해에는 4%가 넘어가기도 했다. 그러나 이후 실질 수익률이 계속 하락하여 2011년에는 마이너스가 되었고, 2012년 말에는 거의 −1%까지 내려갔다. 표준 국채의 실질 내재수익률 역시 마이너스가 되었다.

채권 실질 수익률이 내려간 이유는 여러 가지다. 경제성장률이 둔화했고 인구 고령화가 진행되었으며, 연기금들은 장래 은퇴자들에 대한 채무 이행에 대비해서 채권에 투자했다. 그러나 이유가 무엇이든 채권 실질 수익률이 하락했으므로, 주식의 실질 수익률도 과거처럼 높을 필요가 없어졌다. 앞에서도 언급했지만 장기 주식 위험 프리미엄은 평균 3~3.5%였다. 따라서 채권의 장기 실질 수익률이 과거 평균보다 1~1.5퍼센트포인트 하락하여 2% 수준에서 안정된다면, 주식의 실질 수익률은 5% 수준이 될 것이며 PER은 20이 될 것이다.

주식 위험 프리미엄

그동안 거래비용이 감소했고 금리도 하락했으므로, PER이 상승한다고 볼 수 있다. 게다가 주식 위험 프리미엄 자체도 감소하면서 PER 상승 요인이 될 수 있다. 1985년에 경제학자 라즈니시 메흐라$^{Rajnish\ Mehra}$와 에드워드 프레스콧$^{Edward\ Prescott}$은 〈주식 위험 프리미엄: 수수께끼$^{The\ Equity\ Premium:\ A\ Puzzle}$〉라는 논문을 발표했다.[20] 이 논문에서 이들은 기존의 위험 수익 표준모형으로는 과거 데이터에 나타나는 주식과 채권의 커다란 수익률 격차를 설명할 수 없다는 사실을 밝혔다. 이들은 기존 모형에 의하면 주식 수익률이 내려가거나, 채권 수익률이 올라가거나, 아니면 이 두 가지가 동시에 이루어져야 한다고 주장했다. 이들의 연구에 의하면 주식 프리미엄은 1% 이하가 타당했다.[21]

그러나 거시경제 모형에 의해서도 과거 데이터에 나타나는 주식 프리미엄 3~3.5%를 뒷받침할 수 있다고 주장하는 연구가 많이 있다. 일부 연구에서는 개인이 위험을 매우 심하게 회피하기 때문이라고 주장한다. 다른 연구에서는 투자자들의 근시안적 행태 탓으로 돌리는데, 주식에 투자하면 장기적으로는 높은 수익을 얻을 수 있는데도 단기 손실을 싫어하기 때문으로 본다. 주식의 수익률이 훨씬 높다는 사실을 투자 대중이 모르기 때문에, 주식 프리미엄이 이렇게 크다는 설명도 가능하다.[22] 투자 대중이 주식 프리미엄을 제대로 파악하면 주식에 대한 수요가 증가하여 주식의 PER이 과거 수준보다 상승할 것이다. 바로 이것이 1937년 브라운대 첼시 보슬랜드Chelcie Bosland 교수가 제시한 설명이다. 그는 에드거 로렌스 스미스에 의해서 주식 수익률이 채권보다 높다는 지식이 널리 퍼졌고, 그 결과 1920년대 강세장이 시작되어 주식 프리미엄이 감소했다고 주장했다.

역설적으로 들리겠지만, 주식의 수익성이 높다는 사실이 널리 알려진 탓에 장래 주식의 수익성이 오히려 낮아질 수 있다. 사람들이 경쟁적으로 주식을 사들이는 과정에서 주가가 상승하므로, 장래에 얻을 자본이득과 배당 수익률이 감소하기 때문이다. 따라서 주식의 수익성이 감소하여 다른 증권의 수익성과 비슷해질 수 있다.[23]

결론

주식의 수익률을 예측하려면 주식시장을 평가해야 한다. 잘 분산된 주식 포트폴리오를 장기간 보유하면 결국 손실도 만회할 수 있지만, 주식을 적정 가격 이하로 사면 더 높은 수익을 얻을 수 있다. 장래에는 PER이 과거 평균보다 상승한다고 볼 타당한 이유가 있다. 실제로 PER이 상승하면 이 과정에서 주식의 수익률도 상승하지만, 이후에는 주식의 장기 수익률이 하락할 것이다. 그러나 PER이 상승하든 않든, 주식은 여전히 장기투자에 가장 매력적인 자산이다.

12
시장 초과수익
회사 규모, 배당수익률, PER의 중요성

증권분석에서 주식을 평가하는 일반 원칙이 도출될 것으로 기대해서는 안 된다. 주가는 사려 깊은 계산이 아니라, 사람들의 변덕스러운 반응에 따라 결정된다.
–벤저민 그레이엄과 데이비드 도드, 1940년[1)]

시장실적을 능가하는 종목

사람들은 시장실적을 능가하는 종목을 선정하려고 어떤 기준을 사용할까? 십중팔구 이익을 많이 내거나 매출이 증가할 만한 회사를 선택할 것이다. 그러나 실증 분석에 의하면, 성장률 높은 종목의 수익률은 흔히 평균에도 못 미친다. 예를 들어 설명하겠다. 컴퓨터 시대가 막 열리던 1950년에 당신이 투자를 시작한다고 가정하자. 당신은 두 종목 중 하나를 선택하여 1,000달러를 투자하려고 한다. 하나는 스탠더드 오일 오브 뉴저지(현재의 엑손모빌)이고, 하나는 규모가 훨씬 작은 유망 신생기업 IBM이다. 회사는 배당을 모두 같은 회사 주식에 재투자하며, 62년 후인 2012년 말에 그 원리금을 당신 증손이나 지정 자선단체에 지급한다.

어느 종목을 선택해야 할까? 그 이유는?

이 선택을 도와주려고 요정이 표 12-1을 만들어준다. 이후 62년 동안 두 기업이 달성할 성장률 데이터다.

표 12-1A는 월스트리트에서 종목을 선정할 때 즐겨 쓰는 성장성 척도다. 매출, 이익, 배당, 섹터 성장 모든 면에서 IBM의 성장률이 스탠더드 오일

표 12-1 | IBM과 스탠더드 오일 오브 뉴저지 비교, 1950~2012년

표 12-1A

성장성 척도	IBM	스탠더드 오일	유리한 종목
주당 매출 증가율	10.03%	8.31%	IBM
주당 배당 증가율	10.73%	6.32%	IBM
주당 이익 증가율	11.14%	7.90%	IBM
섹터 성장률[※]	16.10%	-9.11%	IBM

※1957~2012년 기술 섹터와 에너지 섹터 증가율

표 12-1B

수익성 척도	IBM	스탠더드 오일	유리한 종목
주가 상승률	8.95%	7.58%	IBM
배당수익률	2.17%	4.72%	스탠더드 오일
총수익률	11.32%	12.66%	스탠더드 오일

표 12-1C

평균 수익성[※]	IBM	스탠더드 오일	유리한 종목
평균 PER	25.06	14.08	스탠더드 오일
평균 배당수익률	2.17%	4.21%	스탠더드 오일

※1957~2012년 말 기준

보다 훨씬 높다. 주당 이익 증가율은 60년 동안 IBM이 스탠더드 오일보다 3 퍼센트포인트 이상 높다. 정보기술은 계속 발전하여 우리 경제에서 더욱 중요해졌으므로, 기술 섹터의 비중도 3%에서 거의 20%로 증가했다.

반면에 같은 기간 석유 섹터는 비중이 극적으로 감소했다. 1950년에는 비중이 약 20%였으나 2012년에는 거의 절반으로 줄었다.

이렇게 성장성 기준으로 보면, 당연히 IBM을 선택해야 한다. 그러나 실적은 스탠더드 오일이 더 좋았다. 표 12-1B를 보면 두 종목 다 실적이 좋았지만, 스탠더드 오일의 수익률이 IBM보다 연 1% 이상 높았다. 스탠더드 오일에 투자한 원금 1,000달러가 62년 뒤에는 162만 달러로 늘어났는데, 이는 IBM에 투자했을 때보다 2배가 넘는 금액이다.

스탠더드 오일이 성장성 척도에서는 모두 IBM에 훨씬 뒤처졌는데도 수익률이 더 높았던 이유는 무엇일까? PER이 낮아서, 즉 이익 1달러당 주가가 낮아서 배당수익률이 더 높았기 때문이다. 반면에 IBM은 투자자가 지불한 가격이 지나치게 비쌌다. 성장률은 IBM이 더 높았지만 PER은 스탠더드 오일이 더 낮았고, 덕분에 투자수익률이 더 높았다.

표 12-1C에서 보듯이 평균 PER은 스탠더드 오일이 IBM의 거의 절반이었고, 평균 배당수익률은 스탠더드 오일이 IBM보다 2퍼센트포인트 이상 높았다.

배당이 수익률을 좌우하는 핵심 요소다. 스탠더드 오일은 주가가 낮아서 배당수익률이 IBM보다 훨씬 높았으므로 배당 재투자를 통해서 주식 수가 12.7배로 증가했다. 반면에 IBM은 주식 수가 3.3배로 증가하는데 그쳤다. 스탠더드 오일이 주가 상승률은 IBM보다 낮았지만, 배당수익률이 더 높았던 덕분에 IBM을 누를 수 있었다.

주식의 수익률을 결정하는 요소는?

효율적 시장 이론에 의하면 이익, 배당, 현금흐름, 순자산가치, 기타 평가 요소는 이미 주가에 반영되어 있으므로, 이런 요소를 바탕으로 투자해서는 수익률이 개선되지 않는다. 효율적 시장에서 수익률을 높이는 방법은 더 많은 '위험risk'을 떠안는 방법뿐이다. 여기서 위험이란 그 자산 수익률과 시장 수익률의 상관관계로서, '베타beta'라고 부른다.[2] 이것이 1960년대에 윌리엄 샤프William Sharpe와 존 린트너John Lintner가 개발한 자본자산 가격결정 모형Capital Asset Pricing Model: CAPM의 결론이다.[3]

베타는 과거 데이터를 이용해서 계산할 수 있으며, 분산투자를 해도 사라지지 않는다. 따라서 투자자는 이 위험에 대해 보상받아야 한다. 베타가 1보다 크면, 이 주식의 수익률은 시장 수익률보다 높아야 한다. 반면에 베타가 1보다 작으면, 이 주식의 수익률은 시장 수익률보다 낮아야 한다. 그러나 분산투자를 통해서 제거할 수 있는 위험(비체계적 위험)에 대해서는 보상받지 못한다. 효율적 시장 가설과 CAPM은 1970년대와 1980년대 주식 수익률 분석의 토대가 되었다.

그러나 연구가 더 진행되면서, 베타가 종목별 수익률 차이를 제대로 설명하지 못하는 것으로 밝혀졌다. 실제로 스탠더드 오일은 IBM보다 베타가 훨씬 낮은데도 수익률이 더 높았다.[4] 1992년 유진 파마Eugene Fama와 케네스 프렌치Ken French는 〈저널 오브 파이낸스Journal of Finance〉에 논문을 발표했다. 이들은 주식의 수익률 결정에는 시가총액과 주가순자산비율PBR이 베타보다 훨씬 중요하다는 사실을 밝혔다.[5]

추가 분석 후 두 사람은 CAPM을 반박하는 강력한 근거가 있다고 주장하면서 "CAPM으로 산출되는 평균 수익률은 이상현상이 매우 심각하므로

CAPM은 수익률 추정에 유용하지 않다."고 말했고, "대안이 되는 자산가격 모형"이나 "불합리한 자산가격 현상"을 더 조사해보라고 학자들에게 제안했다.[6]

파마와 프렌치 분석의 영향으로, 이후 주식 분류 기준으로 규모와 PBR을 사용하는 학자들이 증가했다. 그러나 이런 평가 기준을 처음 강조한 사람은 파마와 프렌치가 아니었다. 벤저민 그레이엄과 데이비드 도드가 이미 70여 년 전 투자의 고전 《증권분석》에서 강조한 내용이다.[7]

소형주와 대형주

CAPM의 결함은 파마와 프렌치의 연구 훨씬 전부터 나오기 시작했다. 1981년, 시카고 대학원생 롤프 반즈^{Rolf Banz}는 증권가격연구센터^{CRSP}에서 구축한 최신 데이터베이스를 이용해서 주식의 수익률을 분석했다. 그는 CAPM이 정의한 위험을 고려해도 소형주의 수익률이 대형주보다 체계적으로 높다는 사실을 발견했다.[8]

표 12-2는 시가총액을 기준으로 4,000여 종목을 10개 그룹으로 분류하여 수익률을 분석한 자료다.

시가총액이 가장 작은 그룹은 수익률이 연 17.03%로서, CAPM에 의한 수익률보다 9.5퍼센트포인트나 높다. 시가총액이 두 번째로 작은 그룹은 수익률이 연 12.77%로서, CAPM에 의한 수익률보다 3.5퍼센트포인트나 높다.[9]

표 12-2 | 미국 주식의 시가총액별 수익률, 1926~2012년

시가총액별 그룹 수익률 (작은 그룹부터)	기하평균	베타평균	산술평균 수익률	CAPM 대비 초과수익률
1	17.03%	1.38	25.56%	9.58%
2	12.77%	1.35	19.17%	3.56%
3	11.29%	1.26	16.50%	1.86%
4	11.31%	1.24	15.92%	1.58%
5	10.97%	1.22	14.89%	0.70%
6	10.97%	1.21	14.82%	0.74%
7	11.16%	1.18	14.39%	0.76%
8	10.24%	1.12	12.94%	-0.09%
9	11.04%	1.09	13.41%	0.80%
10	9.28%	0.95	11.01%	-0.02%
전체시장	9.67%	1.00	11.59%	0.00%

소형주의 수익률

1926년 이후 수익률은 소형주가 대형주보다 높았지만, 그 차이는 시점에 따라 들쭉날쭉했다. 도표 12-1은 소형주의 누적수익률과 S&P500지수의 누적수익률을 비교한 자료다.[10]

소형주를 시가총액 하위 20%로 정의했을 때 소형주는 대공황의 충격에서는 신속하게 벗어났지만, 1926~1960년 수익률은 대형주와 비슷한 수준에 그쳤다. 1974년 말까지도 소형주의 수익률은 대형주보다 연 0.5% 웃도는 정도였으므로, 더 큰 위험과 비용을 보상받기에도 부족했다.

소형주는 1975~1983년에 폭발적으로 상승했다. 이 기간 소형주의 수익률은 연 35.3%로서 대형주의 15.7%보다 2배가 넘었다. 이 9년 동안 소형주의 누적수익률은 1,400%가 넘었다. 그러나 도표 12-1에서 보듯이 1975~1983년을 제외하면 1926~2006년 누적수익률은 소형주와 대형주가 거의 같다.

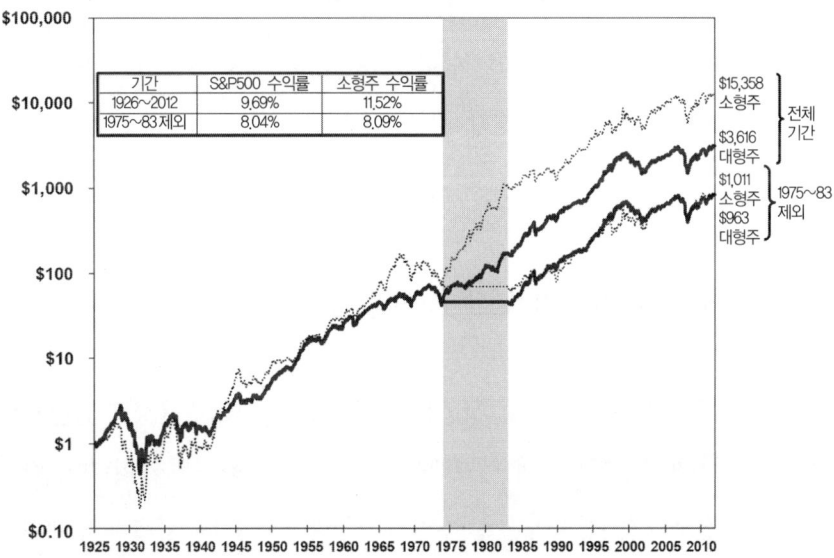

도표 12-1 | 소형주와 대형주의 누적수익, 1926~2012년

그러면 1975~1983년에 소형주의 실적이 엄청나게 높았던 이유는 무엇일까? 직전 10년 동안 이어진 강세장에서 이른바 '멋진 50종목$^{Nifty\ Fifty}$'으로 불리면서 인기를 끌던 대형주가 붕괴하자, 연기금과 기관투자가들이 소형주에 매력을 느껴 투자했기 때문이다. 게다가 1974년 의회에서 종업원퇴직소득보장법이 통과되었으므로, 연기금이 소형주에 투자하기가 훨씬 수월해졌다.

그러나 1983년 이후에는 17년 동안 소형주의 실적이 대형주보다 뒤처졌으며, 특히 기술주 붐이 일던 1990년대 말에 많이 뒤처졌다. 하지만 기술주 거품이 붕괴하고 나서는 소형주가 다시 대형주를 크게 앞질렀다. 2000년 3월~2012년 동안 소형주는 수익률이 연 7.2%였지만, 대형주는 연 1%에도 못 미쳤다.

소형주의 급등이 일시적 유행처럼 보인다고 해서 소형주를 회피하는 것은 바람직하지 않다. 소형주는 미국 주식 시가총액의 약 20%를 차지하기 때문이다. 그리고 소형주 프리미엄이 존재한다고 해도, 소형주의 수익률이 늘 대형주보다 높을 것으로 생각해서는 안 된다.

가치주의 수익률이 성장주보다 높다

두 번째 주식분류 기준은 성장주와 가치주다. 가치주란 펀더멘털(배당, 이익, 순자산가치, 현금흐름 등)과 비교해서 주가가 낮은 종목을 가리킨다. 반면에 펀더멘털보다 주가가 높은 종목은 성장주라고 부른다. 파마와 프렌치는 가치주의 수익률도 소형주와 마찬가지로 CAPM에 의한 수익률보다 높다고 밝혔다. 1980년대 이전에는 가치주를 종종 경기순환주로 불렀다. 저PER 주식 대부분은 경기에 따라 실적 변동이 컸기 때문이다. 그러나 스타일 투자가 증가함에 따라 이런 종목에 투자하는 펀드매니저들이 가치주라는 명칭을 훨씬 즐겨 사용하게 되었다.

가치주는 석유, 자동차, 금융, 공익사업 등 성장성이 낮은 산업이나 실적이 경기에 따라 크게 출렁이는 분야에서 쉽게 찾을 수 있다. 반면에 성장주는 기술, 유명 소비자 제품, 건강관리 등 성장성이 높은 산업이나 실적이 경기에 크게 좌우되지 않는 분야에 많다.

배당수익률

배당은 종목 선정에 항상 중요한 기준이 되었다. 1940년, 그레이엄과 도드는 다음과 같이 썼다.

> 경험에 비춰보면, 주식시장은 회사에 유보되는 이익 1달러보다 주주에게 배당으로 지급되는 1달러가 더 가치 있다고 명확하게 판단하였다. 주식투자자는 적정 수익력과 적정 배당을 둘 다 요구해야 한다.11)

후속 연구자들도 그레이엄과 도드의 주장을 지지했다. 1978년, 크리슈

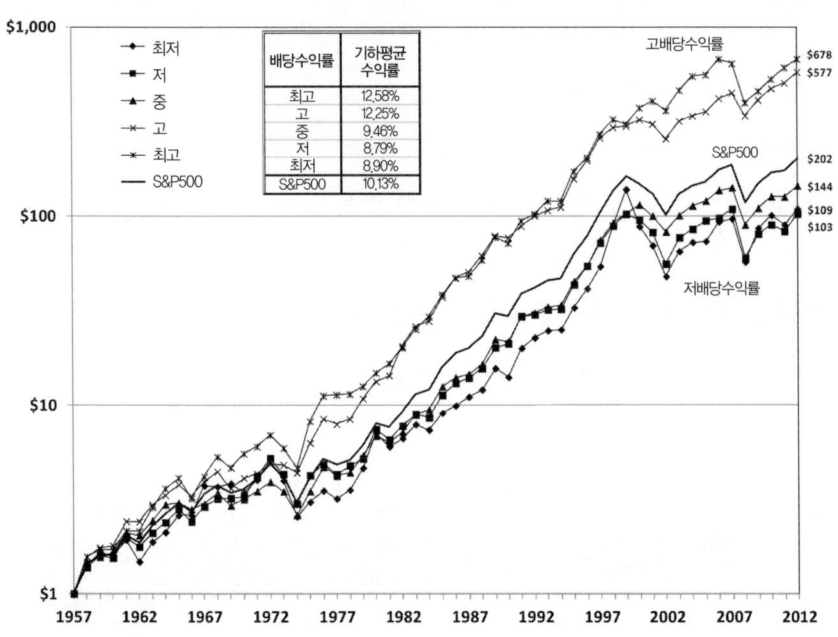

도표 12-2 | 배당수익률 순위별 S&P500 종목군의 수익률, 1957~2012년

나 라마스와미$^{Krishna\ Ramaswamy}$와 로버트 리젠버거$^{Robert\ Litzenberger}$는 배당수익률과 투자수익률 사이에 높은 상관관계가 있다는 사실을 밝혔다.[12] 더 최근에는 제임스 오쇼너시$^{James\ O'Shaughnessy}$가 1951~1994년 배당수익률 상위 50개 대형주의 수익률이 시장보다 1.7퍼센트포인트 높다는 사실을 밝혔다.[13]

S&P500 과거 데이터에서 배당수익률을 기준으로 종목을 선정해도 수익률을 높일 수 있다. 나는 1957년 연말부터 매년 배당수익률 기준으로 S&P500 종목을 다섯 그룹으로 구분하고 나서, 이듬해 총수익률을 계산해 보았다. 그 충격적 결과가 도표 12-2다.

배당수익률이 높은 그룹이 총수익률도 높았다. 1957년 말 S&P500지수에 1,000달러를 투자했다면, 2012년 말에는 20만 1,760달러가 되어 연 수익률 10.13%를 기록했다. 그러나 배당수익률이 가장 높은 그룹에 똑같이 투자했다면, 67만 8,000달러로 늘어나 연 수익률 12.58%를 기록했다.

표 12-3을 보면 배당수익률이 가장 높은 그룹은 베타도 1 미만이어서 안정성도 시장보다 높았다.

반면에 배당수익률이 가장 낮은 그룹은 수익률도 가장 낮았을 뿐 아니라 베타까지 높았다. 배당수익률이 가장 높은 그룹의 수익률은 CAPM 추정

표 12-3 | 배당수익률별 S&P500 종목군의 수익률, 1957~2012년

배당 수익률	기하평균 수익률	산술평균 수익률	표준 편차	베타	CAPM 대비 초과수익률
최고	12.58%	14.25%	19.34%	0.94	3.42%
고	12.25%	13.42%	16.26%	0.82	3.91%
중	9.46%	10.77%	16.64%	0.92	0.18%
저	8.79%	10.64%	19.29%	1.07	-1.75%
최저	8.90%	11.62%	23.92%	1.23	-2.58%
S&P500	10.13%	11.55%	17.15%	1.00	0.00%

수익률보다 연 3.42퍼센트포인트 높았지만, 배당수익률이 가장 낮은 그룹은 CAPM 추정 수익률보다 연 2.58퍼센트포인트 낮았다.

기타 배당수익률 활용 전략

배당수익률을 이용해서 초과실적을 낸 전략이 또 있다. '다우의 개Dogs of the Dow' 또는 '다우 10'이라고 부르는 전략은 다우지수(30종목)에서 수익률이 가장 높은 종목 10개에 투자하는 방법이다.

일각에서는 다우 10 전략이 지금까지 나온 전략 중 가장 단순하면서도 성공적이라고 평가한다. 〈워싱턴포스트〉 제임스 글래스먼James Glassman에 의하면, 다우 10 전략은 1980년대에 클리블랜드 투자자문가 겸 저술가 존 슬래터John Slatter가 개발했다.14) 이 전략을 1992년 하비 놀즈Harvey Knowles와 데이먼 페티Damon Petty는 저서 《배당투자자The Dividend Investor》에서 소개했고, 마이클 오이긴스Michael O'Higgins와 존 다운즈John Downes는 《다우지수 능가하기Beating the Dow》에서 소개했다.

이 전략은 매년 연말에 다우지수에서 배당수익률이 가장 높은 10종목을 선정하여, 이듬해 1년 동안 보유하는 방식이다. 배당수익률이 높은 종목은 대개 투자자들로부터 소외당하여 주가가 하락한 종목이다. 그래서 이런 종목을 흔히 '다우의 개'라고 부른다.

다우 10 전략을 자연스럽게 응용하는 방법이 있는데, S&P500에서 100대 종목 중 배당수익률이 가장 높은 10종목을 선택하는 방법이다. S&P500의 100대 종목은 다우지수 30종목보다 미국 주식시장 시가총액에서 차지하는 비중이 훨씬 크다.

도표 12-3에서 보듯이, 두 전략 모두 실적이 탁월했다.15) 1957년 이후

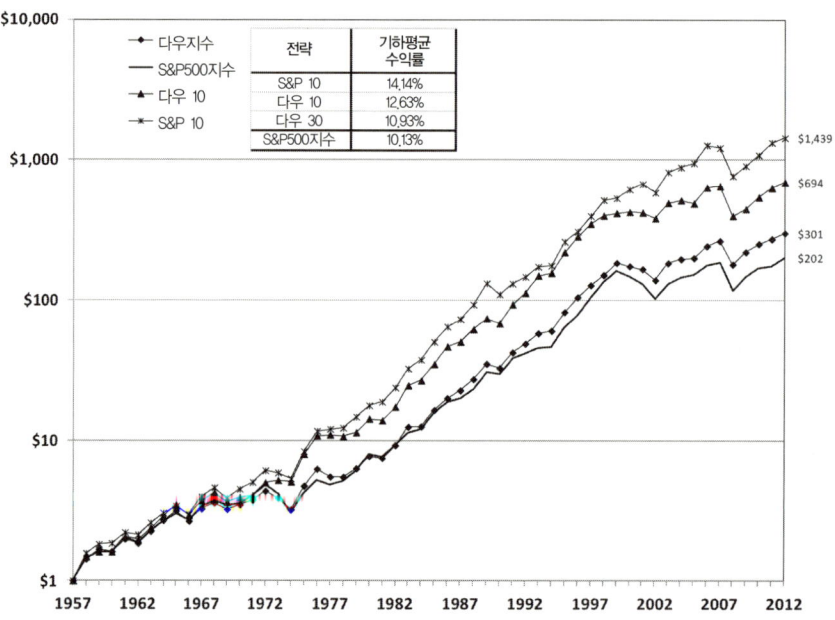

도표 12-3 | 수익률 비교: S&P 10, S&P500지수, 다우 10, 다우지수, 1957~2012년

수익률이 다우 10은 연 12.63%였고, S&P 10은 연 14.14%여서, 각각 벤치마크를 계속 웃돌았다. 게다가 두 전략 모두 베타도 벤치마크보다 낮았다.

두 전략의 벤치마크 대비 실적이 가장 나빴던 해는, 기술주 거품이 절정에 도달한 1999년이었다. 다우 10은 벤치마크보다 16.72퍼센트포인트 뒤처졌고, S&P 10은 17퍼센트포인트 이상 뒤처졌다. 강세장 말기에는 성장주가 투기적 대중의 관심을 사로잡기 때문에, 가치 기반 전략의 실적이 상대적으로 열세가 된다.

그러나 두 전략은 이후 약세장에서 그 열세를 만회하고도 남았다. 1973~1974년 약세장 기간에 S&P500지수 하락률은 37.3%였으나, S&P 10 하락률은 12%에 그쳤다. 같은 기간 다우지수 하락률은 26.5%였지만, 다우

10은 오히려 2.9% 상승했다.

배당수익률 전략은 2000~2002년 약세장에서도 선방했다. 이 기간 S&P500지수 하락률은 30%가 넘었으나, 다우 10 하락률은 10% 미만이었고 S&P 10 하락률은 5% 미만이었다. 그러나 금융위기 이후 약세장에서는 대표적인 배당주 GM이 파산보호신청을 한 탓에 두 전략이 선방하지 못했다. 하지만 2007~2012년 약세장 기간 전체를 보면 두 전략의 실적은 벤치마크보다 약간 뒤처진 정도였다.

PER

PER로도 유망한 투자전략을 수립할 수 있다. 1970년대 말 산조이 바수(Sanjoy Basu)는 1960년 니콜슨(S. F. Nicholson)의 연구를 바탕으로 분석하여, 위험을 고려해도 저PER주의 수익률이 고PER주보다 훨씬 높다는 사실을 발견했다.[16]

그러나 가치투자자 그레이엄과 도드는 이미 1934년에 출간된 고전《증권분석》에서 다음과 같이 밝힌 바 있다.

> 따라서 상습적으로 주식을 평균 이익의 약 16배가 넘는 가격에 사면, 장기적으로 상당한 손실을 보기 쉽다는 중요한 추론에 도달할 수 있다.[17)18]

나는 S&P 500종목을 연말 PER을 기준으로 5개 그룹으로 분류한 다음, 이듬해 12개월 수익률을 분석하였다.[19] 그 결과가 도표 12-4인데, 배당수익률을 분석했을 때와 비슷하다.

도표 12-4 | PER 순위별 S&P500 종목군의 수익률, 1957~2012년

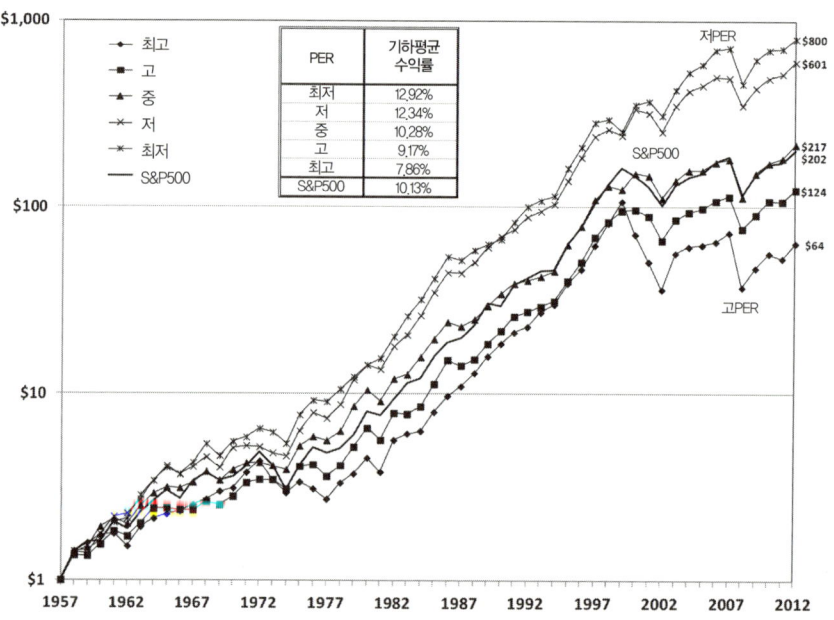

PER	기하평균 수익률
최저	12.92%
저	12.34%
중	10.28%
고	9.17%
최고	7.86%
S&P500	10.13%

고PER주는 전반적으로 수익률이 낮았다. 1957년 말에 최고PER주에 1,000달러를 투자한 경우, 2012년 말에 6만 4,116달러가 되어 수익률 연 7.86%를 기록했다. 반면에 같은 기간 최저PER주에 투자했다면, 거의 80만 달러가 되어 수익률 연 12.92%를 기록했다.

표 12-4 | PER 순위별 S&P500 종목군의 수익률, 1957~2012년

PER	기하평균 수익률	산술평균 수익률	표준 편차	베타	CAPM 대비 초과수익률
최저	12.92%	14.20%	16.59%	0.71	6.01%
저	12.34%	13.54%	16.23%	0.65	6.05%
중	10.28%	11.45%	15.67%	0.69	3.46%
고	9.17%	10.30%	15.49%	0.73	1.85%
최고	7.86%	9.86%	19.84%	0.92	-0.78%
S&P500	10.13%	11.55%	17.15%	1.00	0.00%

표 12-4를 보면 저PER주가 수익률은 더 높고 베타는 훨씬 낮다. 최저 PER주의 수익률은 CAPM 추정 수익률보다 연 6.01퍼센트포인트 높았다.

PBR

PBR 역시 중요한 가치평가 척도다. 1980년 데니스 스탯먼^{Dennis Stattman}의 연구에서부터 파마와 프렌치의 연구에 이르기까지 수많은 논문에서, 수익률 횡단면 예측에 PER보다 PBR이 더 중요할 수 있다는 견해가 제시되었다.[20]

그레이엄과 도드 역시 순자산가치가 수익률을 좌우하는 중요한 요소라고 보았다.

> 주식을 사거나 파는 사람은, 먼저 순자산가치를 잠깐만이라도 훑어보라고 강력하게 권고하는 바이다. 지성적인 투자자라면 주식을 살 때 첫째, 실제로 지불하는 가격을 파악해야 하고, 둘째, 실제로 얻는 유형자산이 얼마나 되는지도 알아야 한다.[21]

파마와 프렌치는 1992년 연구에서 수익률 횡단면 분석에는 배당수익률이나 PER보다 PBR이 조금 더 나은 척도라고 보았지만, 순자산가치는 평가기준으로 사용하기에 문제가 있다. 순자산가치는 자산의 시장가격이 바뀌어도 그대로이며 연구개발비도 반영하지 못한다. 실제로 우리가 1987~2012년 실적을 분석했을 때, 순자산가치에 의한 투자 수익률은 배당수익률,

PER, 현금흐름에 의한 수익률보다 뒤처졌다.[22] 앞으로는 회사의 가치 중 지적재산의 비중이 갈수록 증가할 것이므로, 순자산가치로는 회사의 미래 가치를 추정하기가 더 어려워질 것이다.

회사의 규모와 PBR 연계 분석

표 12-5는 회사의 규모와 PBR을 기준으로 분류한 25개 종목군의 수익률이다.[23]

과거 수익률을 보면 가치주가 성장주보다 높았고, 소형주가 대형보다 훨씬 높았다. 초소형 가치주는 수익률이 연 17.73%로 25개 종목군 중 가장 높았고, 초소형 성장주는 수익률이 연 4.70%로 25개 종목군 중 가장 낮았다. 회사의 규모가 커질수록 가치주와 성장주의 수익률 격차가 훨씬 작

표 12-5 | 규모와 PBR 기준 수익률, 1958~2012년

전체 기간		규모				
		소형주	2	3	4	대형주
PBR	가치주	17.73%	16.39%	16.74%	14.15%	11.94%
	2	16.24%	15.68%	15.18%	14.71%	10.67%
	3	13.56%	14.84%	13.36%	12.92%	10.54%
	4	12.53%	12.17%	13.14%	10.77%	10.21%
	성장주	4.70%	7.88%	8.62%	10.37%	9.38%
1975~1983년 제외		규모				
		소형주	2	3	4	대형주
PBR	가치주	13.83%	13.04%	13.97%	11.74%	10.71%
	2	12.67%	12.28%	12.72%	13.01%	8.95%
	3	9.66%	12.25%	10.64%	10.64%	9.50%
	4	8.52%	8.81%	10.21%	8.78%	9.00%
	성장주	0.56%	4.55%	6.02%	8.66%	9.01%

아졌다. 초대형 가치주는 수익률이 연 11.94%였고, 초대형 성장주는 연 9.38%였다.

1975~1983년을 제외하면, 예상대로 소형주 수익률이 하락했다. 그러나 소형 가치주와 소형 성장주의 수익률 격차는 거의 그대로 유지된다는 점이 주목할 만하다.

도표 12-5는 초소형 가치주와 초소형 성장주의 누적 수익률 격차를 보여준다. 1997년 말 초소형 성장주에 1,000달러를 투자했다면, 2012년 말에 12,481달러가 되었다. 같은 기간 초소형 가치주에 1,000달러를 투자했다면 무려 790만 달러가 되었다.

게다가 베타로 측정한 위험이 초소형 가치주는 약 1이었고, 초소형 성

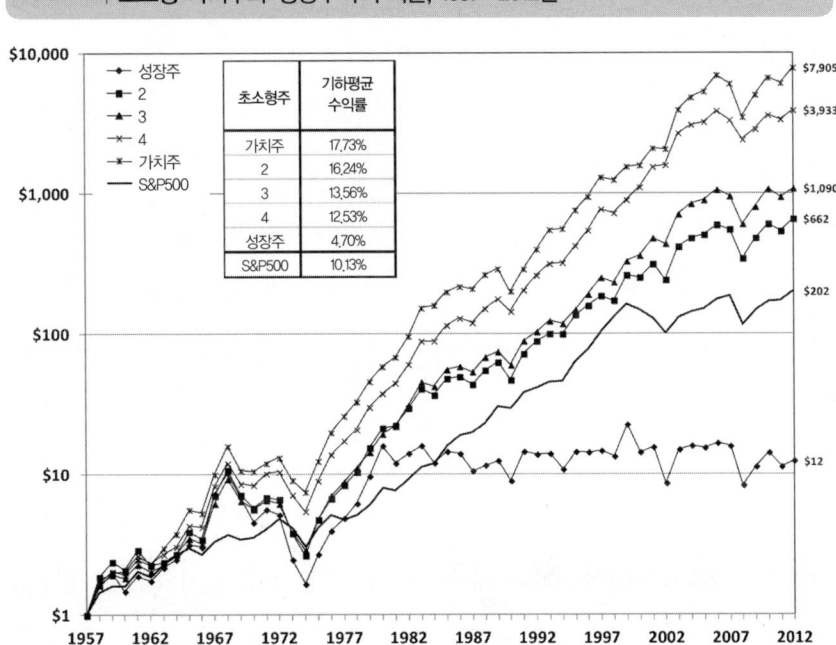

도표 12-5 | 초소형 가치주와 성장주의 수익률, 1957~2012년

장주는 1.5가 넘었다. 이는 초소형 가치주의 수익률은 CAPM 추정 수익률보다 7.5퍼센트포인트 높았고, 초소형 성장주의 수익률은 CAPM 추정 수익률보다 7퍼센트포인트 낮았다는 뜻이다.

기업공개: 신규 상장 소형 성장주의 저조한 수익률

소형주는 특히 기업을 공개할 때 선풍적인 인기를 끈다. 사람들은 제2의 마이크로소프트나 구글을 꿈꾸면서 새로 상장되는 소형주에 열광한다. 기업공개시장에 대규모 수요가 몰리는 탓에, 대부분 신규 주식은 상장 직후 유통시장에서 급등한다. 따라서 공모가에 주식을 확보하면 곧바로 이익을 얻을 수 있다.[24] 그래서 이런 신규 상장 주식은 대다수가 성장주로 분류된다.

물론 지금까지 신규 상장 주식 중 대박을 터뜨린 종목도 있었다. 1970년 10월 월마트가 상장될 때 1,000달러를 투자했다면 2012년 말에는 138만 달러가 넘어갔을 것이다. 기업공개 시점에 홈디포와 인텔에 1,000달러를 투자해서 계속 보유한 사람도 백만장자가 되었을 것이다. 시스코 시스템즈도 대박 종목이었다. 1990년 2월에 공개된 이 주식은 2012년 말까지 수익률이 연 27%였다.

그러면 이런 대박 종목에서 얻은 이익으로 다른 종목에서 입은 손실을 모두 만회할 수 있었을까? 신규 상장 종목에 대한 장기투자가 타당한지 확인하기 위해 나는 1968~2000년에 발행된 신규 상장 종목 거의 9,000개의 장기 보유 수익률을 분석했다. 수익률은 두 가지로 계산했는데, (1) 상장 첫

달 말일에 시장에서 사거나 (2) 공모가에 사서 2003년 말일까지 보유했을 때의 수익률을 계산했다.[25] 따라서 2000년에 발행된 종목에 대해서는 3년 수익률을 계산하였다.

신규 상장 종목 중에는 손실 종목이 이익 종목보다 훨씬 많았다. 8,606종목 중 79%에 해당하는 6,796종목의 수익률이 소형주 지수 수익률을 밑돌았으며, 거의 절반은 연 10% 넘게 밑돌았다.

유감스럽게도 시스코와 월마트 같은 대박 종목으로도, 수많은 종목에서 발생한 손실을 메울 수가 없었다. 도표 12-6은 신규 상장 종목 수익률에서 러셀2000 소형주 지수 수익률을 뺀 그래프다.

결과는 명확하다. 기준 (1)이나 (2)로 계산했을 때, 신규 상장 종목의 수익률이 소형주 지수보다 낮았던 해가 1968~2000년의 33년 중 29년이었다.

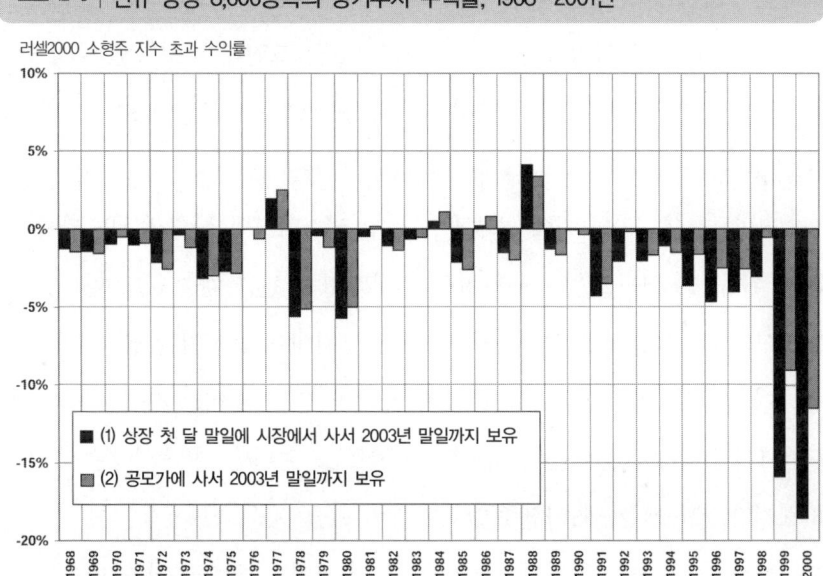

도표 12-6 | 신규 상장 8,606종목의 장기투자 수익률, 1968~2001년

대박 종목(사우스웨스트 항공Southwest Airlines, 인텔, 리미티드 스토어Limited Stores 등)이 많았던 1971년에 신규 상장 종목에 투자하여 2003년 말까지 보유했어도, 수익률이 소형주 지수 수익률보다 낮았다. 홈디포가 상장된 1981년에 투자해서 보유했어도 마찬가지였다.

심지어 1986년에는 마이크로소프트, 오라클, 어도비Adobe, EMC, 선 마이크로시스템즈 등이 상장되었고, 이들 모두 이후 16년 동안 수익률이 연 30%가 넘었는데도, 소형주 지수 수익률을 간신히 따라잡는 정도였다.

1990년대 말에는 신규 상장 기술주들의 실적이 참혹했다. 1999년과 2000년 신규 상장 종목들의 수익률이 (1) 기준으로는 소형주 지수 수익률보다 연 8%와 연 12% 낮았고, (2) 기준으로는 연 17%와 연 19%나 낮았다.

상장 첫날 주가가 공모가의 2배 이상이 된 종목들조차 장기투자 실적은 매우 부진했다. 인터넷 트래픽 관리제품 제조사 코비스Corvis Corporation는 2000년 7월 28일 기업을 공개했다. 그러나 공개일까지도 이 회사는 매출이 한 푼도 없었고 영업손실만 7,200만 달러였다. 그런데도 코비스는 상장일 첫날 마감 시가총액이 287억 달러에 도달하여 미국 시가총액 100대 기업에 들어갔다.

코비스를 그 10년 전에 공개한 시스코 시스템즈와 비교해보면 깜짝 놀라게 된다. 1990년 2월에 신규 상장된 시스코는 연간 매출 6,970만 달러에 이익이 1,390만 달러인 건실한 회사였다. 그런데도 상장일 첫날 마감 시가총액이 2억 8,700만 달러로서, 매출이 한 푼도 없는 코비스 시가총액의 100분의 1이었다. 1990년에는 시스코도 PER이 평균보다 높아서 성장주로 분류되겠지만, 코비스는 '초성장주'였다.

2000년 7월 28일 공모가가 360달러였던 코비스는 상장 시초가가 720달러였고, 8월 초에는 1,147달러까지 상승했다. 그러나 2005년 4월에는 3.46달러로 폭락했다.

성장주와 가치주의 특성

성장주와 가치주를 구분하는 기준은 회사의 제품이나 업종이 아니라, 이익이나 배당 같은 '기본가치 대비 시장가격'이다.

따라서 성장 잠재력이 높은 기술 분야 기업이더라도, 투자자들로부터 소외당하여 주가가 기본가치보다 낮다면 가치주로 분류된다. 반면에 성장 잠재력이 낮은 자동차 분야 기업이더라도, 투자자들로부터 인기를 끌어 주가가 기본가치보다 높다면 성장주로 분류된다. 실제로 세월이 흐르면서 주가가 바뀌어 이 분류가 달라지는 회사가 많으며, 심지어 업종조차 분류가 달라지기도 한다.

회사 규모와 기본 가치에 따라 수익률이 달라지는 이유

회사의 규모와 기본가치에 따라 수익률이 달라지는 이유는 여러 가지로 설명된다. 파마와 프렌치가 제시한 가설에 의하면 가치주는 극단적 위기 기간에만 심각한 재정압박을 받으며, 투자자들은 이 기간에 프리미엄을 요구한다. 실제로 가치주는 1929~1932년 대공황 기간에 성장주보다 실적이 나빴다. 그러나 이후에는 가치주가 약세장 기간에도 실적이 더 좋았으므로,

이 가설은 타당성이 의심스럽다.[26]

일각에서는 수익률이 달라지는 이유가 베타의 정의를 지나치게 좁혔기 때문이라고 설명한다. CAPM은 정태적 모형이어서 투자환경이 그대로 유지된다고 가정한다. 그러나 금리를 포함해서 투자환경은 계속 바뀌며, 주가는 기업의 이익 전망은 물론 금리 변동에 따라서도 오르내린다.

존 캠벨$^{John\ Campbell}$은 〈좋은 베타, 나쁜 베타$^{Bad\ Beta,\ Good\ Beta}$〉라는 논문에서, 과거 데이터를 바탕으로 금리변동 관련 베타(좋은 베타)와 경기순환 관련 베타(나쁜 베타)를 구분했다.[27] 그러나 최근 데이터는 이 이론을 뒷받침하지 않는다. 실질 금리가 상승하던 1997~2000년에는 성장주의 실적이 가치주보다 좋았지만, 이후 실질 금리가 하락하자 성장주의 실적이 가치주보다 나빠졌기 때문이다.

수익률이 달라지는 이유는 행동재무학으로 설명할 수도 있다. 즉 사람들은 이익이 급증하는 기업에 대해 성장 전망을 과도하게 낙관하여 지나치게 높은 가격을 치른다. 과거에 수익률이 탁월했던 인텔이나 마이크로소프트 같은 대박주의 환상에 사로잡힌 나머지, 이익이 꾸준해도 성장성이 높지 않은 회사는 무시한다.[28]

소음 시장 가설

회사의 규모와 기본가치에 따라 수익률이 달라지는 이유를, 회사의 기본가치와 무관한 매매가 주가에 끊임없이 영향을 미치기 때문이라고 설명하기도 한다. 이런 매매를 학계에서는 '유동성 매매'나 '소음 매매'라고 부른다. 매매 동기로는 세금, 수탁책임, 포트폴리오 리밸런싱, 개인적 이유 등이 있다. 이제 유동성 매매가 일으킨 가격 변동을, 기본 정보를 이용한 매매가 곧바로 뒤집지는 않는다는 가설을 세우자.

이 가설은 (주가는 항상 기업 가치에 대한 불편추정치라고 주장하는) 효율적 시장 가설과 충돌한다. 유동성 매매는 기업의 기본가치를 파악하기 어렵게 하므로, 나는 이 가설을 '소음 시장 가설noisy market hypothesis'이라고 부른다.[29]

소음 시장 가설로 회사의 규모와 기본가치가 실적에 미치는 영향을 설명할 수 있다.[30] 유동성 매매에 의해서 주가가 기본가치보다 상승하면 이 주식은 '대형주'나 '성장주'로 분류된다. 그러나 유동성 매매가 사라지면 이 대형 성장주는 주가가 하락한다. 반면에 유동성 매매에 의해서 주가가 기본가치보다 하락하면 이 주식은 '소형주'나 '가치주'가 된다. 이후 유동성 매매가 사라지면 이 소형 가치주는 주가가 상승한다.

유동성 투자

최근 발견된 요소 또 하나는 주식의 '유동성'이다. 유동성은 자산을 서둘러 팔 때 매도자가 떠안게 되는 손실률로 측정한다. 이때 손실률이 낮은 자산은 유동성이 높다고 정의하고, 손실률이 높은 자산은 유동성이 낮다고 정의한다. 유동성을 간편하게 측정하는 지표 하나는 회전율turnover로서, 주식의 일평균 거래량을 발행 주식수로 나눈 비율이다. 회전율이 높을수록 그 주식은 유동성이 높다.

최근 로저 이봇슨 등은 유동성 낮은 주식이 유동성 높은 주식보다 수익률이 훨씬 높다는 사실을 발견했다.[31] 이들은 1972년부터 현재까지 뉴욕증권거래소, 아메리카 증권거래소, 나스닥에 상장된 모든 주식을 분석했는데, 회전율 하위 25% 종목군의 수익률은 연 14.74%로 회전율 상위 25% 종목군 수익률의 거의 2배였다. 그리고 유동성 낮은 주식의 수익률이 높은 현상이, 유동성 낮은 주식 중 소형주가 많아서가 아니라는 사실도 발견했다. 실제로 시가총액 하위 25% 종목군에서는 유동성 효과가 더 뚜렷이 나타났다. 이 종목군에서 유동성 하위 25%의 수익률은 연 15.64%였지만, 유동성 상위 25%의 수익률은 1.11%에 불과했다.[32]

유동성이 영향을 미치는 데에는 그만한 이유가 있다. 위험-수익 특성이 거의 같은 자산 중에서도 거래가 활발한 자산의 가격이 더 높다는 사실은 오래전부터 알려졌다. 미국 국채시장에서도 '최근 발행물$^{\text{on-the-run}}$'이 가장 활발하게 거래되어 벤치마크가 되므로, 불과 몇 달 전에 발행된 거의 똑같은 국채보다 가격이 높다. 이는 낮은 거래비용에 대량으로 사고팔 수 있어서 트레이더와 투기자들이 기꺼이 프리미엄을 지급하기 때문이다. 유동성이 높으면 생각이 바뀌거나 상황이 바뀌었을 때 큰 손실 없이 자산을 신속하게 사고팔 수 있으므로, 투자자들은 모두 유동성을 중시한다. 게다가 대형 펀드들은 유동성 낮은 종목을 대량으로 매수하면 가격이 대폭 상승하므로 수익을 내기가 어렵다.

활발하게 거래되는 소형주에 프리미엄이 많이 붙는 현상은 투기로 설명할 수 있다. 특히 신규 상장 주식이나 이례적인 단타 매매 종목이 그런 예다. 그러나 투기 바람이 지나가고 나면 이런 주식은 대개 실적이 저조해진다. 제2차 세계대전 이후 IBM이 스탠더드 오일보다 거래량도 많았고 관심도 많이 끌었지만, 수익률은 스탠더드 오일이 더 높았다.

결론

지금까지 밝혀진 분석에 의하면 투자자는 배당수익률, PER 등 기업의 기본가치를 주목하면 장기적으로 위험을 더 떠안지 않고서도 더 높은 수익률을 얻을 수 있다. 최근에는 유동성도 주목할 요소에 포함되었다. 지금까지 배당수익률이 높거나, PER이 낮거나, 유동성이 낮은 종목의 수익률이 시장 수익률보다 높았으며, CAPM에 의한 수익률보다도 높았다.

그러나 시장 실적을 항상 능가하는 전략은 없다는 점을 명심해야 한다. 소형주는 한때 수익률이 매우 높았던 덕분에 장기 실적 면에서 대형주를 능가했지만, 대부분 기간에는 대형주를 넘어서지 못했다. 가치주는 대개 약세장에서도 실적이 성장주보다 좋았지만, 최근 침체장에서는 금융주 비중이 높았던 탓에 성장주보다 실적이 나빴다. 따라서 기본가치 중심 전략을 추구하려면 인내심을 발휘해야 한다.

13
국제투자

> 오늘은 성장산업에 대해서 이야기합시다. 이제 국제투자는 성장산업입니다. 그중에서도 국제 포트폴리오 투자는 엄청난 성장산업입니다.
> —존 템플턴, 1984[1])

5장에서 보았듯이, 미국에서만 주식의 장기 수익률이 높았던 것이 아니다. 다른 나라에서도 주식의 장기 수익률은 미국과 비슷했거나 심지어 미국보다도 더 높았다. 그러나 1980년대 말까지 외국 시장은 위험하거나 제약이 많아서 미국인이 접근하기가 매우 어려웠다.

하지만 이제는 상황이 바뀌었다. 금융시장 국제화는 이제 전망이 아니라 현실이 되었다. 한때 미국 자본시장은 독보적인 거대시장이었지만, 지금은 세계 여러 자본시장 중 하나에 불과하다.

제2차 세계대전 말, 미국 주식시장의 시가총액은 세계 주식시장 시가총액의 거의 90%였다. 1970년까지도 세계 시가총액의 3분의 2였다. 그러나 지금은 비중이 세계 시가총액의 절반에도 못 미치며, 게다가 계속 감소하고 있다. 도표 3-1은 2013년 5월 현재 각국 주식이 세계시장에서 차지하는 비중이다.

선진국의 비중은 여전히 높아서 85.8%가 넘지만, 계속 감소하고 있다. 4장에서 보았듯이 현재 신흥국의 GDP 비중은 세계 GDP의 절반이 넘으며, 20년 뒤에는 3분의 2가 넘을 것이다. 신흥국 주식이 세계 주식시장에서 차지하는 비중은 틀림없이 빠르게 증가할 것이다.

도표 13-1 | 각국 주식이 세계 시가총액에서 차지하는 비중

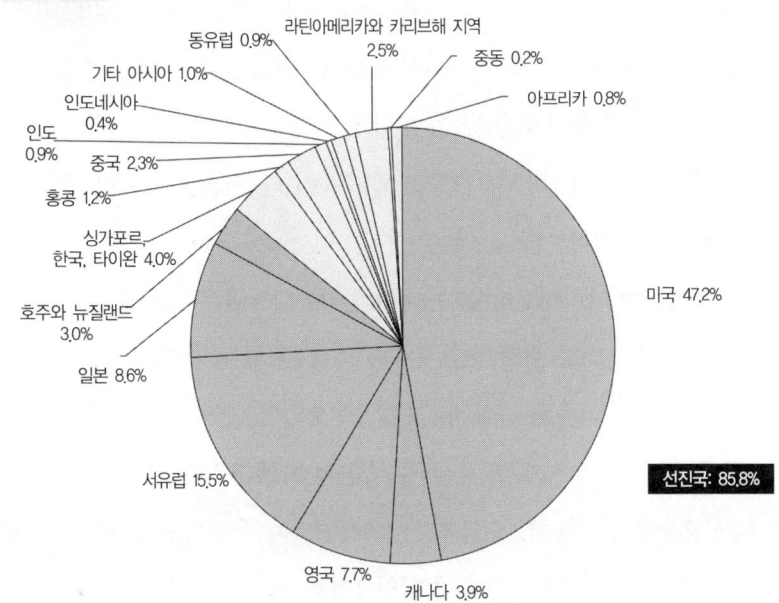

국제투자와 경제성장률

일부 투자자는 성장률이 매우 높다는 이유로 신흥국 투자 비중을 높인다. 그러나 성장률 전망을 바탕으로 국제투자를 해서는 안 된다. 놀랍게도 경제성장률과 주식 수익률의 상관관계는 마이너스이며, 이런 상관관계는 선진국은 물론 신흥국에서도 나타난다.

도표 13-2A는 딤슨, 마시, 스톤턴이 분석한 19개 선진국 자료로 1인당 실질 GDP 증가율과 달러 기준 주식 수익률의 관계를 보여준다.[2] 호주는 1인당 실질 GDP 증가율이 19개국 중 15위였으나 주식 수익률은 1위였고, 남아프리카공화국은 GDP 증가율이 19위로 최하위였으나 주식 수익률은 2위였다. 반면에 일본은 GDP 증가율이 압도적인 1위였으나 주식 수익률은 평균에도 못 미쳤다.

도표 13-2B에서 보듯이, 신흥국에서도 1인당 실질 GDP 증가율과 달러 기준 주식 수익률의 상관관계는 마이너스로 나타난다. 중국은 1인당 실질 GDP 증가율이 단연 가장 높았으나, 달러 기준 주식 수익률은 가장 낮았다. 멕시코, 브라질, 아르헨티나는 GDP 증가율이 최하위권이었으나 주식 수익률은 최상위권이었다.

이런 현상이 나타나는 이유는 무엇일까? 성장률은 IBM이 더 높았는데도 수익률은 스탠더드 오일 오브 뉴저지가 더 높았던 것과 같은 이유다. 주가는 낮고 배당수익률은 높아서 스탠더드 오일의 실적이 더 좋았던 것처럼, 멕시코 주식도 같은 이유로 중국 주식을 능가했다. 고성장주에 투자해야 한다는 생각이 틀렸듯이, 고성장 국가에 투자해야 한다는 통념도 틀렸다. 중국은 지난 30년 동안 성장률이 단연 1위였지만, 주식이 과대평가된 탓에

도표 13-2 | 1인당 실질 GDP 증가율과 달러 기준 주식 수익률

도표 13-2A | 선진국, 1900~2012년

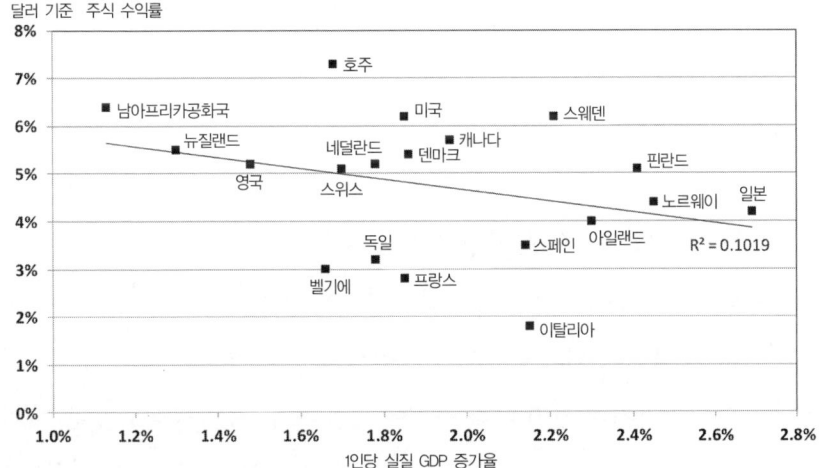

도표 13-2B | 신흥국, 1988~2012년

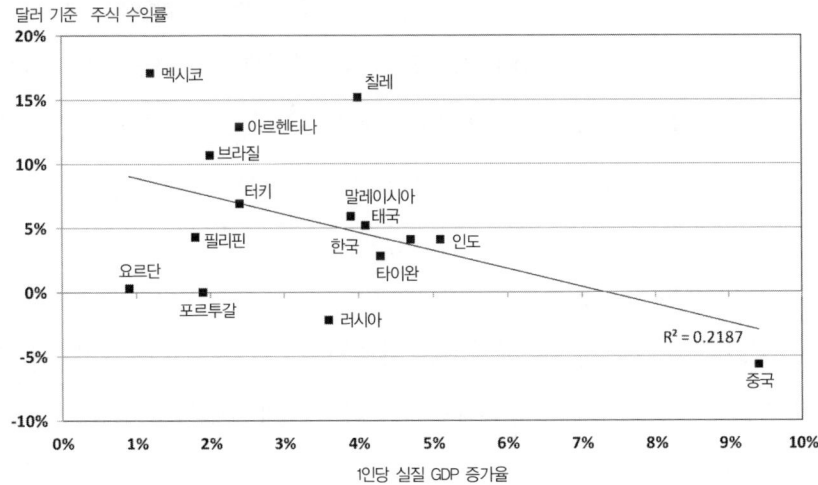

수익률은 저조했다. 반면에 라틴아메리카 주식은 기본 가치와 비교하면 전반적으로 쌌다. 거품 낀 주식 대신 싼 주식을 사서 참고 기다린 사람은 마침

내 성공했다.

그러면 고성장주를 사려는 것이 아니라면, 국제투자의 목적은 무엇일까?

국제분산투자

국제투자의 목적은 분산투자를 통해서 위험을 낮추는 것이다. 다양한 섹터에 골고루 투자하면 위험이 분산되듯이, 국제투자를 하면 위험이 분산된다. 한 종목이나 섹터를 찍어서 돈을 모두 거는 방식은 좋은 투자전략이 아니다. 마찬가지로 자기 나라 주식에 돈을 모두 거는 방식도 좋은 투자전략이 아니다. 특히 선진국 경제가 세계에서 차지하는 비중이 계속 감소한다는 사실도 명심해야 한다.

주가는 나라마다 흐름이 다르므로, 국제분산투자를 하면 위험이 감소한다. 두 자산의 가격이 똑같이 움직이지만 않는다면(상관계수가 1보다 작기만 하면), 분산투자를 통해서 위험이 감소하기 때문이다.

국제주식투자 수익률

표 13-1은 국제시장에 투자했을 때의 달러 기준 수익률과 위험이다. 전체 기간을 보면 달러 기준 수익률은 국가별로 크게 다르지 않다.

미국 주식 수익률은 연 9.63%였고, EAFE(미국을 제외한 선진국) 수익률은 연 9.74%였다.[3] 이 기간 미국 수익률과 EAFE 수익률의 상관계수는 65%였으므로, 미국 주식 비중이 80%이고 EAFE 주식 비중이 20%인 포트폴리오라면 위험이 17.5%가 되어 미국 주식에만 투자했을 때보다 2% 감소한다.

표 13-1 | 국제주식투자의 달러 기준 수익률과 위험, 1970~2012년

투자국	달러 기준 수익률		국내위험	환위험	총위험	상관계수[※]
	1970~2012	1988~2012				
세계	9.39%	7.23%	17.48%	4.79%	18.17%	87.50%
EAFE(선진국)	9.74%	5.49%	20.00%	9.62%	22.61%	65.27%
미국	9.63%	9.83%	17.80%	–	17.80%	–
유럽	10.33%	8.83%	20.73%	10.75%	22.13%	76.06%
일본	9.15%	−0.14%	28.08%	12.52%	33.29%	35.19%
신흥시장[※※]	–	12.73%	68.77%	17.87%	35.89%	52.37%

※ 미국 수익률과 외국 달러 기준 수익률의 상관관계.
※※ 신흥시장은 1988~2012년 데이터만 분석.

1970년 이후 수익률을 보면 유럽이 가장 높았고 그다음으로 미국, 일본 순이었다. 종합적인 신흥시장 수익률은 1988년 이후부터 나온다. 이 기간 신흥시장 수익률은 연 12.73%로서 미국보다 거의 3퍼센트포인트 높았으며, 미국 수익률과의 상관계수가 (미국 수익률과 EAFE 수익률의 상관계수보다) 더 낮았다. 1988년 이후 EAFE의 수익률이 미국 수익률보다 낮았던 것은 일본 수익률이 마이너스였던 탓이 절대적이다.

일본 주식시장 거품

20세기 마지막 25년 동안 일본 주식시장은 세계 역사상 최고 수준의 거품을 일으켰다. 1970년대와 1980년대 일본 주식의 수익률은 세계에서 가장 높았으며, 미국보다도 연 10퍼센트포인트 이상 높았다. 일본의 강세장은 너무도 극적이어서, 1989년 말에는 시가총액이 미국마저 넘어섰다. 일본은 2차 세계대전에 경제 기반이 완전히 파괴되었고, 인구는 미국의 절반이며 국토는 미국의 4%에 불과한데도 주식시장 시가총액은 세계 최대가 되었다.

이 대형 강세장 기간에 수십억 달러에 이르는 외국 투자자금이 일본시

장으로 유입되었다. 1980년대 말, 일본 수가는 절정에 도달했다. 일본의 AT&T에 해당하는 일본전신전화$^{\text{Nippon Telegraph and Telephone Corporation: NTT}}$는 PER이 300을 넘어섰다. 이 한 종목의 시가총액이 대부분 국가의 주식시장 시가총액보다도 많았다. 일본 주가는 2000년 미국 기술주 거품 수준 이상으로 치솟았으므로, 미국이나 유럽시장의 과거 어느 때보다도 훨씬 높았다.

1987년 일본을 여행하던 시카고상업거래소$^{\text{Chicago Mercantile Exchange: CME}}$ 회장 리오 멜라메드$^{\text{Leo Melamed}}$는 시장 관계자들에게 일본 주가가 이토록 높은 이유가 무엇인지 물었다. 관계자들은 대답했다. "이해하기 어려우시겠지만, 일본에서는 완전히 새로운 주가 평가 방식이 사용되고 있습니다." 이때 멜라메드는 일본 주식시장이 붕괴할 운명이었음을 깨달았다고 마틴 메이어$^{\text{Martin Mayer}}$는 전한다.[4] 우리가 역사의 교훈을 망각하면, 우리는 그 교훈을 다시 배우게 된다.

니케이 다우존스$^{\text{Nikkei Dow Jones}}$(니케이225)는 1989년 12월 3만 9,000을 돌파했으나, 이듬해 폭락하면서 일본시장의 신비감도 사라져버렸다. 일본 주가는 2008년 7,000까지 떨어졌는데, 20년 전 강세장 절정기 주가의 20%에도 못 미치는 수준이었다.

장기적으로는 항상 주식이 유리하다는 주장을 반박할 때 사람들은 일본시장을 그 근거로 제시한다. 그러나 일본시장에는 거품에 대한 경고가 뚜렷이 나타났다. 절정기에 일본시장은 PER 100이 넘었으므로, 2000년 미국 기술주 거품 절정기보다도 3배 이상 비싼 수준이었다. 일본시장은 1970년까지만 해도 PER이 다른 나라 시장과 같은 수준이었다.

2000년 3월 기술주 거품이 절정에 도달했을 때 나스닥시장이 일본시장과 비슷했다. 기술주들은 PER이 100을 넘어갔고, 배당수익률은 제로 가까이 떨어졌다. 10여 년이 지난 2013년에도 나스닥지수는 니케이225와 마찬가지로 과거 고점보다 훨씬 낮은 상태다.

주식 위험

미국 투자자가 외국 주식에 투자할 때에는 위험을 달러 수익률의 표준편차로 측정한다. 여기서 위험 요소는 두 가지다. 하나는 현지 통화로 계산한 주가 변동성이고, 하나는 현지 통화와 달러 사이의 환율 변동성이다. 표 13.1에서는 국내위험과 환위험으로 표시했다.

EAFE(미국을 제외한 선진국)에 투자할 때에는 국내위험은 20%, 환위험은 그 절반 수준인 9.62%다. 그러나 총위험은 22.61%여서, 국내위험보다 약간 큰 수준에 불과하다. 이는 환위험이 종종 국내위험을 상쇄하는 일도 있기 때문이다. 미국 투자자는 유럽보다 일본에 투자할 때 환위험이 더 크다.

신흥시장에 투자할 때에는 환위험 해석에 특별히 주의해야 한다. 표를 보면 환위험 덕분에 총위험이 오히려 감소했다. 그러나 자세히 분석해보면 이는 현지국의 높은 인플레이션 탓에 주가는 급등했지만 현지통화의 가치는 급락했기 때문이다. 2000년 이후에는 대부분 신흥국에서 인플레이션이 진정되었으므로 환위험에 의해서 총위험이 증가했으며, 대폭 증가하기도 했다.

환위험은 헤지해야 할까?

환위험은 일반적으로 총위험을 증가시키므로 환위험을 헤지하는 편이 바람직할 수도 있다. 환위험을 헤지하려면 선물환 계약을 맺거나 환위험을 자동으로 헤지하는 증권에 투자하면 된다.

그러나 환위험 헤지가 항상 올바른 전략이 되는 것은 아니다. 헤지 비용은 현지통화 금리와 달러 금리의 차이에 좌우된다. 현재통화의 가치가 (대개 높은 인플레이션 탓에) 하락할 전망이면, 헤지 비용이 매우 높아질 수도 있다.

예를 들어, 지난 1세기 동안 영국 파운드는 4.8달러에서 1.60달러로 가치가 떨어졌지만, 만일 환위험을 헤지했다면 비용이 이보다 더 들어갔을 것이다. 따라서 영국 주식의 달러 수익률은 환위험을 헤지하지 않았을 때 더 높았다.

장기투자자에게는 환위험 헤지가 그다지 중요하지 않다. 장기적으로 보면 환율은 주로 두 나라의 인플레이션 차이에 좌우되는데, 이 현상을 '구매력 평가purchasing power parity'라고 부른다. 주식은 실물자산이어서 지금까지 장기 수익률이 인플레이션을 보상해주었으므로, 현지국에 인플레이션이 발생하여 현지통화 가치가 떨어지더라도 손실을 피할 수 있었다.

그러나 단기투자자라면 환위험 헤지를 통해서 달러 수익률 위험을 줄일 수 있다. 한 나라에 악재가 발생하면 그 나라 주식과 통화 가치가 함께 하락하지만, 환위험을 헤지하면 통화 가치 하락에 의한 손실을 막을 수 있다. 그 나라 중앙은행이 수출을 촉진하여 경제를 활성화하려고 통화가치를 떨어뜨린다면, 환위험을 헤지한 투자자는 통화가치 하락에 의한 손실은 피하면서 경제 활성화에 의한 주가 상승 혜택을 누릴 수도 있다. 예를 들어 아베 신조 총리가 엔화 가치를 떨어뜨려 경제를 활성화하겠다고 말하던 2012년 말, 일본주식투자자가 환위험을 헤지했다면 이익이 훨씬 증가했을 것이다.

분산투자의 기준은 섹터인가, 국가인가?

자본시장은 갈수록 국제화하고 있지만, 이 흐름을 방해하는 요소가 하나 있다. 기업의 국적을 가르는 기준이 본사 소재국이라는 관행이다. 심지어 본사 소재국에서 제품을 생산하지 않거나 판매하지 않더라도 말이다. 1990년대 말, S&P는 이 관행에 따라 외국 기업을 S&P500지수에 추가하지 않겠다고 발표했고, 2002년에는 로열 더치 퍼트롤리엄과 유니레버 등 거대 외국기업 7개를 지수에서 제외했다.[5]

이 관행을 지지하는 사람들은 생산, 매출, 이익 대부분이 외국에서 나오더라도 본사 소재국 정부의 규제와 법률구조가 중요하다고 주장한다. 그러나 이런 관행은 국제화가 진행됨에 따라 계속 감소할 것이다. 국제 자산배분의 기준으로, 기업의 '본사 소재국' 보다는 '섹터'를 이용하는 편이 훨씬 합리적이기 때문이다.

미국 주식시장에서는 섹터 투자전략이 일반적이지만, 국제시장에서는 아직 그다지 일반적이지 않다. 그러나 나는 이런 현상이 바뀔 것으로 믿는다. 장래에는 국제기업들이 국가들 사이에서 합의된 국제 규정을 따르게 될 것이며, 본사 소재국이 어디인지는 중요하지 않게 될 것이라고 상상한다. 국제회계기준위원회^{IASB}가 공표하는 회계기준이 국가별 회계기준보다 더 널리 사용되는 것처럼, 이런 국제 규정도 기반을 넓혀갈 것이다. 이런 국제기업이 많아지면 국제 자산배분 기준은 본사 소재국이 아니라 섹터, 생산지, 유통지가 될 것이다. 따라서 장래에는 미국에만 투자한다면 매우 편협한 포트폴리오가 될 것이다.

세계시장의 섹터 구성

지역별 섹터 구성을 살펴보자. 표 13-2는 5개 지역(미국, EAFE, 유럽, 일본, 신흥시장)[6]의 글로벌산업분류기준^{GICS} 섹터 비중을 보여준다.[7] 표 13-3은 시

표 13-2 | **지역별 섹터 구성, 2013년 6월**

	S&P500	EAFE	일본	신흥시장	유럽	세계
재량소비재	11.8%	11.4%	21.4%	8.2%	9.6%	11.4%
필수소비재	10.6%	11.9%	6.6%	9.3%	14.6%	10.6%
에너지	10.6%	7.1%	1.2%	11.6%	9.7%	10.1%
금융	16.7%	25.2%	20.7%	27.9%	21.4%	21.2%
건강관리	12.6%	10.4%	6.3%	1.3%	12.8%	10.2%
산업	10.1%	12.5%	18.9%	6.4%	11.4%	10.5%
정보기술	18.0%	4.4%	10.9%	14.6%	2.8%	12.2%
기초소재	3.3%	8.3%	6.0%	9.7%	8.4%	6.1%
통신서비스	2.8%	5.1%	4.9%	7.6%	5.3%	4.3%
공익기업	3.2%	3.7%	3.0%	3.5%	4.0%	3.3%

표 13-3 | **20대 미국기업과 20대 외국기업, 2013년 6월**

순위	미국 기업	섹터	시가총액 (10억 불)	순위	외국 기업	국적	섹터	시가총액 (10억 불)
1	애플	정보기술	$415	1	페트로차이나	중국	에너지	$243
2	엑손모빌	에너지	$407	2	공상은행	중국	금융	$237
3	마이크로소프트	정보기술	$298	3	네슬레	스위스	필수소비재	$218
4	제너럴 일렉트릭	산업	$247	4	로슈	스위스	건강관리	$213
5	존슨 앤드 존슨	건강관리	$239	5	로열 더치 셸	네덜란드	에너지	$211
6	셰브런	에너지	$236	6	HSBC 지주회사	영국	금융	$205
7	구글	정보기술	$291	7	차이나 모바일	홍콩	통신서비스	$204
8	IBM	정보기술	$229	8	중국건설은행	중국	금융	$196
9	프록터 앤드 갬블	필수소비재	$213	9	노바티스	스위스	건강관리	$194
10	버크셔 해서웨이	금융	$284	10	도요타	일본	재량소비재	$194
11	JP모건체이스	금융	$205	11	삼성	한국	정보기술	$188
12	화이자	건강관리	$200	12	BHP 빌링턴	호주	기초소재	$160
13	웰스파고	금융	$218	13	안호이저-부시	벨기에	필수소비재	$152
14	AT&T	통신서비스	$191	14	보다폰	영국	통신서비스	$145
15	코카콜라	필수소비재	$184	15	중국농업은행	중국	금융	$143
16	시티그룹	금융	$157	16	사노피	프랑스	건강관리	$142
17	필립모리스 인터	필수소비재	$151	17	BP	영국	에너지	$136
18	머크	건강관리	$146	18	중국은행	중국	금융	$129
19	버라이즌	통신서비스	$144	19	글락소스미스클라인	영국	건강관리	$127
20	뱅크 오브 아메리카	금융	$144	20	토털 SA	프랑스	에너지	$119

가총액 기준 20대 미국기업과 20대 외국기업이다.

금융 섹터는 2008년 금융위기 이후 비중이 대폭 감소했지만 세계시장에서는 여전히 최대 섹터여서, 비중이 두 번째인 정보기술 섹터의 거의 2배나 된다. 미국 금융 섹터는 시가총액 비중이 22%로 1위였으나, 금융위기 이후 비중이 16.7%로 감소하여 정보기술 섹터에 이어 2위가 되었다. 신흥시장에서는 금융 섹터의 시가총액이 가장 컸다. 중국의 4대 은행이 시가총액 기준 20대 외국기업에 포함되었다. 미국 금융 섹터에서는 최근 S&P500에 편입된 버크셔 해서웨이Berkshire Hathaway가 최대 기업이다. 버크셔는 보험사 지분이 많아서 금융 섹터로 분류되었다. 버크셔 다음 순위는 JP모건체이스다. EAFE 금융 섹터에서 최대 기업은 영국의 HSBC 지주회사와 호주의 오스트레일리아 연방은행Commonwealth Bank of Australia이다.

일본은 재량소비재 섹터 비중이 단연 높은데, 주로 20대 외국기업에 포함된 도요타 덕분이라 하겠다. 미국에서는 재량소비재 섹터 최대 기업이 월트 디즈니와 홈디포이고, EAFE에서는 다임러 AG Daimler AG다.

유럽은 다른 지역보다 필수소비재 섹터 비중이 크며, 스위스의 네슬레와 벨기에의 안호이저-부시가 20대 외국기업에 포함된다. 미국 필수소비재 기업 중에서는 프록터 앤드 갬블, 코카콜라, 필립모리스 인터내셔널이 20대 미국기업에 포함된다. 신흥시장에서 필수소비재 섹터 최대 회사는 브라질 양조회사 암베브AmBev다.

에너지 섹터에서는 엑손모빌이 세계 최대 회사다. 외국 기업 중에서는 중국의 페트로차이나가 최대 규모다. 미국의 셰브런, 유럽의 로열 더치 셸, BP, 토털도 20대 미국기업과 20대 외국기업에 포함된다.

미국에서 정보기술 섹터 최대 기업은 애플이고, 구글과 IBM이 뒤를 잇는다. 외국 기입 중에서는 삼성전자가 20대 기업에 포함되며, 유럽에서 가장 큰 정보기술 섹터 기업은 SAP다.

건강관리 섹터에서는 세계 최대 기업이 존슨 앤드 존슨이고, 그다음은 스위스의 로슈와 노바티스, 미국의 화이저와 머크다. 산업 섹터에서는 제너럴 일렉트릭에 이어 독일의 지멘스가 대표적이다. 기초소재 섹터에서는 호주의 BHP 빌링턴이 유일하게 20대 외국기업에 들어갔다. 미국에서는 몬산토^{Monsanto}가 기초소재 섹터에서 가장 큰 기업이다. 통신 서비스 섹터에서는 AT&T와 버라이즌이 20대 미국기업에 포함되고, 차이나 모바일과 보다폰이 20대 외국기업에 포함된다. 끝으로, 공익기업 중에는 20대 미국기업이나 20대 외국기업에 들어가는 사례가 없다. 공익기업 섹터 미국 최대 기업은 듀크 에너지$^{Duke\ Energy}$이고, EAFE 최대 기업은 브리티시 내셔널 그리드$^{British\ National\ Grid}$다.

민간자본과 공공자본

엑손모빌은 시가총액 기준 세계최대 기업으로서, 민간기업 중 석유와 가스 보유 매장량(2011년 추정치 250억 배럴)도 세계 최대다. 그러나 국유기업을 포함하면 이야기가 달라진다. 사우디아라비아의 아람코^{Aramco}와 이란의 NIOC$^{National\ Iranian\ Oil\ Company}$가 보유한 추정 매장량을 더하면 6,000억 배럴이 넘는다.[8] 이 매장량을 현재 시장가격의 10분의 1인 배럴당 10달러로 계산해도, 두 회사의 가치는 6조 달러가 넘어간다. 이는 세계 각국 정부가 보유한 재산의 극히 일부에 불과하다. 아직도 많은 나라에서 정부가 가스, 전력, 급수 설비를 보유하고 있으며 다른 기업에 대해서도 상당한 지분을 보유하고 있다.

미국처럼 민영화된 국가에서도 연방정부, 주정부, 지방정부가 보유한 토지, 천연자원, 도로, 댐, 학교, 공원이 수조 달러에 이른다. 이런 재산 중 얼마를 민영화해야 하는지에 대해서는 의견이 분분하다. 그러나 민영화하면 효율성이 향상된다는 근거는 많다. 세계의 주식자본은 민간기업을 통해서도 증가하지만, 국유자산의 민영화 과정을 통해서도 증가할 것이다.

결론

새 밀레니엄에도 세계 경제와 시장의 통합 추세는 틀림없이 계속 이어질 것이다. 어느 나라도 세계시장을 모두 지배할 수는 없으며, 산업 리더는 세계 어느 나라에서든 등장할 수 있다. 세계 경제가 통합되고 있으므로 앞으로는 기업의 국적(본사가 어느 나라에 있는가?)보다 경영, 제품라인, 마케팅 능력이 실적에 훨씬 더 중요해질 것이다.

미국 주식에만 투자하는 전략은 위험하다. 회사명이 A~F로 시작하는 기업에만 투자하라고 조언할 사람은 아무도 없다. 그러나 미국 주식에만 투자하는 전략은 회사명을 기준으로 투자하는 방법과 다르지 않다. 미국 기업이 세계시장에서 차지하는 비중은 계속 감소할 것이기 때문이다. 세계 시장에 충분히 분산투자해야 위험을 낮추면서 높은 수익을 거둘 수 있다.

3부

경제환경이 주가에 미치는 영향

14
금, 통화정책, 인플레이션

> 경마와 마찬가지로 주식시장에서도 돈만 있으면 안 되는 게 없다.
> 통화 여건은 주가에 엄청난 영향을 미친다.
> —마틴 츠바이크Martin Zweig, 1990년 1)

> 연준의장 앨런 그린스펀이 앞으로 2년간 어떻게 통화정책을 펼칠지 내게 귀띔해 주더라도, 나는 다르게 행동하지 않을 것이다.
> —워런 버핏Warren Buffett, 1994년 2)

1931년 9월 20일, 영국 정부는 금 본위제를 중단한다고 발표했다. 이제 잉글랜드 은행의 예금이나 영국 화폐 파운드를 더 이상 금으로 교환해주지 않는다는 말이었다. 이에 대해 영국 정부는 '임시 조치'로서, 금 본위제를 완전히 폐지할 의도는 아니라고 주장했다. 그러나 200년 넘게 유지된 금 본위제가 세계 각국에서 폐지되는 계기가 되었다.

외환시장의 혼란을 막기 위해 영국 정부는 런던증권거래소를 일시 폐장했다. 미국 정부는 뉴욕증권거래소를 폐장하지 않았지만 투매에 대비했다. 세계 2위 산업대국 영국이 금 본위제를 중단했으므로, 다른 산업국들도 금 본위제를 포기할지 모른다는 두려움이 일었다. 중앙은행들은 영국의 금 본위제 중단을 '유례없는 세계적 금융위기'라고 불렀다.[3] 뉴욕증권거래소는 주가 폭락을 막기 위해 사상 최초로 공매도를 금지했다.

그러나 놀랍게도 주가는 잠시 하락하다가 급반등했고 상승세로 마감한 종목이 많았다. 영국의 금 본위제 중단이 미국 주식시장에 악재로 평가되지 않았던 것이다.

이 유례없는 금융위기는 영국 주식시장에도 악영향을 미치지 않았다. 9월 23일 영국 주식시장이 다시 열리자, 주가가 치솟았다. AP통신은 다시 열리는 증권거래소의 모습을 다음과 같이 생생하게 묘사했다.

> 이틀 동안 강제 폐장되었던 증권거래소가 오늘 다시 열렸습니다. 주식 중개인들이 아이처럼 활짝 웃고 환호하면서 증권거래소로 몰려들었는데요, 이런 분위기는 많은 주식의 가격 상승으로 이어졌습니다.[4]

금 본위제 폐지에 대해 정부 관료들은 악재로 보았지만 투자자들은 경제에 호재로 보았고, 주식에 대해서는 대형 호재로 받아들였다. 영국 정부가 은행권에 준비금을 대출하는 방식으로 신용을 확대할 수 있고, 파운드의 가치가 하락하면 영국의 수출이 증가한다고 본 것이다. 주식시장이 금 본위제 폐지를 강력하게 지지하자, 금 본위제를 유지하려던 보수적인 세계 금융권에는 반대로 충격이 있었다. 실제로 1931년 9월 영국 주식시장은 바닥을 쳤지만, 금 본위제를 유지한 미국 등 다른 나라들은 계속 침체로 빠져들었다. 유동성 공급과 신용 완화는 주식시장에 호재이므로, 중앙은행이 마음대로 유동성을 공급할 수 있다면 주가에 매우 유리하다는 것이다. 이것이 역사로부터 배우는 교훈이다.

1년 반이 지나자 미국도 영국의 뒤를 이어 금 본위제를 포기했고, 마침내 모든 나라가 지폐 본위제를 채택했다. 지폐 본위제는 인플레이션의 우려가 있었지만 세계는 새 제도에 적응했으며, 주식시장은 새 제도가 가져다주는 유연성에 환호했다.

통화와 물가

1950년 트루먼 대통령이 연두교서에서 2000년이 되면 미국 평균 가계소득이 1만 2,000달러에 도달할 것으로 예측해서 사람들을 놀라게 했다. 당시 미국 가계소득 중앙값이 약 3,300달러에 불과했기 때문에 1만 2,000달러는 엄청난 금액이었다. 이 말은 앞으로 50년 동안 미국 경제가 유례없는 발전을 이룬다는 뜻이었다. 실제로 트루먼 대통령의 예측은 매우 보수적이었던 것으로 밝혀졌다. 2000년 미국 가계소득 중앙값은 4만 1,349달러였다. 그러나 지난 50년간의 인플레이션을 반영하여 실질 구매력으로 보면 가계소득은 3,300달러에서 4만 1,349달러로 12배 증가한 것이 아니라, 6,000달러로 2배 가량 증가한 것에 불과했다.

경제학자들이 데이터를 수집하기 시작한 이래 인플레이션과 디플레이션은 경제사를 대변한다고 볼 수 있었다. 그런데 1955년 이후부터는 미국 소비자 물가지수가 하락한 해가 단 한 번도 없었다.[5] 지난 60년 동안 인플레이션이 일상화된 이유는 무엇일까? 답은 간단하다. 통화 공급을 결정하는 주체가 금에서 정부로 바뀌었기 때문이다. 정부가 언제든지 유동성을 충분하게 공급할 수 있기 때문에 물가가 하락하지 않게 된 것이다.

5장에서 미국과 영국의 과거 210년간 물가 수준을 분석하였다. 2차 세계대전 이전에는 인플레이션이 전반적으로 나타나지 않았으나, 2차 세계대전 이후에는 인플레이션이 만성적으로 발생했다. 대공황 이전에는 전쟁, 흉작, 기타 위기가 발생했을 때만 인플레이션이 발생했지만 2차 세계대전 이후에는 물가 흐름이 완전히 달라졌다. 물가가 하락한 일은 거의 없었으며 관건은 물가 상승률이 얼마나 높은지였다.

경제학자들은 오래 전부터 통화량이 물가를 결정하는 주요 변수라고 보았다. 통화량과 인플레이션 사이에 상관관계가 높다고 검증된 자료도 있다. 도표 14-1은 통화량과 물가의 관계를 보여준다. 물가의 전반적인 추세가 GDP 단위당 통화량을 바싹 따라가는 모습이다.

통화량과 소비자 물가 사이의 높은 상관관계는 세계 전역에서 나타나는 현상이다. 인플레이션은 계속적인 통화 공급 없이는 이어질 수 없으며, 역사에 나타난 초인플레이션 현상은 모두 통화 공급이 폭발적으로 증가할 때 발생했다. 통화 공급이 많은 나라에서는 인플레이션이 높았고, 통화 공급을 억제하는 나라에서는 인플레이션이 낮았다는 경험이 이를 방증한다.

그러면 통화량과 물가 사이에 상관관계가 높은 이유는 무엇일까? 이는 화폐의 가치도 상품처럼 수요와 공급에 의해서 결정되기 때문이다. 통화 공

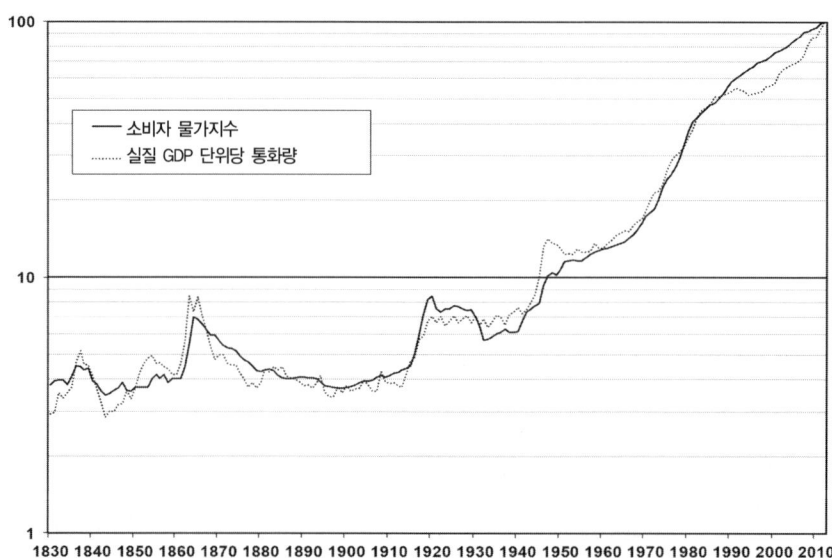

도표 14-1 | 미국의 통화량과 물가, 1830~2012년

급은 중앙은행에서 면밀하게 통제하지만 통화에 대한 수요는 상품과 서비스를 사고파는 가계와 기업에서 발생한다. 통화 공급이 상품 공급보다 많아지면 인플레이션이 발생한다. "귀한 상품일수록 돈이 몰리기 마련"이란 옛말은 오늘날까지도 인플레이션을 잘 설명해주는 문구이다.

금융위기 이후 연준이 막대한 통화를 풀었는데도 인플레이션이 발생하지 않은 이유가 궁금할 것이다. 밀튼 프리드먼은 저서《미국 통화의 역사The Monetary History of the United States》에서, 인플레이션과 관계가 가장 밀접한 것은 본원통화(현금+지급준비금)가 아니라, M2(현금+예금)라고 밝혔다. 2007~2013년 동안 미국에서 본원통화는 3배로 증가했지만 증가분 거의 모두가 은행 시스템에 초과 지급준비금으로 쌓였을 뿐, 대출을 통해서 예금을 창출하지는 않았다. 즉, 본원통화 증가만으로는 인플레이션이 발생하지 않는다. 틀림없이 연준은 이 지급준비금이 과도하게 신용을 창조하여 인플레이션을 일으키지 않는지 면밀하게 감시하고 있을 것이다.

금 본위제

대공황 이전 거의 200년 동안 대부분 산업국가는 금 본위제를 채택하고 있었다. 즉, 사람들이 요구하면 중앙은행이 화폐를 소정의 금으로 교환해주었다. 그래서 금 본위제를 시행하는 국가들은 언제든 교환 요구에 응할 수 있도록 금을 충분하게 보유하고 있어야 했다. 그리고 금이 채굴되기는 했지만 미미한 수준이어서 전 세계가 보유한 금의 총량은 증가 속도가 느렸기 때문에 물가 상승률도 낮았다.

금 본위제는 전쟁 같은 비상시국에서만 중단되었다. 영국은 나폴레옹 전쟁과 1차 세계대전 때 금 본위제를 중단했다가 다시 금 본위제를 복귀시켜 기존 교환비율을 유지했다. 미국도 남북전쟁 때 잠시 금 본위제를 중단했지만, 전쟁이 끝나자 금 본위제로 복귀시켰다.[6]

이렇게 세계가 금 본위제를 고수했으므로, 19세기와 20세기 초에는 전반적으로 인플레이션이 발생하지 않았다. 그러나 이런 물가 안정에도 대가가 따랐다. 통화량은 반드시 정부의 금 보유량과 일치해야 했으므로, 중앙은행은 아예 통화량 조절을 포기했다. 즉, 중앙은행은 경제위기 기간에도 통화를 더 공급할 수가 없었다. 1930년대 대공황 때도 금 본위제를 고수한 탓에 정부는 통화팽창 정책을 펼칠 수가 없었다.

연준 설립

금 본위제를 엄격하게 고수하는 탓에 주기적으로 유동성 위기가 닥치자, 1913년 의회는 연방준비제도를 도입하는 연방준비법$^{Federal\ Reserve\ Act}$을 통과시켰다. 연준의 책임은 '탄력적으로' 통화를 공급하는 것인데, 금융위기가 발생하면 연준이 최종대부자가 된다는 뜻이었다. 위기가 발생할 때 중앙은행이 통화를 공급하면, 은행들은 대출을 회수하거나 다른 자산을 청산하지 않고서도 사람들에게 예금을 지급할 수 있게 된다.

연준이 통화를 공급하더라도 장기적으로는 금 본위제로부터의 한계가 여전했다. 연준이 화폐를 소정의 금과 교환(온스당 20.67달러)해준다고 약속했기 때문이다. 그렇더라도 단기적으로는 이 약속을 지킬 수 있는 한 자유롭게 연준이 통화를 공급할 수 있었다. 하지만 연준이 통화정책을 어떻게 시행할지, 통화량을 얼마로 가져갈지에 대한 지침을 의회나 연준법이 제시한 것은 아니었다.

금 본위제의 몰락

지침이 없었기 때문에 20년 뒤에는 참혹한 결과가 나타나게 되었다. 1929년 주식시장이 붕괴되면서 세계 경제는 심각한 침체로 빠져들었다. 자산 가격이 하락하고 기업들이 파산하자, 사람들은 은행 예금에 대해서도 안심하지 못했다. 마침 몇몇 은행이 예금을 지급하지 못한다는 소문이 퍼지면서 예금 인출사태가 벌어졌다.

예금 인출사태로 은행 시스템이 붕괴될 위기에 처했는데도, 연준은 연방준비법으로 위임받은 통화공급권을 행사하지 못하여 그 무능을 드러내고 말았다. 게다가 예금을 인출한 사람들이 금으로 교환해달라고 요구하자, 정부의 금 보유고는 극심한 압박을 받았다. 이제 미국에서 시작된 금융공황은 곧 영국과 유럽 대륙으로 퍼져 나갔다.

금 보유고 급감 사태를 막으려고 영국은 1931년 9월 20일 금 본위제를 중단하고 금 태환을 연기했다. 대공황과 금융위기가 악화하자, 18개월 뒤인 1933년 4월 19일에는 미국도 금 본위제를 중단했다.

미국 투자자들은 금 본위제 중단에 대해 영국 투자자들보다 더 환호했다. 미국 정부가 금 본위제 중단을 발표한 날 주가 상승률이 9%가 넘었고, 이튿날에도 상승률이 6%에 육박했다. 미국 주식시장 역사상 2일 상승률 최고 기록이었다. 이제 정부가 유동성을 더 공급하여 물가를 안정시키고 경기를 부양할 수 있으므로 주가에 호재라고 받아들인 것이다. 그러나 인플레이션 위험 탓에 채권 가격은 하락했다. 〈비즈니스위크〉는 금 본위제 중단에 대해 다음과 같이 긍정적인 사설을 실었다.

(루스벨트 대통령은) '달러 가치 방어'라고 교묘하게 위장된 속임수를 단호하게 내던져 버렸다. 그는 오랫동안 잘못 판단해온 신념을 버리고 통화량을 조절하는 제도를 지지했다…. 자제력을 가지고 효과적이면서도 지혜롭게 통화량을 조절하는 것이 이제부터 우리가 해야 할 일이다. 우리는 할 수 있다.7)

평가절하와 통화성책

미국 정부는 미국 국민에 대해서는 금 태환을 중단했지만, 외국 중앙은행에 대해서는 교환비율을 온스당 35달러로 낮춰 금 태환을 곧 재개했다. 2차 세계대전 이후 국제 환율 원칙을 규정한 브레튼 우즈Bretton Woods 협정에 따라, 환율을 달러에 고정한 국가의 중앙은행에 대해서는 미국 정부가 온스당 35달러로 금 태환을 약속했다.

그러나 2차 세계대전 이후 인플레이션이 심해지면서 달러 가치가 떨어지자, 외국인들은 갈수록 금에 더 매력을 느꼈다. 미국이 온스당 35달러인 교환비율을 변경할 계획이 없다고 공식적으로 발표했는데도 불구하고, 미국의 금 보유고는 줄어들기 시작했다. 1965년까지도 존슨 대통령은 '대통령 경제보고서Economic Report of the President'에서 다음과 같이 분명히 밝혔다. "달러의 가치를 온스당 35달러로 유지하려는 우리의 의지와 능력에 대해서는 의심의 여지가 없다. 국가의 모든 자원을 걸고 약속한다."[8]

그러나 현실은 그렇지 않았다. 금 보유고가 감소하자 1968년 의회는 미국 통화에 대한 금 보증 의무를 철폐했다. 이듬해 대통령 경제보고서에서 존슨 대통령은 다음과 같이 발표했다. "금에 대한 미신이 서서히 사라지고 있다. 우리는 지금까지 진보했듯이 앞으로도 진보할 수 있다. 1968년 의회는 달러에 대한 금 보증 의무라는 낡은 제도를 폐지했다."[9]

금에 대한 미신? 금 보증 의무가 낡은 제도라고? 대단한 반전反轉이다! 미국 정부는 마침내 통화정책을 금에 종속시키지 않겠다고 발표했으며, 거의 2세기 동안 국제금융과 통화정책을 이끌어온 원칙을 부정확한 사고에서 비롯된 유물로 취급했다.

금 본위제 폐지 이후 사설시장에서는 달러 교환비율이 온스당 40달러가 넘었는데도, 미국은 외국 중앙은행에 대해 온스당 35달러 비율로 금을 교환해주었다. 이 금 태환 제도가 머지않아 사라질 것으로 예상한 외국 중앙은행들은 서둘러 달러를 금으로 교환했다. 미국의 금 보유고가 2차 세계대전 직후에는 거의 300억 달러 상당이었으나, 1971년 여름에는 110억 달러로 감소했고 매달 수억 달러씩 인출되고 있었다.

뭔가 극적인 조처가 필요했다. 1971년 8월 15일 닉슨 대통령이 취한 조처는 1933년 루스벨트 대통령이 은행 휴일Bank Holiday을 발표했던 이후 가장 이례적이었다. 그가 발표한 신경제정책New Economic Policy은 임금과 물가를 동결하고, 금 태환을 허용하던 금 교환 창구gold window를 폐쇄하는 것이었다. 이로써 금과 화폐 간의 연결고리는 영원히 끊어지게 되었다.

보수주의자들은 이 조처에 충격을 받았지만 금 본위제가 폐지되어 눈물을 흘리게 된 투자자는 거의 없었다. 주식시장은 닉슨의 발표에 환호하여 거래량이 4% 가량 증가하는 기록을 세웠다. 역사를 연구하는 사람에게 이 정도는 놀랄 일도 아니었다. 금 본위제가 중단되고 화폐 가치가 하락하자 역사상 가장 놀랄만한 주가 상승이 발생했기 때문이다. 투자자들도 금이 화폐의 유물이라는 정부의 주장에 동의했다.

금 본위제 폐지 이후 통화 정책

금 본위제가 중단된 이후 각국 정부는 통화 팽창정책에 대해 아무런 제약을 받지 않았다. 1973~1974년 제1차 석유파동oil shock이 대부분의 산업국가를 덮치자 각국 정부에서는 통화 팽창정책으로 경기를 부양하려 했지만 초인플레이션에 시달리게 되었다.

의회는 연준의 통화 팽창정책을 통제하기 위해, 연준이 통화 증가율 목표를 발표하게 하는 결의안을 1975년에 통과시켰다. 3년 뒤 의회는 험프리 호킨스 법Humphrey-Hawkins Act을 통과시켜, 연준이 통화 목표를 수립하고 연 2회 의회에서 통화정책에 대해 증언하게 했다. 이는 연방준비법 이후 처음으로 통화량을 통제하기 위해 의회를 통과한 법안이다. 오늘날까지도 금융시장은 연 2회(2월, 7월) 발표되는 연준의장의 의회증언에 주목하고 있다.[10]

그러나 연준은 1970년대에 설정한 통화 목표를 대부분 무시했다. 1979년 인플레이션이 치솟자 연준은 통화정책을 변경하더라도 인플레이션을 억제해야만 했다. 1979년 10월 6일 토요일 윌리엄 밀러William Miller의 뒤를 이어 4월에 연준의장에 임명된 폴 볼커는 통화정책을 근본적으로 변경한다고 발표했다. 지금까지는 연준이 금리를 조작하여 통화정책을 실행했지만, 이제부터는 금리 수준에 상관없이 통화공급을 통제한다고 발표했다. 이는 금리가 급등할 수 있다는 뜻이었다.

유동성 공급을 급격히 제한할 수 있다는 우려로 금융 시장은 충격에 휩싸였다. 토요일 밤 볼커의 발표(이른바 '토요일 밤의 대학살Saturday Night Massacre')는 1971년 닉슨의 신경제정책만큼 대대적으로 보도되지 않았는데도 금융시장은 혼란에 빠졌다. 발표 이후 주식시장은 이틀하고 반나절 동안 거래량 신기록을 세우면서 8% 가까이 폭락했다. 인플레이션을 잡으려면 금리가 급등할 수밖에 없다는 전망이 나오자 투자자들은 불안감에 몸서리쳤다.

볼커는 통화 긴축정책으로 마침내 인플레이션의 순환고리를 끊었다. 유럽과 일본의 중앙은행들도 연준의 뒤를 이어 인플레이션을 '공적 1호'로 규정하고, 통화 긴축정책으로 물가 안정을 도모했다. 결국 인플레이션 통제에는 통화공급 억제가 유일한 해답임이 입증되었다.

연준과 통화 창조

연준이 통화 공급을 조절하는 과정은 단순하다. 통화 공급을 늘리려면 연준은 매일 수십억 달러의 채권이 거래되는 공개시장open market에서 국채를 사들인다. 연준이 국채를 사들이는 행위는 공개시장 매수open market purchase라고 하며, 이때 연준은 국채 매도자 거래은행의 지급준비금 계좌에 대금을 입금한다. 이 과정에서 통화가 창출된다. 지급준비금 계좌reserve account는 은행이 연방준비은행에 유지하는 계좌로서, 지급준비금을 확보하고 수표 결제를 처리하는 데 사용된다.

통화 공급을 줄이려면, 연준은 보유하고 있는 국채를 공개시장에서 매도한다. 그러면 국채 매수자의 거래은행은 지급준비금 계좌에서 대금을 연준에 지급한다. 이 과정에서 통화가 사라지며, 이 거래를 '공개시장 매도'라고 부른다. 이렇게 연준이 국채를 사고파는 활동을 통틀어 '공개시장 조작open market operations'이라고 부른다.

연준의 행위가 금리에 미치는 영향

앞에서 보았듯이 연준이 국채를 사고팔면 은행 시스템의 지급준비금 규모가 달라진다. 은행들 간에 매일 수십억 달러에 이르는 지급준비금을 거래하는 시장이 있다. 이 시장을 연방기금 시장$^{federal\ funds\ market}$이라고 부르며, 이 자금을 사고파는 금리를 연방기금 금리$^{federal\ funds\ rate}$라고 부른다.

연방기금 시장은 정부가 운영하는 시장도 아니고, 국채를 거래하는 시장도 아니다. 연방기금 시장은 은행들 사이에서 연방기금을 사고파는 민간 시장으로서, 수요와 공급에 의해서 금리가 결정된다. 그러나 연준은 연방기금 시장에 막강한 영향력을 행사한다. 연준이 국채를 매수하면 연방기금 시장에 지급준비금이 공급이 증가하므로, 연방기금 금리가 하락한다. 반대로 연준이 국채를 매도하면 지급준비금 공급이 감소하므로, 연방기금 금리가 상승한다.

연방기금 금리가 하루짜리 금리라도, 모든 단기 금리에 영향을 미친다. 예를 들어 우량 기업에 적용되는 우대 금리, 상업은행들 사이에서 널리 사용되는 리보^{LIBOR}, 단기 국채 금리 등의 기준이 된다. 연방기금 금리는 그야말로 수조 달러에 이르는 대출과 증권 금리의 기초가 된다.

금리는 주식의 미래 현금흐름 할인율을 좌우하므로, 주가에 지극히 커다란 영향을 미친다. 금리가 상승하면 채권의 매력도가 높아지므로 투자자들은 주식을 팔아 채권을 산다. 그러나 금리가 하락하면 그 반대가 된다.

주가와 중앙은행의 정책

통화정책이 주가에 미치는 영향이 엄청나다는 점을 고려하면 중앙은행의 정책을 이용해서 투자수익률 높이는 방법을 생각해볼 수도 있다. 실제로

1950년대 중반~1980년대까지는 이 방식이 통했다. 연방기금 금리가 인상되었을 때보다 인하되었을 때에 3, 6, 9, 12개월간의 주식 수익률이 훨씬 높았다. 연준이 통화 긴축정책을 쓸 때는 주식 보유량을 줄이고 통화 팽창정책을 쓸 때는 주식 보유량을 늘렸다면, 주식 수익률을 더 높일 수 있었다.

그러나 1990년 이후에는 이런 패턴의 신뢰도가 전보다 감소했다. 도표 14-2는 S&P500 지수와 연방기금 금리를 보여준다. 1990년부터 통화 팽창정책을 쓴 연준은 S&P500 지수가 481이었던 1994년 2월 4일 연방기금 금리 목표를 인상했다. 시장은 즉각 반응했다. 주가는 2.5% 하락한 다음, 4월 초까지 7% 추가 하락했다. 채권 가격도 폭락했다. 1994년에 10년 만기 국채 수익률이 거의 150bp 상승하여, 보기 드물게 큰 손실이 발생했다. 그러나 4월 이후 주가는 안정을 찾았고, 연준이 통화 긴축을 가속했는데도 주가는

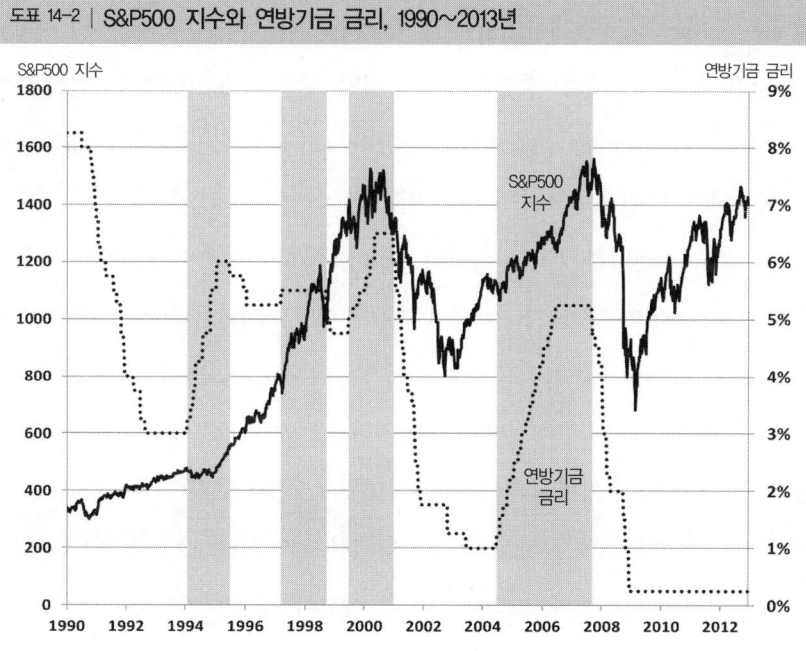

도표 14-2 | S&P500 지수와 연방기금 금리, 1990~2013년

상승했다. 1995년 7월 6일 경기 침체에 대응하여 연준이 마침내 금리를 인하했을 때, S&P500은 554로서 연준이 금리 인상을 시작한 시점보다 약 15% 상승했다.

1997년 3월 25일 경기가 회복되어 다시 인플레이션 위험이 닥치자, 연준이 금리를 25bp 인상했다. 그런데도 주가는 계속 상승했다. 아시아 금융위기가 발생하고 1998년 8월 롱텀캐피탈 매니지먼트가 파산하여 국채시장이 혼란에 빠지자, 1998년 9월 29일 연준이 금리를 인하했다. 그러나 주가는 연준이 금리를 인상하기 시작했던 18개월 전보다 33%나 오른 상태였다.

미국 경제가 아시아 금융위기의 여파에서 벗어나자, 연준은 1999년 6월 30일 다시 긴축정책으로 돌아섰는데도 S&P500지수는 1,373으로 상승했다. 이후에도 주가는 계속 상승하여 2000년 3월 24일에는 12% 더 높은 1,527로 최고치를 기록했다. 이 사례에서 연준의 금리 인상을 보고 주식시장에서 빠져나온 투자자들은 막대한 수익 기회를 상실했다.

강세장은 2000년 초 정점을 기록했지만, 연준은 2001년 1월 3일이 되어서야 연방기금 금리를 인하하기 시작했다. 이때 주가는 연준이 금리 인상을 시작하던 1999년 6월 수준으로 떨어진 상태였다. 그러나 2001년 1월도 주식시장에 재진입하기에는 시기상조였다. 이후에도 주가는 계속 하락하여, 2002년 10월 S&P500지수가 5년 저점인 776.76까지 내려갔기 때문이다. 2004년 6월 30일 연준이 긴축정책을 시작하던 시점, S&P500지수는 1,141이었다. 그러나 이때도 주식시장에서 빠져나오기에는 너무 이른 시점이었다. 강세장이 3년 넘게 이어지면서 2007년 10월 1,565에 도달하여 37% 이상 상승했기 때문이다. 금융위기로 경기가 침체하자 연준은 2007년 9월 18일 금융완화 정책을 시작했다. 그러나 3주 후 시장이 정점을 기록했으므로, 역시 주식을 사모을 시점이 아니었다.

연준이 금리 인하를 시작하는 시점에 주식을 사서 금리 인상을 시작하는 시점에 팔았다면, 1994년 2월부터 2012년 12월까지 얻은 누적 수익률은 (배당을 제외하고) 55%였다. 그러나 계속 주식을 보유했다면 누적 수익률이 212%로서 거의 4배가 되었다.

연준의 정책에 대응해서 투자했을 때 나오는 수익률이 과거보다 낮은 데에는 그만한 이유가 있다. 연준의 정책을 주목하고 예상하는 투자자들이 증가한 탓에, 그 정책 효과가 시장에 이미 반영되었기 때문이다. 즉 연준이 완화정책을 시작하기도 전에 그 효과가 주가에 먼저 반영된다는 뜻이다.

주식은 인플레이션 방어 수단

중앙은행의 통화정책은 경기순환 변동을 완화하기도 하지만, 인플레이션에 엄청난 영향을 미친다. 앞에서 언급했듯이 1970년대의 인플레이션은 중앙은행이 석유파동에 대응해서 경기를 부양하려고 통화를 과도하게 팽창한 결과였다. 이러한 통화팽창 탓에 대부분 산업국가에서 인플레이션이 두 자리 수를 기록했는데, 미국은 13%, 영국은 24% 수준까지 올라갔다.

그러나 채권의 장기 수익률과는 달리, 주식의 장기 수익률은 인플레이션을 따라갔다. 주식은 (상품과 서비스 등) 실물자산에서 나오는 이익에 대한 청구권이므로 인플레이션이 발생해도 장기 수익률은 감소하지 않는다. 그 실례로, 제2차 세계대전 이후 역사상 가장 심각한 인플레이션이 이어졌는데도 주식의 실질 수익률은 그 이전의 150년과 크게 다르지 않았다. 이렇게 주식은 인플레이션 기간에도 구매력을 유지하므로, 인플레이션에 대한 방어 수단이 된다.

실제로 주식은 1950년대에도 인플레이션 헤지 수단으로 널리 인정받았다. 11장에서도 언급했듯이 주식의 배당수익률이 장기 채권 수익률 밑으로 내려갔는데도 투자자들은 주식을 계속 보유했다. 그러나 1970년대에는 인플레이션 때문에 주식에 참혹한 피해가 있었으므로, 인플레이션을 헤지하려고 주식에 투자한다는 견해는 인기를 잃었다.

과거 데이터에 의하면 주식은 인플레이션 방어에 얼마나 효과적일까? 도표 14-3은 인플레이션 수준별로 주식, 장기국채, 단기국채의 실질 수익률을 분석한 자료다. 보유 기간이 1년이냐, 30년이냐에 따라 주식의 인플레이션 방어 효과가 확연히 달라진다.

보유 기간이 1년일 때에는 주식, 장기국채, 단기국채 모두 인플레이션 방어 효과가 낮다. 이들 금융자산의 실질 수익률은 인플레이션율이 매우 낮을 때 가장 높고, 인플레이션율이 매우 높을 때 가장 낮다. 그러나 보유 기간이 30년일 때에는 인플레이션 수준이 달라져도 주식의 실질 수익률은 거의 영향을 받지 않는다. 채권의 실질 수익률은 보유 기간이 1년이든 30년이든 주식보다 낮다.

이것이 에드거 로렌스 스미스가 1924년에 낸 저서 《주식 장기투자 Common Stocks as Long-Term Investments》의 주요 결론이었다. 스미스는 물가가 상승할 때는 물론 물가가 하락할 때에도 주식이 채권보다 실적이 좋다고 밝혔다. 그의 결론은 남북전쟁 시점부터 19세기 말까지 연구한 결과였지만, 이후 90여 년이 추가된 데이터에 의해서도 뒷받침된다.

도표 14-3 | 보유 기간과 인플레이션 수준, 1871~2012년

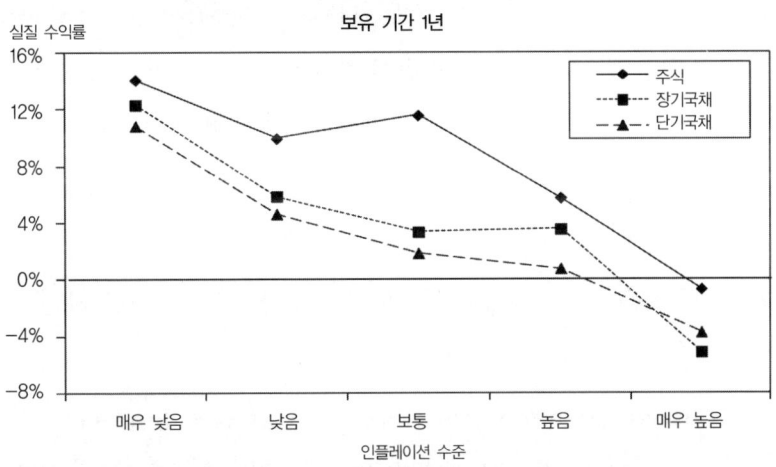

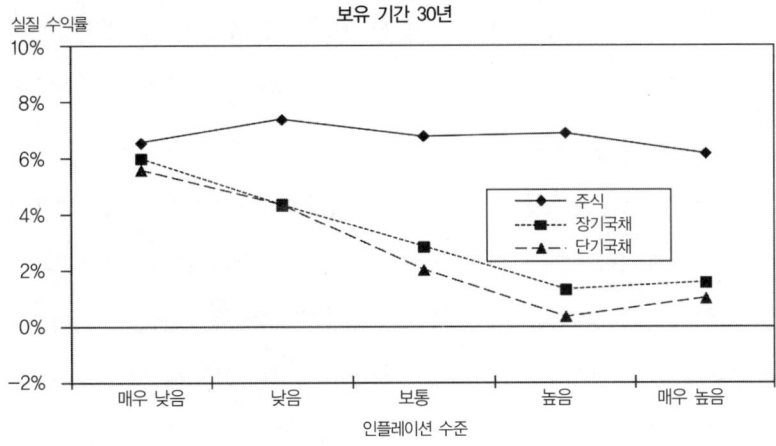

주식이 단기 인플레이션을 방어하지 못하는 이유

금리 상승

주식이 실물자산에 해당한다면, 단기 인플레이션을 방어하지 못하는 이

유가 무엇일까? 일반적인 설명은, 인플레이션에 의해서 금리가 상승하면 채권 수익률도 상승하여 주가를 압박한다는 것이다. 다시 말해서 인플레이션이 발생하면, 배당수익률이 상승하여 채권 수익률과 균형을 이룰 때까지 주가가 하락한다는 뜻이다. 이것이 11장에서 설명한 연준 모형의 주장이다.

그러나 이 설명은 정확하지 않다. 물론 물가상승 기대에 의해 금리가 상승하는 것은 맞다. 어빙 피셔에 따르면, 대여자들은 인플레이션을 방어하기 위해 대출자에게 인플레이션 위험을 반영한 실질금리를 요구하는데, 이를 '피셔 방정식Fisher equation'이라 한다.[11]

그러나 금리가 상승하면 주식의 기대 현금흐름도 증가한다. 주식은 (기계, 노동, 토지, 아이디어 등) 실물자산에서 나오는 이익에 대한 청구권이다. 인플레이션에 의해서 투입물의 원가가 상승하면, 산출물의 가격도 상승한다(실제로 산출물들의 가격으로 인플레이션을 측정한다). 따라서 물가가 상승하면 미래 현금흐름도 증가한다.

따라서 인플레이션이 투입물과 산출물에 미치는 영향이 똑같다면, 금리가 상승하더라도 주식의 미래 현금흐름은 감소하지 않는다. 금리 상승은 미래 현금흐름 증가로 상쇄되므로, 장기적으로 주가는 인플레이션율만큼 상승한다(이익과 배당도 마찬가지다). 이론상 주식은 인플레이션을 방어하는 이상적인 수단이다.

비대칭 인플레이션: 공급 측면

인플레이션이 순수한 통화 현상이어서 투입물과 산출물에 미치는 영향이 똑같다면, 인플레이션은 주가에 영향을 미치지 않는다. 그러나 기업의 실적이 인플레이션을 따라가지 못하는 때도 있다. 1970년대에는 석유파동에 의해 에너지 가격이 상승한 탓에 기업의 이익이 감소했다. 기업들은 에너지 가격이 상승한 만큼 산출물의 가격을 인상할 수가 없었다.

14장 앞부분에서 지적했듯이, 1970년대의 인플레이션은 중앙은행이 석유파동에 대응해서 경기를 부양하려고 통화를 과도하게 팽창한 결과였다. 그러나 미국 기업들은 유가 상승에서 발생하는 손실을 피할 수가 없었다. 장기간 저유가가 주는 혜택에 익숙해 있었으므로 미국 기업들은 유가 상승에 전혀 대비가 안 되어 있었다. 기업들의 생산성이 급락했고, 주가도 폭락했다. 1966년 1월~1974년 12월 동안 다우지수 기준 실질 주가가 65% 하락하여 1929년 시장붕괴 이후 최대 하락률을 기록했다. 극심한 비관론이 퍼지면서 1974년 8월에는 미국인의 거의 절반이 1930년대와 같은 대공황이 다시 온다고 믿을 정도였다.[12]

인플레이션이 발생하면 중앙은행이 단기 실질 금리를 인상할지도 모른다는 우려를 야기시킨다. 그런 정책은 대체로 경기를 둔화시켜 주가에도 부정적인 영향을 미친다.

특히 개발도상국에서 발생하는 인플레이션은 정부의 대규모 적자와도 밀접한 관계가 있다. 따라서 흔히 개발도상국에서 발생하는 인플레이션은 정부가 경제에서 차지하는 비중이 지나치게 크다는 증거가 되며, 이 때문에 성장률이 저하되고 기업 이익이 감소하며 주가도 하락한다.

기업의 이익에 대한 세금

세금도 주식의 인플레이션 방어력을 떨어뜨리는 요소다. 기업의 이익과 자본이득에 세금이 붙는다.

일반회계원칙에서는 인플레이션 때문에 이익이 변경되는 내용을 제대로 반영하지 않으므로, 인플레이션이 발생하면 기업의 이익이 왜곡된다. 이런 왜곡은 주로 감가상각비, 재고자산 평가, 이자비용 처리 과정에서 나타난다.

공장설비, 장비 등 자본재의 감가상각 기준은 '취득원가'다. 그러나 내용연수 중 자본재의 가격이 바뀌어도, 감가상각에는 그 변동이 반영되지 않는다. 인플레이션이 발생하면 자본재의 대체원가는 상승하지만 감가상각비는 그대로 유지되므로, 과세소득이 과대계상되어 기업의 세금 부담이 증가한다.

당기순이익을 왜곡하는 것은 감가상각만이 아니다. 매출원가를 계산할 때, 기업은 선입선출법이나 후입선출법으로 재고자산의 취득원가를 사용한다. 인플레이션이 진행되면 취득원가와 판매 가격의 격차가 확대되어 인플레이션 이익이 발생한다. 이 이익은 기업의 재고자산 평가과정에서 나온 것이므로, 진정한 이익이 아니다.

경제통계를 관장하는 상무부는 이런 왜곡현상을 잘 알기 때문에, 국민소득계정을 분석할 때 감가상각 조정과 재고자산평가 조정 작업을 한다. 그러나 국세청은 세금을 계산할 때 이런 조정을 인정하지 않는다. 따라서 기업은 인플레이션에 의해 이익이 과대계상되어도, 당기순이익을 기준으로 세금을 내야 한다. 이런 편향은 기업에 적용되는 세율을 높이는 효과가 있다.

인플레이션과 이자비용

인플레이션이 발생하면 이자비용도 기업의 이익을 왜곡한다. 그러나 감가상각이나 재고자산 평가와는 달리, 이자비용은 기업의 당기순이익을 과소평가한다.

대부분 기업은 채권 발행이나 대출로 자본을 조달하면서 고정이자를 지급한다. 이렇게 차입한 자본은 지렛대 효과를 낸다. 이 자본에서 나오는 이익 중 이자를 초과하는 부분은 주주들의 몫이 되기 때문이다. 인플레이션이 발생하면 실질 이자비용은 변하지 않아도 명목 이자비용은 상승한다. 기업의 이익을 산출할 때에는 (실질 이자비용보다 더 높은) 명목 이자비용을 차감하므로, 이익이 실제보다 과소평가된다.

인플레이션이 발생하면 화폐의 가치가 떨어지므로, 회사가 채권이나 대출로 조달한 부채의 부담도 감소한다. 그러나 이렇게 감소한 부채는 손익계산서에 표시되지 않는다. 회사의 부채비율이 높으면 부채 감소에 의한 이익 과소평가가, 감가상각과 재고자산 평가에 의한 이익 과대평가보다 더 커질 수 있다. 그러나 이런 왜곡 효과를 계량화하기는 어렵다. 실질 이자비용과 인플레이션에 의한 이자비용을 구분하기가 쉽지 않기 때문이다.

자본이득세

미국에서는 자산의 취득원가와 매도 가격의 차이에 대해 자본이득세를 내야 하며 인플레이션은 고려하지 않는다. 따라서 인플레이션에 의해서 자산 가격이 상승하면, 투자자는 실제로 이익을 얻지 못했더라도 자산을 매각할 때 세금을 내야 한다. 즉, 자산 가격 상승률이 인플레이션율보다 낮아서 투자자가 손실을 보았더라도 세금을 내야 한다.

9장에서 보았듯이 세금은 세후 실질 수익률에 지대한 영향을 미친다. 인플레이션율이 3%라면 5년 후 투자자가 얻는 세후 수익률은 인플레이션율이 0%일 때보다 연 0.6퍼센트포인트 낮아진다. 그리고 인플레이션율이 6%라면 세후 수익률은 연 1.12퍼센트포인트 낮아진다.

인플레이션 세금은 보유 기간이 짧을수록 세후 실질 수익률을 더 많이 깎아 먹는다. 자산을 사고파는 횟수가 많아지면 '명목' 자본이득에 내해 정부가 과세하는 횟수도 그만큼 많아지기 때문이다. 인플레이션이 발생하면 장기투자자조차 자본이득세 부담 때문에 실질 수익률이 감소한다.

결론

14장에서는 통화가 경제와 금융시장에 미치는 영향을 살펴보았다. 제2차 세계대전 이전에는 미국을 비롯한 산업국가에 지속적인 인플레이션이 나타나지 않았다. 그러나 대공황 기간에 금 본위제가 폐지되었고, 대신 중앙은행이 통화를 관리하게 되었다. 이제는 통화가 금에 연동되지 않으므로 인플레이션이 중앙은행이 관리할 주요 과제가 되었다.

다른 금융상품과 마찬가지로 단기적으로 주식은 좋은 인플레이션 헤지 수단이 되지 못 한다. 하지만 장기적으로 주식은 탁월한 인플레이션 헤지 수단이다. 인플레이션이 심한 나라에도 주식시장이 대부분 존재한다는 점은 다행이다. 반면에 채권은 인플레이션으로부터 투자자를 보호하지 못한다.

세계 각국의 중앙은행들은 인플레이션을 억제하려는 의지가 강하며, 대체로 인플레이션을 잘 억제하고 있다. 그러나 인플레이션이 다시 고개를 쳐든다면, 투자자들은 채권보다 주식을 보유하는 편이 훨씬 나을 것이다.

15
주식과 경기순환

> 주식시장은 최근에 경기침체가 9번 발생한다고 예측했지만 실제로는 5번 발생했다.
> —폴 새뮤얼슨, 1996년[1]

> 나는 주식시장을 예측하고 경기침체를 예견할 수 있기를 바라지만 불가능하기 때문에 워런 버핏처럼 수익성 좋은 기업을 찾는 일로 만족한다.
> —피터 린치, 1989년[2]

한 유명한 경제분석가가 애널리스트와 투자자문가, 그리고 주식중개인들을 앞에 두고 연설을 하고 있었다. 강당을 가득 메운 청중들은 한 가지 걱정거리를 가지고 있었는데, 당시 주식시장이 연일 사상 최고치를 갱신하면서 배당 수익률은 역사적인 최저치를 깨고 내려가고 PER은 고공행진을 하고 있었기 때문이다. 이런 강세장이 정당화될 수 있는가? 청중들은 높은 주가를 정당화할 정도로 경제상황이 좋은지를 알고 싶어했다.

경제분석가의 전망은 매우 낙관적이었다. 그는 미국의 실질 경제성장률이 향후 1년 동안 4% 이상 증가할 것으로 예상했다. 적어도 3년 안에는 경기후퇴가 발생하지 않을 것이며, 설령 경기침체가 발생하더라도 아주 짧게 지나갈 것이라는 게 그의 주장이었다. 더 나아가 주식시장에서 가장 중요한 변수, 기업이익은 향후 3년간 두 자릿수의 강력한 성장세를 보일 것이라고 전망했다. 다음 해에 치러지는 대통령 선거에서 공화당이 쉽게 승리를 거둘 것이라고 주장해, 강당을 가득 메운 보수적인 청중들을 안심시켰다. 청중들의 초조감은 금세 누그러졌고, 많은 투자 자문가들은 강의가 끝나는 대로 고객들에게 주식투자 비중을 높이라고 권고할 준비를 시작했다.

참고로 이 강의는 1987년 여름, 역사상 가장 큰 폭의 주가 하락이 발생한 블랙먼데이(1987년 10월 19일 주가 23% 폭락) 직전에 이뤄졌었다. 강의가 있은 후 몇 주 지나지 않아, 상당수 주식은 강의 당시 주가의 절반 수준까지 폭락했다. 그러나 가장 큰 아이러니는 당시 대부분의 경제분석가들의 낙관적인 경제전망이 실제로 들어맞았다는 사실이다.

이 사례가 주는 교훈은 주식시장과 경제는 종종 다른 방향으로 움직인다는 것이다. 꽤 많은 투자자들이 투자전략을 짤 때 경제전망을 생략하는 경우가 잦다는 것은 더 이상 놀랄 일이 아니다. 15장을 시작할 때 인용했던 폴 새뮤얼슨의 경구는 45년이 지난 지금도 여전히 유효하다.

그러나 포트폴리오를 구성함에 있어 경기순환을 완전히 무시하는 것 역시 잘못이다. 왜냐하면 주식시장은 여전히 경기변동에 매우 민감하고 격렬

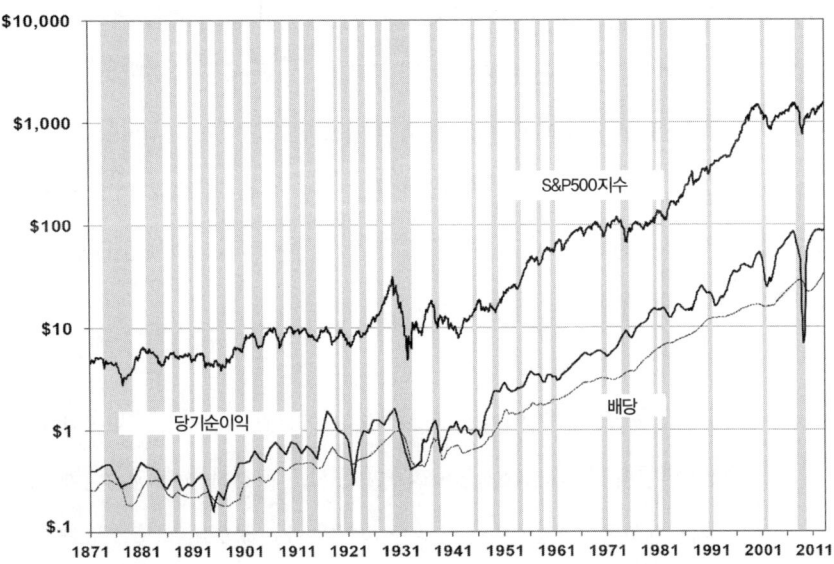

도표 15-1 | 주가, 기업실적, 배당, 그리고 경기순환, 1871-2012년

하게 반응하기 때문이다. 1871년 이후의 경기 순환과 S&P500지수의 변동을 표시한 도표 15-1을 살펴보자. 주식시장은 대체로 음영으로 표시된 경기후퇴국면이 시작하기 전부터 하락하며, 경기회복의 신호가 보일 때 강력한 랠리를 펼친다. 만일 경기순환을 예측할 수만 있다면 이 책에서 줄기차게 반복되는 '매수 후 보유전략'의 성과를 넘어설 수 있을 것임에 분명하다.

누가 경기순환의 기준점을 설정하나?

경제데이터를 집계하는 어느 정부기관도 경기순환의 전환점을 결정하지 않는다. 정부기관 대신, 1920년 국민계정 통계를 계발하고 경기순환을 연구할 목적으로 실립된 민간 기구인 전미경제연구소ᴺᴮᴱᴿ가 이 일을 수행한다. 이 연구소의 설립 초기에는 연구소 직원들은 선진 각국의 경기 상황을 보여주는 다양한 통계를 집대성하는 데 주력했다. 특히 이 연구소는 미국과 영국의 경우, 1854년까지의 데이터를 축적하고 있다.

1946년 연구소의 공동설립자 중 하나인 웨슬리 C. 미셀과 나중에 연준 의장이 되는 아서 번스와 함께 쓴《경기순환 측정》이라는 책에서 다음과 같이 경기순환을 정의한다.

> 경기순환은 주로 기업들에 의해 발생하는 전국적인 경제활동이 변동하는 파동을 의미한다. 경기순환은 경제활동이 동시에 팽창하는 확장국면과 이를 뒤따르는 수축국면(혹은 불황)으로 구성되며, 수축국면은 회복기를 거쳐 새로운 확장국면으로 이어지면서 하나의 순환으로 통합된다. 단, 이런 변화들은 반복되지만 그 주기가 일정한 것은 아니다. 지속성의 측면에서 볼 때, 경기순환은 1년 전후의 짧은 순환에서 10년이나 12년짜리 긴 순환으로 매우 다양하며 비슷한 특성을 지닌 더 작은 순환으로 나뉘지 않는다.[3]

일반적으로 경기침체는 경제의 산출을 측정하는 가장 포괄적인 지표인 실질 경제성장률(GDP 성장률)이 2분기 연속 마이너스 성장할 때로 정의된다. 그렇지만 이 정의는 별로 쓸모가 없다. 설령 이 정의가 꽤 설득력 있는 규칙이라고 하더라도, 이것만으로 불황을 정의할 수는 없으며 전미경제연구소 역시 이 정의만 사용하지는 않는다. 전미경제연구소는 경제의 전환점을 정의할 때 고용, 산업생산, 실질 개인소득, 실질 제조업 및 무역 거래 등 네 가지의 지표를 활용한다.

이들 지표를 이용해 전미경제연구소의 경기순환 심의위원회가 경기순환의 전환점을 확정한다. 이 위원회는 경제학자들로 구성되어 있는데, 연구소와 긴밀한 관계를 유지하며 상황과 조건에 따라 수시로 경제 데이터를 점검한다. 1802년부터 2012년까지의 기간 동안 미국 경제는 47번의 불황을 경험했으며, 불황의 평균 지속 기간은 19개월인 반면 호황의 평균 지속 기간은 34개월이었다.[4] 이는 지난 210년의 1/3 가량이 불황이었음을 의미한다. 그러나 세계 2차 대전 이후의 불황은 11번, 그리고 불황의 지속 기간은 11개월에 그쳐 평균 호황기간은 58.4개월에 달한다. 전후 미국은 65년의 1/6에도 미치지 못하는 10.1년만 불황을 경험해 2차 대전 전에 비해 크게 줄어들었다.

경기순환의 전환점은 매우 중요한 의미를 지니고 있다. 경제가 호황 혹은 불황에 접어들었다는 것은 정치적인 사안일 뿐만 아니라, 경제적으로도 큰 의미를 지니고 있기 때문이다. 전미경제연구소가 불황의 시작점이 1990년 8월이 아니라 7월에 시작되었다고 선언했을 때, 워싱턴의 많은 관료들이 눈썹을 찡그렸다. 왜냐하면 당시 부시 행정부가 이라크의 쿠웨이트 침공으로 인한 유가 급등이 불황을 촉발했다고 설명했었기 때문이다. 그러나 이 주장은 전미경제연구소가 경기침체의 시작시점을 한 달 빨리 잡아 이라크의 쿠웨이트 침공 이전에 경기침체가 시작되었다고 선언함으로써 무색해졌다. 마찬가지로 2001년 3월에 시작된 경기침체 역시, 9.11 테러 이전부터 기술관련 자본지출이 빠르게 둔화됨으로써 시작되었다.

물론 경기순환 심의위원회는 경기 순환의 방향이 바뀌자마자 선언하지는 않는다. 경제 데이터는 종종 수정되기 때문에 전미경제연구소 입장에서는 전환점을 절대 번복하지 않도록 시간을 두고 이용 가능한 데이터를 충분히 점검하기 때문이다. 현재 경기순환 심의위원회 의장을 맡고 있는 로버트 E. 홀은 "전미경제연구소는 경기순환의 정점이나 혹은 저점이 의심의 여지없이 가용한 데이터로 확인될 때까지는 전환점을 발표하지 않는다"고 이야기한다.[5]

그 가장 대표적인 예가 최근의 경기전환점 발표다. 1991년 3월의 경기저점은 21개월이 지난 1992년 12월에야 확정되었으며, 2001년 11월의 경기저점은 2003년 7월에야 확정되었다. 2002~2007년 호황의 정점은 2008년 12월이 되도록 공표되지 않았는데, 경기의 정점은 2007년 12월로 이후 1년 동안 리만 브라더스 파산으로 인한 대불황이 금융시장을 뒤흔들었다. 여기서 분명한 것은 전미경제연구소가 경기의 전환점을 발표하기를 기다리다가는 투자의 타이밍을 놓치기 쉽다는 것이다.

경기전환점을 전후한 주식 성과

일부 예외를 제외하고 주식시장은 경기침체가 시작되기 이전부터 약세를 보이며, 또 경기가 회복되기 전부터 상승하는 경향이 있다. 1802년 이후 47번의 경기침체 중에서 43번, 즉 10번 중에 9번의 확률로 8% 이상의 주가 하락이 먼저 일어났다. 2개의 예외는 제2차 세계대전 이후에 발생한 2번의 경기침체로, 제2차 세계대전 직후 찾아온 1948~1949년의 경기침체와 1953년의 경기침체 국면에는 주가가 8% 미만의 하락세를 보였다.

표 15-1에는 제2차 세계대전 이후 발생한 11번의 경기침체 당시의 주식시장 성과가 요약되어 있다. 이 표를 보면, 경기침체가 시작되기 0~13개월

표 15-1 | 경기순환의 정점과 주식시장, 1948~2012년

불황	주식시장의 정점(1)	경기순환의 정점(2)	주식시장 정점과 경기순환 정점의 시차(3)	(1)과 (2) 사이의 주가 하락률	주가 정점 이후의 12개월 최대 주가 하락률
1948-1949	1948. 5	1948. 11	6	-8.91%	-9.76%
1953-1954	1952. 12	1953. 7	7	-4.26%	-9.04%
1957-1958	1957. 7	1957. 8	1	-4.86%	-15.32%
1960-1961	1959. 12	1960. 4	4	-8.65%	-8.65%
1970	1968. 11	1969. 12	13	-12.08%	-29.16%
1973-1975	1972. 12	1973. 11	11	-16.29%	-38.80%
1980	1980. 1	1980. 1	0	0.00%	-9.55%
1981-1982	1980. 11	1981. 7	8	-4.08%	-13.99%
1990-1991	1990. 7	1990. 7	0	0.00%	-13.84%
2001	2000. 8	2001. 3	7	-22.94%	-26.55%
2007-2009	2007. 10	2007. 12	2	-4.87%	-47.50%
		평균	5.4	-7.90%	-20.20%

전에 주식시장 역시 정점을 치는 것을 알 수 있다. 1980년 1월과 1990년 7월에 시작된 경기침체는 주식시장의 정점과 같이 발생해, 주식시장이 경기침체에 대한 신호를 제때 주지 못한 경우에 속한다.

새뮤얼슨 교수가 이 장의 서두에서 말했던 것처럼, 주식시장은 종종 잘못된 신호를 보내는데 전후에는 특히 이런 현상들이 잦았다. 표 15-2에는 제2차 세계대전 이후 다우존스산업평균지수가 10% 이상 하락했지만, 경기가 악화되지는 않은 즉 '잘못된 신호'들이 요약되어 있다. 1987년 8월부터 12월 사이 35.1%의 주가 하락은 210년 역사상 최대의 주가 폭락이었지만 경기 침체로 이어지지는 않았다.[6]

주식시장의 저점과 전미경제연구소가 발표한 경기의 저점 관계는 표 15-3에 비교되어 있다.

주식시장의 바닥과 경기 저점 사이의 시차는 평균 4.6개월인데, 11번의 경기침체 중 8번은 시차 4~6개월 정도에 매우 집중된 것을 발견할 수 있다.

표 15-2 | 주식시장의 잘못된 신호, 1945~2012년

주식시장의 정점	주식시장의 저점	정점과 저점 사이의 하락률
1946. 5. 29	1947. 5. 17	−23.2%
1961. 12. 13	1962. 6. 26	−27.1%
1966. 1. 18	1966. 9. 29	−22.3%
1967. 9. 25	1968. 3. 21	−12.5%
1971. 4. 28	1971. 11. 23	−16.1%
1978. 8. 17	1978. 10. 27	−12.8%
1983. 11. 28	1984. 7. 24	−15.6%
1987. 8. 25	1987. 12. 4	−35.1%
1997. 8. 6	1997. 10. 27	−13.3%
1998. 7. 17	1998. 8. 31	−19.3%
2002. 3. 19	2002. 10. 9	−31.5%
2010. 4. 26	2010. 7. 2	−13.6%
2011. 4. 29	2011. 10. 3	−16.8%

제2차 세계대전 이후 12개월 이내에 경기침체가 없었는데도 다우지수가 10% 이상 하락한 경우이다.

표 15-3 | 경기순환의 저점과 주식시장, 1948~2012년

불황	주식시장의 저점(1)	경기순환의 저점(2)	주식시장 저점과 경기순환 저점의 시차(3)	(1)과 (2) 사이의 주가 상승률
1948−1949	1949. 5	1949. 10	5	15.59%
1953−1954	1953. 8	1954. 5	9	29.13%
1957−1958	1957. 12	1958. 4	4	10.27%
1960−1961	1960. 10	1961. 2	4	21.25%
1970	1970. 6	1970. 11	5	21.86%
1973−1975	1974. 9	1975. 3	6	35.60%
1980	1980. 3	1980. 7	4	22.60%
1981−1982	1982. 7	1982. 11	4	33.13%
1990−1991	1990. 10	1991. 3	5	25.28%
2001	2001. 9	2001. 11	2	9.72%
2007−2009	2009. 3	2009. 6	3	37.44%
평균			4.6	23.81%
편차			1.80	9.51%

이 결과는 주식시장과 경기의 정점 간에 발생하는 시차 5.4개월과 비교된다. 시장과 경기의 정점 사이의 시간은 시장과 경기 저점 사이의 시간에 비해 보다 많은 변수에 의해 좌우된다고 볼 수 있을 것이다.[7]

경제가 경기저점에 도달했을 때 주식시장의 상승률은 평균 23.8%에 이른다. 따라서 경기순환이 저점에 도달했음을 보여주는 확고한 신호를 기다려 투자한 사람들은 주식시장의 강력한 상승을 놓치게 된다. 그리고 앞에서 잠깐 언급했던 것처럼, 전미경제연구소는 경기침체가 마무리되고 경제가 본격 회복될 때까지 한참을 기다려서 공식적인 경기저점의 경과를 선언하는 경향이 있다는 것도 알아둬야 한다.

경기순환을 이용한 투자전략의 성과

많은 연구들은 투자자들이 미리 경기침체의 시작과 끝을 예상할 수 있다면 '매수 후 보유' 전략을 사용한 투자자보다 월등한 성과를 누릴 수 있다는 것을 보여준 바 있다.[8] 만일 어떤 투자자가 경기후퇴가 시작되기 4달 전에 주식을 모두 팔아서 단기채권을 매입하고 또 경기저점이 되기 4달 전에 주식을 매입한다고 가정하면, 그는 매수 후 보유 전략을 사용한 투자자들에 비해 매년 거의 5% 이상의 위험 조정 성과를 기록했을 것이다. 그리고 그가 기록한 수익의 2/3은 미래 경기침체의 종말을 예측한 데에서 발생한 것인데, 표 15-3이 보여준 것처럼 주식시장은 경기하강이 마무리되기 4~5개월 전부터 강한 상승을 보이기 때문이다. 그리고 나머지 1/3의 성과는 경기정점 4개월 전에 주식을 매도한 데 따른 것이다. 참고로 전미경제연구소가 경기의 전환점을 발표한 달에 주식과 채권을 교체 매매한 경우의 수익률은 매수 후 보유 전략을 사용한 투자자들에 비해 겨우 0.5퍼센트포인트 더 높을 뿐이다.

경기순환을 예측하는 데 어떤 어려움이 있나?

누군가가 미래 경기침체가 나타날 것을 예측할 수 있다면, 그 성과는 어마어마할 것이다. 이 때문에 경기순환을 예측하기 위해 수십억 달러의 돈이 사용된다. 그러나 경기순환을 예측하기 위한 노력은 거의 보상 받지 못했다.

미국 보스턴 연방준비은행 부의장 스티븐 맥니스는 학계 경기전망 기관들의 예측이 정확한지에 대해 심도 있게 연구했다. 이 연구 결과 전망의 정확성을 결정짓는 가장 중요한 요인은 그 전망치가 언제 제시되었느냐에 달려 있으며, 경기순환의 전환점 예측 오차는 매우 '거대한' 수준인 것으로 밝혀졌다.[9] 그리고 앞에서 언급한 것처럼, 경기순환의 전환점을 예측하는 것은 시점 선택 전략을 실행할 때 가장 중요한 요소다.

1974~1975년의 경기침체는 경제분석가들에게 특별한 시련이었다. 1974년 9월 워싱턴에서 열린 포드 대통령의 인플레이션 대책회의에 초대된 20여 명의 세계 최정상급 경제분석가들 중 누구도 제2차 세계대전 이후 가장 심각한 경기침체를 예측하지 못했기 때문이다. 1974년 5개 핵심 경제지표에 대한 경제분석가들의 경기전망을 조사한 결과, 맥니스 부의장은 경제성장률에 대한 경제분석가들의 예측치 중간값은 무려 6퍼센트포인트나 과대 추정되었고 반대로 인플레이션에 대한 전망치는 4퍼센트포인트나 과소 추정된 것을 발견했다. 1974년 경기침체에 대한 예측실패의 부작용으로 인해, 많은 경제분석가들은 다음번 경기침체 전망을 서둘러 예측했으나 다음번 경기침체는 1980년에야 출현해 1979년 초부터 경기침체를 제기했던 경제분석가들을 또 한번 실망시켰다.

로버트 에거트와 랜델 무어의 연구 역시 1976~1995년까지의 경제 및 업계 전문가 패널의 경제전망을 대상으로 하고 있다. 참고로 경제 및 업계 전문가들의 예측치는 블루칩 경제지표라는 제목으로 매월 발간된 책자에서 취합했다.

블루칩 경제지표 1979년 7월 호에서는 상당수의 주요 경제전망 패널들이 불황이 이미 시작되었다며 경제성장률이 2분기 아니 3분기, 4분기 연속 마이너스를 기록할 것이라고 주장했다. 그러나 전미경제연구소는 경기정점이 1980년 1월이라고 선언함으로써, 1979년 내내 경기확장이 지속되었음을 확인해주었다.

1981~1982년 발생한 심각한 경기침체 국면 당시 실업률이 제2차 세계대전 이후 최고치인 10.8%까지 상승했으나, 경제분석가들의 예측력은 거의 발휘되지 않았다. 1981년 7월에 발간된 블루칩 경제지표는 '활력 넘치는 1982년'이라는 표지 기사를 실은 바 있다. 그러나 1982년 미국경제는 일대 재앙을 맞이했었다. 1981년 11월이 되어서야 경기 예측 전문가들은 경제가 잘못된 방향으로 가고 있다는 것을 인지하고 급격히 전망을 비관적인 방향으로 수정했다. 상당수의 경제 전문가들은 경제가 불황에 접어들기 전(불황 진입 4개월 이전)에 이를 알아차리기는 했지만, 약 70%의 전문가들은 1982년 1분기 전후해서 경기침체가 종결될 것이라고 예측했으며(전후 경기침체 중 가장 긴 불황으로 1982년 11월에 저점을 경과함), 90%의 예측가들은 1971년 경기침체처럼 경기 침체의 하강 속도가 완만할 것으로 예측했으나 가혹한 경기침체를 경험하고 말았다.

1985년 4월 미국 경제의 확장이 지속되는 가운데, 경제 예측가들은 경기확장이 얼마나 더 지속될 수 있을 것인지에 대해 의문을 제기하기 시작했다. 경기확장은 대략 20개월 정도 더 이어져진 1986년 12월이 될 것이라고 예측

되었지만, 실제 경기확장은 3.5년이나 더 지속되었다. 가장 낙관적인 예측가들조차 1988년 봄에 경기가 정점에 도달할 것이라고 예측했다. '경기확장이 계속될 수 있느냐'라는 질문은 1985년과 1986년 내내 반복되었지만, 어떤 예측가도 예상하지 못한 1980년대 말에야 경기확장이 마무리되었다.

1987년 10월 주가 폭락사태 이후 경제 예측가들은 1988년 경제성장률을 2.8%에서 1.9%로 하향 조정했지만, 11년에 걸친 경제예측 조사 역사상 최대의 성장률 예측 오차가 발생하고 말았다. 1988년 미국 경제성장률은 거의 4%에 근접해, 경제가 주가 폭락사태에 상관없이 강력한 성장세를 지속했던 것이다.

경기확장이 지속되자 경기침체가 즉각 찾아올 것이라는 전망은 사라지고 이제 번영이 생활의 일부처럼 느껴지게 되었다. 지속적인 경기확장으로 인해, 그리고 정부의 정책 대응 및 서비스 위주의 경제구조 변화로 인해 '불황으로부터 안전한' 경제가 되었다는 식의 낙관론이 대두되었다. 프루덴셜-배시 증권의 선임 경제분석가인 에드 야데니는 '새로운 파동 선언'이라는 보고서를 통해 자기 복구 능력을 갖춘 성장하는 경제가 80년대의 나머지 시기도 계속 확장을 지속할 것이라고 주장했다.[10] 제2차 세계대전 이후 최악의 경기침체 직전, 뉴욕 타임즈의 경제분야 편집수석인 레오나드 실크는 1990년 5월 초 '경기순환이란 게 정말 존재하기는 하는 건가?'라는 칼럼에서 다음과 같이 이야기했다.

대부분의 경제분석가들은 1990년이나 1991년에 경기침체가 나타나지 않을 것이며 1992년에도 대통령 선거라는 호재가 있기 때문에 경기침체가 나타날 리 없다고 예측했다. 일본, 서독, 그리고 대부분의 유럽 및 아시아 자본주의

국가들 역시 끝도 보이지 않는 장기적인 성장세를 지속하고 있다.11)

그러나 1990년 11월, 블루칩 경제지표는 대부분의 경제예측 패널들이 미국경제가 이미 확장의 속도가 둔화되었거나 혹은 이미 불황에 접어들었다고 예측하기 시작했다. 그러나 11월에는 경제가 이미 4달째 불황을 경험하고 있었음에도 주식시장은 이미 바닥을 치고 상승세를 보이기 시작했다. 불황이 확연해졌을 때 상당수 투자자들은 비관론에 빠져들어 싼 값에 주식을 팔아치웠지만, 이후 3년에 걸쳐 주식시장은 역사적인 랠리를 지속했다.

1991년 3월부터 2001년 3월까지 이어진 10년의 경기확장은 '신경제의 시대' 그리고 불황 없는 경제라는 말로 치장되었다.12) 2001년 초 대부분의 경제 예측가들은 불황을 전혀 예상하지 못하고 있었다. 사실 2001년 9월 테러리스트의 공격이 있기 전까지, 블루칩 경제지표 조사에 응한 경제분석가들의 13%만이 미국 경제가 불황에 진입했다고 주장했는데, 참고로 전미경제연구소는 6개월 이전인 2001년 3월에 경기정점을 경과했다고 판정 내린 바 있다.13) 그리고 2002년 2월 조사에서는 20% 미만의 경제분석가들만이 경기침체가 2001년 말에 끝났다고 주장했지만, 전미경제연구소는 2001년 11월이 경기 저점이라고 판정했다.14) 경제분석가들은 이미 경기전환점이 지났는데도 추정하는 데 또 다시 실패했다.

경제 예측가들은 2007~2009년 발생한 대불황을 예측하는 데에도 역시 실패했다. 전미경제연구소는 2008년 12월까지도 경기침체의 시작 시점이 언제인지 밝히지 못했는데, 이미 지난 1년 동안 S&P500지수가 40% 이상 폭락한 다음이었다. 미 연준 이사회는 경기의 하강이 시작되기 3달 전인 2007년 9월부터 금리를 인하하기 시작했지만, 당시 연준은 경기침체가 그렇게 즉각 시작될 것이라고는 미처 예상하지 못했다. 경기하상이 막 시작된 2007년 12월 11일의 정례 연방 공개시장 위원회에서, 연준의 경제분석가 데이브 스톡턴은 다음과 같이 미 연준의 경제 전망을 요약했다.

> 경기가 정점을 지나고 있다고 예측하는 것은 분명히 아니다. 경기하강이라고 아직은 전망하지 않는다. 경제성장이 둔화되는 '성장 후퇴'로 전망할 뿐 그 이상은 아니다.[15)]

결론

경기순환은 기업이익을 결정짓고, 기업이익은 주식의 가치를 결정짓는 중요한 요소다. 경기순환의 전환점을 예측할 수만 있다면 큰 돈을 벌 수 있을지도 모른다. 그러나 아직까지는 어느 경제분석가라도 또 어떤 방법을 쓰더라도 정확하게 예측하지 못하고 있다.

투자자에게 최악의 투자전략은 경제활동에 대한 지배적인 의견을 그대로 추종하는 것이다. 이렇게 하면 누구나 낙관적으로 보는 상승기에 주식을 비싸게 매수해서 경기침체로 비관적일 때 싸게 매도하게 된다.

투자자들이 얻을 수 있는 교훈은 명확하다. 경제의 순환을 예측해서 시장을 이기려는 시도는 어떤 경제 전문가도 아직까지 갖지 못한 정확한 예측력을 가져야 한다는 것을 말이다.

16
세계적 사건이 금융시장에 미친 영향

> 내가 천체의 움직임은 예측할 수 있지만, 군중의 광기는 도저히 예상할 수 없다.
> —아이작 뉴튼

2001년 9월 11일 아름다운 화요일의 아침, 뉴욕에 해가 떠오를 때 월 스트리트의 트레이더들은 따분한 하루가 될 것이라고 예상했다. 일단 워싱턴에서 나올 만한 경제데이터가 없었고, 기업 실적 발표 계획도 없었기 때문이다. 지난주 금요일 주식시장은 끔찍한 고용보고서 때문에 빠졌지만, 월요일에는 약간이나마 반등에 성공한 터였다.

아직 뉴욕증시는 개장하지 않았지만, S&P500지수 선물은 글로벡스 전자거래소 시스템을 통해서 거래가 이뤄지고 있었다. 지수 선물은 상승세를 보이고 있었으므로 시장 참가자들은 소폭 상승세로 시장이 개장할 것이라 예상하고 있었다. 그러나 8시 48분, 인류 역사상 죄악의 날로 바뀌는 뉴스가 전해졌다. 비행기 한 대가 세계무역센터 북쪽 빌딩에 부딪힌 것이다. 그 뒤 주식시장이 긴급 폐장할 때까지 27분 동안의 주가 흐름이 도표 16-1에 표시되어 있다.

세계무역센터 빌딩에 비행기가 부딪혔다는 소식은 매우 빠르게 전해졌지만, 이게 무엇을 의미하는지에 대한 것은 그렇지 않았다. 얼마나 큰 비행기인가? 이게 테러인가 단순 사고인가? 혹은 계속 불행한 일이 계속될 것인가? 누구도 이에 대해 답할 수 없었지만, 주가지수 선물 가격은 불확실성이 증가함에 따라 하락했다. 그러나 몇 분 후 매수세가 증가하고 대부분의 트레이더들이 아주 심각한 사건이 발생한 것은 아니라는 결론을 내리며 지수 선물은 다시 이전의 수준을 회복했다.

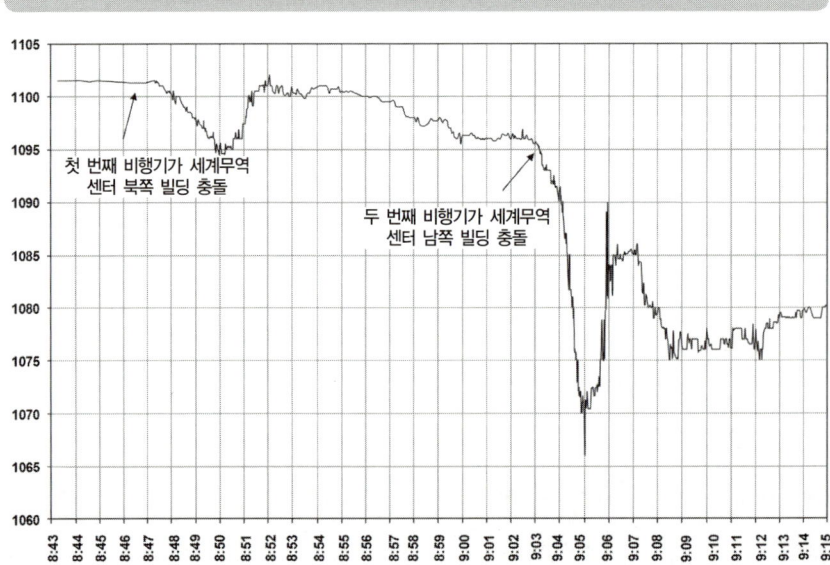

도표 16-1 | S&P500 선물 시장의 2001년 9월 11일 화요일 개장 전 흐름

첫 번째 비행기 충돌 후 15분 뒤인 9시 3분, 세계무역센터 빌딩에 초점을 맞춘 카메라들을 통해 전 세계 수많은 시청자들이 지켜보는 가운데 두 번째 충돌이 발생했다. 이 순간 세계가 바뀌었다. 미국인들이 우려한 최악의 공포가 닥친 것이다. 비행기 충돌은 단순한 사고가 아닌 테러리스트의 공격이었던 것이다. 제2차 세계대전 이후 처음으로, 미국은 본토를 공격당하는 위험에 직면했다.

두 번째 비행기 충돌 후 2분이 지난 9시 5분, S&P500 선물은 3%인 30포인트 하락했으며, 만일 주식시장이 개장했다면 거의 3천억 달러에 달하는 미국 주식의 가치가 사라진 셈이다. 그렇지만 이 절망적인 순간에도 매수자들은 시장에 등장했다. 믿을 수 없는 사건이 발생했음에도 불구하고, 몇몇 트레이더들은 테러리스트의 공격이 시장이 과잉 반응하고 있다고 생각해 주식을 싸게 살 수 있는 기회라고 생각한 것이다. 9시 15분 주식선물은 15포인트 정도 하락하긴 했지만, 이미 이전 하락의 거의 절반 정도를 만회했다.

이런 반등에도 불구하고, 테러리스트의 공격에 따른 충격파는 좀처럼 가시지 않았다. 주식, 채권, 상품 거래소가 주말까지 개장하지 않았고 당일 거래는 모두 취소되었다. 참고로 이때의 휴장은 지난 1933년 3월 연방예금공사가 미국의 은행 시스템 붕괴를 막기 위해 선언한 '은행 휴일' 이후 가장 긴 휴장이었다.

그러나 해외 주식시장은 여전히 열려 있었다. 런던시간으로 오후 2시, 그리고 유럽시간으로 오후 3시에 테러리스트의 세계무역센터 공격이 발생했다. 독일의 DAX지수는 즉각 9% 하락했으며, 종가도 이 수준을 벗어나지 못했다. 런던증시도 폭락했지만 독일만큼은 아니었다. 상대적으로 런던증

시가 덜 하락한 것은 세계금융의 중심시인 미국이 타격을 받은 만큼, 일부 기업들이 영국으로 이전할 수 있을 것이라는 가능성도 작용했다. 유로가 달러에 대해 강세를 보인 것처럼, 영국 파운드화의 가치도 상승했다. 일반적으로 미국 달러화는 세계적인 위기 국면에 강세를 보인 바 있다. 그러나 이때는 뉴욕에 대한 테러리스트의 공격 때문에, 외국인 투자자들의 방향이 달라졌다.

뉴욕 증권거래소가 9월 17일 월요일 다시 문을 열었을 때, 다우지수는 686포인트(7.13%) 하락해 역사상 하루 기준 17번째로 큰 주가 하락률을 기록했다. 그 주 내내 다우지수의 하락 흐름이 지속되어 9월 21일 금요일에는 2000년 1월 14일의 역사적인 최고치 11,723포인트에 비해 거의 30% 그리고 테러리스트의 공격이 있기 직전이었던 9월 10일에 비해서는 14%나 하락했다.

어떤 요인이 시장을 움직이는가?

테러리스트의 공격이 있은 후 시장이 폭락한 것은 매우 분명한 사실이다. 그러나 많은 역사적인 경험은 우리에게 시장가격의 대대적인 변화가 어떤 뉴스만으로 설명하기에 충분하지 않음을 보여준다. 1885년 다우지수가 처음 산출된 이후, 하루 변동률이 5% 이상이었던 날은 145일이었다. 이 가운데 15일은 2008년 9월부터 2009년 3월까지의 세계적인 금융위기 기간에 집중되었으며, 2011년 8월 8일 스탠더드 앤드 푸어스의 미국 신용등급 강등 사태를 전후해서도 역시 빈발했다.

총 145건의 주가 급등락 중에서 35건만이 전쟁이나 정치적 사건 혹은 정부의 정책 변화 등으로 인해 빚어진 것으로 분류된다. 당장 2008년 금융위기를 전후한 15번의 주가 급변동 사례 중에서 4번만이 특별한 사건과 결부된 것이었다. 1995년 이후 벌어진 주가의 급변동 사례 중 1/4 미만이 특별한 세계적 사건과 결부되어 있는 셈이다. 표 16-1[1])에는 변동폭이 가장 컸던 54건의 사례가 표시되어 있으며, 5% 이상의 주가 변동 사례 중 특별한 사건과 결부된 것은 표 16-2에 정리되어 있다.[2])

이상의 사례를 살펴본 결과, 통화정책이 버블이나 패닉에 빠져 있는 시장 상황에 변화를 주는 가장 강력한 단일 변수임을 발견할 수 있다. 인과관계가 명확하게 설명되는 주식시장의 가격 급등락 현상 5건 중의 4건은 통화정책의 변경과 직접적으로 결부되어 있기 때문이다. 뉴스와 직접 연관을 맺

표 16-1 | 주가 변동폭 상위 54건, 1888~2012년

순위	날짜	변동률	위험	날짜	변동률	위험	날짜	변동률
1	1987. 10. 19	-22.61%	19	1899. 12. 18	-8.72%	37	1931. 9. 24	-7.07%
2	1933. 3. 15	15.34%	20	1931. 10. 8	8.70%	38	1933. 7. 20	-7.07%
3*	1931. 10. 6	14.87%	21	1932. 8. 12	-8.40%	39*	2008. 9. 29	-6.98%
4	1929. 10. 28	-12.82%	22	1907. 3. 14	-8.29%	40*	1989. 10. 13	-6.91%
5	1929. 10. 30	12.34%	23	1987. 10. 26	-8.04%	41*	1914. 7. 30	-6.90%
6	1929. 10. 29	-11.73%	24	1932. 6. 10	7.99%	42	1988. 1. 8	-6.85%
7	1932. 9. 21	11.36%	25	2008. 10. 15	-7.87%	43*	2009. 3. 23	6.84%
8*	2008. 10. 13	11.08%	26	1933. 7. 21	-7.84%	44	1932. 10. 14	6.83%
9	2008. 10. 28	10.88%	27	1937. 10. 18	-7.75%	45	1929. 11. 11	-6.82%
10	1987. 10. 21	10.15%	28	2008. 12. 1	-7.70%	46*	1940. 5. 14	-6.80%
11	1929. 11. 6	-9.92%	29	2008. 10. 9	-7.33%	47	1931. 10. 5	-6.78%
12	1932. 8. 3	9.52%	30*	1939. 9. 5	7.26%	48*	1940. 5. 21	-6.78%
13*	1932. 2. 11	9.47%	31*	1917. 2. 1	-7.24%	49	1907. 3. 15	6.70%
14*	1929. 11. 14	9.36%	32*	1997. 10. 27	-7.18%	50	2008. 11. 13	6.67%
15	1931. 12. 18	9.35%	33	1932. 10. 5	-7.15%	51*	1931. 6. 20	6.64%
16	1932. 2. 13	9.19%	34*	2001. 9. 17	-7.13%	52	1933. 7. 24	6.63%
17*	1932. 5. 6	9.08%	35	1931. 6. 3	7.12%	53*	1934. 7. 26	-6.62%
18*	1933. 4. 19	9.03%	36	1932. 1. 6	7.12%	54	1895. 12. 20	-6.61%

*별표는 사건과 결부된 사례를 나타냄.

표 16-1 | 주요 뉴스와 결부된 주가 변동 사례, 1888~2012년

위험	날짜	변동률	뉴스 헤드라인
3	1931년 10월 6일	14.87%	후버 대통령의 은행 구제금융 자금 5억 달러 조성 결정
8	2008년 10월 13일	11.08%	미 연준의 외국 중앙은행에 대한 '무제한적인 유동성 공급' 결정
13	1932년 2월 11일	9.47%	미 연준의 할인율 정책 자유화
14	1929년 11월 14일	9.36%	미 연준의 할인율 인하/세금인하 제안
17	1932년 5월 6일	9.08%	US 스틸의 15% 임금 삭감 협상
18	1933년 4월 19일	9.03%	금본위제 폐기
30	1939년 9월 5일	7.26%	제2차 세계대전 발발
31	1917년 2월 1일	−7.24%	독일의 무차별적인 잠수함 공격 선언
32	1997년 10월 27일	−7.18%	헤지펀드의 홍콩 달러 공격
34	2001년 9월 17일	−7.13%	세계무역센터에 대한 테러리스트 공격
39	2008년 9월 29일	−6.98%	미 하원, 7천억 달러에 달하는 구제금융 패키지 부결
40	1989년 10월 13일	−6.91%	유나이티드 에어라인 구제금융 실패
41	1914년 7월 30일	−6.90%	제1차 세계대전 발발
43	2009년 3월 23일	6.84%	은행 부실채권 매입을 위한 재무부 주도의 관민 1조 달러 매입 계획 발표
46	1940년 5월 14일	−6.80%	독일의 네덜란드 침공
48	1940년 5월 21일	−6.78%	프랑스에서의 연합군 반격
51	1931년 6월 20일	6.64%	후버 대통령의 해외 부채 모라토리엄 옹호
53	1934년 7월 26일	−6.62%	오스트리아 충돌, 이탈리아의 군 동원
56	1955년 9월 26일	−6.54%	아이젠하워 대통령 심장 발작
60	2002년 7월 24일	6.35%	JP 모건의 엔론 스캔들 연루 부인
63	1893년 7월 26일	−6.31%	이리 철도회사 파산
77	1929년 10월 31일	5.82%	연준의 재할인율 인하
78	1930년 6월 16일	−5.81%	후버 대통령, 관세법 서명
79	1933년 4월 20일	5.80%	금 본위제 포기에 따른 상승세 지속
87	1898년 5월 2일	5.64%	듀이장군, 스페인군 격파
91	1898년 5월 28일	5.56%	스페인과의 휴전협정 조인
93	2011년 8월 8일	−5.55%	스탠더드 앤드 푸어스의 미국 국채 신용등급 강등
100	1916년 12월 22일	5.47%	랜싱 국무장관, 미국의 제1차 세계대전 참전 가능성 부인
103	1896년 12월 18일	−5.42%	미 상원, 쿠바 자유화 결의
105	1933년 2월 25일	−5.40%	메릴랜드주 은행 휴일 선언
109	1933년 10월 23일	5.37%	루즈벨트 대통령, 미 달러화 평가절하
111	1916년 12월 21일	−5.35%	랜싱 국무장관, 미국의 참전 가능성 시사
120	1938년 8월 9일	5.25%	미 의회, 국채 이자에 대한 과세 법안 통과
139	2008년 11월 5일	−5.05%	민주당, 의회 및 대선 압승
144	1931년 10월 20일	5.03%	주간상업위원회(ICC), 철도 이용료 인상
145	1932년 3월 31일	−5.02%	미 의회, 자본이득세 법안 상정

고 있는 주식 급등락 사건 중 가장 큰 폭의 등락을 보인 것은 1931년 10월 6일 후버 대통령이 은행을 구제하기 위해 5억 달러에 이르는 자금 조성 제안을 하면서 주가가 14.87% 오른 것을 들 수 있으며, 사건사고와 연결된 두 번째로 큰 주가 변동성이 발생한 것은 2008년 10월 13일 연준이 해외 중앙은행들의 달러 부족 사태를 도와주기 위해 무제한의 자금 공여 의사를 밝히면서 주가가 11.08% 상승한 것이다.

만일 1885년 이후 하루 주가 변동률 10위까지만 집중한다면, 그 중에 2개만이 특별한 뉴스와 연관을 맺고 있다는 것을 발견할 수 있다. 역대 주가 변동률 1위를 기록한 1987년 10월 19일의 22.6% 하락은 특별한 사건이 눈에 띄지 않는다. 1940년부터 최근 금융위기까지의 자료를 살펴봐도, 사건사고와 결부된 주가 변동은 다음의 4건에 불과하다. 2001년 9월 17일의 하루 7.13% 폭락은 테러리스트의 공격에 의한 것이었고, 1997년 10월 27일의 7.18% 하락은 일부 투기꾼의 홍콩 달러화 공격으로 빚어진 것이었으며, 1989년 10월 13일 금요일의 6.91% 하락은 유나이티드 에어라인의 구제금융 실패에서 빚어졌고, 마지막 1955년 9월 26일의 6.54% 급락은 아이젠하워 대통령의 심장발작으로 촉발되었다.[3]

2008~2009년 글로벌 금융위기 기간 동안 발생한 뉴스와 연관을 맺은 주가 급등락 사례로(미 연준의 해외 중앙은행에 대한 무제한 달러 유동성 공급 지원은 이미 거론한 바 있음) 2009년 3월 23일의 6.8% 급등을 들 수 있는데, 이는 오바마 정부가 은행 부실채권 매입을 위해 재무부 주도의 관민 1조 달러 매입 계획 발표로 촉발되었다. 이 밖에 2008년 8월 29일 미 하원이 미 연준과 재무부가 제안한 7천억 달러에 달하는 구제금융 패키지(TARF, 부실 자산 매수 프로그램)를 부결시키자 발생한 7.0%의 주가 폭락 사태가 있었고, 2011년 8월 8일 미

국 신용평가기관 스탠더드 앤드 푸어스에 의한 미국 국가신용등급 강등으로 빚어진 5.5%의 주가 폭락도 빼놓을 수 없으며, 2008년 11월 5일 미 대선에서 민주당이 백악관과 의회를 동시 석권한 다음 발생한 5.05%의 주가하락도 있었다.

통화정책뿐만 아니라 전쟁도 중요한 주가 변동요인이었다. 그러나 2001년 9월 17일 테러리스트 공격 이후의 주가 하락률은 세계 2차 대전 당시 하와이 진주만 공격으로 촉발된 하락률 3.5%의 거의 2배 이상이었으며, 미국이 전쟁 등으로 인해 폭락했던 모든 사례보다도 더 큰 것이었음을 알아둘 필요가 있다.

심지어 어떤 사건이 발생한 날 주가의 급등락이 있었다 해도, 이 주가 변동이 진정 어떤 뉴스로 인한 것인지에 대해서는 첨예한 의견 불일치가 존재한다. 1991년 11월 15일 다우지수가 하루 중 120포인트, 거의 4% 가까이 폭락했는데 이 원인에 대해 인베스터스 비즈니스 데일리는 "바이오테크, 프로그램 매매, 그리고 국회 만기를 앞둔 책임 전가 등의 이슈로 인한 공포매도가 다우지수를 120포인트 떨어뜨렸다"고 보도했다.[4] 이와 대조적으로 런던에서 발간되는 파이낸셜 타임즈는 "러시아 사태에 대한 우려로 다우지수가 120포인트 폭락했다"는 뉴욕특파원의 기사를 1면에 게재했다. 더욱 흥미로운 것은 러시아 정부의 석유 라이센스 연장 및 금 생산업체 인수 등의 뉴스가 인베스터스 비즈니스 데일리의 기사에는 한 줄도 언급되지 않았다는 사실이다. 어떤 유명 일간지가 '주가 폭락의 이유'라고 거론했던 사실을 다른 뉴스 매체에서는 아예 거론조차 안한 것을 보면, 주식시장에 미치는 주요 사건의 영향력을 설명하는 게 얼마나 어려운 일인지 알 수 있다.

불확실성과 주식시장

주식시장은 불확실성을 싫어한다. 손에 익은 분석 틀 안에서 세상을 해석하고 있던 투자자들이 큰 충격을 받을 수 있기 때문이다. 2001년 9월 11일의 테러리스트 공격은 이런 충격의 대표적인 예가 될 것이다. 미국인들은 이런 테러리스트들의 공격이 미래에 어떤 변화를 가져올 것인지에 대해 확신할 수가 없었다. 예를 들어 항공여객 숫자는 얼마나 크게 줄어들 것인가? 더 나아가 총액 6천억 달러에 달하는 관광산업에는 얼마나 큰 영향을 줄 것인가? 이런 답할 수 없는 질문들은 투자자들의 초조감을 불러 일으켰고, 이는 결국 주가 하락으로 연결되었다.

대통령에 대한 불확실성도 주가 변동성 확대의 요인으로 작용한다. 주식시장은 대통령에 관련된 급작스러우면서도 예상치 못한 변화가 나타날 때마다 하락한다. 앞에서 잠깐 언급했던 것처럼, 아이젠하워 대통령의 심장 발작이 발생했던 1955년 9월 26일, 다우지수는 전후 다섯 번째로 큰 주가 변동인 6.54% 폭락을 경험했다. 이때의 주가 폭락은 투자자들 사이에 아이젠하워의 존재가 얼마나 큰 영향을 미치는지 보여주는 분명한 사례라 할 수 있다. 1963년 11월 22일 금요일 케네디 대통령이 암살되었을 때 다우지수는 2.9% 하락에 그쳤는데, 당시 뉴욕증권거래소가 투매를 막기 위해 2시간 일찍 폐장한 영향도 있었다. 뉴욕증권거래소의 휴장은 장례식이 치러지는 1963년 11월 25일 월요일까지 이어졌다. 화요일 린든 존슨 부통령이 대통령직을 승계하며 정치적 불확실성이 어느 정도 해소되자, 주식시장은 전후 최대 상승 폭 중의 하나인 4.5%의 랠리를 펼쳤다.

1901년 9월 14일 윌리엄 맥킨리 대통령이 피격 당했을 때도 상황은 비슷했다. 당일 주식시장은 4% 이상 급락했었지만, 다음날 하락 폭의 대부분을 만회했었다. 1923년 워런 하딩 대통령 사망 당시에도 시장은 일시 악영향을 받았지만, 금방 하락폭을 만회했다. 이런 일시적인 충격으로 인해 시장이 하락하는 경우, 정치적 리더쉽이 복원되는 순간 시장이 금방 그 하락폭을 만회하기 때문에 종종 저가 매수의 기회가 되기도 한다. 물론 투자자들이 절대 잊어버리지 못하는 정치가들이 간혹 존재한다. 월가에 적대적인 태도를 보였던 프랭클린 루즈벨트 대통령 사망 이후, 주식시장은 그 주간 4%대의 랠리를 펼쳤기 때문이다.

민주당과 공화당

주식시장 참가자들이 민주당보다는 공화당을 더 좋아한다는 사실은 이미 잘 알려져 있다. 대부분의 주식 트레이더와 기업 최고경영자들은 공화당원이며, 공화당의 정책 중 상당수가 주식시장 및 자본형성에 우호적인 것으로 간주된다. 반면 민주당은 자본차익 및 배당에 대한 과세에 대한 의지가 상대적으로 더 많고 규제 및 소득 재분배에 대한 관심이 더 큰 것으로 인식된다. 그럼에도 불구하고 주식시장의 역사를 살펴보면, 공화당 집권기간 보다 민주당 집권기간에 더 강세를 보였다.

도표 16-2에는 1888년 그로버 클리블랜드 대통령 취임 이후의 각 정당 집권 구간별 다우지수의 흐름이 표시되어 있다. 미국 주식시장 역사상 가장 강력한 약세장은 공화당 허버트 후버 대통령의 집권 기간에 발생했으며, 주식 중개인과 거래소를 종종 투기꾼이라고 매도했던 프랭클린 루즈벨트 대

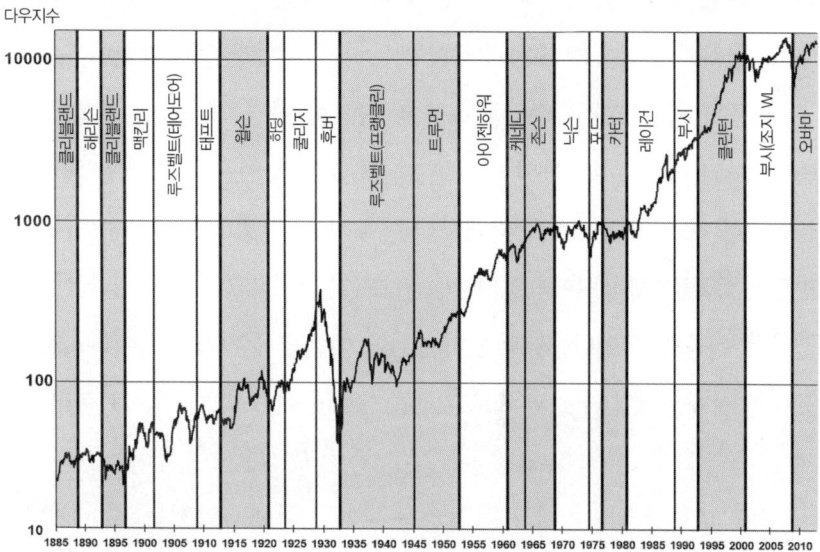

도표 16-2 | 대통령 임기별 다우지수(음영으로 표시된 부분은 민주당 대통령 재임기간), 1885~2012년

통령 재임기간에 하락 폭의 상당 부분을 회복할 수 있었다. 물론 대통령 선거 결과가 알려진 직후의 주식시장 반응은 민주당 후보보다는 공화당 후보가 대통령이 되었을 때 더 긍정적이었다. 1888년 이후 공화당 후보의 대통령 선출 당일 평균적으로 0.7% 상승한 반면, 민주당 후보의 대통령 당선 이후에는 0.6% 하락했었다. 그러나 선거 당일의 주가반응은 세계 2차 대전 이후에 점점 모호해지고 있다. 예를 들어 클린턴 대통령의 두 번째 대선 승리 당시 주식시장은 하원에 대한 공화당의 지배가 지속되는 것에 주목해 상승한 바 있다.

미국 대통령의 첫 번째, 두 번째, 그리고 세 번째와 네 번째 임기별 수익률이 표 16-3에 표시되어 있다. 평균적으로 임기 3년차의 수익률이 가장 좋은 것으로 나타난다. 특히 후버 대통령의 임기 3년차인 1931년의 사상 최악의 수익률 -43.3%를 제외하면 3년차의 수익률은 더욱 높아진다. 그러나 3년차 수익률이 항상 굉장했던 것은 아니다. 예를 들어 오바마 대통령의 첫 임기 3년차의 수익률은 1979년 카터 대통령 이후 가장 좋지 않았다.

대통령 임기 3년차 수익률이 높은 현상은 아직 명쾌하게 설명되지 않는다. 어떤 사람은 4년차의 대선을 한 해 앞두고 연준을 통해 통화공급을 늘리거나 혹은 재정지출을 확대하려는 동기를 가지고 있기 때문이라고 설명한다. 그렇지만 대통령 임기 4년차 수익률은 최고는 아니지만 꽤 높은 성과를 기록하고 있다. 시장 참가자들이 대통령 선거가 있는 해에 시장에 유리한 경제정책이 나올 것으로 기대하기 때문에 주가는 그 이전부터 오르게 된다.

최근 민주당 집권기에 거둔 놀라운 주가 성과에 대해서는 표 16-4에 자세히 표시되어 있다. 이 표는 민주 및 공화 양당 집권 기간 중의 연 평균 수익 수익률은 물론, 연 평균 물가상승률 그리고 실질 주가 상승률을 보여준다. 1888년 이후 미국 주식시장은 공화당보다는 민주당 대통령 재임 중에 더 높은 성과를 보인 것으로 나타나지만, 대신 공화당 대통령 재임기에는 물가상승률이 낮았기에 실질 주가 수익률은 어느 정당이 집권했느냐에 상관없이 비슷하다. 그렇지만 이 결과는 지난 60년 동안에는 잘 들어맞지 않는데, 제2차 세계대전 이후에는 민주당 대통령 시절에 훨씬 더 높은 성과를 기록했기 때문이다. 이런 통계는 최근 민주당 대통령 선출에도 불구하고 주식시장이 충격을 받지 않는 이유를 잘 보여주는 듯하다.

표 16-3 | 대통령 선출일과 임기 중 수익률, 1888~2012년

대통령	정당	선출일	선출일날 수익률	임기 1년차 수익률	임기 2년차 수익률	임기 3년차 수익률	임기 4년차 수익률
해리슨	공화	1888.11.6	0.4	11.8	-6.6	16.6	13.5
클리블랜드	민주	1892.11.8	-0.5	-15.3	11.9	11.3	-4.5
맥킨리	공화	1896.11.3	2.7	18.9	11.0	9.9	-1.3
맥킨리	공화	1900.11.6	3.3	35.3	0.3	-18.1	28.5
루즈벨트(테어도어)	공화	1904.11.8	1.3	25.2	2.0	-32.5	39.0
태프트	공화	1908.11.3	2.4	16.6	-0.6	0.5	11.7
윌슨	민주	1912.11.5	1.8	-13.0	-2.5	24.2	3.7
윌슨	민주	1916.11.7	-0.4	-30.9	-5.8	13.5	-19.3
하딩	공화	1920.11.2	-0.6	4.0	53.4	-11.1	21.5
쿨리지	공화	1924.11.4	1.2	33.3	15.8	36.0	36.5
후버	공화	1928.11.6	1.2	33.2	-29.6	-32.3	-13.6
루즈벨트(프랭클린)	민주	1932.11.8	-4.5	43.3	-4.13	7.2	43.6
루즈벨트(프랭클린)	민주	1936.11.3	2.3	-26.8	18.6	3.3	-11.8
루즈벨트(프랭클린)	민주	1940.11.5	-2.4	-10.2	-6.1	28.9	12.4
루즈벨트(프랭클린)	민주	1944.11.7	-0.3	30.6	-19.1	-0.5	4.3
트루먼	민주	1948.11.2	-3.8	7.9	28.8	18.2	8.1
아이젠하워	공화	1952.11.4	0.4	3.4	42.3	35.7	11.5
아이젠하워	공화	1956.11.6	-0.9	-9.9	25.8	13.5	-3.8
케네디	민주	1690.11.8	0.8	29.6	-15.8	32.4	18.5
존슨	민주	1964.11.3	-0.2	8.8	-16.0	25.0	6.8
닉슨	공화	1968.11.5	0.3	-10.1	-13.1	14.7	12.1
닉슨	공화	1972.11.7	-0.1	-4.3	-41.1	24.0	13.2
카터	민주	1976.11.2	-1.0	-9.7	3.6	-2.4	16.2
레이건	공화	1980.11.4	1.7	-12.2	11.6	28.4	-1.4
레이건	공화	1984.11.6	-0.9	14.2	30.1	16.3	-1.6
부시	공화	1988.11.8	-0.4	23.8	-13.9	26.5	6.5
클린턴	민주	1992.11.3	-0.9	12.5	0.2	25.4	19.4
클린턴	민주	1996.11.5	2.6	35.2	8.6	24.3	4.6
부시(조지 W)	공화	2000.11.7*	-1.6	-23.1	-20.9	21.2	6.0
부시(조지 W)	공화	2004.11.2	1.1	4.0	14.9	11.0	-37.9
오바마	민주	2008.11.4	-1.3	13.7	10.6	1.4	19.0
오바마	민주	2012.11.6	-1.5				
1888년부터 2012년 6월까지의 평균 수익률		민주당	-1.6	5.0	0.9	16.1	8.1
		공화당	0.7	9.6	4.8	9.4	8.3
		전체	0.1	7.7	3.0	13.0	8.4
1948년부터 2012년 6월까지의 평균 수익률		민주당	-0.7	12.3	2.5	15.5	11.6
		공화당	0.0	-1.6	4.0	21.2	0.5
		전체	-0.3	5.2	3.5	19.7	6.1

*대선 결과는 2000년 12월 13일까지 공식적으로 미확정 상태였다.

표 16-4 | 대통령 임기별 수익률, 1888~2012년

대통령	정당	선출일	재임기간 (월)	연간 명목 수익률	연 평균 물가 상승률	연간 실질 수익률
해리슨	공화	1888.11-1892.10	48	5.48	-2.73	8.43
클리블랜드	민주	1892.11-1896.10	48	-2.88	-3.06	0.19
맥킨리	공화	1896.11-1901.8	58	19.42	3.69	15.18
루즈벨트(테어도어)	공화	1901.1-1908.1	86	5.02	1.95	3.01
태프트	공화	1908.11-1912.10	48	9.56	2.59	6.80
윌슨	민주	1912.11-1920.10	96	3.55	9.26	-5.23
하딩	공화	1920.11-1923.7	33	7.43	-5.16	13.28
쿨리지	공화	1923.8-1928.10	63	26.99	0.00	26.99
후버	공화	1928.11-1932.10	48	-19.31	-6.23	-13.96
루즈벨트(프랭클린)	민주	1932.11-1945.3	149	11.42	2.37	8.83
트루먼	민주	1945.4-1952.10	91	13.84	5.49	7.91
아이젠하워	공화	1952.11-1960.10	96	15.09	1.38	13.52
케네디	민주	1960.11-1963.10	36	14.3	11.11	13.06
존슨	민주	1963.11-1968.10	60	10.64	2.76	7.66
닉슨	공화	1968.11-1974.7	69	-1.39	6.02	-6.99
포드	공화	1974.8-1976.10	27	16.56	7.31	8.62
카터	민주	1976.11-1980.10	48	11.66	10.01	1.50
레이건	공화	1980.11-1988.10	96	14.64	4.46	9.75
부시	공화	1988.11-1992.10	48	14.05	4.22	9.44
클린턴	민주	1992.11-2000.10	96	18.74	2.59	15.74
부시(조지 W)	공화	2000.11-2008.10	96	-2.75	2.77	-5.38
오바마	민주	2008.10-2012.12	50	12.10	1.41	10.54
1888년부터 2012년 12월까지의 평균 수익률		민주당	674	10.80	3.86	6.80
		공화당	816	8.47	1.90	6.45
		전체	100%	9.53	2.78	6.61
1952년부터 2012년 12월까지의 평균 수익률		민주당	290	14.20	3.47	10.48
		공화당	432	8.37	3.80	4.45
		전체	100%	10.71	3.67	6.87

주식과 전쟁

1885년 이후 미국이 전쟁 중이거나, 혹은 출전을 앞둔 상태로 보낸 시기는 전체의 1/5에 해당한다. 그리고 주식시장은 전시든 혹은 평상시든 상관

없이 비슷한 명목 수익률을 기록했다. 그러나 전시의 연 평균 물가상승률이 6%를 기록한 반면, 평상시의 물가 상승률이 2%에 불과하기 때문에 실질 수익률 기준으로 보면 평상시의 성과가 월등한 것으로 나타난다.

실질수익률은 평상시가 좋았지만, 대신 다우지수의 월간 수익률 표준편차로 측정한 변동성은 평상시가 전시에 비해 높았다. 미국 주식시장 역사에서 가장 극심한 주가 변동의 시기는 1920년대 후반부터 미국이 제2차 세계대전에 참전하기 이전인 1930년대 초반이었으며, 최근 2008~2009년 글로벌 금융위기가 그 다음으로 변동성이 심한 시기였다. 반대로 수많은 전쟁 중에서 제1차 세계대전과 걸프전만이 역사적 평균 이상의 변동성을 기록했었다.

이론적으로만 보면, 전쟁은 주식가격에 부정적인 영향을 미치는 게 당연하다. 왜냐하면 정부는 전쟁 중에 경제 전체의 자원을 동원할 뿐만 아니라, 세율 인상 및 거대한 재정차입을 지속하여 주식에 대한 수요를 위축시킬 것이기 때문이다. 특히 전체 산업계는 전쟁을 위해 동원될 수밖에 없다. 더 나아가 만에 하나 전쟁에서 만약 패배한다면, 승자에게 모든 것을 빼앗길 수도 있기에 주가 하락의 위험이 커질 것이다. 그러나 이런 이론과 달리, 제2차 세계대전의 패전국인 일본과 독일은 급격히 회복했으며 주식시장은 일대 붐을 경험했다.

세계대전 기간의 주식시장

주식시장의 변동성 면에서는 제2차 세계대전보다 제1차 세계대전 때 훨씬 더 컸다. 제1차 세계대전의 초기에는 주식시장이 거의 100%에 이르는 상승세를 보였지만, 미국이 참전하면서 40% 폭락했으며 전쟁이 끝날 때에는 다시 강력한 상승세를 보였기 때문이다. 반대로 제2차 세계대전 중 주식시장은 전쟁 전 주가 수준으로부터 32% 이상 벗어난 적이 없다.

제1차 세계대전의 발발은 주식시장에 패닉을 불러 일으켰는데, 왜냐하면 유럽 투자자들이 주식을 처분해 금과 현금으로 바꾸려 했기 때문이다. 1914년 7월 28일, 오스트리아와 헝가리가 세르비아에게 선전 포고를 한 후 유럽의 주요 주식시장은 일제히 문을 닫았다. 유럽 금융시장의 패닉은 뉴욕까지 전염되어 1914년 7월 30일 목요일 뉴욕 다우지수는 거의 7% 폭락하여 1907년 패닉 당시의 하락률 8.3% 이후 최악의 하루를 경험했다. 결국 1914년 7월 31일 금요일, 뉴욕증권거래소는 무기한 휴장을 결정할 수밖에 없었다.

이때 뉴욕증시 휴장은 12월까지 이어졌다. 이렇게 긴 휴장은 그 이전에도 없었고, 그 이후에도 없었다. 긴급한 수요에 의한 거래는 허용되었지만, 목요일 폐장가 이상의 가격으로만 거래가 이뤄지도록 허용되었다. 그렇지만 불법적인 장외시장 거래는 계속 이뤄지고 있었으며, 이들 불법적인 거래 가격들은 11월까지 지속적으로 하락하고 있었다. 비공식적으로, 늦가을 무렵 주가는 7월의 휴장 조치 이후 거의 15~20% 하락한 것으로 보인다.

주식시장의 무기한 휴장이 이뤄지는 동안, 아이러니하게도 미국은 세계 대전에 참여하지도 않았고 금융 및 경제 여건의 악화도 크지 않았다. 즉, 주식시장이 열리지 않는 기간 동안 상당수 트레이더들은 미국이 유럽의 전쟁으로부터 큰 경제적 혜택을 누리고 있다는 것을 깨닫게 되었다. 미국이 생산한 군수품과 원자재들을 교전국에 공급하고 있다는 것을 알아차리자 주식에 대한 대중들의 관심이 급격히 높아지게 되었다.

1914년 12월 12일 뉴욕주식시장이 다시 열린 첫날, 주가는 급등했다. 다우지수는 7월 휴장 전 주가에 비해 5% 이상 급등하며 마무리되었다. 랠리는 이것으로 끝나지 않고 1915년 한 해 동안 82% 상승함으로써 다우지수 작성 이후 연간 상승률 최고기록을 갱신했다. 주식시장의 랠리는 1916년 11월 정점에 도달했는데, 이때 주가는 전쟁 전에 비해 거의 2배 이상 상승한 것이었다. 그러나 1917년 4월 16일, 미국이 참전하면서 10% 하락했으며 1918년 11월 제1차 세계대전이 끝날 때까지 다시 10% 주저앉았다.

1915년의 강세장은 다음 세대의 트레이더들에게도 강한 인상을 남겼다. 1939년 제2차 세계대전이 발발했을 때, 투자자들은 제1차 세계대전으로부터 투자의 단서를 얻을 수 있었다. 1939년 9월 3일, 영국이 독일에게 선전포고했을 때 주식시장의 반응은 폭발적이었으며 특히 도쿄증권거래소는 조기 폐장할 정도였다. 이윽고 날이 밝아 뉴욕증시가 개장하자, 매수 패닉이 발생했다. 다우존스산업평균지수는 7% 이상 상승했으며 유럽증시가 다시 개장했을 때조차 강세 흐름이 굳건했다.

그러나 제2차 세계대전 발발에 따른 열광은 급격히 사라졌다. 일단 루즈벨트 대통령이 제2차 세계대전 때처럼 기업들이 쉽게 돈을 벌도록 내버려둘 의지가 없음을 분명히 했기 때문이다. 젊은이들이 바다 건너의 전쟁터에서 피를 흘리는 동안 기업들이 기록적인 이익을 벌어들이는 것이 부당하다고 느끼는 미국인들이 늘어남에 따라, 기업들이 벌어들이는 돈에 대한 대중의 비판이 증가했기 때문이다. 결국 제2차 세계대전 중 기업들이 벌어들인 초과수익을 세금으로 환수하는 법안이 의회를 통과하여, 전쟁기간 동안 투자자들은 기대하던 성과를 얻을 수 없었다.

일본이 진주만을 공격하던 날, 다우지수는 1939년의 최고치 대비 25% 떨어진 상태였으며 1929년의 정점에 비해서는 1/3 수준에 머무르고 있었다. 진주만 공습은 주가를 3.5% 이상 떨어뜨렸으며, 미국이 초기에 입은 피해를 복구한 1942년 4월 28일까지 약세장이 이어졌다.

그러나 연합군이 전세를 역전시키자, 주식시장도 상승하기 시작했다. 1945년 5월 7일 독일군이 항복할 때, 다우지수는 제2차 세계대전 발발 이전에 비해 20% 이상 상승한 상황이었다. 특히 히로시마에 원자폭탄이 투자되자, 투자자들은 종전이 임박했음을 깨닫고 매수에 나서 주가는 1.7% 상승했다. 그러나 1939년 독일의 폴란드 침입 이후 6년의 주가 상승률은 제1차 세계대전과 달리 약 30% 전후에 불과했다.

1945년 이후의 갈등

한국전쟁이 발발했을 때 투자자들은 크게 놀랐다. 1950년 6월 25일 북한이 남한을 침공했을 때, 다우지수는 4.65% 폭락하여 진주만 공습 때보다 더 큰 하락률을 기록했다. 그러나 투자자들이 조금씩 안정을 되찾음에 따라 주식시장은 전쟁 전 수준 대비 12% 전후에서 바닥을 형성하기 시작했다.

베트남전쟁은 미국 역대 전쟁 중에 가장 길고, 또 가장 유명한 전쟁 중 하나로 손꼽힌다. 1964년 8월 2일, 2대의 폭격기에 의해 이뤄진 통킹만 폭격은 베트남전쟁의 중요한 전환점으로 작용했다.

통킹만 폭격 1년 반 뒤, 다우지수는 995포인트까지 상승하여 사상 최고치를 갱신했으며 이는 폭격 이전에 비해 18% 높은 것이었다. 그러나 연준이 인플레이션을 억제하기 위해 통화공급을 축소하자 주식시장은 순식간에 30% 이상 하락하고 말았다. 미군의 전력이 1968년 초까지 지속적으로 강화됨에 따라 다시 주식시장은 이전 수준을 회복했다. 2년 후 닉슨 대통령이 군대를 캄보디아로 파견하고 이자율이 급등하며 경기침체의 가능성이 부각되자, 다시 주식시장은 하락세로 돌아서서 전쟁 직전 대비 거의 25%나 하락하고 말았다.

1973년 1월 27일 북베트남과 미국 사이의 평화협정이 파리에서 체결되며 베트남전쟁은 끝을 맺었다. 그러나 8년에 걸친 전쟁으로 인한 성과는 거의 없었으며, 주식시장 역시 인플레이션과 이자율 상승 그리고 베트남전쟁과 직접 연결되지는 않은 다른 문제들로 인해 부진한 모습을 보였다.

베트남전쟁이 미국이 참여한 전쟁 중에 가장 긴 것이었다면, 1991년의 걸프전쟁은 가장 짧은 전쟁이었다. 1990년 8월 2일, 이라크의 쿠웨이트 침공으로 국제유가가 급등했고 미국은 사우디아라비아에 주둔하던 미군을 증강하기 시작했다. 석유가격의 급등으로 이미 하강세에 있던 미국 경제는 큰 타격을 받아 경기침체가 시작되었다. 이 결과 주식시장은 약세로 돌아서, 10월 11일까지 다우지수는 전쟁 전에 비해 18% 이상 하락하고 말았다.

1991년 1월 17일 미국이 공세적인 태도로 돌아서자 시장 분위기가 일변했다. 그리고 특기할 만한 것은, 도쿄, 싱가포르, 런던, 뉴욕 등 주요 금융시장에서 석유와 금 그리고 미 국채가 실시간으로 거래되는 상황에서 벌어진 첫 번째 전쟁이었다는 점이었다. 따라서 시장은 즉각적으로 전쟁에 대한 평가를 가격에 반영했다. 미군의 바그다드 공습이 시작되자 도쿄에서 미 국채에 대한 매도가 촉발되었지만, 경탄할 만한 연합군의 성공이 확인됨에 따라 순식간에 주식 및 채권에 대한 매수세가 급격히 유입되었다. 동아시아 시장에서 유가의 폭락이 시작되었고, 이어 북해산 브렌트유도 배럴당 29달러 수준으로 떨어졌다.

다음날, 세계 주식시장은 동반 상승했다. 미국 다우지수가 115포인트, 4.4% 상승했고 유럽과 아시아 시장도 마찬가지였다. 그리고 미군이 쿠웨이트를 침공했던 이라크 지상군을 쳐부수는 데 성공하자, 시장은 불과 2달 만에 승리를 거두었음을 확인했다. 2월 28일 걸프전이 종료되었고, 3월 첫 수 다우지수는 전쟁 시작 전에 비해 18%나 높은 수준에 도달했다.

이 장에서 다루는 마지막 사례는 2011년 9월 11일 테러리스트의 뉴욕 및 미 국방부 빌딩 공격으로 시작된 테러와의 전쟁이다. 다우지수는 9월 10일 9,606포인트에서 9월 21일 금요일 장중 8,062포인트까지 급락했다. 그러나 다음 주부터 주식시장은 반등하기 시작해, 10월 7일 미군이 아프가니스탄 탈레반에 공세를 가하자 9,120포인트까지 회복했다.

아프가니스탄 전쟁 초기의 군사적 성공과 미 연준의 공격적인 통화공급 확대 정책에 힘입어, 11월 13일 다우지수는 테러리스트 공격 이전 수준을 회복한 데 이어 연말까지 지속적으로 상승세를 이어갔다. 9월 21일 최저점 8,062 포인트를 기록했던 다우지수는 이 해 12월 28일 장 중 10,184포인트까지 상승함으로써 3달 만에 26.3%의 랠리를 펼쳤다.

2002년 3월 19일 10,673포인트까지 상승세가 지속되었으나, 2년 전의 최고점에 비하면 아직 큰 거리가 있었다. 그리고 엔론과 월드컴 등 몇몇 기업들의 회계 스캔들이 촉발되고 경제 여건마저 악화됨에 따라 2002년 10월 10일 다우지수는 다시 7,197포인트까지 하락하고 말았다. 2000년 1월 14일에 기록했던 다우지수 11,750포인트의 고점에 비해 2002년 10월 10일 다우지수는 거의 39% 하락했으며, S&P500지수는 기술주의 비중이 더 높았기에 하락률이 더 컸다.

이후 반등이 나타나며 다우지수 9천선을 일시 회복하기도 했지만, 두 번째 이라크전쟁에 대한 우려가 부각되며 2003년 3월 11일 다우지수는 7,524포인트까지 하락하고 말았다. 그러나 12년 전 걸프전의 경험과 마찬가지로, 시장은 이라크전쟁이 일반적인 전쟁의 특성을 띠지 않고 있다는 우려가 증가했음에도 불구하고 전쟁이 본격 시작되면서 랠리를 펼치기 시작했다.

2006년 중간 선거에서 공화당이 민주당에게 참패를 했음에도 불구하고 2007년 여름 미국 주식시장은 사상 최고치에 도달함으로써 2000~2002년 사이에 기록했던 주가 하락폭을 만회할 수 있었다. 이라크전쟁이 시작되었던 2003년 말부터 글로벌 금융위기가 막 시작되던 2007년 6월까지, 주식시장의 연 평균 성과는 17.5%에 달했다.

결론

격렬한 주가변동의 원인을 살펴본 결과, 전체의 약 1/4 이하만이 정치 혹은 경제적인 사건 사고로부터 직접 영향을 받았다는 것을 발견할 수 있었다. 그리고 이런 사실은 주식시장의 움직임을 예상하는 일이 얼마나 힘들며, 더 나아가 시장이 얼마나 예측불가한지를 확인시켜준다. 만일 어떤 투자자가 제1차 세계대전의 발발에 놀라 주식을 매도했다면 주식시장 역사상 최고의 수익률을 기록한 1915년의 랠리를 놓쳤을 것이다. 그러나 제1차 세계대전의 경험을 떠올리며 제2차 세계대전의 발발을 계기로 주식을 매수한 투자자는 루즈벨트 정부의 기업 이익 제한 조치로 인해 실망스러운 성과를 기록했을 것이다. 그럼에도 불구하고 세계적인 사건의 발발은 금융시장에 단기적으로 큰 충격을 주지만, 주식시장이 제공하는 장기적인 성과로 인해 결국은 만족스러운 결과를 제공했다.

17
주식, 채권, 그리고 경제데이터의 흐름

> 주식시장은 사실 모든 변수에 영향을 받는다.
> —제임스 플레이시드 우드James Palysted Wood, 1966년

1996년 7월 5일 금요일, 오전 8시 28분 미 동부의 아침이 밝아왔다. 7월 4일 독립기념일 휴일과 토요일 사이에 낀 샌드위치 데이인 관계로 주식의 거래량이나 변동성이 원래는 적었어야 했지만, 이날만은 달랐다. 전 세계의 트레이더들은 초조한 눈빛으로 그들의 단말기를 뚫어져라 응시했으며, 특히 뉴스 속보에 초점을 맞추고 있었다. 주간 내내 주식, 채권 그리고 외환 트레이더들은 금요일만을 기다려왔다. 왜냐하면 7월 5일 금요일에 매달 발표되는 경제데이터 중에서 가장 중요한 월간 고용보고서가 나오기 때문이었다. 다우지수는 5월 말에 도달했던 사상최고치에 약간 못 미치는 수준에서 거

래되고 있었다. 그러나 주가상승 속에 채권 금리는 상승 중이었으며, 트레이더들은 금리의 상승세가 언제까지 이어질지에 대해 고민하고 있었다. 몇 초가 지난 후 채권가격이 격렬하게 움직이기 시작했다. 8시 30분 다음과 같은 헤드라인 기사가 화면에 등장했기 때문이었다.

> 비농업부문 취업자는 23만 9천명 증가했으며, 실업률은 6년래 최저치인 5.3%로 하락, 그리고 시간당 임금은 30년래 최대 폭인 9센트 상승

클린턴 대통령은 고용보고서 발표 이후 "우리 세대는 가장 강력한 경제성장을 기록하고 있습니다. 특히 임금이 강력하게 상승하고 있습니다."라고 선언했다.

그러나 금융시장의 반응은 전혀 달랐다. 미 연준의 통화긴축 우려가 부각되며 장기채권 가격이 폭락했으며 금리는 반대로 거의 0.25% 뛰어올랐다. 아직 주식시장은 개장하지 않았지만, S&P500지수 선물은 거의 2% 가까이 하락했다. 이미 개장해 있던 유럽의 주식시장도 마찬가지로 매도세가 압도적이었다. 독일 주식시장을 대표하는 DAX지수, 그리고 프랑스의 CAC지수, 영국의 FTSE지수 모두 2% 가까이 하락했다. 불과 몇 초 사이에 전 세계 주식시장은 거의 2천억 달러 이상의 시가총액 손실을 기록했으며, 채권시장 역시 마찬가지 손실을 기록했다.

이 일화는 실물 경제활동 참가자들이 호재라고 생각하는 일을, 월스트리트는 종종 악재로 받아들인다는 것을 잘 보여준다. 이런 현상이 벌어지는 이유는 당장의 이익뿐만 아니라 채권과 인플레이션, 그리고 미 연준의 통화정책 방향 등도 주식시장에 큰 영향을 미치기 때문이다.

경제 데이터와 시장

뉴스는 시장을 움직인다. 그리고 전쟁이나 정치적 변화, 자연재해 등 수많은 뉴스들은 예측 불가능하다. 반면 경제 지표와 관련된 뉴스는 1년 혹은 그 이전부터 언제 발표될지를 다 알고 있다. 특히 미국의 경우 1년에만 수백 개의 데이터들이 발표되며 최근 민간 기업들에 의한 발표가 증가하고는 있지만 대부분은 정부에 의해 작성된다. 경제에 대한 모든 데이터들에 관심이 쏟아지지만, 특히 경제성장과 인플레이션 관련 데이터에 대해 시장의 관심이 집중된다.

경제 데이터는 트레이더들이 경제를 판단하는 기준이 될 뿐만 아니라, 중앙은행이 통화정책을 어떤 방향으로 끌고 나갈 것인지에 대한 트레이더들의 기대에도 영향을 미치기 때문이다. 강력한 경제성장 혹은 높은 인플레이션은 중앙은행의 통화긴축정책이나 통화완화정책의 중단 가능성을 높이게 된다. 결국 이상의 모든 데이터들은 금리, 경제, 주가에 대한 트레이더들의 미래 예측에 영향을 미치게 된다.

시장 반응의 원칙들

금융시장은 경제데이터의 발표에 직접적으로 반응하기보다는, 실제 발표된 데이터와 시장 기대치의 차이에 반응하는 경향이 있다. 경제 뉴스가 호재냐 악재냐는 크게 영향을 미치지 않는다. 예를 들어 비농업부문 신규 취업자 수가 20만 명 줄어들 것이라고 예상되고 있었는데 10만 명 줄어든 것으로 발표되면 시장에서 '예상보다 좋은 소식'이라고 해석되며, 만일 시장 참가자들이 10만 명 증가를 예상했을 때 20만 명 증가로 발표되었더라도 역시 마찬가지 영향을 미치게 된다.

금융시장의 참가자들이 기대치와 실제 발표된 데이터의 '차이'에 이렇게 관심을 집중하는 이유는 증권 가격에 이미 시장의 기대가 반영되어 있다고 보기 때문이다. 어떤 회사가 발표하는 실적이 나쁠 것으로 기대되면, 그 회사 주가에는 이런 기대가 이미 반영되어 있다. 만일 실제로 발표된 실적이 기대만큼 나쁘지 않으면 주가는 오히려 상승한다. 채권 가격과 환율도 마찬가지 방식으로 움직인다.

따라서 시장 흐름을 이해하려면 발표 데이터에 대한 '시장의 기대'를 파악해야 한다. 시장의 기대는 흔히 '컨센서스 추정치 consensus estimate'라고도 부르는데, 뉴스회사와 조사기관들이 수집한다. 이들은 경제학자, 전문 예측가, 트레이더, 기타 시장 참가자들이 예상하는 발표 수치를 조사한다. 이들이 조사한 결과를 경제언론에 보내면 인터넷이나 다른 언론매체를 통해서 널리 보도된다.[1]

데이터에 담긴 정보

사람들은 경제 데이터를 분석하여 미래 경제 성장률, 인플레이션, 중앙은행의 정책을 예상한다. 다음은 경제성장 데이터가 발표될 때 채권시장이 반응하는 원리다.

경제성장이 예상보다 강하면 장기 금리와 단기 금리가 모두 상승한나. 경세성장이 예상보다 약하면 금리가 하락한다.

경제성장이 예상보다 강할 때 금리가 상승하는 이유는 여러 가지다. 첫째, 소비자들의 자신감이 상승하여 미래 소득을 기대하고 돈을 더 많이 빌리려 하므로 대출 수요가 증가한다. 아울러 기업들도 생산을 확대하려고 한다. 이렇게 기업과 소비자의 대출 수요가 증가하므로 금리가 상승한다.

둘째, 경제성장이 예상보다 강하면 인플레이션 우려가 증가하는데, 특히 경기 확장기 말기에 이런 우려가 커진다. 경기 확장기 초기나 중기에는 대개 생산성 증가에 의해서 경제성장이 이루어지므로, 인플레이션이 거의 발생하지 않는다.

1996년 7월 5일 노동부가 경제 데이터를 발표했을 때에는 주로 인플레이션에 대한 우려 때문에 금리가 치솟았다. 트레이더들은 실업률이 하락하여 노동 공급이 부족해지면, 임금이 대폭 상승하여 인플레이션이 발생할 것으로 우려했다.

경제성장 데이터는 중앙은행의 정책에도 커다란 영향을 미친다. 경제가 과열되어 인플레이션 위험이 커지면, 중앙은행은 흔히 통화를 긴축한다. 총수요가 상품 및 서비스 공급보다 지나치게 빠르게 증가하면, 통화 당국은 대개 경제 과열을 막으려고 금리를 인상한다.

반면에 고용 데이터가 예상보다 약하면 대출 수요와 인플레이션 압력이 감소하여 금리가 하락하고, 채권 가격은 상승한다. 채권 가격은 금리와 반대 방향으로 움직인다는 점을 기억하라.

비슷한 데이터가 잇달아 똑같은 방향을 가리키면, 시장이 더 강하게 반응한다는 점에 주목하라. 예를 들어 예상보다 높은 인플레이션 데이터가 발표된 다음 달에 또 다시 인플레이션 데이터가 예상보다 높게 나오면 시장은 더 강하게 반응한다. 개별 데이터에는 소음이 많아서 다음 달에는 방향이 바뀌기 쉽다. 하지만 잇달아 나오는 데이터가 똑같은 방향을 가리키면 새로운 추세가 확립되었을 가능성이 크므로, 시장도 이 추세를 따라가기 때문에 더 강하게 반응하는 것이다.

경제성장과 주가

높은 경제성장률이 나왔을 때 주가가 하락하면 일반 대중은 물론 경제 언론도 놀란다. 그러나 예상보다 높은 경제성장률은 주가를 올릴 수도 있고 내릴 수도 있다. 경제가 성장하면 미래 기업 이익이 증가하므로, 이는 주가에 호재다. 그러나 경제가 성장하면 금리도 상승하고, 기업의 미래 이익에 적용되는 할인율이 상승한다. 반면에 경제성장률이 부진하면 미래 기업 이익이 감소한다. 그러나 기업의 미래 이익에 적용되는 할인율도 하락하므로 주가는 상승할 수 있다. 요컨대 이는 미래 현금흐름에 해당하는 분자와, 이 현금흐름에 적용되는 할인율에 해당하는 분모 사이의 힘겨루기가 된다.

분자와 분모 중 어느 쪽이 더 강하냐는 대개 경기순환 주기에 좌우된다. 최근 분석에 의하면 침체기에는 경제성장률이 예상보다 높으면 주가가 상승한다. 침체기에는 금리 변동보다 기업 이익이 더 중요하기 때문이다.[2] 그러나 경제성장률이 예상보다 부진하면 주가는 하락한다. 반면에 경기 확장기, 특히 확장기 말기에는 인플레이션 위험이 크므로 금리변동이 더 중요하다.

주식 트레이더들은 채권시장의 흐름을 참고하여 매매전략을 수립한다. 특히 금리변동과 주식의 예상 수익률을 바탕으로 주식과 채권의 비중을 조절하는 펀드매니저들은 채권시장의 흐름을 중시한다. 부진한 경제성장률이 나와서 금리가 하락하면, 이런 펀드매니저들은 즉시 주식의 비중을 높인다. 수익률 면에서 주식이 채권보다 유리해지기 때문이다. 반면에 부진한 고용지표를 보고 미래 기업 이익이 감소할 것으로 해석하는 투자자는 주식을 팔게 된다. 때로는 경제 데이터가 기업의 이익과 금리에 미치는 영향을 투자자들이 분석하는 동안, 주식시장이 온종일 혼란스러운 모습을 보이기도 한다.

고용보고서

노동통계국$^{\text{Bureau of Labor Statistics: BLS}}$이 집계하는 고용보고서는 매달 미국정부가 발표하는 데이터 중 단연 가장 중요한 데이터다. 노동통계국은 고용통계와 실업 통계를 조사하는데, 둘을 조사하는 방식이 완전히 다르다. 취업자 수 조사$^{\text{payroll survey}}$는 급여자 명단에 들어 있는 취업자 수를 조사하는 방식이고, 가구 조사는 구직자의 수를 조사하는 방식이다. 취업자 수 조사는 사업체 조사$^{\text{establishment survey}}$라고도 부르며, 약 40만 개 사업체와 정부 기관에서 근무하는 약 5,000만 노동자(전체 노동자의 약 40%)의 급여 데이터를 수집한다. 대부분 예측가는 이 데이터를 이용해서 미래 경제 흐름을 판단한다. 트레이더들이 가장 중시하는 데이터는 비농업 취업자 수$^{\text{non-farm payroll}}$(농장 노동자 수는 경기 순환 추세와 무관하고 변동성이 매우 높아서 제외)의 변화이다.

실업률unemployment rate이 산출되는 방식은 전혀 다르다. 실업률은 종종 저녁 뉴스에서 첫 소식으로 전달된다. 실업률은 약 6만 가구에 대한 '가구 조사' 방식으로 산출된다. 이 조사에서는 지난 4주 동안 '적극적으로' 일자리를 찾은 가족이 있었는지 물어보는데, 그렇다고 대답한 사람은 실업자로 분류된다. 이렇게 집계된 실업자 수를 노동인구로 나누면 실업률이 나온다. 미국에서 노동인구는 취업자 수에 실업자 수를 더한 숫자로 정의하며, 성인 인구의 약 3분의 2를 차지한다. 1980년대와 1990년대에는 구직 여성이 증가하면서 노동인구가 꾸준히 증가했으나, 최근에는 감소했다.

노동통계국 통계는 해석하기가 매우 까다롭다. 취업자 수와 실업률은 동시에 증가하거나 동시에 감소하기도 하는데, 이는 둘을 조사하는 방식이 전혀 다르기 때문이다. 예를 들어 취업자 수 조사에서는 일자리 숫자를 세지만, 가구 조사에서는 사람 숫자를 센다. 따라서 두 가지 일을 하는 노동자가 가구 조사에서는 한 사람으로 계산되지만, 취업자 수 조사에서는 일자리 둘로 계산된다. 그리고 자영업자는 취업자 수에 포함되지 않지만, 가구 조사에는 포함된다. 끝으로 경기 회복기 초기에는 노동시장 여건이 개선되어 구직자가 증가하는 탓에 실업률이 상승할 수도 있다.

이런 이유로 경제학자와 예측가들은 경기 순환을 예측할 때 실업률을 중시하지 않는다. 그렇더라도 실업률이 정치에 미치는 영향은 적지 않다. 실업률은 일자리를 얻지 못한 구직자들의 비율을 직관적으로 보여주기 때문이다. 대중은 다른 어떤 숫자보다도 실업률로 경제의 건전성을 평가한다. 게다가 연준의장 벤 버냉키는 금융위기 이후 금리 인상 개시 기준으로 실업률을 선택했다. 따라서 트레이더와 시장 분석가들은 이제 실업률을 매우 중시하고 있다.

2005년 이후 오토매틱 데이터 프로세싱^{ADP}은 노동통계국이 고용 보고서를 발표하기 이틀 전에 이른바 'ADP 미국 고용보고서$^{The\ ADP\ National\ Employment\ Report}$'라는 고용자 수 데이터를 발표한다. ADP 미국 고용보고서는 ADP의 고객인 약 50만 개 미국 기업과 2,300만 노동자 중 약 절반을 바탕으로 비농업 민간 고용자 수를 측정한다. ADP는 미국 민간 노동자 6명 중 1명의 급여를 처리하며, 고객 기업이 속한 산업, 규모, 지역도 다양하므로 ADP 통계는 이후 발표되는 노동통계를 가늠하는 훌륭한 단서가 된다.

경제 데이터 발표 주기

고용보고서는 매달 발표되는 수십 개 경제 데이터 중 하나에 불과하다. 도표 17-1은 전형적인 월간 경제 데이터 발표 일정이다. 별표의 숫자는 데이터의 중요도를 나타낸다.

경제성장에 관한 데이터 중에서는 월초에 나오는 ADP 고용추정치가 가장 중요하다고 볼 수 있다. 매월 첫 영업일에는 공급관리협회^{ISM}(전에는 구매관리자협회)에서 '구매관리자지수$^{purchasing\ managers\ index}$'를 발표한다.

공급관리협회는 250개 제조회사 구매관리자들을 대상으로 주문, 생산, 고용, 기타 지표가 상승하는지 하락하는지를 조사하여 지수를 산출한다. 이 지수가 50이면, 생산활동이 증가한다고 대답한 관리자와 감소한다고 대답한 관리자가 각각 절반이라는 뜻이다. 이 지수가 52나 53이면 경기가 정상적으로 확장한다는 신호다. 60이면 생산활동이 증가한다고 대답한 관리자가 60%로서, 경기가 강하게 확장한다는 뜻이다. 지수가 50 미만이면 생

도표 17-1 | 전형적인 월간 경제 데이터 일정표

월요일	화요일	수요일	목요일	금요일
1 10:00 구매관리자 지수**(PMI)	2 자동차 매출*	3 8:15 ADP 고용 추정치*** 10:00 서비스 PM***	4 8:30 실업수당 청구건수** 무역보고*	5 8:30 고용보고서****
8	9	10	11 8:30 실업수당 청구건수** 무역보고*	12 8:30 생산자 물가지수**** 9:55 미시간대 소비자 신뢰지수
15 8:30 뉴욕 연준* 소매 판매***	16 8:30 소비자 물가지수*** 9:15 산업생산* 10:00 전미주택건설업협회 지수**	17 8:30 주택착공건수*** 건축허가***	18 8:30 실업수당 청구건수** 10:00 필라델피아 연준*	19
22 10:00 기존주택 판매**	23 8:30 내구재 주문**	24 10:00 신규주택 판매*	25 8:30 실업수당 청구건수**	26
29	30 8:30 분기 GDP*** 9:00 케이스-실러 주택가격 지수* 10:00 컨퍼런스보드 소비자신뢰지수**	31 8:30 고용비용지수* 소득, 소비, PCE 디플레이터*** 9:45 시카고 PM*		

별표는 시장에 미치는 중요도 (**** = 가장 중요)

산활동이 감소한다는 의미이며, 40 미만이면 경기가 뚜렷이 침체한다는 신호다. 매월 세 번째 영업일에는 공급관리협회가 서비스 섹터에 대해서 비슷한 지수를 발표한다.

다른 단체에서도 제조 활동에 대한 데이터를 발표한다. 매월 마지막 영업일에는 시카고 구매관리자지수가 발표된다. 시카고 지역에는 다양한 제조회사들이 있으므로, 시카고 지수의 약 3분의 2는 전국 지수와 같은 방향으로 움직인다. 1968년 이후 매월 세 번째 목요일에 필라델피아 연준 제조업 보고서가 발표되고 있는데, 한때는 이것이 매월 가장 먼저 발표되는 보고서였다. 그러나 몇 년 전부터 뉴욕 연준이 뉴욕 제조회사들을 분석힌 엠파이어스테이트 보고서Empire State Report를 며칠 먼저 발표하고 있다. 그리고 2008년 이후 런던의 금융정보 서비스회사인 마킷 그룹Markit Group Limited은 미국 등 여러 나라의 구매관리자 보고서를 ISM 보고서보다 먼저 발표하고 있다.

미시간대University of Michigan와 컨퍼런스보드Conference Board에서 발표하는 소비자 신뢰지수도 중요하다. 두 조사에서는 소비자들에게 현재 재정 상황과 장래 전망에 대해서 물어본다. 매월 마지막 화요일에 발표되는 컨퍼런스보드 지수는 소비자 지출을 알려주는 좋은 지표다. 오래전부터 미시간대 지수는 컨퍼런스보드 지수가 발표된 다음에야 공개되었지만, 이제는 사람들의 요청에 따라 컨퍼런스보드보다 먼저 예비 보고서를 발표하고 있다.

인플레이션 보고서

경제 뉴스에서는 고용보고서를 가장 중요하게 다루지만, 연준은 인플레이션 데이터에 대해서도 못지않게 관심을 기울인다. 인플레이션이야말로 중앙은행이 장기적으로 통제할 수 있는 주요 변수이기 때문이다. 인플레이션의 초기 신호는 매월 중반에 발표되는 인플레이션 통계에서 나타난다.

가장 먼저 발표되는 인플레이션 통계는 생산자물가지수producer price index:PPI로서, 1978년 이전에는 도매물가지수wholesale price index라고 불렀다. 1902년에 처음 발표한 PPI는 정부가 가장 오래전부터 계속 발표한 통계 데이터 중 하나다.

PPI는 생산자들이 도매 단계에서 판매한 상품의 가격을 측정한다. PPI의 약 25%는 제조회사에 판매하는 자본재 가격으로 구성되고, 약 15%는 에너지로 구성된다. PPI에는 서비스가 포함되지 않는다. PPI를 발표할 때 중간재와 원자재 가격지수(파이프라인 인플레이션)도 동시에 발표하는데, 둘 다 생산 초기 단계의 인플레이션을 추적한다.

PPI 다음에 발표되는 인플레이션 데이터는 절대적으로 중요한 소비자 물가지수 consumer price index:CPI다. CPI에는 상품은 물론 서비스 가격도 포함된다. 이제는 임차료, 주거비, 운송비, 의료비 등 서비스 비용이 CPI에서 차지하는 비중이 절반을 넘어간다. CPI는 인플레이션을 측정하는 벤치마크로 사용된다. 국제적으로나 역사적으로나 물가 수준을 비교할 때에는 거의 예외 없이 CPI가 사용된다. 사회보장과 과세등급은 물론 민간 계약과 공공 계약을 맺을 때에도 흔히 CPI를 기준으로 삼는다.

CPI는 물가연동 기준으로도 널리 사용되고 정치적으로도 중요하므로, 금융시장에서도 대개 PPI보다 CPI에 더 큰 비중을 둔다. 그러나 인플레이션은 흔히 소매 단계보다 도매 단계에서 먼저 나타나므로, 경제학자들은 PPI가 초기 물가 추세에 더 민감하다고 생각한다.

근원 인플레이션

시장에는 전반적인 인플레이션도 중요하지만, 변동성 높은 식품과 에너지를 제외한 '근원 인플레이션 core inflation'도 중요하다. 식품 가격은 날씨에 크게 좌우되므로, 식품 가격 등락은 전반적인 인플레이션 추세와 큰 관계가 없다. 마찬가지로 석유와 천연가스 가격도 날씨, 일시적인 공급 중단, 투기 거래에 좌우되므로 대개 장기 인플레이션 추세와 무관하다. 정부는 인플레이션

장기 추세를 더 일관되게 측정하려고 근원 인플레이션과 PPI도 산출한다.

근원 인플레이션은 물가 추세를 더 정확하게 보여주므로 중앙은행에 더 요긴한 지표다. 분석가들도 전반적인 인플레이션보다는 근원 인플레이션을 예측하기가 더 쉽다. 근원 인플레이션에는 변동성 높은 식품과 에너지가 포함되지 않기 때문이다. 일반 인플레이션에 대해서는 월별 컨센서스 추정치 오차가 0.3% 발생하더라도 심각한 문제가 아니지만, 근원 인플레이션에 0.3% 오차가 발생하면 금융시장은 심각한 문제로 받아들일 수 있다.

연준이 사용하는 주요 인플레이션 지표는 개인소비지출 물가지수$^{personal\ consumption\ expenditure\ deflator}$(PCE 디플레이터)로서, GDP 계정의 소비 요소로 산출한다. PCE 디플레이터는 CPI와는 달리 최신 가중 기법을 사용하고, 종업원이 부담하는 의료보험료는 물론 사용자가 부담하는 의료보험료도 포함한다. 일반적으로 PCE 디플레이터는 CPI보다 0.25~0.5퍼센트포인트 낮으며, 연준이 설정하는 인플레이션 목표는 2%다.

고용비용

고용비용도 인플레이션과 관련된 중요한 통계다. 노동통계국이 매월 발표하는 고용보고서에 포함된 시간급 데이터를 이용하면 노동시장이 받는 비용 압박을 파악할 수 있다. 노무비가 기업의 생산원가에서 차지하는 비중은 3분의 2에 육박하므로, 시간급 상승률이 생산성 상승률을 넘어서면 인플레이션을 유발하기 쉽다. 정부는 분기마다 고용비용 지수도 발표한다. 이 지수에는 급여는 물론 복리후생비도 포함되며, 가장 포괄적인 노무비 지표로 인정받고 있다.

금융시장에 미치는 영향

다음은 인플레이션이 금융시장에 미치는 영향이다.

인플레이션이 예상보다 낮으면 금리가 하락하고 채권과 주식 가격이 상승한다. 인플레이션이 예상보다 높으면 금리가 상승하고 채권과 주식 가격이 하락한다.

인플레이션이 채권에 불리한 것은 놀랄 일이 아니다. 채권은 고정수익 증권이므로, 인플레이션이 발생해도 현금흐름이 증가하지 않는다. 그래서 인플레이션이 상승하면 채권 투자자들은 구매력을 보전받으려고 더 높은 금리를 요구한다.

인플레이션이 예상보다 높으면 주식시장도 악영향을 받는다. 14장에서도 언급했듯이, 주식도 단기적으로는 인플레이션을 제대로 방어하지 못한다. 인플레이션이 상승하면 기업의 이익과 자본이득에 대한 유효세율이 상승하며, 흔히 중앙은행도 통화를 긴축하여 실질 금리를 인상한다.

중앙은행의 정책

중앙은행의 정책은 금융시장에 절대적인 영향을 미친다. 유명한 펀드매니저 마틴 츠바이크는 둘의 관계를 다음과 같이 표현했다.

경마와 마찬가지로 주식시장에서도 돈만 있으면 안 되는 게 없다. 통화 여건은 주가에 엄청난 영향을 미친다. 금리 추세와 연준의 정책 등 통화 여건은 주식시장의 큰 방향을 결정하는 가장 중요한 요소다.3)

16장에서 보았듯이, 미국 역사상 1일 주가 상승률 최고 기록 5개 중 4개는 통화 정책의 영향이었다. 단기 금리를 인하하고 은행 시스템에 신용을 공급하면, 주식투자자들은 거의 예외 없이 두 팔 벌려 환영한다. 중앙은행이 신용을 공급하면 금리가 낮아져서 미래 기업 현금흐름에 적용하는 할인율이 낮아지고, 상품 수요가 증가하므로 기업의 미래 이익도 증가한다.

연준은 매년 8회 정기적으로 연방공개시장위원회를 개최하며, 회의 뒤에는 성명을 발표한다. 분기 말 회의가 특히 중요해서, 기자회견도 연다. 연준의 의회 증언도 중요하며 특히 1년에 2번, 2월과 7월에 열리는 연준의 상하 양원 증언이 매우 중요하다. 그러나 연준의장은 언제든 정책 변화를 암시할 수 있으므로, 어떤 말로도 시장 흐름을 바꿔놓을 수 있다.

14장에서도 지적했듯이 1950년대~1980년대에 연준이 긴축정책을 펴면 이듬해 주식시장이 부진했고, 연준이 완화정책을 펴면 이듬해 주식시장이 호조를 보였다. 그러나 이제는 연준의 통화정책 변화를 훨씬 앞서서 예상할 수 있으므로, 최근에는 정책변화가 미치는 영향이 예전보다 감소했다. 하지만 중앙은행이 갑자기 정책을 변경할 때 미치는 영향은 여전히 막강하다. 2001년 1월 3일 연준이 갑자기 연방기금 금리를 6.5%에서 6%로 인하했을 때, S&P500지수는 5% 상승했고 기술주 비중이 큰 나스닥지수는 14.2% 상승하여 사상 최고 기록을 세웠다. 그리고 2013년 6월 19일 연준의장 벤 버냉키가 양적 완화를 단계적으로 중단한다고 발표하자, 주식시장과 채권시장은 거의 2년 만에 최대 손실을 기록했다.

주식시장이 중앙은행의 완화정책에 부정적인 반응을 보일 때는 완화정책이 지나쳐서 인플레이션이 우려될 때뿐이다. 만일 중앙은행의 완화정책이 과도하다면 채권보다는 주식에 투자하는 편이 낫다. 예상 밖으로 인플레이션이 심해지면 주식보다는 채권이 더 큰 피해를 보기 때문이다.

결론

시장은 새 경제 데이터에 무작위로 반응하는 것이 아니므로, 경제 분석을 통해서 시장의 반응을 예측할 수 있다. 경제성장률이 높으면 금리는 예외 없이 상승하지만, 주가는 상승할 수도 있고 하락할 수도 있다. 특히 경기 확장기 말에는 높은 금리가 기업의 이익을 잠식할 수 있기 때문이다. 높은 인플레이션은 주식시장과 채권시장 양쪽에 불리하다. 중앙은행의 완화정책은 주식시장에 매우 유리하며, 주가 상승률 최고 기록을 만들어내기도 했다.

17장에서는 경제 데이터에 대한 금융시장의 단기 반응에 주목했다. 시장의 반응을 관찰하고 이해하는 것은 짜릿하지만, 이런 데이터를 바탕으로 매매하는 행위는 단기 변동성을 노리는 투기자들에게나 적합하다. 대부분 투자자는 물러서서 관망하면서 장기투자전략을 고수하는 편이 낫다.

4부

주식의 단기 변동성

18
ETF, 주가지수 선물, 옵션

주급 25달러에 메릴린치 러너(매매 주문을 플로어 트레이더에게 전해주는 사람)로 활동하던 어린 시절, 내가 고참한테 들은 말이 있다. "주식 선물이 거래하기에는 최고야. 그러나 하면 안 돼. 도박이거든."
—리오 멜라메드Leo Melamed, 1988년**1)**

워런 버핏은 주식 선물과 옵션을 금지해야 한다고 생각하는데, 나도 동감이다.
—피터 린치, 1989년**2)**

2012년 미국 주식시장에서 거래대금이 가장 많았던 종목은 무엇일까? 애플, 구글, 엑손모빌? 놀랍게도 이 종목은 1993년 이전에는 존재하지도 않았고, 한 기업이 발행한 증권도 아니다. 그 종목은 스파이더S&P500 Depository

Receipts: SPDRs로서, S&P500지수를 추적하는 상장지수펀드Exchange Traded Fund: ETF다. 2012년 거래량은 500억 주가 넘으며, 거래대금은 7조 달러가 넘는다.

ETF

ETF는 20년 전 첫선을 보인 주가지수 선물 이후 가장 혁신적이고 성공적인 새 금융상품이다. ETF는 투자회사가 발행하며 기초 포트폴리오를 말한다. ETF는 증권거래소에서 장중에 거래되고, 가격은 수요와 공급에 따라 형성된다. 1990년대에 발행된 ETF는 유명 주가지수만 추적했지만, 최근 발행된 ETF 중에는 특화된 지수를 추적하는 상품도 있고, 심지어 적극적으로

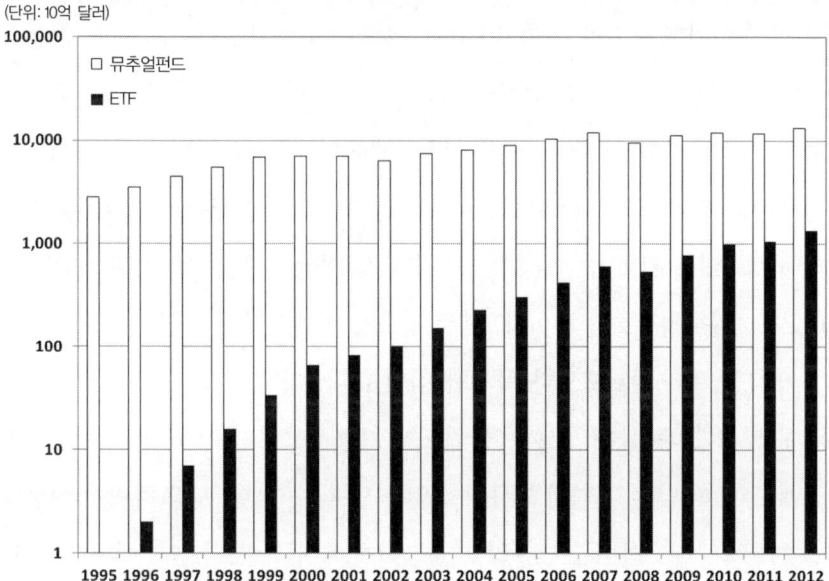

도표 18-1 | 뮤추얼펀드와 ETF의 자산 성장 추이, 1995~2012년

운용하는 포트폴리오를 주종하기도 한다.

그동안 ETF는 폭발적으로 성장했다. 도표 18-1은 뮤추얼펀드와 ETF 자산의 성장세를 보여준다.[3] 2012년 말 현재 ETF 자산은 1.3조 달러가 넘는다. 13.4조 달러에 이르는 뮤추얼펀드의 10%에 불과하지만, 2002년 이후 자산규모가 3배로 증가했다.

SPDRs는 1993년 가장 먼저 발행되어 가장 크게 성공한 ETF다. 그러나 곧이어 다른 상품들도 발행되었다. 애칭이 큐브^{Cubes}(종목코드: QQQ)인 ETF는 나스닥 지수를 추적하며, 다이아몬드^{Diamonds}(종목코드: DIA) ETF는 다우존스 산업평균을 추적한다.

이들 ETF는 지수를 매우 정밀하게 추적한다. 이는 지정판매회사$^{Authorized\ Participant:\ AP}$라는 대형 기관투자가들이 차익거래를 하는 과정에서 ETF 주식의 시장가격이 ETF의 순자산가치와 수렴하기 때문이다. 이 차익거래에서 지정판매회사는 투자회사에 ETF를 내주고 구성된 기초 주식을 받거나, 반대로 구성된 기초 주식을 내주고 ETF를 받으면서 무위험으로 차익을 얻는다. 이런 거래에서 ETF가 설정되는 최소 규모를 설정단위$^{creation\ unit}$라고 부르는데, 대개 5만 주다. 예를 들어 한 지정판매회사가 SPDRs 5만 주를 스테이트 스트리트 은행$^{State\ Street\ Bank\ \&\ Trust}$에 내주고, 대신 그에 해당하는 S&P500지수의 구성비대로 기초 주식을 받는 것이다. SPDRs나 큐브처럼 거래가 활발한 ETF는 매수-매도 호가 차이가 1센트 정도로 미세해진다.

ETF는 뮤추얼펀드보다 유리한 점이 많다. 첫째, ETF는 장중에 언제나 매매할 수 있다. 둘째, ETF는 공매도가 가능하므로 주가 하락이 예상되면 공매도 후 더 낮은 가격에 되사서 차익을 얻을 수 있다. 시장 하락이 예상되면 ETF를 공매도하여 포트폴리오를 손쉽게 헤지할 수도 있다. 셋째, ETF 거래는 자본이득으로 보지 않으므로 절세효과가 탁월하다. 이는 세무당국이 ETF와 구성된 기초 주식의 교환을 '현물 교환'으로 간주하여 세금을 부과하지 않기 때문이다. 나중에 ETF와 다른 인덱스펀드의 장단점을 비교하기로 한다.

주가지수 선물

ETF는 1980년대 초에 개발된 주가지수 선물의 부산물이다. 주가지수 선물이야말로 지난 50년 동안 이루어진 가장 중요한 거래 혁신이라 할 수 있다. ETF가 그동안 엄청난 인기를 끌면서 빠르게 성장했지만, 거래대금은 아직도 주가지수 선물에 훨씬 못 미친다. 주가지수 선물 거래는 시카고에서 시작되었으며 현재 대부분 거래가 전산으로 체결된다. 전반적인 시장심리는 혼히 주가지수 선물시장에 먼저 반영되고 나서 뉴욕증권거래소로 전파된다.

1980~1990년대에 주가지수 선물이 주가에 어떤 영향을 미쳤는지 이해하려면, 1992년 4월 13일 사건을 보면 된다. 이날 거래는 평소와 다름없이 시작되었으나, 오전 11시 45분 시카고의 2대 거래소인 상품거래소^{CBOT}와 상업거래소^{CME}에서 거래가 중단되었다. 시카고 금융가 밑으로 지나가는 터널로 시카고 강물이 대량으로 유입되어 대규모 정전 사태가 발생했기 때문이다. 도표 18-2는 당일 다우지수와 S&P 선물의 흐름을 보여준다. 시카고에서 선물거래가 중단되자마자 주식시장의 변동성이 대폭 감소했다.

시카고에서 선물거래가 중단되자, 뉴욕증권거래소는 마치 '뇌사' 상태에 빠진 모습이다. 이날 뉴욕 증시에서의 거래량은 25% 이상 감소했다. 일부 딜러는 선물시장이 제대로 돌아가지 않으면 뉴욕증권거래소에서도 유동성이 부족해져서 매매 일부는 체결이 어려워진다고 주장했다.[4] 오펜하이머Oppenheimer & Co., 시장전략가 마이클 메츠Michael Metz는 말했다. "이렇게 시장이 차분해지니, 정말 마음에 듭니다. 프로그램 매매가 월스트리트를 장악하기 이

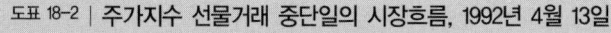

도표 18-2 | 주가지수 선물거래 중단일의 시장흐름, 1992년 4월 13일

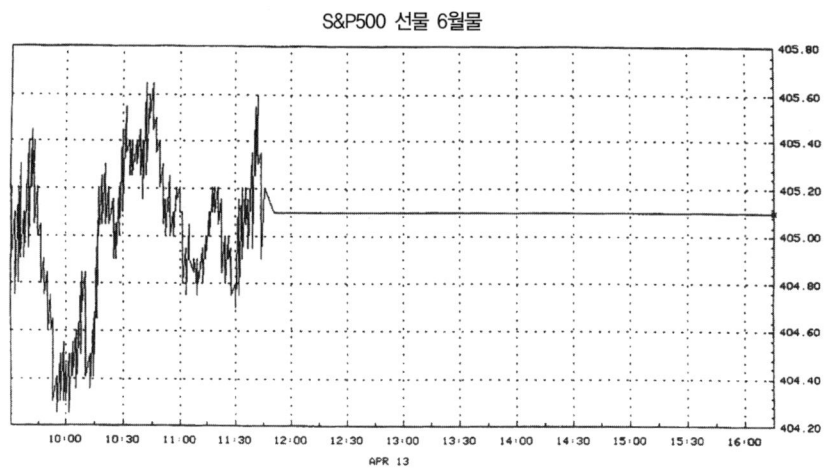

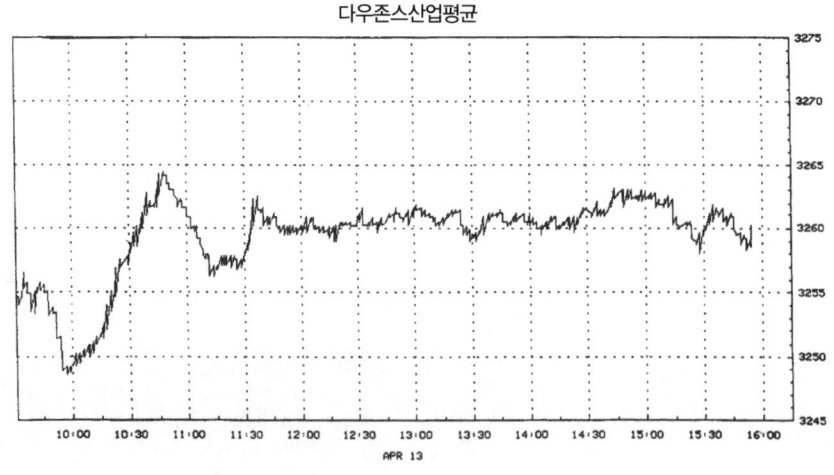

전의 평온한 시절로 돌아간 느낌입니다." 5)

그러면 요즘 우리가 자주 듣는 프로그램 매매program trading이란 도대체 무엇일까? 과거에 뉴욕증권거래소 객장은 끊임없이 주문을 내고 거래를 체결하면서 분주하게 돌아다니는 사람들로 활기가 넘쳤다. 그러나 지수 선물이 도입되고 몇 년 뒤인 1980년대 중반, 객장에서는 활기가 사라지고 수십 대의 자동화기기가 매매전표를 인쇄하는 소리로 대체되었다. 이런 주문의 출처는 거의 모두 주가지수 선물 차익거래arbitrage였는데, 이는 시카고에서 거래되는 주가지수 선물 가격과, 뉴욕에서 거래되는 그 구성 종목 가격의 차이를 이용하는 프로그램 매매였다.

이 인쇄 소음은 시카고 선물시장이 빠르게 움직이고 있으며, 이에 따라 뉴욕 주가도 곧 바뀐다는 신호였다. 이는 성경에서 나오는 흉작과 기근을 예고하는 메뚜기 떼의 소리처럼 섬뜩한 경고였다. 실제로 1980~1990년대에 있었던 가장 잔인한 주가 폭락을 예고한 것도 선물시장에서 쏟아져 나온 주문을 인쇄하는 소음이었다.

당시 전반적인 시장흐름을 좌우한 곳은 월스트리트가 아니라 시카고 상업거래소가 있는 웨커 드라이브Wacker Drive였다. 뉴욕증권거래소 스페셜리스트(해당 증권의 매매를 촉진하려고 시장을 조성하는 거래소 회원)들은 주가 흐름을 놓치지 않으려고 선물시장에 눈을 고정했다. 이들은 지수가 빠르게 움직일 때 그 흐름에 역행하면 위험하다는 사실을 경험으로 터득하고 있었다. 흐름에 역행하면 1987년 10월 19일 다우지수가 23% 폭락했을 때 많은 스페셜리스트가 당했던 것처럼 쏟아지는 매매주문 사태에 파묻혀버릴 수도 있기 때문이었다.

선물시장의 기본

사람들은 주가지수 선물과 ETF가 소수만 이해하는 난해한 상품이며, 주식시장과 거의 관계가 없다고 생각한다. 물론 이런 상품을 전혀 모르는 사람 중에도 좋은 실적을 내는 사람이 많다. 그러나 주식시장의 단기 흐름을 이해하려면 주가지수 선물과 ETF를 반드시 알아야 한다.

선물거래는 수백 년 전에 시작되었다. '선물future'이란 용어는 미래 일정 시점에 상품을 일정 가격에 사고팔기로 약속한 데에서 유래한다. 선물거래가 가장 먼저 번창한 분야는 농산물이다. 농부들은 장래에 수확하는 농산물 가격을 보장받고 싶었다. 농산물 매수자와 매도자 모두 불확실성을 피하고 싶었으므로, 장래에 거래할 가격을 합의하는 시장이 형성되었다. 이 '선물계약future contract'은 자유롭게 양도할 수 있었으므로, 이런 계약이 활발하게 거래되는 시장이 발달하게 되었다.

1982년 2월, 캔자스시티 상품거래소Kansas City Board of Trade: KCBT는 약 1,700종목으로 구성된 밸류라인 지수Value Line Index를 이용해서 주가지수 선물을 도입했다. 약 2개월 뒤, 시카고 상업거래소가 S&P500지수를 기반으로 주가지수 선물을 도입하여 세계적으로 커다란 성공을 거두었다. 1984년, 이 주가지수 선물계약 금액이 뉴욕증권거래소 전체 종목의 거래대금을 넘어섰다. 지금은 S&P500 선물계약 하루 거래대금이 1,000억 달러가 넘는다.

주가지수 선물은 거래 방식이 모두 비슷하다. S&P500 지수선물 매도는 미래 '결제일settlement date'에 S&P500지수에 일정 배수를 곱한 금액으로 인도하겠다는 약속이다. 반면에 S&P500 지수선물 매수는 결제일에 S&P500지수에 일정 배수를 곱한 금액으로 인수하겠다는 약속이다. S&P500 지수선물의 배수는 250이므로 S&P500지수가 1,700이면 한 계약의 가치는 42만 5,000달러가 된다. 1998년, 시카고상업거래소는 배수가 50인 e-mini 지수선물을 도입했다. 지금은 e-mini의 거래대금이 배수가 250인 지수선물의 거래대금보다 훨씬 많다.

지수선물의 결제일은 매년 4회로서 3월, 6월, 9월, 12월의 세 번째 금요일이다. 예를 들어 S&P500 지수선물 9월물을 1,700에 매수했는데, 9월 세 번째 금요일 S&P500지수가 1,710이라면, 계약당 10포인트 이익이 발생하므로 전체 이익은 2,500달러(10달러*250배)가 된다. 만일 9월 세 번째 금요일 S&P500지수가 1,690이라면, 계약당 10포인트 손실이 발생하여 전체 손실은 2,500달러(10달러*250배)가 된다. 즉, S&P500지수가 1포인트 오르내릴 때마다 계약당 250달러를 벌거나 잃게 된다.

반면에 S&P500 지수선물을 매도했을 때의 손익은 매수했을 때와 반대가 된다. 즉, 지수가 내려가면 돈을 번다. 앞의 예에서 결제일에 S&P500지수가 1,710이 되면 2,500달러 손실을 보고, 지수가 1,690이 되면 2,500달러 이익을 본다.

주가지수 선물의 장점 하나는 결제 절차가 간편하다는 점이다. 다른 상품선물 계약을 사거나 팔면 결제일에 그 상품을 인수하거나 인도해야 한다. 그래서 상품선물에 대해서는 결제일 전에 처리할 청산거래를 깜빡 잊는 바람에 밀, 옥수수, 돈육을 인수하여 고생했다는 이야기가 많이 떠돈다.

S&P500 지수선물 계약에 대해서도 상품선물 계약처럼 실물 인도 방식을 적용한다면, S&P500지수를 구성하는 주식 500종목을 일정 수량 인도해야 한다. 그러나 이 방식은 대단히 번거로우며 비용도 많이 든다. 이런 문제를 피하려고 주가지수 선물계약은 현금결제 방식을 채택했다. 즉, 계약한

지수와 결제일 지수의 차이를 현금으로 주고받는 방식이다. 주식을 인도하는 일은 없다. 투자자가 결제일 이전에 청산거래를 하지 않으면 결제일에 투자자의 계좌에 돈이 입금되거나 인출된다.

이렇게 선물계약에 대해 현금결제 방식을 채택하기까지 쉽지는 않았다. 대형 선물거래소가 있는 일리노이주를 비롯한 대부분의 주에서 선물계약을 현금으로 결제하는 것을 도박으로 간주했다. 그리고 일부 특별한 상황을 제외하면 도박은 불법이었다. 그러나 1974년 의회는 모든 선물거래를 규제하는 연방기관 상품선물거래위원회Commodity Future Trading Commission: CFTC를 설립했다. 이제는 이 기관이 선물거래를 규제하며, 도박을 금지하는 연방규정이 없으므로 도박을 불법화하던 주법은 의미가 사라졌다.

지수 차익거래

상품선물 가격은 해당 상품 현물가격에서 크게 벗어나지 않는다. 금융상품도 마찬가지다. 상품선물 가격이 상품현물 가격보다 대폭 상승하면 상품선물을 매도하고 '현물시장spot market'에서 상품을 사서 보관했다가 결제일에 인도하여 이익을 얻을 수 있다. 반대로 상품선물 가격이 상품현물 가격보다 대폭 하락하는 경우, 상품을 보유한 사람은 즉시 상품현물을 매도하고 상품선물을 매수하면 결제일에 상품 취득원가가 낮아지는 만큼 차익을 얻을 수 있다.

이렇게 상품선물과 연계하여 상품현물을 매매하는 행위는 일종의 차익거래다. 차익거래란 같은 상품에서 발생하는 일시적 가격 차이를 이용해서 이익을 얻는 행위다. 주가지수 선물시장과 ETF 시장에서는 차익거래가 매우 흔하게 발생한다. S&P500 지수선물 가격이 S&P500지수보다 대폭 상승하면, S&P500 지수선물을 매도하고 지수 구성 종목을 매수하여 차익을 얻을 수 있다. 반대로 S&P500 지수선물 가격이 S&P500지수보다 대폭 하락하면, S&P500 지수선물을 매수하고 지수 구성 종목을 매도하여 차익을 얻을 수 있다. 결제일에는 지수선물 가격이 지수와 일치해야 하므로, 지수선물 가격과 지수의 차이(플러스면 프리미엄, 마이너스면 디스카운트)를 이익으로 얻을 수 있다.

ETF 시장의 차익거래도 비슷하다. 다만, 지수선물 대신 ETF를 매매하게 된다. 예를 들어 ETF 주가가 그 구성 종목 주가보다 대폭 상승하면, ETF를 매도하고 구성 종목을 매수하여 차익을 얻는다. 반대로 ETF 주가가 그 구성 종목 주가보다 대폭 하락하면, ETF를 매수하여 이를 구성 종목으로 교환한 다음, 시장에서 매도하여 차익을 얻는다.

지수 차익거래는 정교한 기술이 되었다. 주가지수 선물가격과 ETF 가격은 그 구성 종목 가격을 기준으로 매우 좁은 밴드 안에서 움직인다. 만일 주가지수 선물가격이나 ETF 가격이 이 밴드에서 크게 벗어나면, 곧바로 증권거래소 해당 종목에 차익거래 주문이 대량으로 쏟아진다. 이렇게 동시에 쏟아지는 매매주문이 프로그램 매매인데, 프로그램 매수와 프로그램 매도가 있다. "프로그램 매도가 시장에 타격을 주었다."라는 말은 주가지수 선물이나 ETF를 매수하면서 구성 종목을 매도하는 차익거래 탓에 주가가 하락했다는 뜻이다.

글로벡스 시세를 이용한 뉴욕 개장시세 예측

동부 표준시 기준 오후 4시에 뉴욕증권거래소가 마감되면 15분 뒤 지수 선물 거래도 마감되지만, 그 15분 뒤인 4시 30분부터 글로벡스^{Globex}라는 장외 선물거래시스템에 의해서 지수선물 거래가 재개된다. 글로벡스에는 입회장이 존재하지 않으므로, 거래자가 직접 매수 매도 주문을 인터넷으로 입력하여 즉시 매매를 체결할 수 있다. 글로벡스에서는 이튿날 아침 뉴욕증권거래소 개장 15분 전인 9시 15분까지 밤새 거래가 진행된다.

지수 선물은 흔히 뉴욕증권거래소와 나스닥 정규 거래가 마감된 직후에 활발하게 거래된다. 그리고 특히 기업들이 실적 보고와 실적 전망을 발표하는 분기 말 이후 몇 주 동안에도 활발하게 거래된다. 그러나 도쿄나 유럽 증권거래소에서 극적인 흐름이 나타나거나 뉴스 속보가 나오지 않으면, 야간에는 활발하게 거래되지 않는다. 하지만 정부가 고용 실적이나 소비자 물가지수 등 경제 데이터를 발표하는 오전 8시 30분경에는 다시 활발하게 거래된다.

글로벡스에서 S&P, 나스닥, 다우 선물시세를 이용하면 뉴욕 개장시세를 예측할 수 있다. 이들 지수의 '공정시장가치$^{fair\ market\ value}$'는 선물 가격과 현물 주가의 차익거래 조건을 바탕으로 계산된다.

선물의 공정시장가치는 전일 지수 종가와 주식의 종가에 따라 결정된다. 그러나 야간 선물 가격은 뉴스에 따라 계속 오르내리므로, 전일 종가 기준으로 산출된 공정시장가치보다 대체로 높아지거나 낮아진다. 예를 들어 중국에서 발표한 데이터가 예상보다 좋거나 유럽시장이 상승하면 미국 야간 선물 가격이 대체로 공정시장가치보다 높게 형성된다. 이 선물 가격과 공정시장가치의 차이를 보면, 뉴욕 개장시세를 예측할 수 있다. 경제뉴스 채널들은 시청자들이 개장시세를 예측할 수 있도록 야간 S&P, 나스닥, 다우 선물시세를 제공한다.

선물 공정시장가치 계산공식에 사용되는 두 변수는 주식의 배당수익률과 금리다. 오늘 우리가 무위험 채권을 사면, 그 채권에서 이자가 나온다. 우리는 무위험 채권을 사는 대신 주식 포트폴리오를 사고, 동시에 만기 1년짜리 선물을 매도할 수도 있다. 그러면 주가변동에서 오는 위험을 피하면서, 주식에서 나오는 배당수익과 선물 가격과 현물 주식 가격의 차이에서 이익을 얻을 수 있다.

두 가지 방법 모두 위험이 없으므로 수익률도 똑같아야 한다. 선물 가격은 단기 금리와 배당수익률에 따라 현물 주식 가격보다 높아질 수도 있고 낮아질 수도 있다. 금융위기 이전에는 금리가 늘 배당수익률보다 높았으므로 선물 가격이 현물 주식 가격보다 높았다. 그러나 금융위기 이후에는 단기 금리가 제로 근처에 머물고 있으므로 선물 가격이 현물 주식 가격보다 낮다.

두 마녀와 세 마녀

선물계약 만기일에는 지수선물이 주가에 이상한 영향을 미친다. 앞에서 언급했지만 지수 차익거래는 지수선물을 사는 동시에 주식을 팔거나, 지수선물을 파는 동시에 주식을 사는 거래다. 계약 만기일이 되면, 차익거래자들은 선물계약이 만료되는 바로 그 시점에 주식 포지션도 청산한다. 지수선물의 만기일(결제일)은 분기 마지막 달인 3월, 6월, 9월, 12월의 세 번째 금요일이다. 지수 옵션과 개별 주식 옵션은 만기일이 매달 세 번째 금요일이다. 따라서 1년에 4회는 세 가지 파생상품이 한꺼번에 만기일을 맞이하게 된다. 지금까지 세 가지 파생상품의 만기일이 겹치는 날에는 흔히 시장가격이 거칠게 오르내렸으므로, 이른바 '세 마녀가 날뛰는 시간triple witching hour'이라고 불렀다. 그리고 지수선물 만기일을 제외한 세 번째 금요일은 '두 마녀가 날뛰는 시간double witching hour'이라고 불렀는데, 변동성은 세 마녀가 날뛰는 시간보다 작았다.

두 마녀나 세 마녀가 날뛰는 시간에 시장 변동성이 커지는 이유는 쉽게 이해할 수 있다. 이날 뉴욕증권거래소의 스페셜리스트와 나스닥의 시장조성자들은 차익거래를 청산하는 기관투자가들로부터 가격에 상관없이 대규모 주식 포지션을 정리해달라는 주문을 받는다. 이때 매수 주문이 훨씬 많으면 주가가 치솟고, 매도 주문이 훨씬 많으면 주가가 폭락한다. 그러나 주가가 큰 폭으로 오르거나 내려도 차익거래 기관투자가에게는 아무 상관없다. 선물 포지션에서 나오는 손실은 현물 포지션 이익이 메워주고, 현물 포지션에서 나오는 손실은 선물 포지션 이익이 메워주기 때문이다.

1988년 뉴욕증권거래소는 시카고 상업거래소를 설득하여 목요일 거래소 폐장 후에는 선물 거래를 중단하고, 금요일 종가 대신 금요일 시가로 선물을 결제하게 했다. 이렇게 변경한 덕분에 시간이 늘어나서, 스페셜리스트들은 매수 주문과 매도 주문의 균형을 더 잘 맞출 수 있게 되었고, 따라서 세 마녀가 날뛰는 시간에 주가 변동성이 대폭 감소했다.

증거금과 레버리지

선물계약이 인기를 끄는 이유 하나는, 거래하기 위해 필요한 현금이 아주 적어도 되기 때문이다. 그리고 주식 거래와는 달리 선물 거래에서는 매수자와 매도자 사이에 자금이 이동하지 않는다. 대신 거래 이행을 담보하려고 중개인이 매수자와 매도자로부터 소액의 '증거금margin'을 받는다. 현재 S&P500 지수선물의 초기 증거금은 계약금액의 약 5%다. 증거금은 단기국채로 대신할 수도 있으며 단기국채에는 이자 수익도 발생한다. 따라서 선물 거래에는 자금 이동도 없고, 이자 비용도 발생하지 않는다.

선물거래에서는 증거금보다 훨씬 큰 금액을 거래할 수 있으므로, 레버리지leverage(지렛대 효과)가 매우 높다. 현금이나 단기국채 1달러를 증거금으로 내면, 약 20달러에 이르는 S&P500 선물계약을 체결할 수 있다. 그리고 하루 중 포지션을 청산하는 데이트레이딩day trading에 대해서는 증거금이 훨씬 낮아진다. 반면에 개별 종목이나 ETF는 1974년 이후 증거금률이 50%다.

최소 증거금 기준이 수립되기 이전인 1920년대에도 투기가 만연했다. 그 때는 대체로 증거금 10%만으로도 개별 종목을 매수할 수 있었다. 주가가 장기간 상승한 덕분에 손실 본 사람이 거의 없었으므로, 차입 자금을 동원한 투기가 인기를 끌었다. 그러나 주가가 급락하면 차입 자금으로 주식을 매수한 사람들은 손실을 볼 뿐 아니라, 증권회사에 빚까지 지게 된다. 오늘날 선물을 거래하는 사람들에게도 비슷한 일이 발생할 수 있다. 증거금률이 낮을 때 시장 변동성이 커지는 현상에 대해서는 19장에서 논의한다.

ETF와 선물을 이용한 세금 절감

ETF와 지수선물을 이용하면 포트폴리오를 훨씬 더 유연하게 관리할 수 있다. 주식 포트폴리오에서는 상당한 평가익이 발생했지만, 주가 하락이 걱정된다고 가정하자. 이때 주식을 매도하면 상당한 세금을 내야 한다.

그러나 ETF나 선물을 이용하면 이 문제를 매끄럽게 해결할 수 있다. 헤지하고 싶은 만큼 ETF를 매도하고, 포트폴리오는 계속 유지하면 된다. 주가가 하락하면 ETF 매도에서 나오는 이익이 포트폴리오의 손실을 상쇄해준다. 반대로 주가가 상승하면 ETF 매도에서 나오는 손실을 포트폴리오의 이익이 상쇄해준다. 이렇게 우리는 주식시장 위험을 헤지하지만 주식 포트폴리오를 매도하는 것은 아니기 때문에, 세금을 낼 필요가 없다.

ETF의 장점 또 하나는 주가가 하락할 때에도 돈을 벌 수 있다는 점이다. 주식을 공매도하는 대신 ETF를 공매도하는 방법이다. 개별 종목은 하락률이 10%를 초과하면 공매도가 금지되므로 ETF를 공매도하는 방법이 훨씬 더 편리하다.6)

ETF, 선물, 인덱스펀드의 장단점

이제 투자자들이 지수를 따라갈 방법은 세 가지로, ETF, 지수선물, 인덱스펀드다. 인덱스펀드는 23장에서 자세히 논의한다. 표 18-1은 세 가지 상품의 주요 특성이다.

매매 유연성 면에서는 ETF와 지수선물이 인덱스펀드보다 훨씬 유리하다. ETF와 지수선물은 장중 아무 때나 매매할 수 있으며, 폐장 후에도 글로벡스나 다른 거래소에서 매매할 수 있다. 반면에 인덱스펀드는 시장이 마감되어야만 기준가가 결정되고, 마감 몇 시간 전에 환매요청을 해야 한다. ETF와 지수선물을 이용하면 포트폴리오를 헤지하거나 주가 하락에 베팅할 수 있지만, 인덱스펀드로는 할 수 없다. ETF는 증거금률이 높아서(현재 50%) 레버리지가 낮지만, 지수선물은 증거금률이 5%에 불과하므로 레버리지가 약 20배에 이른다.

그러나 ETF와 지수선물의 매매 유연성은 양날의 검이다. 사람들은 끊임없이 쏟아지는 호재와 악재에 과잉반응하기 쉬우므로, 저점 근처에서 매도하거나 고점 근처에서 매수하기 일쑤다. 게다가 공매도나 레버리지의 유혹에 빠져 예감에 의지한 단기 매매를 하기도 쉽다. 이는 매우 위험한 게임이다. 대부분 투자자는 매매회수를 제한하고 레버리지를 낮추는 편이 실적에 유리하다.

비용 면에서는 세 상품 모두 우수하다. 비용율이 대개 인덱스펀드는 연 0.15% 이하이고, 대부분 ETF는 이보다도 낮다. ETF와 선물은 증권회사 계좌로 매매해야 하므로, 매매수수료와 매수-매도 호가 차이를 부담해야 한

표 18-1 | 세 가지 지수상품의 특성

	ETF	지수선물	인덱스펀드
지속적인 매매	예	예	아니오
공매도	예	예	아니오
레버리지	증거금률 50%	증거금률 5%	아니오
비용율	극히 낮음	없음	매우 낮음
거래비용	주식 매매수수료	선물 매매수수료	없음
배당 재투자	아니오	아니오	예
세금 효율성	극히 높음	낮음	매우 높음

다. 반면에 인덱스펀드는 대부분 '노로드 펀드$^{no\text{-}load\ fund}$'여서, 매매할 때 판매수수료가 없다. 한편, 지수선물은 비용율은 0이지만 최소한 1년에 한 번 이상 계약을 연장해야 하므로, 매매수수료를 부담해야 한다.

세금 면에서는 ETF가 탁월하다. ETF는 상품 구조 덕분에 자본이득이 거의 발생하지 않는다. 인덱스펀드도 세금효율성이 매우 높지만, 자본이득이 다소 발생한다. 투자자가 환매를 요구하거나 일부 종목이 지수에서 제외되면 보유 주식을 매도해야 하기 때문이다. 대부분 인덱스펀드에서 나오는 자본이득은 많지 않지만, 그래도 ETF보다는 많다.[7] 선물은 만기일에 손익을 실현해야 하므로 세금 효율성이 낮다.

물론 개인퇴직계좌IRA나 키오^{Keogh} 플랜(선물거래는 허용되지 않음)같은 세금이연계좌를 이용하면, ETF나 인덱스펀드나 세금 면에서 차이가 없다. 그러나 과세계좌를 이용한다면, 세후 수익률은 세금 효율성이 가장 높은 인덱스펀드보다도 ETF가 더 높을 것이다.

요컨대 투기 목적이 아니라면, 지수선물은 피하는 편이 좋다. 그러나 시장 방향을 놓고 투기를 하고 싶다면 '지수옵션$^{index\ option}$(다음 꼭지에서 설명)'을 권하는 바이다.

ETF와 저비용 인덱스펀드는 우열을 가리기가 어렵다. 자주 매매하면서 시장에 들락거리려는 사람에게는 ETF가 적합하다. 매달 시장에 투자하거나 배당을 자동 재투자하려는 사람에게는 판매수수료가 없는 인덱스펀드가 낫다. 요즘은 흔히 거래 증권사에 요청하면 주식과 ETF 배당 자동 재투자를 해준다. 이를 고려하면 ETF가 인덱스펀드보다 유리해 보인다.

지수 옵션

투자 전문가와 기관들은 ETF와 지수선물을 중시하지만, 개인 투자자들은 옵션option에 매력을 느낀다. 이는 놀랄 일이 아니다. 옵션의 장점은 그 이름에도 나타난다. 옵션은 아무런 책임도 지지 않으면서, 일정 기간 일정 가격에 주식이나 지수를 사거나 팔 수 있게 해준다. 따라서 옵션을 사면 최대 손실액은 투자액으로 한정된다.

옵션에는 콜call옵션과 풋put옵션 두 가지가 있다. 콜옵션은 일정 기간 일정 가격에 주식을 사는 권리다. 풋옵션은 일정 기간 일정 가격에 주식을 파는 권리다. 개별 주식에 대한 콜과 풋은 수십 년 전부터 있었지만, 체계적인 매매시스템으로 거래된 것은 1974년 시카고옵션거래소Chicago Board Options Exchange: CBOE 설립 이후다.

콜과 풋은 책임이 한정된다는 점이 매력적이다. 시장이 불리한 방향으로 흘러가면 옵션 매수자는 권리 행사를 포기하면 된다. 반면에 선물 계약자는 시장이 불리한 방향으로 흘러가면 막대한 손실을 보게 된다. 따라서 시장 변동성이 크면 선물은 지극히 위험해질 수 있으며, 막대한 손실을 떠안게 될 수도 있다.

1978년, CBOE는 S&P500 지수옵션 등 유명 주가지수 옵션거래를 시작했다.[8] CBOE 옵션 거래단위는 지수 포인트당 100달러로, 포인트당 250달러인 S&P500 지수선물보다 금액이 적다.

지수옵션은 일정 기간 일정 가격에 지수를 사거나 파는 권리다. 현재 S&P500지수가 1,700이지만, 우리는 앞으로 더 상승할 것으로 믿는다고 가정하자. 그리고 1,750에 살 수 있는 만기 3개월짜리 콜옵션이 30포인트 즉,

3,000달러라고 가정하자. 이 옵션 가격이 '프리미엄premium'이고, 만기에 옵션을 행사하는 가격(1,750)이 '행사가격strike price'이다. 앞으로 3개월 동안 우리는 언제든 옵션을 행사할 수 있으며, S&P500지수가 1,750보다 1포인트 올라갈 때마다 100달러를 받게 된다.

우리는 옵션을 행사하지 않고서도 이익을 실현할 수 있다. 옵션시장은 거래가 지극히 활발하므로, 만기 이전에 언제든 옵션을 매도할 수 있다. 이 사례에서 우리는 옵션 프리미엄으로 3,000달러를 지급했으므로 이익을 얻으려면 S&P500지수가 만기 이전에 1,780을 초과해야 한다. 그러나 옵션의 장점은 우리 예상이 빗나가서 주가가 하락하더라도 최대 손실이 프리미엄으로 지급한 3,000달러에 그친다는 사실이다.

지수 풋옵션도 원리는 똑같지만 주가가 하락할 때 돈을 벌게 된다. 우리가 행사가격이 1,650인 만기 3개월짜리 풋옵션을 프리미엄 3,000달러에 산다고 가정하자. 우리는 옵션 프리미엄으로 3,000달러를 지급했으므로 이익을 얻으려면 S&P500지수가 만기 이전에 1,620 밑으로 내려가야 한다. 이때부터 지수가 1포인트 내려갈 때마다 100달러씩 벌게 된다.

지수옵션 가격은 금리와 배당수익률 등 여러 요소에 의해서 시장에서 결정된다. 그러나 가장 중요한 요소는 시장의 기대변동성이다. 시장의 변동성이 커질수록 콜이나 풋의 가격이 높아진다. 반면에 시장의 변동성이 작으면 주가가 대폭 상승하거나 하락하여 옵션에서 이익이 나올 가능성도 작아진다. 따라서 변동성이 계속 작을 것으로 기대되면 옵션 가격도 낮아진다. 그러나 시장 변동성이 크면 사람들이 만기 전에 옵션에서 이익이 나올 것으로 기대하여 옵션을 사들이므로, 프리미엄이 상승한다.[9]

옵션 가격은 사람들이 옵션에서 기대하는 수익 가능성에 좌우된다. 그러나 1970년대에 피셔 블랙Fisher Black과 마이런 숄즈Myron Scholes가 옵션가격 계산 공식을 처음 개발한 이후, 옵션가격 이론이 크게 발전했다. 블랙-숄즈 공식Black-Scholes formula은 즉각적으로 성공을 거두었다. 이전에는 사람들이 직관에 의지했지만, 이제는 이 공식이 옵션 평가의 기준이 되었다. 이 공식은 세계 전역에서 트레이더의 휴대용 계산기와 PC에 탑재되었다. 공식을 수정해야 하는 상황도 있지만, 실증분석에 의하면 이 공식으로 산출되는 가격은 실제로 거래되는 옵션 가격과 매우 비슷했다. 이 공식 덕분에 마이런 숄즈는 1997년 노벨 경제학상을 받았다.[10]

지수옵션 매수

실제로 옵션은 선물이나 ETF보다 더 기본적인 상품이다. 옵션으로는 선물이나 ETF를 복제할 수 있지만, 반대로 선물이나 ETF로는 옵션을 복제할 수 없다. 옵션을 이용하면 선물을 이용할 때보다 훨씬 많은 전략을 구사할 수 있다. 매우 투기적인 전략에서부터 지극히 보수적인 전략에 이르기까지 다양하게 구사할 수 있다.

우리가 주가 하락 위험을 방어하려 한다고 가정하자. 지수 풋옵션을 사면 주가가 하락할 때 이익이 증가하므로 위험을 방어할 수 있다. 물론 옵션에 대해 프리미엄을 지급해야 하며, 이는 보험료와 매우 비슷하다. 주가가 하락하지 않으면 이 프리미엄은 날아간다. 그러나 주가가 하락하면 풋옵션의 가치가 상승하여 주식 포트폴리오에서 발생한 손실을 상쇄해준다.

옵션의 장점 또 하나는 원하는 수준으로 방어할 수 있다는 점이다. 시장이 완전히 붕괴하는 상황에 대해서만 위험을 방어하고 싶다면 과외가격過外價格, deep-out-of-the-money 풋옵션, 즉 행사가격이 현재 지수보다 훨씬 낮은 풋옵션을 사면 된다. 이 옵션은 시장이 급락할 때에만 효용이 있다. 주가가 하락하더라도 가치가 유지되는 옵션을 원한다면 행사가격이 현재 지수보다 높은 풋옵션을 살 수도 있다. 물론 이런 내가격$^{內價格, in-the-money}$ 풋옵션은 가격이 훨씬 비싸다.

콜옵션이나 풋옵션으로 환상적인 이익을 거둔 사례는 많다. 그러나 만기일에 휴짓조각이 된 사례는 이보다 훨씬 많다. 일부 전문가는 옵션시장에서 돈을 잃는 개인 투자자가 85%라고 추정한다. 옵션으로 성과를 얻으려면 시장 방향 예측도 정확할 뿐 아니라 매매시점도 거의 완벽해야 하며, 행사가격 선택도 적절해야 한다.

지수옵션 매도

누군가 옵션을 매수하려면 누군가 옵션을 매도해야 한다. 콜옵션 매도자는 옵션에서 이익이 날만큼 주가가 대폭 상승하지는 않을 것으로 믿는다. 콜옵션 대다수는 만기에 휴지조각이 되므로 콜옵션 매도자가 돈을 버는 경우가 흔하다. 그러나 주가가 급등하면 막대한 손실을 볼 수도 있다.

그래서 대부분 콜옵션 매도는 이미 주식을 보유한 사람들이 한다. 이를 '커버드 콜$^{covered\ call}$' 전략이라고 부르는데, 손실위험을 제한하면서 안정적으로 추가수익을 얻는 방법이다. 이 전략은 주가가 하락하더라도 콜옵션을 매도하고 받은 프리미엄이 있으므로 단순히 주식을 보유하는 경우보다 유리하다. 주가가 횡보할 때에도 프리미엄 수입이 있으므로 역시 단순히 주식을 보유하는 경우보다 유리하다. 주가가 상승하더라도 보유 주식에서 나오는 이익이 콜옵션 매도에서 발생하는 손실보다 크므로, 여전히 이익을 얻는다. 물론 주가가 급등하면 콜옵션 매도 탓에 이익이 감소한다. 그러나 주식을 전혀 보유하지 않았을 때보다는 여전히 유리하다.

풋옵션을 사면 주가가 하락할 때 손실을 방어할 수 있다. 그러면 풋옵션을 파는 사람은 누구일까? 주가가 하락했을 때에만 주식을 사려는 사람이다. 풋옵션을 판 사람은 프리미엄을 받지만 주가가 행사가격 밑으로 떨어졌을 때에만 주식을 받는다. 풋옵션을 파는 사람은 콜옵션을 파는 사람만큼 흔하지가 않으므로 풋옵션 가격은 외가격조차 매우 비싸다.

지수상품의 중요성

1980년대에 개발된 주가지수 선물과 옵션은 개인 투자자와 펀드매니저들에게 중요한 상품이 되었다. 그 이전에는 다우지수 구성 종목처럼 유동성이 탁월한 대형주 외에는 투자하기가 어려웠다. 그러나 이제는 주가지수 선물과 옵션 덕분에, 사람들은 전체 시장을 살 수 있게 되었다.

10년 뒤에는 ETF 덕분에 더 낮은 비용으로 모든 시장에 걸쳐 분산투자할 수 있게 되었다. ETF는 주식과 비슷하지만 지수선물처럼 유동성도 훨씬 높고 세금 효율성도 훨씬 높다. 지금은 주가지수 선물이나 ETF를 이용하면 가장 쉽게 포지션을 잡을 수 있다. 그리고 지수옵션을 이용하면 거래비용과 세금을 절감하면서 가장 낮은 비용으로 포트폴리오의 손실을 방어할 수 있다.

워런 버핏과 피터 린치 같은 저명한 투자가들은 지수상품에 반대하지만, 지수상품이 변동성을 높였거나 해를 끼쳤다는 확실한 증거는 없다. 사실 나는 지수상품이 세계 주식시장의 유동성을 더 높여주었고, 분산투자도 더 쉽게 해주었으며 주가도 더 높여주었다고 믿는다.

19
시장 변동성

> 중국어로 위기(危機)는 두 글자다. 첫 글자는 위험을 가리키고, 두 번째 글자는 기회를 뜻한다.

과거가 미래를 예고할까? 도표 19-1 A와 B는 1922~1932년 다우지수와 1980~1990년 다우지수다. 두 강세장은 이상할 정도로 비슷하다. 1987년 10월, 두 주가 차트의 유사성에서 불길한 징후를 느낀 〈월스트리트저널〉 편집진은 1987년 10월 19일 월요일 아침 신문에 이 차트를 실었는데, 그날이 1929년 10월 29일 대공황 때의 폭락을 능가할 정도로 미국 주식시장 역사상 최대 하락률을 기록하는 날이 될 줄은 전혀 몰랐다. 불길하게도, 연말까지 이어진 시장흐름도 1929년과 매우 비슷했다. 분석가들은 두 기간의 유사성을 열거하면서 틀림없이 재난이 닥칠 터이므로 주식을 팔라고 권했다.

도표 19-1 | 1929년 주가 폭락과 1987년 주가 폭락

도표 19-1A | 1922~1932년

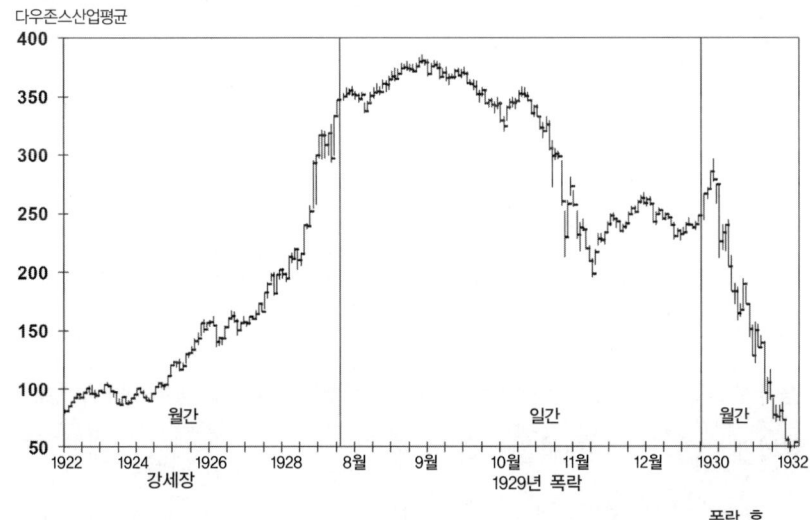

도표 19-1B | 1980~1990년

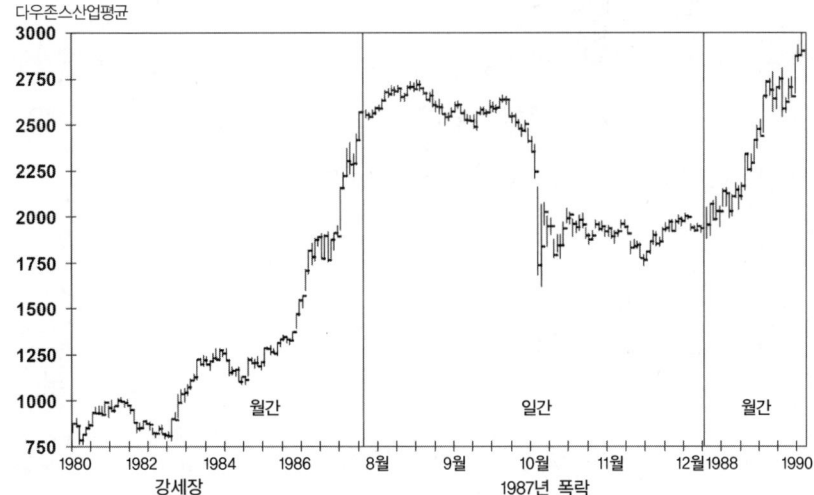

그러나 1929년과 1987년 사이의 비슷한 주가 흐름은 연말에 중단되었다. 주식시장은 1987년 폭락에서 회복했고, 1989년 8월에는 신고가를 기록

했다. 반면에 1929년에는 10월에 시장이 붕괴했고, 2년 뒤에는 미국 역사상 최대 약세장이 진행되어 다우지수가 3분의 1 밑으로 내려갔으며, 그 이후에도 또 3분의 1 수준으로 내려갔다.

두 기간 사이에는 어떤 차이가 있었을까? 시장흐름이 무시무시할 정도로 비슷하게 이어지다가 극적으로 달라진 이유는 무엇일까? 답은 간단하다. 1987년에는 중앙은행이 궁극적인 유동성의 원천인 통화 공급권을 보유하고 있었다. 그리고 1929년과는 달리, 주저 없이 통화 공급권을 사용했다. 1930년대 초의 뼈저린 교훈을 잊지 않은 연준은 일시적으로 경제에 통화를 쏟아부었고, 모든 은행의 예금을 보호했으며, 금융시스템이 모든 면에서 적절하게 돌아가도록 전력을 기울였다.

대중은 안심했다. 예금인출 사태도 없었고, 금융경색도 없었으며, 디플레이션도 발생하지 않았다. 주식시장이 붕괴했는데도 경제는 오히려 성장했다. 1987년 10월 주식시장 붕괴는 투자자들에게 중요한 교훈을 안겨주었다. 세계는 1929년과는 확연히 달라졌으므로, 주가 급락은 공포에 빠질 때가 아니라 싼값에 주식을 살 기회라는 교훈이다.

1987년 10월 주식시장 붕괴

1987년 10월 19일 월요일(이른바 블랙 먼데이 Black Monday)의 주식시장 붕괴는 2차 세계대전 이후 가장 극적인 금융사건의 하나다. 다우지수가 2,247에서 1,739로 508포인트(22.6%) 하락하면서, 사상 최대 1일 낙폭과 하락률을 기록했다. 뉴욕증권거래소 거래량도 기록을 세웠다. 월요일과 화요일 모두 6억 주가 넘었으며, 그 주간 거래량이 1966년 거래량을 넘어섰다.

미국 주식시장 붕괴는 세계 전역에 파문을 일으켰다. 피해가 가장 적었던 일본 주식시장조차 1일 하락률 15.6%로 기록을 세웠다. 뉴질랜드 주식시장은 하락률이 거의 40%였고, 홍콩 주식시장은 주가 폭락으로 주가지수 선물시장에서 대규모 결제 불이행 사태가 발생하여 폐쇄되었다. 이날 하루 동안 증발한 시가총액이 미국에서만 약 5,000억 달러였으며, 세계 전체로는 1조 달러가 넘었다. 오늘날 그 정도 하락률을 기록한다면 세계 전체에서 사라지는 시가총액이 10조 달러에 이를 것이다. 이는 미국을 제외한 모든 나라의 GDP 합계보다도 큰 금액이다.[1]

주가 하락은 블랙 먼데이 일주일 전부터 본격적으로 시작되었다. 수요일 오전 8시 30분, 상무부는 미국의 무역수지 적자가 157억 달러라고 발표했다. 이는 당시 미국 역사상 최대 규모로서 시장의 예상을 훨씬 뛰어넘는 수준이었다. 금융시장은 즉시 반응을 보였다. 1985년 11월 이후 처음으로 장기국채 수익률이 10%를 넘어섰고, 달러의 가치가 급락했다. 다우지수는 95포인트(4%) 하락하면서 당시까지 최고 낙폭을 기록했다.

상황은 목요일과 금요일에도 계속 악화하여 다우지수는 166포인트(7%) 하락한 2,246이 되었다. 금요일 늦은 오후, 폐장을 15분 앞두고 시카고 주가지수 선물시장에 대량 매물이 쏟아졌다. 지수가 중요한 지지선 밑으로 떨어지자, 시카고에서 가격 불문하고 주식을 내던지는 주문이 빗발쳤다.

S&P500 선물 12월물이 현물지수보다도 3% 이상 내려갔다. 유례없는 일이었다. 이는 개별 종목 매도주문이 뉴욕에서 체결되지 않을까 두려워한 펀드매니저들이 서둘러 선물을 헐값에 대규모로 매도했다는 뜻이다. 금요일 거래를 마치면서 주식시장은 거의 50년 만에 최악의 한 주를 경험했다.

다음 월요일 뉴욕시장 개장 전, 세계시장에 불길한 조짐이 나타났다. 밤새 일본 니케이지수가 2.5% 하락했고, 호주와 홍콩시장도 가파르게 내려갔다. 런던에서는 주가가 10%나 폭락했다. 펀드매니저들이 뉴욕시장이 열리기 전에 런던에 상장된 미국 주식을 처분하려고 서둘러 내던졌기 때문이다.

블랙 먼데이 당일 뉴욕증권거래소는 혼란에 빠졌다. 시장은 9시 30분에 열렸으나, 9시 45분까지 매매가 체결된 다우지수 종목은 7개뿐이었다. 10시 30분까지도 다우지수 종목 중 11개는 매매가 체결되지 않았다. '포트폴리오 보험' 전략을 구사하는 기관들은 고객의 손실을 방어하려고 주가지수 선물을 대량으로 매도했다. 늦은 오후가 되자, S&P500 지수선물이 현물지수보다 25포인트(12%) 내려갔다. 이전에는 상상할 수도 없는 스프레드였다. 엄청난 프로그램 매도 주문이 뉴욕증권거래소로 폭포처럼 쏟아졌다. 마지막 거래시간에 다우지수가 거의 300포인트 더 내려가면서 하루 낙폭 508포인트(22.6%)를 기록했다.

역사에는 10월 19일이 시장붕괴일로 기록되었지만, 실제로 더 위험했던 날은 이튿날인 이른바 '테러블 튜즈데이 Terrible Tuesday'였다. 화요일 개장 시세는 월요일 저가보다 10% 이상 높았지만, 오전장 중반부터 주가가 폭락하기 시작했고 정오 직후에는 월요일 저가 밑으로 떨어졌다. S&P500 지수선물이 181로 주저앉으면서 현물지수보다 무려 44포인트(22%)나 내려갔다. 이때 지수 차익거래가 가능했다면 다우지수는 1,450까지 떨어졌을 것이다. 그랬다면 세계 최대시장의 주가가 겨우 7주 전에 세운 고점 2,722에서 거의 50%나 하락했을 것이다.

시장이 거의 끝장나기 직전이었다. 뉴욕증권거래소는 폐쇄되지 않았지만, 거래가 중단된 종목이 200개에 육박했다. 시카고에서는 사상 처음으로

S&P500 지수선물 거래가 중단되었다.

거래가 진행되는 유일한 선물은 시카고 상품거래소의 '메이저 마켓 인덱스Major Market Index'로서, 다우지수처럼 우량주를 대표하는 지수선물이었다. 이 지수 가격은 당시 뉴욕 주가보다 훨씬 낮았으므로, 일부 투기자에게는 치명적인 유혹으로 느껴졌다. 이 용감한 투자자들이 사들이자, 불과 몇 분 만에 지수선물이 거의 10%나 상승했다. 이렇게 우량주로 매수세가 다시 유입되는 모습을 트레이더와 거래소 스페셜리스트들이 보자 뉴욕 주가가 반등했고, 최악의 공황상태가 지나갔다. 〈월스트리트저널〉 탐사 보도에 의하면 이 선물시장이 파멸적 시장붕괴를 막은 열쇠였다.[2]

1987년 10월 시장붕괴의 원인

블랙 먼데이를 촉발한 것은 전쟁 선포, 테러 사건, 암살, 파산 같은 한 가지 사건이 아니었다. 주가가 계속 상승하는 동안 주식시장을 위협하는 불길한 전조들이 나타났다. 달러 가치가 하락하면서 장기 금리가 급등했고, 이른바 '포트폴리오 보험portfolio insurance(선물이나 옵션을 이용해서 주가 하락 시에 손실을 방어하는 방식)'이라는 새 전략이 빠르게 확산했다. 포트폴리오 보험전략의 토대는 겨우 6년 전에 개설된 주가지수 선물시장이었다.

환율정책

금리 급등의 원인은 달러 가치 하락이다. 미국 등 G7(일본, 영국, 독일, 프랑스, 이탈리아, 캐나다)은 달러 가치 하락을 막으려고 시도했으나 소용없었다.

1980년대 중반에는 미국 경제가 건전한 데다가 일본과 유럽이 달러표시 증권을 대량으로 매수한 덕분에, 달러 가치가 전례 없는 수준까지 상승했다. 미국의 기록적인 재정 적자, 경기 호황, 로널드 레이건의 친자본주의 정책에 의해 금리가 상승하자, 외국 투자자들이 달러에 매력을 느꼈다. 1985년 2월 달러가 지나치게 고평가되어 미국은 수출 경쟁력을 상실했고, 무역적자가 대폭 확대되었다. 이때부터 달러 가치가 가파르게 하락하기 시작했다.

　선진국 중앙은행들은 고평가되었던 달러가 하락하자 처음에는 환호했지만, 달러가 계속 하락하고 미국 무역적자가 계속 확대되자 근심에 빠졌다. 1987년 2월 재무장관들이 파리에 모여 달러 가치 지지방안을 논의했다. 이들은 달러 가치가 지나치게 하락하면 미국에 대한 수출이 대폭 감소할 것을 우려했다.

　연준도 마지못해 달러 안정화 프로그램에 참여했다. 미국 무역적자가 개선되지 않으면, 금리라도 인상해야 하기 때문이다.

　그러나 무역 적자는 개선되지 않고 오히려 더 악화했다. 미국 무역적자 확대에 불안감을 느낀 투자자들은 미국 자산에 대해 더 높은 금리를 요구했다. 시카고상업거래소^{CME} 회장 리오 멜라메드는 블랙 먼데이의 원인이 무엇이었는지 묻자 퉁명스럽게 답했다. "쓸데없는 외환 정책들 때문이죠."[3)]

　주식시장이 처음에는 금리 급등을 무시했다. 세계의 대부분 주식시장처럼 미국 주식시장도 호황이었다. 1987년 초 1,933에서 시작한 다우지수가 8월 22일에는 2,725로 사상 최고치를 기록했다. 5년 전인 1982년 8월보다 250%나 상승했다. 세계 모든 시장이 강세장에 동참했다. 5년 상승률이 영국은 164%, 스위스는 209%, 독일은 217%, 일본은 288%, 이탈리아는 421%였다.

그러나 금리 상승이 문제를 불러왔다. 연초에 7%였던 장기국채 수익률이 9월에 9%를 기록하고서 계속 상승했다. 그동안 주가가 상승하면서 배당수익률과 이익수익률은 하락했으므로 채권 수익률과의 격차가 2차 세계대전 이후 최고 수준에 도달했다. 인플레이션이 잘 통제되고 있었는데도, 10월 19일 오전에는 장기국채 수익률이 10.47%에 이르렀다. 주식 수익률과 채권 수익률 사이의 기록적인 격차가 주식시장 붕괴의 밑거름이 되었다.

선물시장

S&P500 선물시장도 주식시장 붕괴에 이바지했다. 주가지수 선물시장이 도입된 이후 포트폴리오 보험이라는 새로운 매매기법이 등장했다.

포트폴리오 보험의 개념은 흔히 사용되는 손절매 주문stop-loss order과 크게 다르지 않다. 주식을 산 사람이 손실을 제한하고 싶으면 현재 가격보다 낮은 가격에 매도 주문을 내면 된다. 주가가 그 지정가 이하로 내려가면 매도 주문이 실행된다.

그러나 손절매 주문을 냈다고 해서 반드시 손실이 제한되는 것은 아니다. 주가가 지정가 밑으로 떨어지면 손절매 주문은 시장가 주문market order으로 바뀌어 차선가next best price로 실행된다. 주가가 폭락하거나 '갭gap' 하락하면 기대했던 것보다 훨씬 낮은 가격에 주문이 실행될 수도 있다. 이는 많은 사람이 비슷한 가격에 손절매 주문을 내면 혼란이 발생할 수도 있다는 뜻이다. 주가가 하락하면 매도 주문이 눈덩이처럼 불어나면서 시장을 휩쓸어버릴 수 있기 때문이다.

포트폴리오 보험 전략을 채택하여 주가지수 선물을 매도한 기관들은 이런 문제가 없을 것으로 생각했다. 세계에서 가장 큰 미국 자본시장에 매수자가 없어서 S&P500 지수선물 가격이 급락할 가능성은 매우 희박하다고 본 것이다. 이런 사고방식 덕분에 장기 금리가 급등하는데도 주가가 계속 상승할 수 있었다.

그러나 1987년 10월 19일 주가가 갭 하락했다. 그 전주에 주가가 10% 하락했고, 시장에 매도주문이 대량으로 쏟아졌다. 포트폴리오 보험 전략을 사용하는 수많은 트레이더와 펀드매니저들이 지수선물을 투매하자 선물시장이 붕괴했다. 매수자가 전혀 없었으므로, 유동성이 사라졌다.

트레이더 절대다수가 상상도 못했던 상황이 마침내 벌어졌다. 지수선물 가격이 뉴욕에서 거래되는 주가보다 훨씬 낮았으므로 뉴욕에서도 주식 매수세가 완전히 끊겼다. 세계최대 주식시장에서 매수자가 실종됐다.

주식시장 붕괴 이후 포트폴리오 보험은 곧바로 시들해졌다. 시장의 연속성과 유동성이 보장되지 않으면 아무 소용도 없었기 때문이다. 그러나 대안이 등장했다. 지수옵션이었다. 1980년대에 지수옵션 시장이 개설되었으므로, 주가지수 풋옵션을 사면 주가 하락 시에 손실을 방어할 수 있었다. 지수옵션은 매수 시점에 행사가격이 정해져 있었으므로 갭 하락이나 주문 체결에 대해 걱정할 필요가 없었다.

물론 블랙 먼데이에 영향을 끼친 요소는 포트폴리오 보험 외에도 많이 있었다. 그러나 시장 붕괴를 부추긴 것은 포트폴리오 보험과 그 원형인 손절매 주문이었다. 이 모든 기법의 뿌리는 이익은 키우고 손실은 짧게 끊는다는 트레이딩 철학이다. 주가가 일정 수준 하락할 때 손실을 제한하는 방법으로 손절매 주문, 지수선물, 심리적 요인 중 어느 것을 선택하느냐에 따라 시장흐름이 극적으로 달라질 수 있다.

서킷 브레이커

블랙 먼데이 이후 시카고상업거래소와 뉴욕증권거래소는 가격이 일정 범위를 벗어나면 매매를 제한하는 규정을 도입했다. 뉴욕증권거래소 규정 80a 조항인 '매매억제trading curb'는 투기에 의한 혼란을 방지하려는 조항으로서, 다우지수가 2% 이상 변동하면 선물시장과 뉴욕증권거래소 사이의 지수 차익거래를 제한할 수 있다.[4]

그러나 더 중요한 규정은 주가가 대폭 변동했을 때 선물시장과 뉴욕증권거래소의 매매를 중단하는 조처다. 1988년부터 2013년 초까지 적용 중인 새 규정에 의하면, 다우지수가 10%, 20%, 30% 하락하면 각각 매매가 1시간, 2시간, 온종일 중단된다. 2013년 4월 증권거래위원회가 변경한 서킷 브레이커circuit breaker 규정에 의하면 S&P500지수가 7% 하락하면 매매를 15분 중단하고, 지수가 13% 하락하면 또 매매를 15분 중단한다. 그리고 지수가 20% 하락하면 매매를 온종일 중단한다. 뉴욕증권거래소가 매매를 중단하면 선물거래도 중단된다.[5]

서킷 브레이커를 도입한 이유는 투자자들이 상황을 재평가하여 적절한 전략을 수립하도록 시간을 주려는 것이다. 이 시간에 매수자들이 시장에 들어오면 유동성이 개선될 수 있다.

그러나 매매 중단에 반대하는 목소리도 있다. 매매가 중단되면 단기 트레이더들이 포지션을 청산할 수 없어서 주가가 급락할 때 매수하지 못하므로 변동성이 커진다는 주장이다. 그러면 주가가 더 빨리 하락하여 단기 변동성이 더 증가하므로 1997년 10월 27일처럼 주가가 제한 범위까지 떨어질 수 있다는 말이다.[6]

플래시 크래시 - 2010년 5월 6일

미국 주식시장 역사상 변동성이 단연 가장 컸던 날은 1987년 10월 19일 월요일과 이튿날인 화요일이다. 그러나 이른바 '플래시 크래시flash crash(순간적인 붕괴)'로 알려진 2010년 5월 6일 시장붕괴 때에도 투자자들은 똑같이 불안감에 시달렸다. 동부 시간 오후 2시 30분 직후 다우지수가 몇 분 만에 600포인트(6%) 넘게 폭락했다가, 역시 몇 분 만에 회복했다. 주가 폭락을 부를 만한 경제뉴스도 없었다. 게다가 수천 종목의 매매 가격이 불과 몇 분 전보다 60% 이상 낮았다. 심지어 일부 유명 종목은 1센트에 거래되기도 했다.

유럽 채무위기 탓에 주가가 온종일 짓눌린 상태였다. 오후 2시 42분, 특별한 악재가 없는데도 다우지수가 300포인트 넘게 떨어지면서 주가가 급강하했다. 겨우 5분 만에 다우지수가 600포인트 더 떨어져 전일 종가보다 999포인트(약 10%) 하락하면서 2시 47분에 저점을 기록했다. 5분 동안 미국 주식시장에서 사라진 시가총액이 8,000억 달러가 넘었다. 이후 30분 동안 지수가 700포인트 반등하여 종가는 전일보다 348포인트 낮은 10,520이 되었다. 도표 19-2는 당일 시장흐름을 분 단위로 추적한 자료다. 주가 흐름이 도표 19-1A 블랙 먼데이와 무시무시할 정도로 비슷하지만, 훨씬 짧은 시간에 일어났다.

거의 5개월 동안 조사하고 나서, 증권거래위원회SEC와 상품선물거래위원회CFTC는 합동보고서를 발표했다.[7] 이 보고서에 의하면, 한 대형 펀드가 S&P500 선물 40억 달러를 오후 2시 41분부터 약 3분 동안 매도하자 곧바로 주가가 3% 더 하락했다.[8] 처음에는 이 매도의 상당량을 '고빈도 거래자들high-frequency traders'이 받아주었다. 고빈도 거래란 고성능 컴퓨터를 이용해서 수

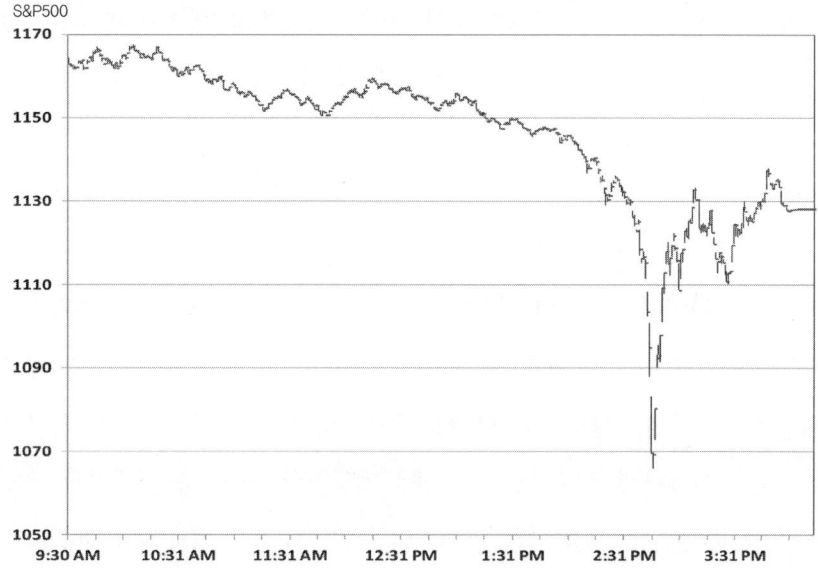

도표 19-2 | 플래시 크래시, 2010년 5월 6일

많은 주문을 신속하게 실행하는 프로그램 매매다. 그러나 주가가 계속 하락하자 고빈도 거래자들도 매도하기 시작했고, 시장에 유동성이 부족했던 탓에 주가가 더 가파르게 하락했다.[9] 오후 2시 45분 28초, 시카고상업거래소 서킷 브레이커가 발동되어 e-mini 매매가 5초 동안 중단되었는데, 이때 매수세가 유입되어 곧바로 주가가 회복되었다.

다우지수 하락도 불안했지만, 사람들의 눈길을 사로잡은 것은 터무니없는 매매 가격이었다. S&P500 지수선물이 저가를 기록한 직후에는 블루칩 매매 가격조차 이례적으로 낮았다. 프록터 앤드 갬블의 시가는 86달러였으나, 매매가는 이보다 50% 이상 낮은 39.37달러였다. 역시 S&P500 종목인 컨설팅 회사 엑센추어Accenture는 2시 47분 매매가가 38달러였으나, 겨우 2분 뒤에 매매가가 1센트로 떨어졌다! 이런 종목은 엑센추어뿐만이 아니었다.

S&P1500 지수 종목 중에도 1센트에 거래된 종목이 8개나 있었다.[10] 매매가가 불과 몇 분 전 가격보다 60% 이상 벗어난 거래가 300종목에 걸쳐 3만 건이었다. 장 마감 후 뉴욕증권거래소는 금융산업규제기구Financial Industry Regulatory Authority: FINRA와 협의하여, 매매가가 직전 가격에서 60% 이상 벗어난 거래를 모두 취소했다.

만일 전산 매매 시스템 대신 스페셜리스트들이 주문을 처리했다면, 이렇게 극단적인 매매가가 나오는 일은 없었을 것이다. 이들은 주가가 터무니없이 내려가기 훨씬 전에 주식을 매수했을 것이다. 그러나 최신 컴퓨터 매매 프로그램이 시장에 대응하는 방식은 스페셜리스트와 매우 다르다. 주가가 급락하기 시작하면 프로그램은 주식을 매도한다. 개별 종목 주가가 크게 움직이는 것은 프로그램이 접근할 수 없는 기업 고유의 정보 때문이라고 판단하기 때문이다. 프로그램은 매매활동에서 발생하는 정상적인 주가변동에서 이익을 추구한다.

주가가 급락하자 '유동성 보완점liquidity replenishment point'이라는 뉴욕증권거래소 규정이 발동하여 매매가 중단되었다. 그러나 이때 일부 매도 주문은 '극단 호가stub quote'를 제시하는 다른 증권시장으로 넘어갔다. 극단 호가는 공백을 채우는 의미 없는 숫자에 불과하다(예컨대 매수호가 1센트, 매도호가 10만 달러). 하지만, 다른 곳에서는 호가를 아예 찾을 수가 없었으므로, 이 극단 호가로 매매가 체결된 종목이 많았다.

이 플래시 크래시에 대응해서 증권거래위원회는 거래소 및 금융산업규제기구와 함께, 모든 시장에서 개별 종목 매매에 서킷 브레이커를 적용하는 시험 프로그램pilot program을 즉시 실행했다. 새 규정에서는 직전 5분 동안 가격 변동이 10%를 초과하는 종목은 5분 동안 매매를 중단한다. 2010년 6월 10

일, 증권거래위원회는 S&P500 지수 종목에 대한 서킷 브레이커 적용을 승인했다. 그리고 9월 10일에는 러셀1000 지수와 일부 ETF 종목에 대해서도 서킷 브레이커 적용을 승인했다. 2013년 4월, 증권거래위원회는 개별 종목의 변동성에 맞춰 서킷 브레이커 발동 요건을 조정하는 '허용범위 확대 및 축소 limit-up and limit-down' 규정을 도입했다. 주가가 3달러를 초과하는 종목(ETF 제외)은 주가변동 허용범위를 10%로 유지하되, 개장 후 15분과 폐장 전 15분 동안은 그 범위를 20%로 확대했다.[11)]

75년 만에 최악의 약세장을 맞이하고 겨우 1년 뒤에 플래시 크래시가 발생하자, 주식시장에 대한 대중의 신뢰가 흔들렸다. 사람들은 증권거래위원회의 고빈도 거래자 제재를 거론하면서 시장이 소액투자자들을 착취한다고 말했다. 그러나 플래시 크래시 이후 고빈도 거래는 쇠퇴했다. 그리고 고빈도 거래가 플래시 크래시에 과연 큰 영향을 미쳤는지에 의문을 나타내는 분석가도 많았다. 증권거래위원회가 만든 새 규정 덕분에 플래시 크래시에 발생했던 극단적인 매매와 오류는 거의 모두 사라졌다.

그러나 더 넓은 관점에서 볼 때, 개인 투자자들은 시장의 단기 변동성을 두려워해서는 안 된다. "앞으로 30분 동안 모든 품목을 10%~20% 할인판매합니다."라고 자주 방송하는 매장이 있다면 당신은 이런 매장에서 쇼핑하고 싶지 않겠는가? 주식시장에는 늘 단기 변동성이 있었으며, 플래시 크래시는 2007~2009년 약세장 회복에 지속적인 영향을 미치지도 않았다.

시장 변동성의 특성

대부분 투자자는 시장 변동성을 매우 싫어하겠지만, 주식투자로 높은 수익을 얻으려면 변동성을 활용해야 한다. 평균 이상의 수익을 얻으려면 위험을 감수해야 한다. 손실 위험을 떠안지 않고서 얻을 수 있는 수익률은 무위험 수익률뿐이다.

변동성이 싫어서 주식투자를 단념하는 사람도 있지만 변동성에 매혹되는 사람도 있다. 보유 포지션을 분 단위로 평가할 수 있으면 자신의 판단이 옳았는지 곧바로 확인할 수 있다. 그러나 이런 방식으로 접근하면 주식시장은 거대한 카지노가 된다.

게다가 이렇게 포지션을 항상 평가할 수 있으면, 불안감에 시달릴 수 있다. 그래서 즉각적인 평가를 좋아하지 않는 투자자도 많다. 어떤 투자자는 부동산처럼 일일 시세가 나오지 않는 자산에 투자한다. 또 어떤 투자자는 현재 가격을 모르면 투자 위험이 낮아진다고 믿는다. 75년 전 케인스는 케임브리지대학교 기금위원회의 투자 태도에 대해서 다음과 같이 썼다.

> 일부 회계 담당자는 호가도 없고 시장성도 없는 부동산에 태연하게 투자하지만, 감사 기간마다 제공되는 현금결제 매도호가를 확인한다면 백발이 무성해질 것이다. 사람들은 즉시 현금화되는 시세의 등락을 모르면 그 투자가 안전하다고 생각하지만, 시세를 모른다고 그 투자가 안전해지는 것은 아니다.[12]

주식 변동성의 추세

도표 19-3은 월간 수익률의 표준편차로 측정한 미국 주식의 연간 변동성이다. 시장 변동성에 전반적인 추세가 거의 나타나지 않는다.

변동성이 가장 높았던 기간은 대공황이었으며, 가장 높았던 해는 1932년이었다. 1932년의 연간 변동성은 63.7%로서, 3.36%로 변동성이 가장 낮았던 1993년보다 거의 20배나 높았다. 대공황 이후 변동성이 가장 높았던 해는 1987년으로서, 금융위기가 발생한 2008년보다도 약간 더 높았다. 1929~1939년을 제외하면 변동성은 평균 12% 수준이었으며, 지난 180년 동안 13~14%로 매우 안정적이었다.

도표 19-4A는 다우지수의 일간 변동성의 흐름을 보여준다. 지난 117년

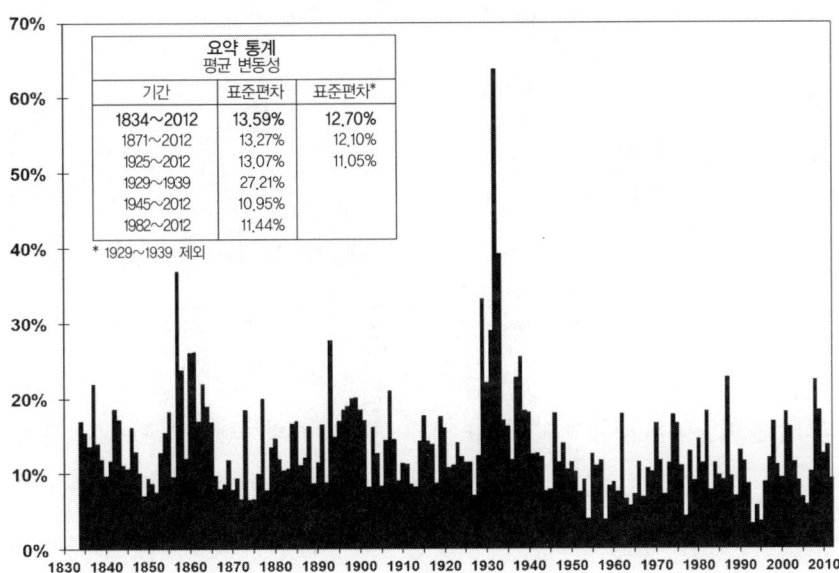

도표 19-3 | 월간 수익률의 표준편차로 측정한 미국 주식의 연간 변동성, 1834~2012년

도표 19-4 | 다우지수의 일간 변동성, 1896~2012년

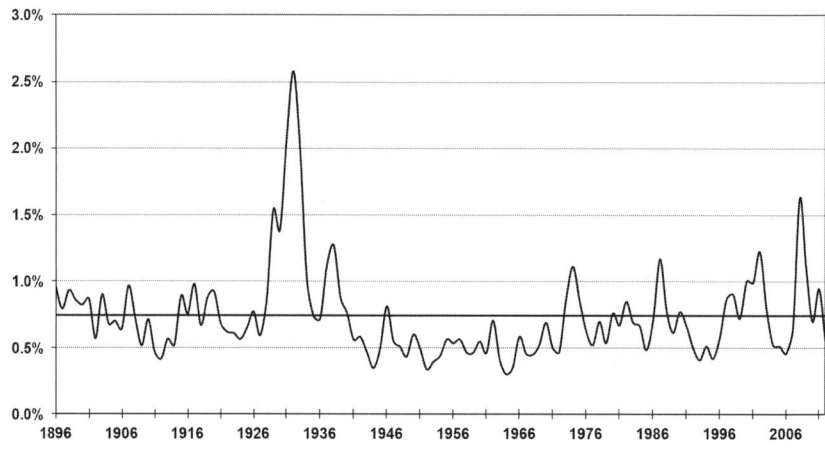

도표 19-4A | 다우지수의 일간 변동성, 1896년 1월~2012년 12월

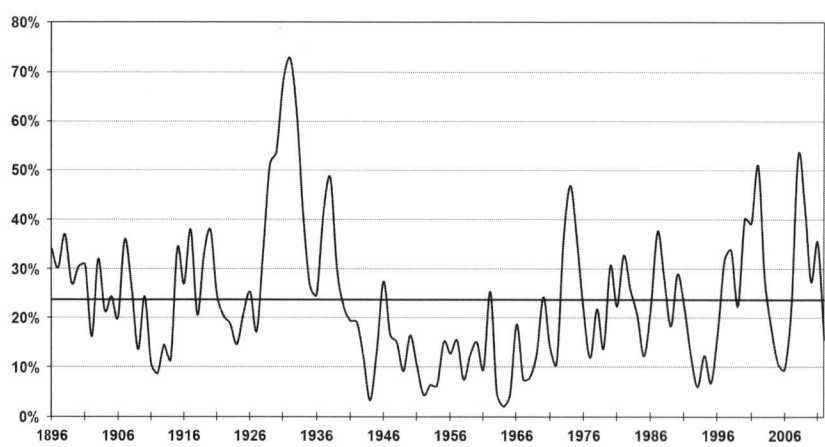

도표 19-4B | 일간 변동성이 1%를 초과한 날의 비율, 1896년 1월~2012년 12월

간 일간 변동성은 평균 0.74%였다. 1930년대를 제외하면 1896~1960년은 변동성이 감소 추세였고, 이후에는 증가 추세였다. 증가 추세가 나타난 이유 중 하나는 경제 현상에 대한 시장의 반응이 빨라졌기 때문이다. 전에는 정

보가 주가에 반영되려면 몇 시간에서 며칠이 걸렸다면, 지금은 몇 초에서 몇 분이면 되기 때문이다. 20세기 초에 변동성이 감소 추세를 보인 것은 다우지수 구성 종목 수가 12개에서 20개를 거쳐 1928년에는 30개로 늘어났기 때문이다. 대공황 이후 일간 변동성이 가장 높았던 해는 2008년으로서, 1.63%였다.

도표 19-4B는 일간 변동성이 1%를 초과한 날의 비율이다. 전체 기간의 평균은 24%로서, 1주일에 1일 정도였다. 그러나 1932년에는 이 비율이 67.6%로 가장 높아서 3일 중 2일이 넘는 수준이었고, 1964년에는 가장 낮아서 1.2%에 그쳤다. 1930년대 대공황 이후 이 비율이 가장 높은 기간은 금융위기였다.

변동성이 높은 기간은 대부분 약세장 기간이었다. 경기 확장기보다 경기 침체기일 때 일간 수익률의 표준편차가 25% 이상 높았다. 경기 침체기에 변동성이 증가하는 이유는 두 가지다. 첫째, 경기가 침체하면 경제의 불확실성이 증가한다. 둘째, 기업의 이익이 감소하면 고정비 부담 탓에 기업 실적의 변동성이 증가한다. 이에 따라 주가의 변동성도 증가한다.

기업의 실적이 흑자에서 적자로 전환되면 이 기업의 주식가치는 외가격 콜옵션을 닮게 된다. 즉 기업이 모든 비용 부담을 극복하고 마침내 흑자로 돌아서면 주식가치가 회복하지만, 적자에서 벗어나지 못하면 주식가치는 사라진다. 대공황 기간에 주가 변동성이 가장 컸던 것도 이상한 일이 아니다. 상장 기업들의 실적이 전반적으로 적자였으므로, 주식시장이 외가격 콜옵션처럼 움직였던 것이다.

변동성 지수

과거변동성$^{historical\ volatility}$은 쉽게 측정할 수 있다. 그러나 훨씬 더 중요한 것은 사람들이 기대하는 변동성이다. 이는 시장의 불안감 수준을 알려주는 지표이며, 불안감이 높은 시점은 종종 주가의 전환점이 되었기 때문이다.

주요 주가지수의 콜옵션 가격과 풋옵션 가격을 분석하면 시장에 반영된 변동성, 즉 내재변동성$^{implied\ volatility}$을 측정할 수 있다.[13] 1993년, 시카고옵션거래소는 CBOE 변동성 지수$^{CBOE\ Volatility\ Index}$, 이른바 VIX지수(일명 공포지수. 3장에서 언급)를 도입했는데, S&P500지수의 실제 옵션 가격을 바탕으로 1980년대 중반까지 거슬러 올라가 지수를 산출했다.[14] 도표 19-5는 VIX의 흐름을 주간 단위로 보여준다.

단기적으로는 VIX와 주가 사이에 강한 마이너스 상관관계가 나타난다. 주가가 하락하면 사람들은 손실을 방어하려고 더 높은 가격을 치르면서도 풋옵션을 매수하므로 VIX가 상승한다. 그러나 주가가 상승하면 사람들은 불안감이 감소하여 손실을 방어하려 하지 않으므로 VIX가 하락한다.

이렇게 주가가 높을 때보다 낮을 때 사람들이 손실을 더 방어하려는 행태가 이상해 보일지도 모르겠다. 이에 대한 설명 한 가지는, 강세장보다는 약세장일 때 변동성이 커지므로 주가가 하락하면 VIX가 상승한다는 것이다. 그러나 더 설득력 있는 설명이 있다. 사람들이 자신감을 상실하여 손실을 방어하려고 풋옵션을 사는 과정에서 풋옵션 가격이 상승하면, 차익거래자들이 풋옵션을 팔면서 헤지 목적으로 보유 주식도 매도하기 때문에 주가가 더 하락한다는 것이다. 반면에 사람들이 자신감을 회복하면 이 반대로 진행된다.

도표 19-5를 보면 VIX가 정점에 도달한 시점은 불확실성이 지극히 높고 주가가 급락한 기간이었다. 1987년 10월 19일 블랙먼데이 이튿날인 화요일에 VIX가 172로 고점을 기록하면서 단연 압도적인 1위가 되었다.

1990년대 초중반에는 VIX가 10~20 수준으로 내려갔다. 그러나 1997년 아시아 통화위기가 발생하자 VIX는 20~30 수준으로 상승했다. 그리고 세 가지 사건(홍콩달러에 대한 환투기, 1998년 8월 LTCM 구제, 2001년 9.11 테러)이 발생하자, VIX가 40~50 수준으로 상승했다. 1987년 블랙 먼데이 이후에는 2008년 9월 리먼 브라더스 파산 직후에 VIX가 90으로 급등하여 고점을 기록했다. 또한 그리스와 스페인 채무 위기에도 VIX가 급등했다. VIX 사상 최저점은 1993년 12월에 기록한 8.89였다.

최근 몇 년 동안 VIX가 높을 때 주식을 매수해서 VIX가 낮을 때 매도하는 전략을 썼다면 초과수익을 얻었을 것이다. 그러나 시장 저점에 사서 고점에

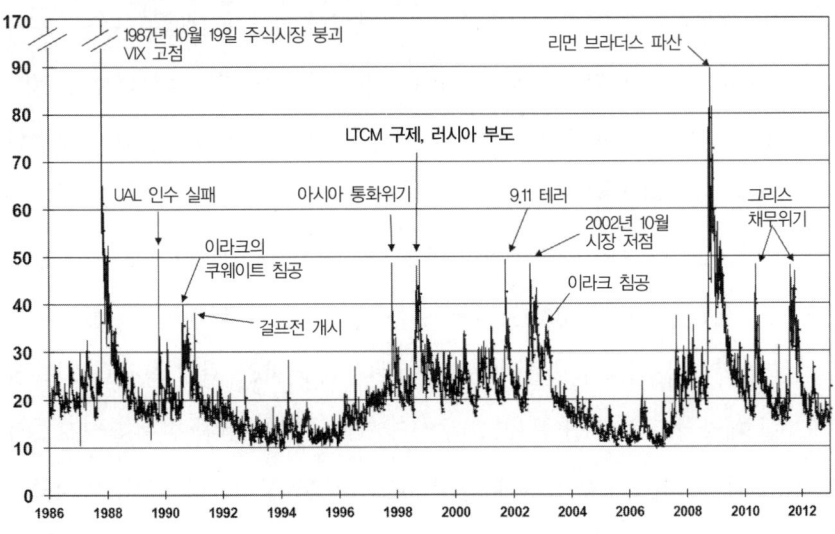

도표 19-5 | VIX지수, 1986~2012년

팔았어도 초과수익을 얻었을 것이다. 문제는 얼마나 높아야 고점이고 얼마나 낮아야 저점인지 알 수 없다는 점이다. 예를 들어 VIX가 40이었던 1987년 10월 16일 금요일에도 사람들은 매수 유혹을 느낄 만했다. 그러나 이날 주식을 샀다면, 월요일에 기록한 1일 최대 폭락에 참담한 손실을 보았을 것이다.

일간 변동성이 컸던 날의 분포

16장에서 밝혔듯이 1885~2012년 사이에 다우지수 변동률이 5%를 초과한 날은 145일이었다. 이중 상승한 날은 68일, 하락한 날은 77일이었다. 그리고 거의 3분의 2에 해당하는 79일이 1929~1933년 사이에 들어 있다. 다우지수 변동률 5% 초과일이 가장 많았던 해는 1933년으로, 35일이 있었다. 5% 초과일이 나타나지 않은 최장 기간은 1987년 10월 19일 블랙 먼데이 이전 17년이었다.

도표 19-6은 다우지수 변동률 5% 초과일의 분포를 보여준다. 5% 초과일이 가장 많았던 요일은 월요일이었고, 단연 가장 적었던 요일은 화요일(토요일 제외)이었다. 그중 하락한 날이 가장 많았던 요일은 월요일이고 상승한 날이 가장 많았던 요일은 수요일이었다.

월별 분포로 보면 10월에 36일이 포함되어 다른 월보다 2배 이상 많았다. 이로써 10월에 변동성이 높다는 말은 충분히 입증되었다. 변동률 5% 초과일의 거의 4분의 1이 10월이었을 뿐 아니라, 역사상 최대 폭락을 기록한 1929년 대공황과 1987년 블랙 먼데이도 10월에 발생했다. 변동률 5% 초과일의 거의 3분의 2가 9~12월에 발생했다는 점도 흥미롭다. 주식 수익률의

도표 19-6 | 다우지수 변동률 5% 초과일의 분포, 1885~2012년

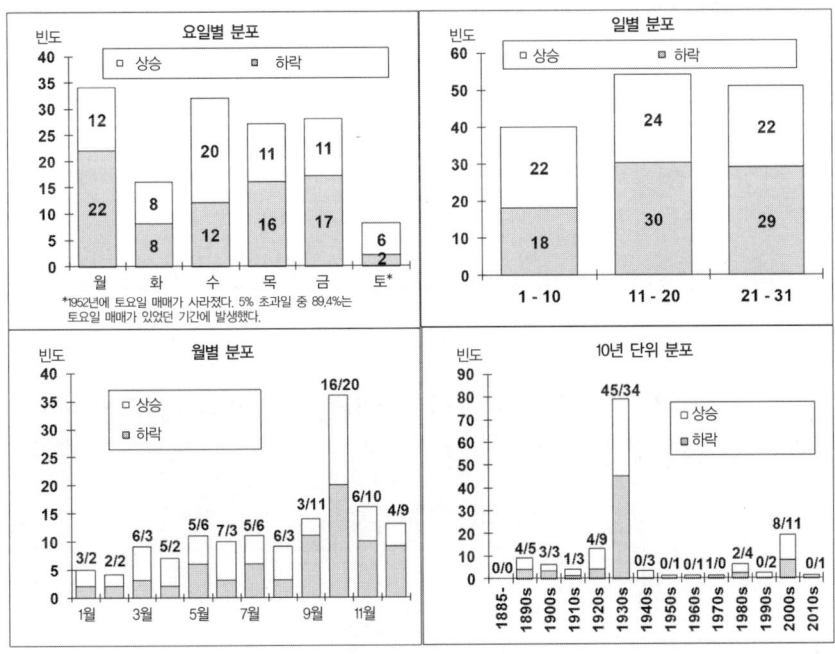

계절 특성에 대해서는 21장에서 논의한다.

그런데 주가가 가장 심하게 폭락했던 기간에 매우 흥미로운 현상이 있었다. 1929년 9월 3일~1932년 7월 8일에 다우지수는 거의 89%나 폭락했다. 이 기간에 변동률 5% 초과일이 37일이었는데, 놀랍게도 그중 21일이 상승한 날이었다! 주로 환매수 short covering(숏 커버링-공매도한 증권을 되사들여 포지션을 청산하는 행위)에 의한 반등이었다.

시장에서는 한 방향으로 이어지던 추세가 갑자기 반대 방향으로 바뀌는 사례도 드물지 않다. 강세장에서 이런 현상이 나타나면 "계단으로 올라가서, 엘리베이터로 내려온다."라고 표현한다. 따라서 일반 투자자는 추세

를 이용해서 돈 벌기가 생각만큼 쉽지 않다는 점을 명심하고, 추세가 바뀌면 재빨리 빠져나올 태세를 갖춰야 한다.

시장 변동성과 경기순환

사람들은 흔히 시장 변동성의 근거가 시장이 뉴스에 과잉반응하기 때문이라고 믿는다. 그러나 뉴스가 주가에 미치는 영향을 계량화하기는 지극히 어렵다. 따라서 사람들은 대개 '대중을 따르면서' 뉴스가 나오면 대중의 반응을 예측하려고 노력한다.

50여 년 전, 케인스는 펀더멘탈을 평가하는 투자와 대중을 따르는 투자를 다음과 같이 비교했다.

> 오늘날 장기 예측을 바탕으로 투자하기는 매우 어려워서, 실행이 거의 불가능할 정도다. 이 방식으로 투자하려면 대중의 행태를 예측해서 투자하는 방식보다 훨씬 더 많은 노력과 위험을 감수해야 하며, 치명적인 실수를 저지르기도 더 쉽다.[15]

1981년 예일대 교수 로버트 실러는 투자자들이 배당과 금리에 반응하는지 평가하는 기법을 개발했다.[16] 그는 과거 배당과 금리를 바탕으로 적정 S&P500지수를 산출했다. 10장에서도 논의했지만 주가는 미래 현금흐름을 금리로 할인한 현재가치가 되어야 한다.

실러가 분석한 바로는 배당과 금리의 변동보다 주가의 변동이 훨씬 더 컸다. 배당의 변화는 대부분 일시적이었는데도 주가는 이런 변화에 대해 과잉반응하는 것으로 나타났다.[17] 예를 들어 배당은 침체기에 감소했다가 확장기가 오면 증가했는데도, 주가는 침체기에 마치 배당이 끝없이 감소하는 것처럼 형성되었다.

경기순환 business cycle에서 순환은 경기가 침체한 다음에는 확장하고, 확장한 다음에는 침체한다는 뜻이다. 기업의 실적도 대개 경기순환을 따라가므로, 등락을 거듭하면서 장기적으로는 평균으로 회귀해야 한다. 따라서 침체기에 배당이 일시적으로 감소하더라도 주가가 큰 영향을 받아서는 안 된다.

그러나 주가가 폭락하면 투자자들의 마음속에는 최악의 시나리오가 큰 자리를 차지한다. 주가가 1929년 고점에서 85% 폭락한 1932년 5월 6일, 딘 위터는 고객들에게 다음과 같은 보고서를 보냈다.

> 미래에 대해 세울 수 있는 가정은 두 가지뿐입니다. 우리 경제가 혼돈 상태에 머물거나 회복된다는 가정입니다. 첫 번째 가정은 어리석은 생각입니다. 혼돈 상태가 이어진다면 아무것도 가치를 유지하지 못합니다. 채권도, 주식도, 은행 예금도, 금도 가치를 상실하게 됩니다. 부동산 소유권도 믿을 수 없으므로 부동산도 소용이 없습니다. 이렇게 난감한 상황에서는 어떤 전략도 세울 수 없습니다. 따라서 전략은 경제 회복을 전제로 수립해야 합니다. 이번 침체가 최악일지는 몰라도, 우리가 처음 겪는 침체는 아닙니다. 과거에 침체가 점차 회복되어 정상으로 돌아갔듯이, 이번 침체도 틀림없이 회복될 것입니다. 불확실한 것은 언제 회복되느냐 뿐입니다. 지금 1929년 주가가 엄청나게 높아 보이는 것처럼, 몇 년 지나면 현재 주가가 터무니없이 낮아 보일 것이라고 힘주어 말하고 싶습니다.[18]

2개월 뒤 주가는 사상 최저점을 기록하고서 강하게 반등했다. 돌아보면 이 보고서는 일시적인 주가 혼란 상태를 매우 현명하면서도 건전하게 판단했다. 그러나 당시 투자자들은 극도의 비관론과 우울증에 빠져 주식에 환멸을 느꼈으므로, 이 보고서를 무시했다. 사람들이 장기 관점을 유지하지 못하고 단기 실적에 과잉반응하는 이유는 22장에서 논의한다.

시장 변동성의 중요성

1987년 10월의 시장붕괴는 극적인 사건이었지만, 세계 경제나 금융시장에 영향을 미친 기간은 놀라울 정도로 짧았다. 이 사건은 이후 추가 폭락이나 경기 침체를 불러오지 않았으므로, 1929년 대폭락 같은 악명을 남기지는 않을 것이다. 그러나 이 사건이 주는 교훈은 지극히 중요하다. 연준이 즉시 유동성을 공급하여 금융시장이 기능하도록 보장하는 등 안전장치를 가동하면 대공황과 같은 경제 와해를 방지할 수 있다는 교훈이다.

그러나 이렇게 해도 시장의 급격한 변동까지 막을 수는 없다. 미래는 늘 불확실한 법이므로, 흔히 경제 펀더멘털보다는 심리와 정서가 시장을 지배한다. 케인스는 70여 년 전《고용, 이자, 화폐의 일반이론》에서 말했다. "우리가 미래 수익률을 추정하는 기반 지식이 지극히 불안정하다는 점은 중요한 사실이다."[19] 불안정한 추정치가 갑자기 바뀔 수 있듯이, 주가도 시장에서 변동할 수 있다. 그러나 과거를 돌아보면, 사람들이 앞다투어 주식을 내던질 때 주식을 산 투자자는 시장 변동성이 주는 이득을 얻었다.

20
기술적 분석과 추세 투자

> 물론 차트 분석을 점성술이나 마술에 비유하면서 완전히 무시하는 회의론자도 많다. 그러나 월스트리트에서 상당한 비중을 둔다는 사실만으로도 차트 분석을 어느 정도 주의 깊게 연구할 가치가 있다.
>
> —벤저민 그레이엄과 데이비드 도드, 1934년[1)]

기술적 분석의 특징

깃발형, 페넌트형, 접시형, 머리어깨형. 스토캐스틱^{stochastics}, 이동평균 수렴확산지수, 캔들차트. 이는 과거 주가 추세를 이용해서 미래 주가를 예측하는 기술적 분석가들이 사용하는 난해한 용어들이다. 기술적 분석만큼 비판을 많이 받는 분석기법도 드물다. 그러나 기술적 분석만큼 헌신적이고 열렬한 핵심 지지자들을 확보한 분야도 드물다. 학계에서는 기술적 분석을 흔히 점성술처럼 취급하지만, 최근에는 기술적 분석에서 매우 긍정적인 증거가 발견되기도 했으며 새로운 모습도 나타나고 있다.

기술적 분석가technical analyst(또는 차티스트chartist)는 배당, 이익, 순자산가치 등의 변수로 주가를 예측하는 기본적 분석가fundamental analyst와 선명하게 대조를 이룬다. 기술적 분석가들은 이런 기본적 변수들을 무시하면서, 과거 주가 패턴을 분석하면 미래 주가 흐름을 예측할 수 있다고 주장한다. 주가 패턴 중 일부는 시장 심리의 산물이고 일부는 회사의 내부자에 의해서 형성되므로, 이런 패턴을 정확하게 파악하면 초과수익을 얻을 수 있다고 기술적 분석가들은 주장한다.

기술적 분석가 찰스 다우

처음으로 널리 알려진 기술적 분석가는 다우존스산업평균을 만들어낸 찰스 다우다. 그러나 찰스 다우는 차트만 분석한 사람이 아니다. 그는 1900년대 초에 〈월스트리트저널〉을 창간하여 그의 전략을 사설에 발표하기도 했다. 후계자 윌리엄 해밀턴William Hamilton은 다우의 기법을 확장하여 1922년 《주식시장 바로미터Stock Market Barometer》를 출간했다. 그리고 10년 뒤 로버트 레아Robert Rhea는 다우의 개념을 공식화하여 《다우 이론Dow Theory》을 출간했다.

찰스 다우는 주가의 등락을 파도에 비유했다. 그는 파도처럼 전반적인 추세에 따라 결정되는 장기 흐름primary wave이 있다고 주장했다. 그리고 이 장기 흐름에 중기 흐름secondary wave과 단기 잔물결minor ripple이 겹쳐진다고 말했다. 또한, 다우존스산업평균과 다우존스철도평균(지금은 운송평균)을 분석하면 현재 시장추세를 파악할 수 있다고 주장했다.

다우 이론을 따르는 사람들은 이 전략을 사용했으면 1929년 10월 주가 폭락 전에 시장에서 빠져나올 수 있었다고 믿는다. 유명한 기술적 분석가 마틴 프링Martin J. Pring은 1897년부터 투자원금 100달러로 다우 이론의 매수·매도 신호에 따라 다우존스산업평균 종목을 매매했다면, 1990년 1월에는 11만 6,508달러가 되었으며 같은 기간 계속 보유하기만 했다면 5,682달러가 되었다고 주장했다(배당 재투자는 제외).[2] 그러나 매수·매도 신호가 매우 주관적이어서 정확하게 계량화할 수가 없으므로 그가 주장하는 실적을 확인하기가 어렵다.

주가의 무작위성

다우 이론의 인기가 과거만은 못하지만, 그래도 기술적 분석은 여전히 건재하다. 기술적 분석가들은 시장의 장기 추세를 파악할 수 있다고 생각하며, 강세장은 올라타고 약세장은 피하는 것이 이들의 기본 목표다.

그러나 대부분 경제학자는 (주가 패턴을 분석하면 주가를 예측할 수 있다는) 기술적 분석가들의 기본 신조를 여전히 공격한다. 학자들은 주가의 흐름은 특정 패턴보다는 랜덤워크(무작위)에 더 가깝다고 주장한다.

이 결론에 가장 먼저 도달한 사람은 20세기 초 경제학자 프레더릭 매콜리Frederick MacCauley였다. 1925년 미국통계협회American Statistical Association 만찬에서

'증권가격 예측forecasting security prices'이라는 주제로 그가 발표한 내용이 협회의 공식 학술지에 실렸다.

> 매콜리는 주가의 흐름과 주사위를 던져서 그리는 확률곡선이 놀라울 정도로 비슷하다고 말했다. 이런 확률곡선의 흐름을 예측할 수 없다는 점은 누구나 인정할 것이다. 만일 주가 흐름 이용해서 주가를 예측할 수 있다면, 주가 흐름이 확률곡선과 다르기 때문일 것이다.[3)]

30여 년 뒤 시카고대 교수 해리 로버츠Harry Roberts는 동전 던지기 같은 완전 무작위 사건을 이용해서 주가 차트를 만들어냈다. 이렇게 만들어낸 차트도 실제 주가 차트와 같은 모습이어서, 기술적 분석가들이 중요한 예측 지표로 여기는 패턴과 추세를 포함하고 있었다. 그러나 이 차트에서는 주가가 무작위로 결정되므로 이런 패턴으로는 논리상 주가를 예측할 수 없었다. 이 초기 연구는 과거 주가 흐름에서 나타나는 명확한 패턴이 우연의 산물이라는 생각을 뒷받침했다.

그러면 주가 흐름이 무작위라는 생각은 합리적일까? 경제에서 수요와 공급에 영향을 미치는 요소들은 무작위가 아니어서 상당 부분 예측이 가능하다. 그렇다면 이런 요소들에 의해서 주가 흐름에 필연적인 패턴이 나타나는 것은 아닐까?

1965년 MIT 교수 폴 새뮤얼슨은 주가의 무작위성과 수요와 공급의 법칙은 모순되지 않는다는 점을 입증했다.[4)] 사실 주가의 무작위성은 주가에 영향을 미치는 모든 정보가 시장에 효율적으로 반영된 결과였다. 이것이 '효율적 시장 가설efficient market hypothesis'의 요점이다.

시장이 효율적이라면, 주가는 예상하지 못한 새로운 정보가 발표될 때에만 바뀐다. 예상 못한 정보는 예상보다 좋을 수도 있고 나쁠 수도 있으므로, 그 결과 나타나는 주가 흐름은 무작위가 된다. 따라서 주가 차트는 랜덤워크가 되므로 예측할 수 없다.[5]

무작위로 만들어낸 주가차트

실제로 주가 흐름이 무작위라면, 컴퓨터로 만들어낸 무작위 주가차트와 구분할 수 없어야 한다. 도표 20-1은 60년 전 로버츠 교수의 실험을 확장한 것이다. 나는 대부분 신문과 차트 책에 나오는 차트 형태를 만들어내기 위해 컴퓨터를 이용해서 종가는 물론 고가와 저가까지 포함된 막대 차트를 만들어냈다.

도표 20-1에는 차트가 8개 있다. 4개는 난수 생성기로 만들어낸 차트다. 이들의 주가 흐름은 이전 주가와 전혀 무관하게 생성되었으므로 과거 주가로 미래 주가를 절대 예측할 수 없다. 나머지 차트 4개는 실제 다우지수 데이터 중에서 선택했다. 여기서 잠시 멈추고, 어느 것이 실제 과거 주가이고 어느 것이 컴퓨터로 생성한 주가인지 구분해보라.

구분하기가 매우 어려울 것이다. 실제로 월스트리트를 선도하는 증권사의 일류 중개인 대부분도 실제 차트와 위조 차트를 도저히 구분할 수가 없었다. 1987년 10월 19일 블랙 먼데이 기간을 나타낸 도표 20-1D는 중개인의 3분의 2가 정확하게 찾아냈다. 그러나 나머지 차트 7개에 대해서는 중개인들도 어느 것이 실제 차트인지 구분할 수가 없었다. 실제 차트는 B, D, E,

도표 20-1 | 실제 주가지수와 컴퓨터로 생성한 주가지수

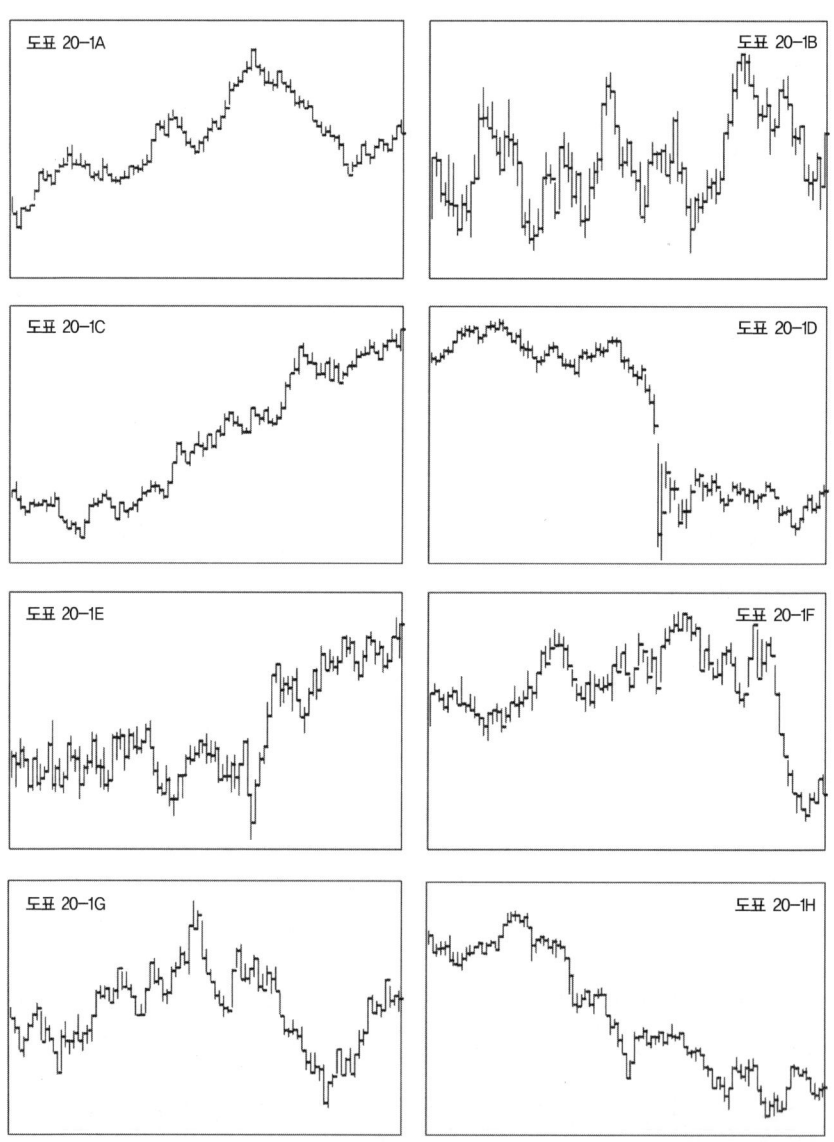

H이고, 컴퓨터로 생성한 차트는 A, C, F, G다.[6]

추세와 반전

추세 중 상당수는 무작위 주가 흐름에 불과한데도, 트레이더들은 추세를 거스르려 하지 않는다. 시점 선택자들market timers이 가장 잘 기억하는 말 두 가지는 "추세를 친구로 삼아라."와 "관성의 힘을 믿어라."이다.

펀더멘털 변수와 기술적 변수로 추세를 예측하는 유명한 시점 선택자 마틴 츠바이크는 이렇게 말했다. "거듭 강조하지만 시장 추세 안에 머물면서, 시세와 밀착해야 하며, 장기 흐름에 맞서서는 안 됩니다. 시세와 맞서는 것은 재난을 자초하는 일입니다."[7]

추세가 형성되었다고 판단하면 기술적 분석가들은 추세선 위아래로 추세 터널을 그린다. 이 터널의 하한선을 지지선이라 하고, 상한선을 저항선이라 한다. 주가가 터널의 상하한선을 돌파한 다음에는 대개 큰 폭으로 움직인다.

추세가 중요하다고 믿는 사람들이 많다는 그 사실 때문에 추세 추종이 그토록 인기를 끈다고 볼 수도 있다. 추세가 유지되는 동안 트레이더들은 주가가 터널의 상한에 접근하면 팔고 하한에 접근하면 사서, 주가 등락으로부터 이득을 얻는다. 그러나 추세가 깨지면 트레이더들은 포지션을 뒤집는다. 즉 주가가 터널 상한을 돌파하면 사고, 하한을 돌파하면 판다. 이런 행태에 의해서 주가 흐름이 빨라지며 추세의 중요성이 강화된다.

추세 추종자들의 옵션 매매도 마찬가지 방식으로 진행된다. 주가가 터널 안에서 움직이는 동안에는 행사가격이 터널 상한선인 콜옵션과 하한선인 풋옵션을 매도한다. 주가가 터널 안에 머무는 한, 이들은 프리미엄으로 이득을 얻는다.

그러나 주가가 상하한선을 벗어나면 옵션 매도자들은 커다란 위험에 노출된다. 이들은 프리미엄보다 훨씬 큰 손실을 볼 수도 있으므로 서둘러 옵션을 환매수하며, 이 과정에서 주가 흐름이 더 가팔라진다.

이동평균

기술적 매매에 성공하려면 추세도 찾아내야 하지만, 추세 반전 시점을 찾아내는 일이 더 중요하다. 이때 흔히 사용하는 기법이 과거 주가의 이동평균과 현재 주가를 비교하는 방법이다. 이는 1930년 이전부터 사용하던 기법이다.[8]

이동평균 moving average은 과거 종가 일정 개수를 산술평균한 값이다. 하루가 지나면 가장 오래된 종가를 제외하고 최근 종가를 추가하여 다시 평균을 계산한다.

이동평균은 일일 주가보다 변동성이 훨씬 작다. 주가가 상승 중일 때에는 이동평균선이 주가보다 낮은데, 기술적 분석가들은 이동평균선이 지지선을 형성한다고 표현한다. 주가가 하락 중일 때에는 이동평균선이 주가보다 높으며 저항선을 형성한다고 말한다. 이동평균을 이용하면 시장의 기본 추세를 찾아낼 수 있으므로, 시장의 일일 변동성에 현혹되지 않는다고 기술적 분석가들은 주장한다. 주가가 이동평균을 돌파하면 이는 강한 세력에 의해 기본 추세가 반전된다는 신호다.

가장 널리 사용되는 이동평균은 과거 200일 종가로 구성되는 '200일 이동평균'이다. 흔히 신문과 투자 뉴스레터에서 추세를 판단할 때 사용한다.

일찌감치 이 전략을 지지한 사람 중에 윌리엄 고든(William Gordon)이 있다. 그는 1897~1967년 동안 주가가 다우 이동평균을 상향돌파할 때 샀다면, 주가가 하향돌파할 때 샀을 때보다 수익이 거의 7배가 되었다고 주장했다.[9] 로버트 콜비(Robert Colby)와 토머스 마이어스(Thomas Meyers)는 미국에 가장 적합한 이동평균은 45주 이동평균이라고 주장한다. 이는 200일 이동평균보다 약간 긴 기간이다.[10]

다우지수 이동평균 전략 검증 기준

200일 이동평균 전략을 검증하려고 나는 1885년부터 현재까지 다우지수의 일간 실적을 조사했다. 다른 연구들과는 달리 이 전략에서 매수 신호가 나와 주식을 보유한 기간에는 배당을 재투자한 것으로 계산했고, 매도 신호가 나와 주식을 보유하지 않은 기간에는 단기국채에 투자한 것으로 계산했다. 전체 기간은 물론, 일부 기간에 대해서도 수익률을 계산하였다.

매수-매도 신호의 기준은 다음과 같다. 다우지수 종가가 200일(당일 제외) 이동평균보다 1% 이상 높으면 당일 종가로 주식을 매수했다. 그리고 다우지수 종가가 200일 이동평균보다 1% 이상 낮으면 당일 종가로 주식을 매도했다. 매도한 자금은 단기국채에 투자했다.

이 전략에는 두 가지 특징이 있다. 첫째, 매매 횟수를 줄이려고 주가가 200일 이동평균선을 1% 이상 돌파했을 때에만 매수하거나 매도했다. 이 터널 기준이 낮아지면 이른바 '거짓 신호(whipsaw)'에 속아 빈번하게 매매하는 과정에서 비용이 증가하므로, 수익률이 대폭 낮아진다.[11]

둘째, 주식을 종가에 매매하는 것으로 가정했다. 최근에 와서야 주요 지수의 하루 중 등락이 정확하게 계산되었으므로, 전체 기간에 대해 검증하려

면 종가를 기준으로 삼을 수밖에 없었다.[12]

다우지수 이동평균 전략 검증

도표 20-2는 다우지수 종가와 200일 이동평균이다. 하나는 1924~1936년이고, 하나는 2001~2012년이다. 주식을 보유하지 않은 기간(대신 단기국채를 보유한 기간)은 짙은 색으로 표시했다.

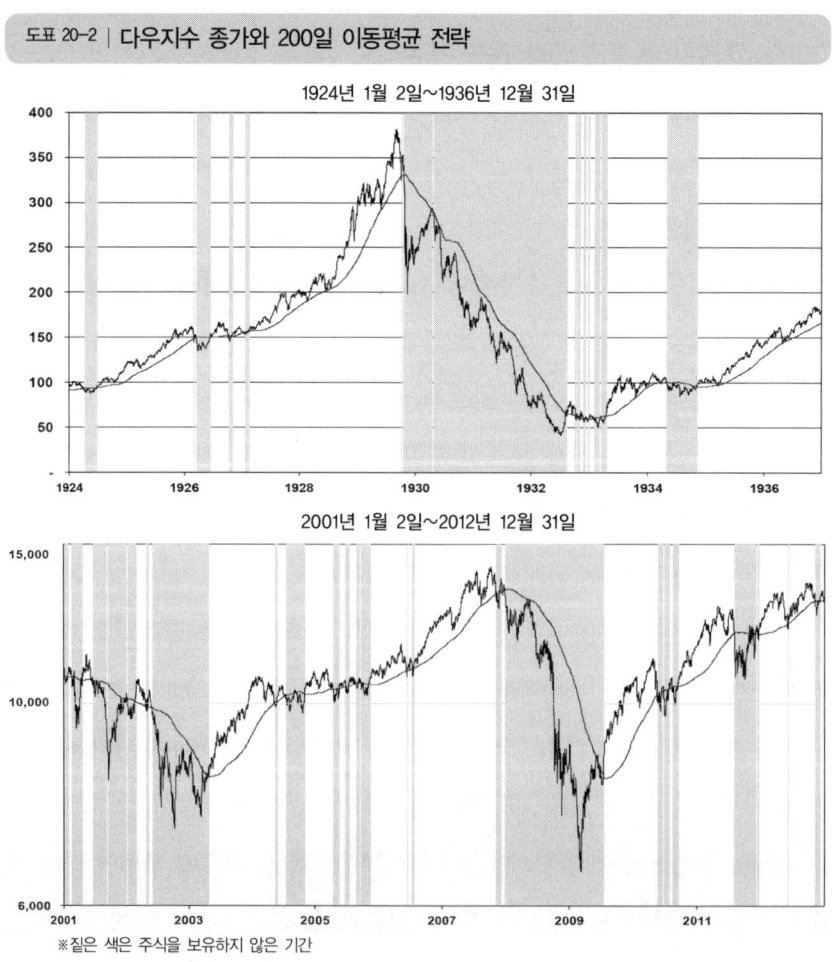

도표 20-2 | 다우지수 종가와 200일 이동평균 전략

※짙은 색은 주식을 보유하지 않은 기간

표 20-1에 주식을 계속 보유했을 때의 실적과 200일 이동평균 전략을 사용했을 때의 실적을 요약했다. 거래비용을 제외하면 1886년 1월~2012년 12월 수익률이 이동평균 전략은 연 9.73%, 계속 보유 전략은 연 9.39%였다. 앞에서도 언급했듯이 이동평균 전략은 1929~1932년 대폭락기에 가장 큰 성공을 거두었다. 그러나 이 기간을 제외하면 이동평균 전략의 수익률은 계속 보유 전략보다 연 0.68% 낮아진다.

거래비용을 포함하면 이동평균 전략의 수익률은 1929~1932년 대폭락기를 포함해도 계속 보유 전략보다 낮아진다. 거래비용에는 중개수수료, 매수-매도 호가 차이, 자본이득세가 포함되며, 사거나 팔 때 평균 0.5% 발생한다고 가정한다. 초기에는 실제 거래비용이 십중팔구 0.5%보다 더 컸을 것이고, 최근에는 이보다 낮아졌을 것이다.

도표 20-2에서 2001년 1월 2일~2012년 12월 31일 실적을 보자. 얼핏 보면 200일 이동평균 전략의 실적이 계속 보유 전략을 압도하는 듯하다. 그

표 20-1 | 200일 이동평균 전략과 계속 보유 전략의 수익률, 1886~2012년

기간	계속 보유 전략		200일 이동평균 전략					
			거래비용 제외		거래비용 포함		보유기간 비중	매매 횟수
	수익률	위험	수익률	위험	수익률	위험		
1886~2012	9.39%	21.4%	9.73%	16.5%	8.11%	17.2%	62.4%	376
세부 기간								
1886~1925	9.08%	23.7%	9.77%	17.7%	8.10%	18.0%	56.6%	122
1926~1945	6.25%	31.0%	11.13%	21.8%	9.47%	22.7%	62.2%	60
1946~2012	10.53%	16.2%	9.28%	14.1%	7.71%	15.0%	66.5%	194
1990~2012	9.57%	15.7%	4.92%	15.6%	2.66%	16.8%	70.1%	100
2001~2012	4.0%	16.4%	1.33%	12.3%	-1.09%	13.2%	60.5%	58
1929~1932 대폭락기 제외								
1886~2012	10.60%	20.1%	9.92%	16.3%	8.38%	16.9%	63.6%	358
1926~1945	13.94%	24.5%	12.38%	20.3%	11.21%	20.8%	70.8%	42

러나 사실은 그렇지 않다. 거래비용을 제외하더라도, 계속 보유 전략의 수익률이 연 2퍼센트포인트 이상 더 높다. 이는 시장에 강한 상승 추세나 하락 추세가 나타나지 않으면 200일 이동평균 전략은 실적이 저조해지기 때문이다.

한편, 200일 이동평균 전략은 주식 보유 기간이 전체 기간의 3분의 2에도 못 미치므로 수익률의 표준편차가 계속 보유 전략보다 약 3분의 1이 낮다. 따라서 위험 조정 수익률 기준으로는 거래비용을 포함하더라도 200일 이동평균 전략의 수익률이 여전히 매력적이다.

대형 약세장 회피

앞에서도 언급했지만, 이동평균 전략은 1929~1932년 대폭락기에 가장 큰 성공을 거두었다. 위 기준을 적용했다면 다우지수가 95.33인 1924년 6월 27일에 주식을 사서 2번 매매를 거친 다음, 강세장에 편승하여 1929년 9월 3일 지수가 381.17로 정점에 도달할 때까지 주식을 계속 보유했을 것이다. 그리고 대폭락 겨우 10일 전인 1929년 10월 19일 지수 323.87에 시장에서 빠져나왔을 것이다. 이후 1932년 8월 6일, 지수가 절대 저점보다 겨우 25포인트 높은 66.56일 때 시장에 다시 진입했을 것이다.

이 전략을 따랐다면 1987년 10월 19일 대폭락도 피했을 것이다. 직전 금요일인 10월 16일 종가에 매도했을 것이기 때문이다. 그러나 1929년 대폭락과는 달리 주가가 계속 하락하지는 않았다. 10월 19일 23% 하락하기는 했지만 이듬해 6월 재진입 시점에 다우지수는 겨우 5% 낮은 정도였다. 그렇더라도 수많은 투자자가 충격에 시달렸던 10월 19일과 20일을 피할 수 있었다.

게다가 이 전략을 이용하면 2007~2009년의 끔찍한 약세장도 대부분 피할 수 있었다. 2008년 1월 2일 다우지수가 13,044(2007년 10월의 고점보다 약 8% 하락)일 때 시장에서 빠져나와 2009년 7월 15일 다우지수가 약 40% 하락한 8,616일 때 다시 들어갔을 것이다. 그러나 2010, 2011, 2012년에는 거짓 신호에 속아 시장을 20번 들락거리는 과정에서 거래비용 때문에 수익률이 약 20%나 깎였을 것이다.

연 수익률의 분포

200일 이동평균 전략을 사용하면 큰 손실은 피하지만, 작은 손실을 많이 겪게 된다. 도표 20-3은 200일 이동평균 전략과 계속 보유 전략의 연 수익률 분포(거래비용 포함)를 보여준다. 200일 이동평균 전략을 사용하면 대체

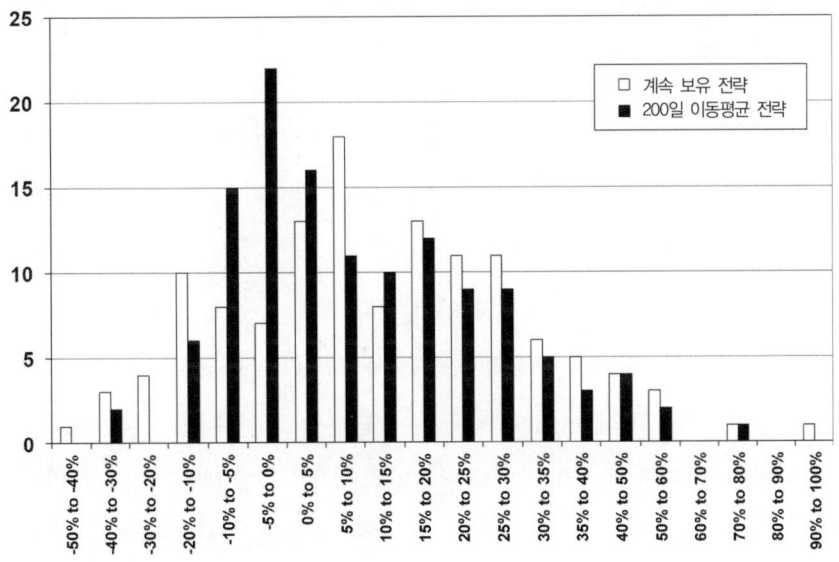

도표 20-3 | 연 수익률의 분포: 200일 이동평균 전략과 계속 보유 전략

로 강세장 기간에는 들어갔다가 약세장 기간에는 빠져나오지만, 뚜렷한 추세 없이 주가가 오르내릴 때에는 손실을 본다.

따라서 주식을 계속 보유하면서 지수 풋옵션을 사서 손실을 방어할 때와 손익 분포가 비슷하다. 18장에서 언급했듯이, 지수 풋옵션 매수는 주가 하락에 대해 보험에 드는 것과 같다. 주가가 하락하지 않으면 풋옵션 비용만큼 수익률이 하락한다. 마찬가지로, 200일 이동평균 전략은 시장을 들락거리는 과정에서 작은 손실이 다수 발생한다. 그래서 연 수익률의 최빈값이 200일 이동평균 전략은 −5~0%이고, 계속 보유 전략은 5~10%이다. 200일 이동평균 전략의 실적이 가장 나빴던 해는 2000년으로서, 16번 시장에 들락거리는 과정에서 수익률 약 −33%를 기록했다. 같은 해 계속 보유 전략의 수익률은 −5%였다.

모멘텀 투자

기술적 분석은 개별 종목 매매에도 적용된다. 학계에서는 이를 모멘텀 투자momentum investing라고 부르는데, 갈수록 많은 관심이 쏠리고 있다. 모멘텀 투자는 이익, 배당 등 평가 기준은 무시한 채, 오로지 과거 주가만 주목한다. 모멘텀 투자자들은 주가 흐름이 당분간 같은 방향으로 유지될 것으로 기대하므로, 최근 주가가 상승한 종목은 사고 하락한 종목은 판다.

이런 방식은 "싸게 사서 비싸게 팔아라."라는 격언과 맞지 않는 듯하지만, 이렇게 "비싸게 사서 더 비싸게 팔아라." 방식을 뒷받침하는 연구도 많다. 1993년 나라시만 제가디시Narasimhan Jegadeesh과 셰리던 티트먼Sheridan Titman의 연구에 의하면, 직전 6개월 수익률 상위 10대 종목의 수익률이 수익률 하위 10대 종목보다 이후 6개월 동안 월 1% 정도 더 높았다.[13) 14)] 52주 신고가 접근 종목을 사는 모멘텀 전략도 성공적이었다.[15)]

그러나 이런 모멘텀 전략은 단기적으로만 효과가 있으므로 장기 전략으로 사용해서는 안 된다. 제가디시와 티트먼의 연구에서 초기 12개월 동안 나온 초과 수익의 절반 이상이 이후 2년에 걸쳐 사라졌다. 그리고 장기적으로는 이 전략의 이점이 완전히 사라진다. 실제로 베르너 드 봉$^{Werner\ De\ Bondt}$과 리처드 탈러$^{Richard\ Thaler}$의 초기 연구에 의하면 3~5년 동안 실적이 부진했던 종목들은 이후 3~5년 동안 상당한 초과수익을 냈는데, 이는 주식 수익률이 장기적으로 평균회귀한다는 뜻이다.[16)]

그러나 효율적 시장가설의 틀에서는 모멘텀 투자의 성과를 설명할 수가 없다. 처음에는 정보에 과소반응했던 투자자들이 시간이 흐르면서 정보에 계속 반응하는 과정에서 주가가 상승하는 것처럼 보인다. 유감스럽게도, 모멘텀 투자는 성공을 보장하지 않는다. 최근 증거에 의하면 전문 투자자들은 모멘텀 투자로 초과수익을 얻지만, 일반 투자자들은 대개 시장 실적에도 못 미친다. 아마도 일반 투자자들은 최고 실적 종목에만 집중적으로 투자하므로 이런 종목은 곧바로 과대평가되었다가 이후 실적이 부진해지고, 전문 투자자들은 차상위 실적 종목에 투자하여 좋은 실적을 올리는 듯하다.[17)]

결론

기술적 분석가들은 시장의 주요 추세를 찾아낼 수 있고, 그 추세의 반전

시점도 알아낼 수 있다고 주장한다. 그러나 이런 추세가 단지 무작위 주가 흐름에 불과하다는 주장도 많다.

버튼 맬킬Burton Malkiel은 베스트셀러《시장 변화를 이기는 투자A Random Walk Down Wall Street》에서 기술적 분석을 맹렬하게 비난했다.

> 기술적 규칙들에 대해서, 20세기 초까지 거슬러 올라가면서 양대 증권거래소의 주가 데이터를 사용해서 철저한 테스트가 진행되었다. 분석해보니, 주가의 과거 흐름을 이용해서는 미래 주가 흐름을 예측할 수 없음이 분명하게 드러났다. 주식시장은 과거를 기억하지 못한다. 기술적 분석은 핵심 명제가 완전히 틀렸으므로, 이를 따르는 사람들은 아무 성과 없이 막대한 중개수수료만 내게 될 것이다.[18]

그러나 전에는 학계가 맬킬의 주장을 거의 만장일치로 지지했지만, 이제는 반론도 나오고 있다. 최근 연구에 의하면 200일 이동평균 전략이나 단기 모멘텀 전략으로도 수익률을 높일 수 있다.[19]

학계에서는 기술적 분석에 대한 논쟁이 이어지고 있지만, 박식한 투자자들을 포함해서 수많은 사람이 기술적 분석을 지지하고 있다. 20장 분석을 보면 거래비용이 지나치게 많지 않은 한 기술적 분석을 조심스럽게 인정할 수 있다. 그러나 앞에서도 거듭 밝혔듯이, 과거에 통했던 기법이 미래에도 똑같이 통한다고 볼 수는 없다. 70여 년 전 벤저민 그레이엄은 다음과 같이 말했다.

> 잠깐만 생각해보면 인간이 개입되는 경제적 사건은 과학적으로 예측할 수

있는 영역이 아니다. 그 예측이 신뢰성이 높다면 사람들은 그 예측에 반응하여 행동할 것이고, 바로 그 행동 때문에 그 예측이 무너지게 된다. 따라서 생각이 깊은 차트 분석가들은 어떤 분석 기법을 아는 사람이 몇 명에 불과할 때에만 그 기법으로 성공을 이어갈 수 있다고 말한다.[20]

끝으로 한 마디 덧붙인다. 기술적 분석을 하려면 온종일 관심을 집중해야 한다. 블랙 먼데이 이전에 다우지수가 200일 이동평균선 밑으로 내려간 시점은 직전 영업일인 1987년 10월 16일 금요일 장 마감 무렵이었다. 이날 오후에 주식을 팔지 못했다면 블랙 먼데이에 22% 폭락에 휩쓸릴 수밖에 없었다.

21
캘린더 이상현상

> 10월은 주식투자에 특별히 위험한 달이다. 나머지 위험한 달은 7월, 1월, 9월, 4월, 11월, 5월, 3월, 6월, 12월, 8월, 2월이다.
>
> —마크 트웨인

사전의 정의에 의하면 이상현상anomaly은 자연스러운 예상에서 벗어나는 현상이다. 그렇다면 오로지 날짜, 요일, 월을 기준으로 투자해서 초과수익을 기대하는 것보다 더 부자연스러운 예상이 또 있을까? 그러나 실제로 초과 수익이 가능해 보인다. 연구 결과, 주가가 유난히 상승하는 기간이 있는 것으로 밝혀졌다.

1994년에 발간된 이 책 초판에서는 1990년대 초까지 장기간 데이터를 분석했다. 당시 초판에서 밝힌 캘린더 이상현상을 이용했다면 초과수익을 올릴 수 있었을 것이다. 그러나 이런 이상현상을 파악해서 이용하는 투자자가 증가하면, 이상현상은 상당 부분 사라지게 된다. 효율적 시장 가설도 틀림없이 이렇게 예측할 것이다.

이 책(5판)에서는 1994년 이후 데이터도 분석하여 캘린더 이상현상이 남아 있는지 조사해 보았다. 그 결과가 놀랍다. 이상현상 일부는 약해지거나 심지어 역전되었지만 일부는 여전히 강하게 남아 있다. 캘린더 이상현상을 요약하면 다음과 같다.

캘린더 이상현상 요약

과거 캘린더 이상현상 중 가장 중요한 것은, 1월에 소형주의 수익률이 대형주보다 훨씬 높은 현상이었다. 이 현상이 매우 강력한 탓에 1월 수익률을 제외하면 1925년 이후 소형주의 누적 수익률이 대형주의 누적 수익률보다 낮아질 정도다.[1]

이렇게 1월에 소형주 실적이 대형주를 압도하는 현상을 1월 효과$^{January\ effect}$라고 부른다. 이 현상은 1980년대 초 도널드 킴$^{Donald\ Keim}$이 시카고대 대학원생 시절 연구를 바탕으로 발견하였다.[2] 이는 (주가 흐름에는 예측 가능한 패턴이 없다고 주장하는) 효율적 시장 가설을 정면으로 반박하는 첫 번째 주요 발견이었다.

1월 효과는 모든 캘린더 이상현상의 원조라 할 수 있으며 이 밖에도 다른 이상현상이 있다. 주식의 수익률은 한 달의 하반기보다 상반기에 더 높고, 휴일 전에 높으며, 9월에는 대폭 내려간다. 그리고 크리스마스와 1월 1

일 사이에 매우 높고, 12월 마지막 거래일에 대폭 상승한다.

1월 효과

캘린더 이상현상 중 가장 많이 알려진 것은 1월 효과다. 1925~2012년 1월 수익률의 산술평균이 S&P500 지수는 1.00%였지만, 소형주는 5.36%였다. 이 소형주의 초과수익률 4.36%는 대형주와 소형주의 연 수익률 차이보다 훨씬 크다. 다시 말해서 2~12월 평균 수익률은 대형주가 더 높다는 뜻이다. 그렇다면 소형주 투자에 유리한 기간은 1월뿐이라는 의미다.

도표 21-1은 1월 효과의 위력을 보여준다. (2)는 소형주에 투자했을 때

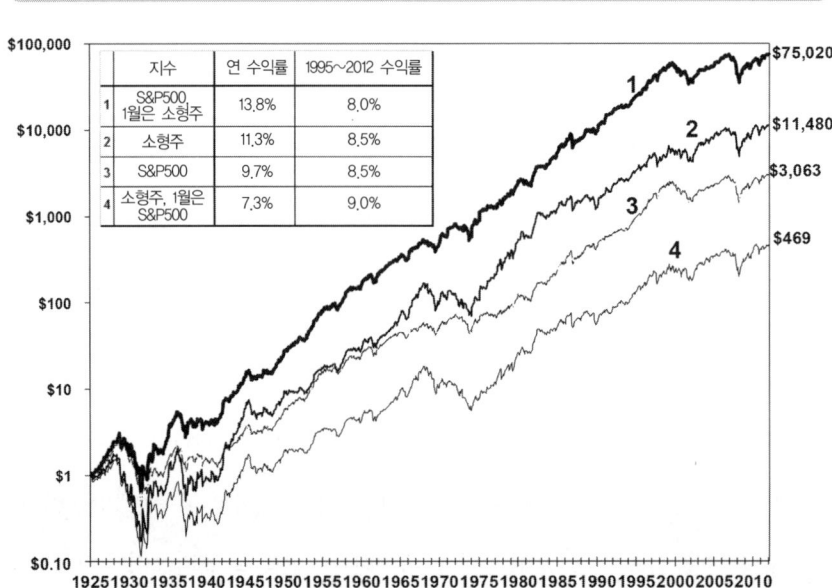

도표 21-1 | 소형주와 대형주에 1월 효과가 미치는 영향, 1926~2012년

	지수	연 수익률	1995~2012 수익률
1	S&P500, 1월은 소형주	13.8%	8.0%
2	소형주	11.3%	8.5%
3	S&P500	9.7%	8.5%
4	소형주, 1월은 S&P500	7.3%	9.0%

의 실적으로, 1926년 초에 1달러를 투자했다면 2012년 말에 11,480달러가 되었다. (3)은 대형주 투자실적으로, 3,063달러가 되었다. (4)는 소형주의 1월 수익률이 대형주와 같다고 가정했을 때의 수익률인데, 총수익이 469달러여서 대형주의 6분의 1에도 못 미친다. (1)은 대형주의 1월 수익률이 소형주와 같다고 가정했을 때 나오는 놀라운 실적이다. 즉, 매년 12월 말일에 소형주를 샀다가 1월 말일에 S&P500지수로 바꿨다면 1925년 말에 투자한 1달러가 2012년 말에는 7만 5,020달러가 되어 연 수익률 13.8%를 기록했다.

1926~2012년 중 1월에 대형주의 수익률이 소형주보다 높았던 해는 20년에 불과하다. 게다가 이 20년 동안 대형주의 초과수익률은 그다지 높지 않아서 1929년 1월에 기록한 5.1%가 최고였다. 반면에 소형주가 초과수익률을 기록한 해에는 그 차이가 훨씬 컸다. 5% 이상인 해가 28년이었고, 10% 이상인 해가 13년이었으며, 20%를 넘어선 해가 2년이었다.

1월 효과는 역사상 최대 약세장에서도 나타났다. 1929년 8월~1932년 여름 동안 소형주의 하락률은 90%가 넘었는데도 1930, 1931, 1932년 1월 소형주의 수익률은 각각 13%, 21%, 10%였다. 역사상 최대 폭락기에도 12월 말에 주식을 사서 이듬해 1월 말에 팔았다면 3년 동안 50% 수익을 얻었다는 뜻이다! 이는 1월 효과의 위력을 생생하게 보여주는 사례다.

1월 효과의 장점은 1월 내내 소형주를 보유하지 않아도 높은 수익을 얻을 수 있다는 점이다. 1월 효과는 12월 마지막 거래일(대개 늦은 오후)에 나타나는 소형주 저가 매수세에서 시작된다. 소형주는 1월 첫 거래일에 강한 상승세를 보이며, 첫 주가 끝나가면서 점차 상승세가 약해진다. 1989년 발표된 연구에 의하면, 1월 첫 거래일 하루에 소형주가 기록한 초과수익률이 거의 4%였다.[3] 1월 중반이 되면 1월 효과는 대부분 사라진다.

1월 효과와 같은 이상현상이 발견되면 이런 현상이 외국에서도 나타나는지 조사해볼 필요가 있다. 분석가들은 외국 시장에서도 1월 효과를 발견했다. 세계 2위 자본시장 일본에서는 1월 소형주의 초과수익률이 7.2%로서 미국보다도 높았다.[4] 뒤에서 다시 보겠지만, 세계 여러 나라에서 대형주와 소형주의 수익률이 1월에 가장 높았다.[5]

미국 투자자, 펀드매니저, 경제학자들이 이런 현상을 장기간 간과한 이유는 무엇일까? 미국에서는 1월에 대형주의 실적이 그다지 높지 않기 때문이다.

1월 효과의 원인

1월에는 왜 소형주가 선호될까? 확실하지는 않지만 몇 가지 가설이 있다. 개인 투자자들은 소형주를 절대적으로 많이 보유하며, 세금에 매우 민감하다. 그래서 절세효과를 얻으려고 지난 11개월 동안 주가가 하락한 종목을 12월에 매도한다. 이 매물 탓에 소형주 주가가 더 하락한다. 매도가 마무리되면 1월에 소형주 주가가 반등한다.

이 설명을 뒷받침하는 증거가 있다. 연중 주가가 하락한 종목은 대개 12월에 더 하락하고 나서, 1월에 극적으로 반등한다. 게다가 1913년 미국에 소득세가 도입되기 전에는 1월 효과가 나타나지 않았다. 그리고 과세연도가 6월 말에 끝나는 호주에서는 7월에 소형주의 수익률이 비정상적으로 높다.

세금은 1월 효과에 중요한 요소다. 하지만 유일한 요소는 아니다. 자본이득세를 부과하지 않는 나라에서도 1월 효과가 나타나기 때문이다. 일본은 1989년부터 개인 투자자에게 자본이득세를 부과했는데도 그 이전부터 1월 효과가 나타났다. 캐나다는 1972년부터 자본이득세를 부과했는데도, 역시 그 이전부터 1월 효과가 나타났다. 끝으로, 전년도에 주가가 상승해서 절세 효과가 없는 종목도 1월에 상승했다. 다만 상승률은 전년도에 주가가 하락한 종목보다 낮았다.

1월 효과에 대해 다른 설명도 있다. 근로자들은 대개 연말에 보너스나 보상금 등 추가 소득을 얻는다. 그래서 이들은 흔히 1월 첫째 주에 주식을 산다. 데이터 분석에 의하면, 연말연시에는 개인의 매도주문 대비 매수주문 비율이 급상승한다. 소형주는 대부분 개인이 보유하므로 이는 1월 효과의 중요한 근거가 될 수 있다.[6]

1월 효과처럼 효율적 시장 가설을 난처하게 만드는 현상도 없을 것이다. 1월에 소형주가 급등한다는 사실을 펀드매니저들이 안다면, 이들은 초과수익을 얻으려고 12월에 소형주를 살 것이다. 그러면 이 과정에서 12월에 소형주가 상승하게 된다. 그렇다면 다른 펀드매니저들이 12월에 초과수익을 얻으려고 11월에 소형주를 사게 될 것이다. 이 과정이 되풀이되면 1월 효과는 1년 전체로 분산되어 사라져야 한다.

최근 약해진 1월 효과

아마도 1월 효과가 널리 알려진 탓에 많은 사람이 이 캘린더 이상현상을 이용한 것으로 보인다. 1994년 이후 1월 효과가 대부분 사라졌기 때문이다. 소형주 지수인 러셀2000의 1995~2012년 1월 평균 수익률이 1.36%로서, S&P500지수보다 겨우 0.70퍼센트포인트 높기 때문이다. 게다가 전에는 12월 마지막 거래일과 1월 첫 거래일에 러셀2000의 수익률이 S&P500보다 훨씬 높았지만, 이제는 둘 다 제로에 가까워졌다. 끝으로 1995년 이전에는 1월 첫 7영업일 동안 소형주의 초과수익률이 매우 높았지만, 이제는 초과수익률도 사라졌다.

대형주의 월별 수익률

도표 21-2는 다우지수와 S&P500지수의 월별 수익률이다. 11월과 12월 수익률은 과거에도 높았지만, 최근에도 여전히 높다. 그러나 1월 수익률은

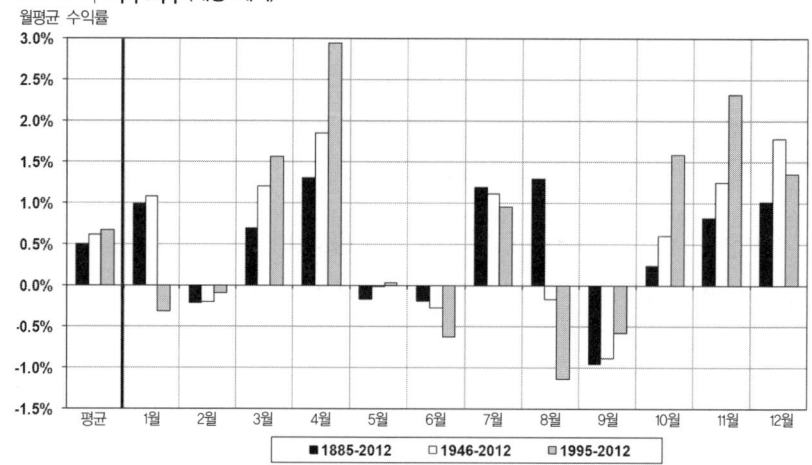

도표 21-2 | 다우지수와 S&P500지수의 월별 수익률

도표 21-2A | 다우지수(배당 제외)

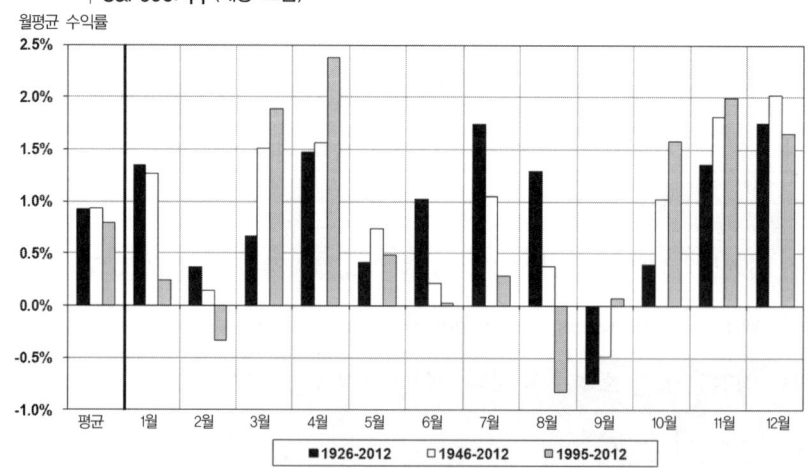

도표 21-2B | S&P500지수(배당 포함)

과거에는 최고 수준이었으나 최근 대폭 하락했다. 4월에는 수익률은 탁월했다. 그러나 여름부터 초가을까지는 7월을 제외하면 수익률이 평균 미만이었다. "5월에 팔고 떠나라."라는 말이 실제로 어느 정도 타당하다. 1950년대와 1960년대에 주식 중개인들과 투자 상담사들은 '서머랠리summer rally'를 떠벌리고 다녔지만, 2차 세계대전 이후에는 나타나지 않았다.

이런 월별 수익률 패턴은 세계 전역에서 나타난다. 외국에서도 1월에는 수익률이 탁월하게 높았다. 도표 21-3은 모건 스탠리 자본시장지수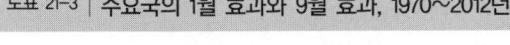에 포함되는 20개국의 1월 수익률과 9월 수익률이다. 20개국의 1월 수익률이 모두 평균 수익률을 웃돈다. 게다가 전체적으로 보면 1월 수익률이 평균 수익률의 2배가 넘는다.

그러나 1994년 이후에는 1월 효과가 미국은 물론 외국에서도 힘을 잃었

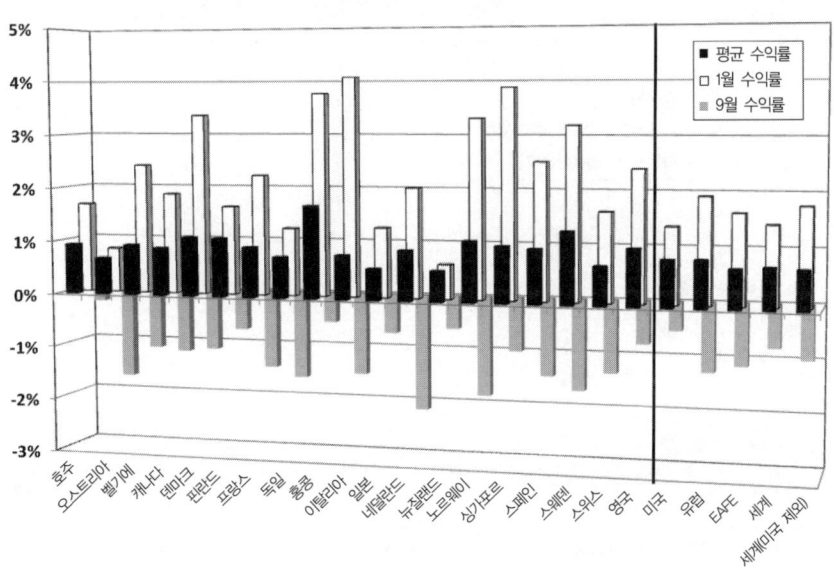

도표 21-3 | 주요국의 1월 효과와 9월 효과, 1970~2012년

다. 미국을 포함한 14개국에서 1월 수익률이 마이너스로 돌아서면서 평균 밑으로 내려갔기 때문이다.

9월 효과

9월은 1년 중 실적이 단연 가장 나쁜 달이어서, 미국에서는 배당 재투자를 포함해도 수익률이 마이너스인 유일한 달이었다. 그리고 10월은 앞에서도 언급했지만 시장이 2번이나 붕괴한 달이다.

도표 21-4는 9월 실적이 다우지수에 미치는 영향을 보여준다. 1885년 다우지수에 1달러를 투자했다면, 2012년 말에는 511달러가 되었을 것이다

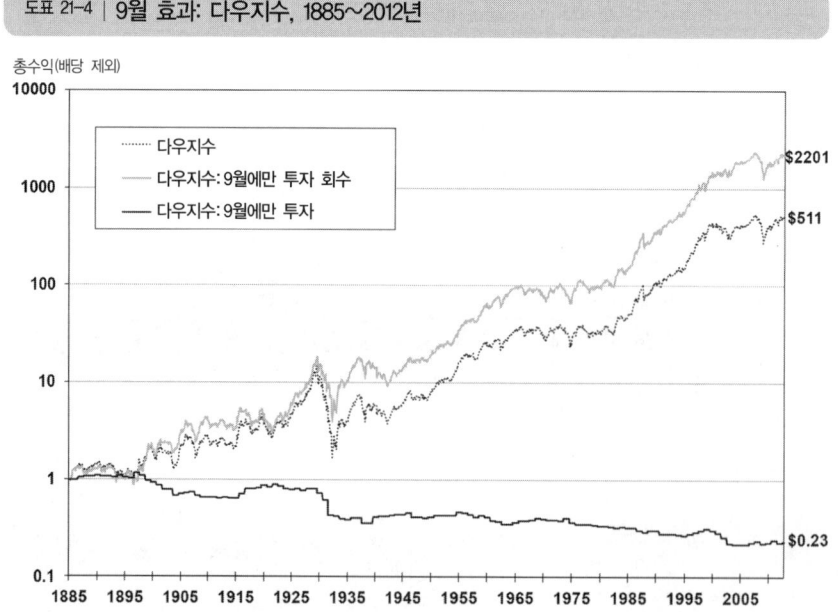

도표 21-4 | 9월 효과: 다우지수, 1885~2012년

(배당 제외). 반면에 매년 9월에만 다우지수에 1달러를 투자했다면, 겨우 23센트가 되었을 것이다! 한편, 9월에만 시장에서 빠져나왔다면 1달러가 2012년 말에는 2,201달러가 되었을 것이다.

외국에서도 9월에는 수익률이 저조했다. 9월은 시가총액가중 지수에서도 수익률이 마이너스인 유일한 달이었다. 즉, 9월에는 주식에 투자하는 것보다 차라리 현금을 보유하는 편이 나았다. EAFE지수와 모건 스탠리 세계지수 등 주요 세계지수는 물론, 모건 스탠리 선진국 지수에 포함되는 20개국에서도 9월 수익률은 모두 마이너스였다.

1월 효과는 최근 데이터에서 대부분 사라졌지만 9월 효과는 여전히 건재하다. 다만 미국에서는 이 책 초판이 발간된 이후 9월 효과 상당 부분이 8월로 옮겨갔다. 실제로 미국에서는 1995년 이후 9월 S&P500지수 수익률이 약간 플러스가 되었지만, 나머지 19개 선진국 중 17개국의 9월 수익률은 여전히 마이너스다.

9월 수익률이 저조한 이유는 추측하는 수밖에 없다. 어쩌면 겨울이 다가오면서 햇빛이 급격히 감소하기 때문인지도 모른다. 심리학자들은 햇빛이 행복에 필수적이라고 강조한다. 최근 연구에서도 이 사실이 확인되었다. 뉴욕증권거래소 상장주식의 실적을 보면 흐린 날에는 맑은 날보다 훨씬 나빴다.[7] 그러나 이 설명은 호주와 뉴질랜드에는 통하지 않는다. 두 나라는 9월부터 햇빛이 증가하는데도 실적이 부진하기 때문이다.[8]

어쩌면 사람들이 여름휴가 비용을 치르려고 주식을 처분하기 때문인지도 모른다. 최근까지도 월요일은 1주일 중 실적이 가장 나쁜 날이었다. 9월은 휴가를 마치고 일터로 돌아가야 하는 달이므로, 12개월 중 월요일에 해당하는 달이다. 그러나 9월 효과도 장차 효율적 시장 가설에 따라서 사라질

지도 모른다. 앞에서도 언급했지만 1995년 이후에는 미국에서 주식 매도 시점이 앞당겨지면서 8월 실적이 가장 나빠지고 있다.

기타 주기별 수익률

심리학자들은 크리스마스와 신정(1월 1일) 무렵 우울증에 시달리는 사람들이 많다고 말하지만, 주식투자자들은 이 무렵이 즐겁다. 표 21-1은 다양한 시점의 다우지수 일간 수익률 평균을 보여준다. 지난 127년 동안 크리스

표 21-1 | 다우지수의 일간 수익률 평균, 1885~2012년

	1885~2012	1885~1925	1926~1945	1946~1989	1946~2012	1995~2012
월 수익률						
월 전체	0.0233%	0.0192%	0.0147%	0.0273%	0.0293%	0.0342%
월 상반기	0.0402%	0.0203%	0.0621%	0.0500%	0.0465%	0.0365%
월 하반기	0.0062%	0.0182%	-0.0316%	0.0040%	0.0112%	0.0316%
월 말일	0.0926%	0.0875%	0.1633%	0.1460%	0.0746%	-0.0923%
요일 수익률						
월요일	-0.0902%	-0.0874%	-0.2106%	-0.1313%	-0.0558%	0.0741%
화요일	0.0415%	0.0375%	0.0473%	0.0307%	0.0422%	0.0870%
수요일	0.0566%	0.0280%	0.0814%	0.0909%	0.0665%	0.0092%
목요일	0.0246%	0.0012%	0.0627%	0.0398%	0.0274%	0.0091%
금요일	0.0630%	0.0994%	0.0064%	0.0942%	0.0577%	-0.0063%
토요일이 있을 때	0.0539%	0.0858%	-0.0169%	0.0747%	–	–
토요일이 없을 때	0.0714%	0.3827%	0.3485%	0.0961%	0.0566%	-0.0063%
토요일	0.0578%	0.0348%	0.0964%	0.0962%	–	–
휴일 수익률						
휴일 전날						
7월 4일	0.2989%	0.2118%	0.8168%	0.2746%	0.1976%	0.1598%
크리스마스	0.3544%	0.4523%	0.3634%	0.3110%	0.2918%	0.2582%
신정	0.2964%	0.5964%	0.3931%	0.2446%	0.0840%	-0.2394%
휴일 평균	0.3165%	0.4201%	0.5244%	0.2767%	0.1911%	0.0595%
크리스마스 주간	0.2247%	0.3242%	0.2875%	0.1661%	0.1331%	0.0425%

마스와 신정 사이의 일간 수익률 평균은 1년 일간 수익률 평균의 10배에 육박했다.

월 상반기와 하반기의 수익률 차이 역시 충격적이다.[9] 지난 127년 동안 월 상반기(전월 말일~당월 14일) 수익률이 월 하반기 수익률의 거의 7배였다.[10] 도표 21-5는 월의 일별 다우지수 수익률 평균이다.

놀랍게도 월 말일(말일이 31일이 아닐 때에는 30일도 포함) 수익률과 월 초 6일 수익률을 더하면, 월 전체 수익률보다 높아진다. 즉, 나머지 일 수익률을 모두 더하면 마이너스가 된다는 뜻이다.

그러나 최근에는 이 패턴이 다소 바뀌었다. 월 초 6일의 수익률은 더 높아졌지만 (특히 1일 상승률 급등), 월 말일 수익률은 대폭 마이너스가 되었다.

월 초 수익률 급등은 급여 자동이체 방식으로 주식에 투자되는 자금이

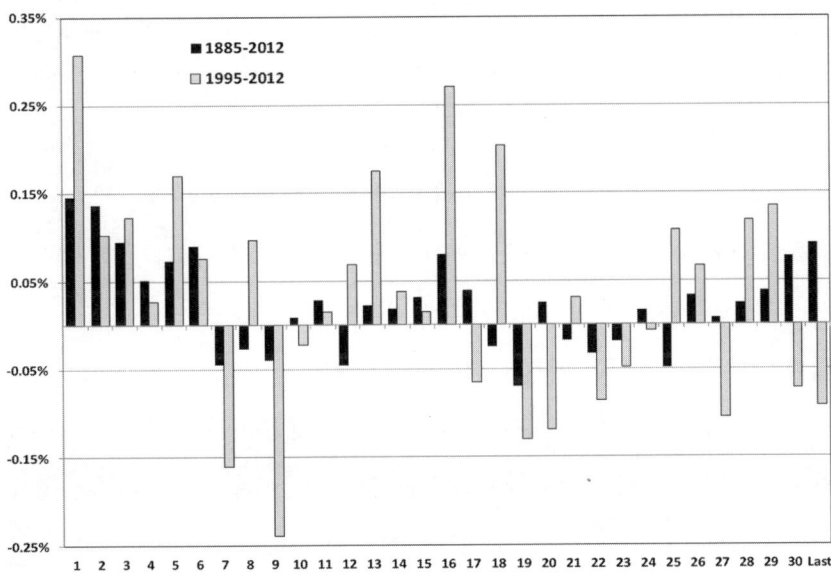

도표 21-5 | 일별 다우지수 수익률, 1885~2012년

월 초에 집중되기 때문인 듯하다. 16일에도 수익률이 급등하는 것은 월 2회 급여자의 두 번째 투자 자금 때문으로 보인다. 그러나 1995년 이후에는 월 상반기 수익률이 월 하반기 수익률을 약간 웃도는 수준이다.

요일 효과

사람들은 월요일을 싫어한다. 이틀 동안 쉬면서 취미생활을 하고 나면 월요일에 출근하기가 싫어진다. 주식투자자들의 기분도 마찬가지다. 지금까지 월요일은 1주일 중 실적이 단연 가장 나쁜 날이었다. 지난 127년 동안 월요일 수익률은 확실히 마이너스였다. 월요일 수익률이 다른 요일 수익률 수준이었다면, 주식 수익률은 거의 2배에 이르러 연 13%가 넘었을 것이다!

투자자들은 월요일을 싫어하는 대신 금요일을 좋아했다. 금요일은 수익률이 가장 높은 날로, 다른 요일의 약 3배였다. 토요일에 시장이 열리던 시절에도 금요일 수익률은 좋았다(1946년 이전에는 매주 토요일에 시장이 열렸고, 1953년 이전에는 여름을 제외하고 매주 토요일에 시장이 열렸다).

그러나 이런 패턴이 최근 확연히 바뀌었다. 1995년 이후에는 월요일 수익률이 화요일에 이어 두 번째로 높아졌다. 그리고 금요일 수익률은 최고에서 최저로 떨어지면서 마이너스가 되어 버렸다. 그 이유 중 하나는 트레이더들이 주말 동안 위험을 떠안지 않으려고 금요일 장 마감 무렵 주식을 매도하기 때문이다. 아마도 또 다른 이유는, 월요일에 주가가 하락한다는 사실을 아는 사람들이 대신 금요일에 주식을 팔기 때문이다. 트레이더들은 월요일에 포지션을 다시 구축하므로 월요일에 주가가 상승한다. 이는 어떤 이상

현상이 널리 알려지면 사람들이 이를 이용하는 과정에서 이상현상이 사라진다는 뜻이다.

표 21-1은 주요 휴일 전에 수익률이 대폭 상승하는 현상을 보여준다. 7월 4일(미국 독립기념일), 크리스마스, 신정 전날에는 수익률이 평균보다 거의 14배나 높아진다. 그러나 요일 효과 등 일부 캘린더 이상현상은 최근 바뀌었다. 7월 4일과 크리스마스 전날 수익률은 여전히 높지만, 0.30%였던 신정 전날 수익률은 1994년 이후 -0.24%로 급락했다. 이는 십중팔구 주가지수 선물, ETF, 기타 헤지 상품 포지션을 청산하려고 자동으로 실행하는 수많은 '마감 직전 시장가 매도 sell-on-close' 주문 탓이다. 이렇게 주가가 하락하는 시점은 거래 시간 마지막 30분 동안이다. 물론 이런 패턴도 널리 알려지면 사라질 수 있다.

끝으로 날마다 나타나는 주가 패턴도 있다. 대개 아침에는 주가가 일시적으로 하락하는데, 특히 월요일에 그렇다. 점심에는 주가가 상승하고 나서 오후 중반에 잠시 횡보하거나 하락한다. 그리고 마지막 30분 동안 강하게 상승한다. 이 때문에 흔히 그날 고가 수준에서 종가가 형성된다.

캘린더 이상현상 활용

이런 이상현상을 보면 투자에 이용하고 싶은 유혹을 강하게 받게 된다. 그러나 캘린더 이상현상이 항상 발생하는 것은 아니다. 이상현상을 인식하는 투자자가 증가하면서, 이상현상 중 일부는 약해지고 일부는 완전히 사라졌다. 그 유명한 1월 효과는 지난 20년 동안 대부분 사라졌다. 게다가 일부 이상현상은 완전히 뒤집혔다. 예를 들어 매우 높았던 신정 전날 수익률은 심한 마이너스로 바뀌었고, 월요일과 금요일 수익률도 극과 극으로 바뀌었다. 그러나 이상현상 일부는 그대로 유지되고 있는데, 월 초 수익률은 여전히 높고 9월 수익률은 여전히 부진하다.

캘린더 이상현상을 이용하려면 매매 과정에서 거래비용도 발생하고 자본이득세도 부담해야 한다. 그러나 이미 매매를 결심한 상태에서 실행 시점을 선택하려는 사람이라면, 캘린더 이상현상도 고려할 만하다.

22
행동재무학과 투자심리

> 합리적 인간은 네스호Loch Ness의 괴물처럼 종종 눈에 띄기는 해도, 사진에 찍히는 경우는 드물다.
> —데이비드 드레먼David Dreman, 1998년 **1)**

> 시장은 가장 좋아 보일 때가 가장 위험하고, 가장 나빠 보일 때가 가장 유리하다.
> —프랭크 윌리엄스Frank J. Williams, 1930년 **2)**

이 책에는 국제 장기 분산 투자자들에게 유용한 데이터, 숫자, 차트가 잔뜩 들어 있다. 그러나 이론으로 배운 바를 실행에 옮기기는 절대 쉽지 않다. 심리 요소가 합리적인 분석을 가로막고 투자실적을 떨어뜨린다는 사실을 이제는 재무 전문가들도 잘 인식하고 있다. 그동안 이런 심리 요소에 대한 연구가 발전하여 행동재무학 behavioral finance 으로 자리 잡았다.

22장에서는 행동재무학의 주제와 연구 결과를 이해하기 쉽도록 대화 형식으로 표현했다. 데이브는 심리의 함정에 빠진 탓에 투자를 효과적으로 하지 못하는 사람이다. 당신은 데이브의 행동에서 자신의 모습을 볼 수 있을지 모른다. 그렇다면 대화 속의 조언이 당신의 투자에 도움이 될 것이다. 데이브는 먼저 아내 제니퍼와 이야기하고 나서, 행동재무학을 이해하는 투자상담사와 대화를 나눈다. 이야기가 시작되는 시점은 기술주 거품이 절정에 도달하기 몇 달 전인 1999년 가을이다.

기술주 거품, 1999~2001

시점: 1999년 10월

데이브: 여보, 나 투자에 대해서 중요한 결정 내렸어. 우리 포트폴리오에는 필립 모리스, 프록터 앤드 갬블, 엑손처럼 '구시대' 종목만 들어 있어. 지금 이런 종목들은 마냥 제자리걸음이야. 내 직장 친구 밥과 폴은 인터넷 주식으로 큰돈을 벌고 있는데 말이야. 그래서 이런 주식의 전망에 대해서 중개인 앨런하고 이야기했어. 전문가들은 인터넷을 미래의 물결로 생각한다고 그가 말하더군. 나는 꼼짝 않는 주식 일부를 팔아서 AOL, 야후, 잉크토미 Inktomi 같은 인터넷 주식을 살 생각이야.

제니퍼: 그런 종목들은 아주 투기적이라고 하던데요. 당신, 제대로 알고 투자하려는 건가요?

데이브: 앨런은 이제 '신경제' 시대가 열린다더군. 통신혁명이 우리가 하는 사업방식을 완전히 바꿔놓을 거래. 우리가 보유한 종목들은 구경제 주식이야. 한때 이런 종목이 번창한 시절도 있었지만, 우리는 미래에 투자해야 해. 인터넷주가 변동성이 크다는 점은 잘 아니까, 아주 조심해서 지켜볼 생각이야. 날 믿어. 방향을 잘 잡을 수 있어.

시점: 2000년 3월

데이브: 최근에 우리 계좌 명세서 봤어? 10월 이후 올린 수익이 60%야. 나스닥 지수가 5,000을 넘어섰지만, 여기서 멈출 것으로 믿는 사람은 아무도 없어. 주식에 대한 열기가 퍼지고 있어서, 사무실에서도 온통 주식 이야기뿐이야.

제니퍼: 당신 매매 횟수가 전보다 훨씬 많아진 것 같아요. 이제는 우리 보유 종목이 뭔지도 모르겠어요!

데이브: 새 정보가 더 자주 쏟아지고 있어. 그래서 우리 포트폴리오를 계속 조정해야 해. 요즘은 매매수수료가 아주 싸니까, 정보에 따라 자주 매매해도 별 부담 없어. 나를 믿어. 지금까지 올린 실적을 봐.

시점: 2000년 7월

제니퍼: 여보, 우리 계좌명세서 봤어요. 이제는 인터넷 주식이 없더군요. 이제 우리 보유 종목이 (명세서를 읽으면서) 시스코, EMC, 오라클, 선 마이크로시스템즈, 노텔 네트웍스Nortel Networks, JDS 유니페이즈네요. 뭐 하는 회사들이

죠? 당신은 아세요?

데이브: 인터넷 주식은 지난 4월 폭락하기 직전에 모두 팔았어. 큰돈은 못 벌었지만, 손해도 안 봤어.

이제는 방향을 제대로 잡은 것 같아. 그 인터넷 회사들은 돈을 전혀 못 벌었어. 하지만, 우리가 새로 보유한 회사들은 모두 인터넷의 바탕을 이루는 회사들이고, 수익성도 좋아. 앨런이 중요한 원칙을 말해주었어. 1850년대 캘리포니아 골드 러시에서 돈을 제일 많이 번 사람이 누군지 알아? 광부가 아니야. 초기에 땅을 판 광부 일부는 금을 발견했지만, 대부분은 발견하지 못했어. 진정한 승자는 광부들에게 (곡괭이, 부츠, 냄비, 등산용품 등) 장비를 판 사람들이야. 교훈은 명확해. 인터넷 회사들은 대부분 망하겠지만, (라우터, 소프트웨어, 광섬유 케이블 등) 인터넷 중추 장비를 공급하는 회사들은 크게 성공할 거야.

제니퍼: 하지만, 일부 경제학자는 그런 주식이 지금 엄청나게 과대평가되었다고 말하던데요? 주가가 이익의 몇백 배라고.

데이브: 그렇긴 해도, 지난 5년간 성장률을 봐. 이런 성장률은 아무도 본 적이 없어. 경제가 바뀌는 중이라서, 전통적인 평가척도는 이제 안 통해. 나를 믿어. 이 종목들을 잘 지켜볼 거야. 나는 인터넷 주식에서도 제때에 빠져나왔잖아?

시점: 2000년 11월

데이브: (혼잣말로) 어떻게 해야 하나? 지난 몇 달은 정말 끔찍했어. 손실이 20%야. 겨우 두 달 전만 해도 80달러가 넘던 노텔이 이제는 40달러 수준

이네. 65달러였던 선 마이크로시스템즈는 이제 40달러 선이고. 이 가격은 너무 싸. 남은 현금으로 좀 더 사야겠어. 그러면 주가가 조금만 상승해도 본전이 회복되잖아.

시점: 2001년 8월

제니퍼: 여보, 방금 우리 계좌명세서 봤어요. 쑥대밭이 됐네요! 우리 은퇴자금의 거의 4분의 3이 날아갔어요. 당신이 우리 포트폴리오를 잘 관리할 줄 알았는데. 엄청나게 손실을 본 종목뿐이에요.

데이브: 알아. 나도 괴로워. 전문가들 모두 우리 종목이 반등할 거라고 말했지만, 계속 내려갔어.

제니퍼: 전에도 그랬잖아요. 이렇게 실적이 나쁜 이유를 나는 도무지 이해할 수가 없어요. 그렇게 오랜 기간 시장을 관찰하고 온갖 재무보고서를 공부해서, 당신이 아주 잘 안다고 생각했어요. 그런데도 당신 판단은 계속 빗나가네요. 고점 근처에서 사서 저점 근처에서 팔고 말이죠. 손실 종목은 계속 보유하고, 이익 종목은 금방 팔고. 당신은….

데이브: 알아, 알아. 나는 투자하면 항상 실수를 저질러. 주식투자를 포기하고 채권을 보유해야겠어.

제니퍼: 잠깐 들어봐요. 당신의 투자에 대해서 몇 사람하고 이야기를 나눴어요. 투자상담사를 만나보세요. 이 투자상담사는 행동재무학을 이용해서 투자실적이 부진한 이유를 깨닫게 해준대요. 내가 예약해 놓았으니까, 가서 만나보세요.

행동재무학

시점: 다음 주

데이브는 회의적이었다. 그는 주식을 이해하려면 경제학, 회계학, 수학 지식이 필요하다고 생각했다. 주식투자에 '심리학'이 사용된다는 말은 한 번도 들어본 적이 없다. 하지만 지금 그는 곤경에 처한 터라, 만나보는 것도 나쁘지 않겠다고 생각했다.

투자상담사: 선생님 프로필도 읽어보았고, 사모님과 폭넓게 이야기도 나눴습니다. 선생님은 우리가 상담하는 매우 전형적인 투자자입니다. 저는 행동재무학이라는 새 학문을 신뢰합니다. 제가 사용하는 심리학 개념은 지금까지 주식투자나 포트폴리오 관리에 적용된 적이 거의 없습니다.

먼저 행동재무학의 배경을 말씀드리겠습니다. 최근까지도 재무학 이론에서는 투자자들이 효용 극대화를 추구하면서 항상 합리적으로 행동한다고 가정했습니다. 말하자면 소비자들이 합리적으로 선택한다는 이론을 확장한 셈입니다.

1970년대에 두 심리학자 대니얼 카너먼(Daniel Kahneman)과 아모스 트버스키(Amos Tversky)는 이 이론대로 행동하지 않는 사람이 많다는 사실을 발견했습니다. 카너먼과 트버스키는 전망이론(prospect theory)이라는 새 모형을 개발했습니다. 이는 불확실성에 직면했을 때 개인이 실제로 결정 내리는 방식을 설명하는 모형입니다.[3] 이들은 이 모형으로 행동재무학 분야를 개척하여 재무학을 크게 발전시켰습니다.

유행, 사회 동학, 주가 거품

투자상담사: 먼저 선생님이 인터넷 주식에 들어간 결정에 대해서 논의하겠습니다. 1999년 10월로 돌아가서 생각하겠습니다. 그렇게 결정한 이유를 기억하십니까?

데이브: 예. 내 보유 종목들이 꼼짝도 안 하더군요. 직장 친구들은 인터넷 주식에 투자해서 거금을 벌고 있었습니다. 사람들은 인터넷 주식에 열광했습니다. 인터넷이 통신혁명을 일으켜 사업 방식을 영원히 바꿔놓을 것이라고 모두가 주장했습니다.

투자상담사: 모두가 주식에 열광할 때에는 극도로 조심해야 합니다. 주가는 경제 가치뿐 아니라 심리 요소에도 좌우됩니다. 행동재무학 분야의 대가인 예일대 경제학자 로버트 실러는 유행과 사회 동학$^{social\ dynamics}$이 자산가격 결정에 큰 역할을 한다고 강조했습니다.[4] 배당이나 이익 등 경제 요소의 변동보다 주가 변동이 훨씬 크다는 사실을 밝혀냈지요.[5] 이는 유행이 투자자의 결정에 큰 영향을 미치기 때문이라고 가정했습니다.

데이브: 나는 인터넷 주식에 대해 의구심이 있었지만, 다른 사람들은 모두 확신하는 것 같았습니다.

투자상담사: 다른 사람들이 선생님의 판단에 어떻게 영향을 미쳤는지 생각해 보십시오. 군중과 거리를 유지하기가 매우 어렵다는 사실을 심리학자들은 오래전부터 알고 있었습니다. 솔로몬 애쉬$^{Solomon\ Asch}$라는 심리학자가 실험을 통해서 이 사실을 확인했습니다. 그는 피험자에게 줄 4개를 주고서, 길이가 똑같은 줄 2개를 고르라고 말했습니다. 정답은 분명했습니다. 그러나 실험 주최 측 공모자들이 엉뚱한 견해를 제시하면 피험자들은 종종 오답을 선택했습니다.[6]

후속 실험연구에서 피험자는 사회적 압력 때문이 아니라, 많은 사람의 생각이 틀릴 리 없다고 믿기 때문에 오답을 선택한다는 사실이 확인되었습니다.[7)]

데이브: 딱 맞는 말씀입니다. 수많은 사람이 이런 종목을 떠받들기에 나도 틀림없이 뭔가가 있다고 생각했습니다. 인터넷 주식을 사지 않으면 좋은 기회를 놓친다고 생각했지요.

투자상담사: 그렇습니다. 기술주 거품은 사회적 압력이 주가에 영향을 미친 완벽한 사례입니다. 사무실 대화, 신문 머리기사, 분석가들의 예측 등이 기술주 투자 열풍을 일으킨 겁니다. 개인이 자신의 생각을 우세한 의견에 맞추려는 경향을 심리학자들은 '군중심리[herding instinct]'이라고 부릅니다.

기술주 거품 같은 현상은 과거에도 많이 있었습니다. 1852년, 찰스 맥케이[Charles Mackay]는 고전《대중의 미망과 광기[Memoirs of Extraordinary Popular Delusions and the Madness of Crowds]》에서, 투기 열풍이 가격 거품을 일으킨 사례들을 열거했습니다. 1720년경 영국의 사우스 시 거품과 프랑스의 미시시피 거품, 그 1세기 전 네덜란드의 튤립 열풍 등입니다.[8)] 이 책에서 제가 좋아하는 구절을 읽어보겠습니다. 이와 관련해서 떠오르는 사항이 있는지 생각해보십시오.

사회 전체가 갑자기 한 가지 주제에 이목을 집중하면서, 미친 듯이 몰두한다. 수많은 사람이 한 가지 망상에 동시에 사로잡혀 그 뒤를 쫓는다. 냉정했던 사람들이 갑자기 극단적인 노름꾼으로 돌변하여 종이 한 장에 인생을 건다. 사람들은 말하자면 집단적 사고에 빠진다. 이들이 집단적으로 미치고 나서 제정신을 찾을 때에는, 천천히 한 사람씩 찾는다.

데이브: (고개를 저으며) 역사에 계속 되풀이되는 일이지요. 작년에도 기술주 거품에 대해 똑같이 지적하는 사람들이 있었지만, 나는 "이번엔 다르다."라고 확신했습니다.

투자상담사: 다른 사람들도 마찬가지였습니다. 투자자들이 군중을 따라가는 경향은 예나 지금이나 전혀 변하지 않았습니다. '군중'이 옳을 때도 있지만, 군중을 따라가다 보면 길을 잃기 쉽습니다.

선생님은 낯선 도시에서 두 식당을 놓고 하나를 선택하려고 생각해본 적이 있습니까? 두 식당까지 거리가 비슷하다면, 사람들이 더 붐비는 식당을 선택하는 것도 충분히 타당할 수 있습니다. 고객 중 일부는 두 식당을 모두 이용해 보았을 가능성이 크기 때문입니다. 그러나 선생님이 더 붐비는 식당을 선택했다면, 다음에도 똑같은 이유로 그 식당을 계속 이용할 가능성이 큽니다. 다른 식당이 훨씬 나을 수 있는데도, 결국은 모든 사람이 그 식당을 이용하게 될 것입니다.

경제학자들은 이런 의사결정 과정을 '정보 폭포 information cascade'라고 부르는데, 금융시장에서도 종종 발생한다고 생각합니다.[10] 예를 들어 한 회사가 인수하겠다고 제안하면, 흔히 다른 회사도 인수를 제안합니다. 기업 공개 IPO에 한번 사람들이 몰리기 시작하면, 사람들이 더 몰려듭니다. 사람들은 "뭔가가 있어."라고 생각하면서 좋은 기회를 놓치지 않으려 합니다. 이런 생각이 옳을 때도 있지만, 틀릴 때가 매우 많습니다.

과도한 매매, 과신, 대표성 편향

투자상담사: 주제를 바꾸겠습니다. 선생님의 매매기록을 보니까, 매매가 지극히 활발하시더군요.

데이브: 그럴 수밖에 없었습니다. 정보가 끊임없이 쏟아지니까요. 새 정보를 반영해서 포트폴리오를 계속 조정해야 한다고 생각했습니다.

투자상담사: 한 가지 말씀드리겠습니다. 잦은 매매는 근심만 높이고 수익률은 낮춥니다. 2000년 두 경제학자가 〈잦은 매매는 재산에 해롭다Trading Is Hazardous to Your Wealth〉라는 논문을 발표했습니다(건강에도 해롭겠지요). 이들은 트레이더 수만 명의 실적을 분석하고 나서, 거래가 가장 많은 트레이더들의 수익률이 거래가 가장 적은 트레이더들보다 7.1퍼센트포인트 낮았다고 밝혔습니다.[11]

데이브: 옳은 말씀입니다. 저도 잦은 매매가 수익률을 해친다고 생각합니다. 한때 내가 남들보다 한 발 앞서간다고 생각했는데, 착각이었습니다.

투자상담사: 트레이더로 성공하기는 지극히 어렵습니다. 똑똑한 사람이 온 힘을 기울여 매매해도 초과수익이 좀처럼 나오지 않습니다. 문제는 사람들 대부분이 자신의 능력을 과신한다는 점입니다. 다시 말하면 (학생, 트레이더, 운전사 등) 평범한 개인도 자신이 평균보다 낫다고 믿습니다. 그러나 이는 통계적으로 불가능합니다.[12]

데이브: 이런 과신은 왜 생기지요?

투자상담사: 원인은 여러 가지입니다. 첫째, 잘 되면 자기 덕으로 돌리는 이른바 자기 귀인 편향self-attribution bias 때문입니다.[13]

데이브: 딱 와 닿는 말씀입니다! 2000년 3월, 저는 그런 인터넷 주식을 사놓고 내가 잘났다고 아내에게 자랑했습니다. 잘못된 생각이었지요.

투자상담사: 초기 성공이 과신을 부릅니다.[14] 선생님과 친구 분들은 주식에서 얻은 이익이 자신의 투자솜씨 덕분이라고 생각했습니다. 대개는 운인데도 말이죠.

둘째, 사건들 사이에 비슷한 점이 많으면, 사람들은 똑같다고 생각하기 쉽습니다.15) 이것이 이른바 '대표성 편향representative bias'입니다. 인간의 학습 과정 때문에 나타나는 편향이지요. 우리는 뭔가 유사성을 발견하면 대표성 어림셈을 통해서 학습합니다. 그러나 우리가 보는 유사성은 종종 타당하지 않아서, 판단을 잘못 내리게 됩니다.

데이브: 투자 뉴스레터를 보면 과거에 이러이러한 사건이 발생할 때마다 시장이 어떤 방향으로 움직였으므로 이번에도 그럴 것이라고 암시합니다. 그러나 내가 그 조언을 따르면 절대 그렇게 되지 않더군요.

투자상담사: 과거 주가 흐름에는 패턴이 존재하지 않으므로, 패턴을 찾으려 하지 말라고 경제학자들은 오래전부터 경고했습니다. 과거 주가 흐름에서 패턴을 찾으려는 시도를 '데이터 마이닝data mining'이라고 부르는데, 그동안 컴퓨터 성능이 비약적으로 발전한 덕분에 이 작업이 매우 쉬워졌습니다.16) 수많은 변수를 쏟아부어서 주가 데이터를 분석해보면, 기막히게 들어 맞는 변수가 틀림없이 나옵니다. 예를 들면 지난 100년 동안 보름달이 뜨는 세 번째 목요일마다 주가가 상승했다는 식이지요.

상황이 놀라우리만큼 비슷해도 주가 흐름은 전혀 달라질 수 있는데, 이는 대표성 편향 때문입니다. 1914년 7월 1차 세계대전이 일어났을 때, 뉴욕 증권거래소는 이를 재난으로 간주하여 5개월 동안 거래를 중단했습니다. 그러나 그건 잘못된 결정이었습니다! 미국은 유럽을 대상으로 무기장사를 했습니다. 미국 경기가 호황을 맞으면서 1915년은 미국 주식시장 역사상 최고의 해 중 하나가 되었습니다.

1939년 9월 독일이 폴란드를 침공했을 때, 미국 투자자들은 1차 세계대전 이후 펼쳐진 강세장을 떠올렸습니다. 사람들이 미친 듯이 주식을 사들이자, 이튿날 주가 상승률이 7%가 넘었습니다! 그러나 잘못된 판단이었습니다. 루스벨트 대통령은 이번에는 기업들이 2차 세계대전을 이용해서 번창하도록 허용하지 않았습니다. 주가가 며칠 더 상승하고 나서 대형 약세장이 찾아왔고, 6년이 지나서야 주가가 1939년 9월 수준을 회복했습니다. 사람들은 두 사건이 비슷하다고 생각했지만, 대표성 편향이었습니다.

인간은 심리 탓에 우연을 우연으로 받아들이질 못합니다.[17] 대부분 주가 흐름은 우연에 불과하므로, 뚜렷한 원인이 없다는 사실은 받아들이기가 매우 불편합니다. 사람들은 사건의 원인을 알고자 하는 심리적 욕구가 강합니다. 바로 이 대목에서 기자와 이른바 '전문가'들이 등장합니다. 이들은 우리가 알고자 하는 욕구를 기꺼이 채워주지만, 이들의 설명은 틀릴 때가 더 많습니다.

데이브: 저도 대표성 편향을 경험했습니다. 2000년 7월 내가 기술주를 사기 전, 중개인은 이 기술회사들을 1850년대 골드 러시 당시 광부들에게 장비를 판매한 사람들에 비유했습니다. 그때는 통찰력 넘치는 비유처럼 보였지만 사실은 상황이 전혀 달랐습니다. 나는 중개인이 전문가라고 생각했지만, 중개인도 나처럼 과신에 쉽게 빠지더군요.

투자상담사: 사실은 전문가들이 일반인보다 과신에 더 쉽게 빠진다는 증거도 있습니다. 이른바 전문가들은 특정 방식으로 현상을 분석하고, 어떤 근거를 바탕으로 조언하도록 훈련받았습니다.[18]

2000년, 분석가들은 예측에 실패했습니다. 기술 섹터에 대한 이들의 관점이 매우 잘못되었다는 뉴스가 나왔는데도 이들은 실적 전망을 바꾸지 않았습니다. 이들은 장기간 기업에서 나온 낙관적 전망에 길든 탓에, 비관적 뉴스를 해석할 방법을 찾지 못하고 대부분 무시해버렸습니다.

인터넷 섹터 분석가들은 악재를 외면하는 성향이 더 강했습니다. 인터넷이 미래의 물결이라는 확신이 지나치게 강했던 탓에 이들은 인터넷 주가가 80~90% 폭락하고 나서야 추천등급을 낮췄습니다.

자신의 견해와 일치하지 않는 현상을 접하면 우리는 이른바 '인지부조화cognitive dissonance'를 경험하게 됩니다. 자신의 견해가 틀렸다거나, 자신의 능력이 기대에 못 미친다는 증거를 발견하면 우리는 불쾌감을 느낍니다. 우리는 당연히 이런 불쾌감을 최소화하려 하므로, 자신의 과신을 제대로 인식하기가 어렵습니다.

전망이론, 손실회피

데이브: 그렇군요. 개별 종목에 대해서 말해볼까요? 내가 여러 손실 종목을 계속 보유하는 이유가 무엇일까요?

투자상담사: 말씀드렸듯이, 카너먼과 트버스키는 행동재무학을 도입하면서 전망이론을 제시했습니다. 전망이론에 의하면 사람들은 각자 기준점을 세워서 실적을 평가합니다. 그리고 사람들은 이익을 보았을 때 느끼는 기쁨보다 손실을 보았을 때 느끼는 고통이 훨씬 큽니다. 이런 행태를 '손실회피loss aversion'라고 부릅니다. 따라서 어떤 종목을 계속 보유하느냐 파느냐는, 그것이 이익 종목이냐 손실 종목이냐에 크게 좌우됩니다.

데이브: 한 번에 한 걸음씩 나가시죠. '기준점reference point'가 뭔가요?

투자상담사: 한 가지 물어보겠습니다. 주식을 사고 나면 실적을 어떻게 평가하시나요?

데이브: 사고 나서 주가가 얼마나 상승하거나 하락했는지 계산합니다.

투자상담사: 바로 그겁니다. 대개 기준점은 매수 가격입니다. 사람들은

이 기준점에 집착하기 때문에, 다른 정보는 외면합니다. 투자자 행동 분야의 대가인 시카고대 리처드 탈러는 이런 행태를 '심리회계$^{mental\ accounting}$'라고 부릅니다.[19]

사람들은 주식을 사면 심리회계에 의해서 매수 가격을 기준점으로 삼습니다. 여러 종목을 함께 사면, 각 종목을 개별적으로 생각하거나 하나로 묶어서 생각합니다.[20] 이후 손실 종목이 되느냐 이익 종목이 되느냐에 따라 보유냐 매도냐가 좌우되기도 합니다. 여러 종목에서 손실이 발생하면 사람들은 손실을 하나로 묶어서 생각하기 쉽습니다. 작은 손실 여러 건을 별도로 생각하는 것보다는, 큰 손실 하나로 묶어서 생각하는 편이 받아들이기 쉽기 때문입니다. 그리고 사람들은 손실 실현을 어떻게 해서든 피하려고 합니다.

데이브: 옳은 말씀입니다. 기술주 손실 실현은 생각만 해도 두려웠습니다.

투자상담사: 그건 너무도 당연합니다. 자존심 때문에라도 손실 실현을 피하게 되지요. 감정 개입 때문에 객관적으로 평가하기 어려운 점은 누구나 마찬가지입니다. 인터넷 주식은 약간 이익을 냈으므로 선생님은 모두 기분 좋게 처분했습니다. 그러나 이후 매수한 네트워킹 주식은 이익을 내지 못했습니다. 게다가 전망이 어두운데도 선생님은 계속 보유했을 뿐 아니라, 가망이 없는데도 반등을 기대하면서 더 매수했습니다.

전망이론에서는 사람들이 선생님처럼 행동할 것으로 예상합니다. 즉 원금을 회복하려고 포지션을 늘려서, 결국 위험도 늘리게 되지요. 그런데 흥미롭게도 펀드는 손실이 발생해도 쉽게 팔고서 실적이 좋은 펀드로 갈아탑니다. 이는 펀드에서 발생한 손실은 펀드매니저의 탓으로 돌릴 수 있기 때문

입니다.[22]

데이브: 저는 종목을 직접 선택했으므로, 손실에 대해 탓할 사람은 저 자신뿐입니다. 저는 주가가 하락했을 때 추가로 매수하면 주가가 반등할 때 손실을 만회하기가 더 쉽다고 생각했습니다.

투자상담사: 그렇게 생각하는 사람은 선생님 말고도 수없이 많습니다. 1982년 르로이 그로스Leroy Gross는 주식중개인 편람에 이런 현상을 '본전만회 집착증세get-even-itis disease'이라고 썼습니다.[23] 그는 다른 어떤 실수보다도 본전만회집착증세가 포트폴리오를 더 망친다고 주장했습니다.

투자 실패를 자신이 인정하기도 어렵지만, 남에게 인정하기는 더 어렵습니다. 그러나 투자에 성공하려면 실패를 인정해야만 합니다. 포트폴리오 관리는 미래를 내다보면서 해야 합니다. 과거는 바꿀 수 없습니다. 이를 경제학에서는 '매몰비용sunk cost'이라고 부릅니다. 전망이 나쁠 때에는 손실이 났어도 주식을 팔아야 합니다.

데이브: 저는 싸다는 생각이 들어서 주식을 더 샀습니다. 고점에서 50% 이상 떨어졌거든요.

투자상담사: 무엇과 비교해서 쌌나요? 과거 주가에 비해서 쌌나요, 미래 전망에 비해서 쌌나요? 선생님은 주가가 80달러에서 40달러로 내려왔기 때문에 싸다고 생각했습니다. 그러나 40달러도 지나치게 비쌀 수 있다는 점은 전혀 생각하지 않았습니다. 행동재무학에서 말하는 '앵커링anchoring' 개념이 떠오릅니다. 이는 복잡한 결정을 내려야 할 때 사람들이 어떤 숫자를 기준으로 삼아 판단하는 경향을 말합니다.[24] 정확한 주가를 산정하기는 매우 어려워서, 사람들은 자신이 기억하는 최근 주가를 기준으로 현재 주가가 높은지 낮은지 판단합니다.

데이브: 당신 조언에 따라 전망이 어두울 때마다 손실 종목을 판다면 손실이 훨씬 더 늘어날 것입니다.

투자상담사: 좋은 반론입니다! 그러나 대부분 투자자는 정반대로 행동해서 손실을 봅니다. 분석에 의하면 사람들은 손실 종목을 파는 사례보다 이익 종목을 파는 사례가 50% 더 많습니다.[25] 매매 측면에서나 세금 측면에서나 더 불리한데도 말입니다.

제가 상담했던 단기 트레이더에 대해서 설명하겠습니다. 그는 전체 매매 건수 중 80%에서 이익을 냈는데도, 전체적으로는 손실을 보았습니다. 매매 건수 20%에서 발생한 손실액이 매우 컸기 때문입니다.

그는 저와 상담한 이후 성공적인 트레이더가 되었습니다. 이제 그는 전체 매매 건수 중 30%에서 이익을 내지만, 전체적으로 상당한 이익을 봅니다. 그는 계획대로 진행되지 않으면 손실 종목을 곧바로 처분합니다. 그리고 이익 종목은 계속 보유합니다. 월스트리트에서 성공적인 트레이딩을 요약하는 격언이 있습니다. "이익은 키우고, 손실은 짧게 끊어라."

심리적 함정에 빠지지 않는 법

데이브: 이제는 불안해서 트레이딩을 못 하겠군요. 올바른 장기투자 전략을 배우고 싶습니다. 어떻게 하면 이런 심리적 함정을 극복하고 장기투자에 성공할 수 있을까요?

투자상담사: 트레이딩을 그만두겠다고 하시니 기쁩니다. 사실 트레이딩에 잘 맞는 사람은 극소수에 불과합니다.

장기투자에 성공하려면, 먼저 원칙을 세우고 나서 진로를 계속 유지하도록 스스로 동기를 부여해야 합니다. 이를 '사전 구속장치precommitment'라고 부릅니다.26) 자산배분 원칙을 세운 다음 이 원칙을 고수하는 것입니다. 지식이 충분한 사람은 혼자 해도 되지만, 지식이 부족한 사람은 투자상담사와 함께하면 됩니다. 원칙을 수정하면 안 됩니다. 주가는 하루 중에도 수없이 바뀌지만, 수익을 창출하는 기본 요소는 좀처럼 바뀌지 않는다는 사실을 명심하십시오. 일관된 투자전략이 성공으로 가는 길입니다.

그리고 트레이딩을 완전히 중단할 필요는 없습니다. 매도 원칙을 철저하게 준수하여 손실을 최소화하기만 하면 됩니다. 언젠가 주가가 반등할 것이라고 기대하면서 손실이 커지도록 내버려둬서는 안 됩니다. 친구들에게 매매에 대해서 말하지 마십시오. 친구들에게 자신의 잘못을 인정하기 싫어서 손실 종목 매도를 꺼리게 될 수도 있습니다.

데이브: 사실 저는 트레이딩을 즐기는 편입니다.

투자상담사: 정말로 트레이딩을 즐기고 싶다면, 소액으로 트레이딩 계좌를 따로 만드십시오. 매매수수료와 세금도 모두 이 계좌에서 지급하십시오. 이 계좌에 넣은 돈은 모두 날아갈 수 있다고 생각해두십시오. 실제로도 그럴 공산이 큽니다. 그리고 이 계좌에 추가로 돈을 넣을 생각은 절대 하지 마십시오.

만일 이런 방식으로도 불안해지거나 트레이딩 충동을 느낀다면, 제게 연락하십시오. 뉴스를 보니까 과도한 매매 유혹에 시달리는 사람들을 도와주려고 개과천선한 트레이더들이 트레이더스 어나니머스 Traders' Anonymous 프로그램을 만들었다고 하더군요.27) 이런 프로그램도 참고하십시오.

근시안적 손실 회피, 포트폴리오 관찰, 주식 위험 프리미엄

데이브: 제 주식 실적이 하도 나빠서, 주식투자를 포기하고 채권 투자만

할까도 생각했습니다. 포트폴리오를 얼마나 자주 관찰하면 좋을까요?

투자상담사: 중요한 질문입니다. 주식을 사고 나면 주가가 일시적으로나마 매수 가격 밑으로 내려갈 가능성이 매우 큽니다. 그러면 손실회피 때문에 사람들은 근심하게 됩니다. 그러나 장기적으로는 주가가 상승하므로 상당 기간 지나서 포트폴리오를 확인해보면 대개 손실이 감소해 있습니다.

두 경제학자 슐로모 베르나치Shlomo Bernartzi와 리처드 탈러Richard Thaler는 '관찰 간격monitoring interval'이 주식과 채권의 비중 결정에 어떤 영향을 미치는지 분석했습니다.[28] 이들은 두 가지 자산의 수익률을 피험자 집단에 보여주는 학습 실험을 했습니다. 한 집단에는 주식과 채권의 수익률을 연 단위로 보여주었고, 다른 집단에는 똑같은 수익률을 5년, 10년, 20년 단위로 보여주었습니다. 그리고서 두 집단의 피험자들에게 주식과 채권에 자산을 배분해보라고 했습니다.

연 단위로 수익률을 본 집단이 주식에 배분한 비중은 5년 이상 단위로 수익률을 본 집단보다 훨씬 작았습니다. 주식이 장기 수익률은 훨씬 높았지만 단기 변동성이 컸기 때문입니다.

이렇게 사람들이 단기 변동성을 보고 판단하는 경향을 '근시안적 손실회피myopic loss aversion'라고 합니다. 장기적으로는 주식의 손실 확률이 대폭 감소하므로, 관찰 간격을 넓히면 주식을 장기간 보유하기가 더 쉽습니다.

데이브: 역시 옳은 말씀입니다. 저도 주식을 빈번하게 들여다볼 때에는 매우 위험해 보여서, 왜 사람들이 주식을 보유하는지 의심하게 됩니다. 그러나 장기적으로는 주식의 수익률이 압도적으로 높아서, 왜 사람들이 주식을 보유하지 않는지 의심하게 됩니다.

투자상담사: 바로 그겁니다. 베르나치와 탈러는 근시안적 손실회피가

'주식 프리미엄 수수께끼 equity premium puzzle'를 푸는 열쇠라고 주장합니다.[29] 오래전부터 경제학자들은 주식의 수익률이 채권보다 훨씬 높은 이유를 파악하려고 노력했습니다. 지난 20년 이상 주식 포트폴리오는 국채보다 실질 수익률도 높았을 뿐 아니라 더 안전했습니다. 그러나 사람들의 투자 지평이 지나치게 짧아서 주식을 꺼린 탓에, 주식에 막대한 프리미엄이 붙었던 것입니다. 사람들이 포트폴리오를 평가하는 간격을 넓힌다면 주식 프리미엄은 대폭 감소할 것입니다.

베르나치와 탈러는 주식에 높은 프리미엄이 붙는 이유가 사람들의 근시안적 손실회피 때문임을 밝혔습니다. 또한, 사람들이 10년에 한 번씩만 실적을 평가하여 자산을 배분한다면, 주식 프리미엄은 2%로 충분하다는 사실도 밝혔습니다. 평가 기간이 20년이면 프리미엄은 1.4%로 떨어지고, 평가 기간이 30년이면 프리미엄은 약 1%면 됩니다. 즉 앞으로 사람들의 근시안적 손실회피가 감소하면 주식의 수익률이 전보다 훨씬 낮아진다는 뜻입니다.

데이브: 주식 시세를 너무 자주 들여다보면 안 된다는 말씀인가요?

투자상담사: 자주 들여다봐도 상관없습니다. 다만, 장기전략은 변경하지 마십시오. 원칙 수립과 동기 부여를 잊지 마세요. 자산배분을 함부로 변경해서는 안 됩니다. 기술주 거품이 절정에 달했을 때 인터넷 주식이 그랬던 것처럼, 특정 섹터가 과대평가되었다는 확실한 증거가 없다면 말입니다.

역발상 투자, 투자심리

데이브: 다른 사람들의 잘못된 행태를 이용해서 초과수익을 얻는 방법은 없을까요?

투자상담사: 군중과 거리를 유지하면 높은 수익을 얻을 수 있습니다. 시류에 휩쓸리지 않고 군중에 역행해서 투자하는 사람을 '역발상 투자자 contrarian'라고 합니다. 역발상 전략을 처음으로 제시한 사람은 험프리 닐 Humphrey B. Neill입니다. 그는 1951년에 배포한 소책자 《반대로 가야 수지맞는 다It Pays to Be Contrary》에서 처음 소개하고 나서, 《역발상의 기술The Art of Contrary Thinking》이라는 책도 펴냈습니다. 이 책에서 닐은 "모두가 똑같이 생각하면, 모두가 틀리기 쉽다."라고 단언했습니다. 30)

일부 역발상 기법은 투자심리 같은 심리 지표를 이용합니다. 기본 아이디어는 주가가 높을 때에는 대부분 투자자가 과도하게 낙관적이고, 주가가 낮을 때에는 과도하게 비관적이라는 점입니다.

이는 새로운 개념이 아닙니다. 위대한 투자가 벤저민 그레이엄은 거의 80년 전에 이렇게 말했습니다. "투기자의 심리는 자신의 성공을 심각하게 방해한다. 주가가 높을 때에는 매우 낙관적이고, 주가가 바닥일 때에는 매우 낙담하기 때문이다." 31)

데이브: 시장이 과도하게 낙관적이거나 비관적인지를 어떻게 알 수 있나요? 주관적인 판단 아닌가요?

투자상담사: 꼭 그렇지는 않습니다. 뉴욕 뉴로셸New Rochelle에 있는 인베스터스 인텔리전스Investors Intelligence는 오래전부터 투자심리 지표를 발표하고 있습니다. 지난 50년 동안 이 회사는 뉴스레터의 시장 전망이 낙관적인지, 비관적인지, 중립적인지 평가하여 시장 뉴스레터 점수를 산출했습니다.

저는 이 데이터로 아래와 같이 투자심리 지수를 계산한 다음, 주식 수익률을 계산했습니다.

$$\text{투자심리 지수} = \frac{(\text{낙관적 뉴스레터 수})}{(\text{낙관적 뉴스레터 수} + \text{비관적 뉴스레터 수})}$$

도표 22-1은 투자자 심리지수입니다. 1987년 10월 시장이 붕괴하자 투자자들도 비관주의에 빠졌습니다. 이후 몇 년 동안 1988년 5월과 12월, 1990년 2월 등 주가가 폭락할 때마다 사람들은 추가 폭락을 두려워했고, 심리지수도 가파르게 내려갔습니다. 이후 이라크의 쿠웨이트 침공, 1994년 채권시장 붕괴, 1997년 10월 아시아 통화위기, 2001년 9.11 테러, 2002년 10월 시장 저점에서도 투자심리 지수가 50% 밑으로 내려갔습니다. 2008년 금융위기 이후 대형 약세장 바닥에서도 지수가 급락했고, 그리스와 스페인의 채무위기에도 급락했습니다. 그러나 이때가 모두 투자하기에 탁월한 시점이

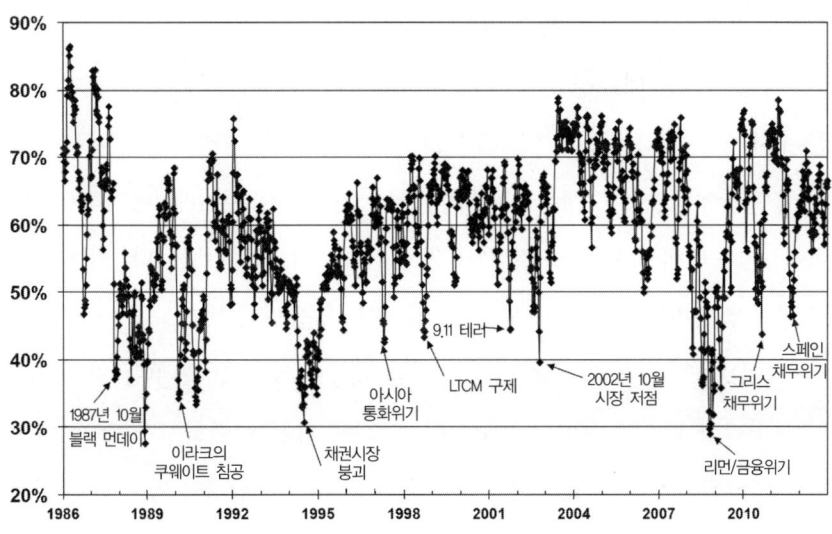

도표 22-1 | 인베스터스 인텔리전스 투자심리 지수, 1986~2012년

었습니다.

옵션 프리미엄으로 측정하는 변동성 지수인 VIX는 투자심리 지수가 급락할 때 치솟았습니다.[32] VIX는 투자심리 지수와 강력한 마이너스 상관관계입니다.

소외 종목과 다우의 개

데이브: 역발상 전략으로 개별 종목도 선정할 수 있나요?

투자상담사: 그럼요. 전체 시장은 물론 개별 종목도 낙관주의와 비관주의에 휩쓸린다고 역발상 투자자들은 믿습니다. 따라서 소외 종목 투자가 유망한 전략이 될 수 있습니다.

베르너 드 봉과 리처드 탈러는 투자자들이 과도하게 낙관적이었거나 비관적이었는지 알아보려고 과거 주가를 분석했습니다. 먼저 5년 동안 상승한 종목군과 하락한 종목군을 분석했습니다.[33] 5년 동안 상승한 종목군은 이후 수익률이 시장보다 10% 낮았고, 5년 동안 하락한 종목군은 이후 수익률이 시장보다 30% 높았습니다.

이런 현상은 대표성 편향으로 설명할 수 있습니다. 사람들은 주가의 최근 추세가 먼 장래에도 이어질 것으로 추정했습니다. 그러나 상승 종목군의 주가가 단기적으로는 상승 모멘텀을 어느 정도 유지했지만 장기적으로는 초과 수익을 내지 못했고, 결국 시장 수익률보다 내려갔습니다. 이렇게 소외 종목에 투자하는 전략 중에 '다우의 개'도 있습니다.[34]

데이브: 오늘 배운 내용 중에 명심할 내용이 정말 많습니다. 저는 거의 모든 심리적 함정에 빠졌던 듯합니다. 그러나 다른 사람들도 그랬고, 상담 후에 개선된 사람들도 있다는 말씀을 들으니 위안이 됩니다.

투자상담사: 그들은 개선되었을 뿐 아니라 성공했습니다. 투자에 성공하려면 무엇보다도 자신을 훨씬 깊이 파악해야 합니다. 월스트리트 격언 중 "주식시장이란 자신이 누구인지 파악하는 데 막대한 비용이 들어가는 곳이다."가 딱 맞는 말입니다.

5부

주식을 이용한 재산 형성

23
일반 주식형 펀드와 인덱스펀드

초보 투자자는 물론 분석가들조차 시장 실적을 초과할 수 있다고 확신하기가 어렵다. 따라서 표준 포트폴리오는 다우존스산업평균을 거의 복제해야 한다고 생각한다.
—벤저민 그레이엄, 1934년 1)

어찌 기관투자가들이 시장보다 높은 실적을 기대할 수 있겠는가? 실제로는 그들 자신이 시장인데 말이다.
—찰스 엘리스 Charles D. Ellis, 1975년 2)

월스트리트에서 흔히 하는 이야기가 있다. 대형 펀드를 운용하는 두 펀드매니저가 국립공원에 캠핑을 갔다. 텐트를 설치하고 나서 한 펀드매니저가 다른 펀드매니저에게 공원 경비원의 경고를 전해주었다. 캠프장 주변에

흑곰이 출몰하므로 조심하라는 말이었다. 이 말을 들은 펀드매니저는 웃으면서 말했다.

"나는 걱정 안 해. 나는 꽤 빨리 달리거든."

다른 펀드매니저가 고개를 저으면서 말했다.

"그래도 흑곰보다 빨리 달릴 수는 없어. 흑곰은 사냥할 때 시속 40킬로미터까지 달린대."

"물론 내가 흑곰보다 빨리 달릴 수는 없지. 나는 너보다 빨리 달리기만 하면 돼!"

주식시장에서는 실적을 절대 수익률이 아니라 기준 대비 수익률로 평가한다. 흔히 사용되는 기준은 S&P500지수, 윌셔5000지수, 세계주가지수, 최신 '스타일' 지수 등이다. 그런데 일반 투자자가 장기간 실력을 갈고닦은 전문가보다 높은 실적을 낼 가망은 없지만 평균 실적은 얼마든지 낼 수 있다.

그 이유는 아주 단순하다. 주가지수만큼만 실적을 내면 되기 때문이다. 1970년대 중반에 주요 지수 실적을 따라가는 인덱스펀드가 개발되었고, 이후 ETF도 나왔다. 따라서 수십 년 전부터 개인 투자자도 매우 낮은 비용으로 다양한 지수를 따라갈 수 있게 되었다. 그리고 12장에서 언급한 다양한 지수를 이용하면 평균 실적을 초과할 수도 있다.

일반 주식형 펀드의 실적

흔히 사람들은 평균 실적 추구가 좋은 전략이 아니라고 말한다. 시장에는 정보가 부족해서 실적이 부진한 사람들이 많으므로, 정보를 충분히 갖추

표 23 1 | 주식형 펀드와 벤치마크 수익률, 1971~2012년

	전체 펀드	'생존' 펀드	윌셔 5000	S&P500	소형주	전체 펀드 −윌셔5000	'생존' 펀드 −윌셔5000
1971~2012	9.23%	10.48%	10.23%	10.11%	11.85%	−0.99	0.25%
	(17.67%)	(17.27%)	(18.18%)	(17.74%)	(21.93%)		
1975~1983	18.83%	20.28%	17.94%	15.84%	35.32%	0.89%	2.34%
	(12.92%)	(13.06%)	(14.98%)	(15.59%)	(14.35%)		
1984~2012	8.92%	9.72%	10.19%	10.44%	8.54%	−1.27%	−0.47%
	(17.05%)	(16.56%)	(17.63%)	(17.44%)	(18.93%)		

괄호 안은 표준편차

거나 전문가를 이용하면 시장 실적을 초과할 수 있다고 말한다.

그러나 전문가들이 관리하는 적극 운용 펀드들의 과거 실적을 분석해보면 사람들의 주장과 다른 모습이 드러난다. 펀드의 실적을 분석하는 방법은 두 가지다. 첫째는 장기간 생존한 펀드의 수익률을 계산하는 방법이다. 그러나 이 방법으로 계산하면 '생존편향survivorship bias' 때문에 수익률이 과대평가된다. 생존편향이란 실적이 나쁜 펀드는 중간에 사라지고 실적이 좋은 펀드만 남기 때문에 실적이 실제보다 높아지는 오류를 가리킨다. 둘째는 모든 펀드의 실적을 연도별로 계산하는 방법이다.

표 23-1은 두 가지 방법으로 계산한 펀드 실적이다. 1971년 1월~2012년 12월 미국 뮤추얼펀드의 평균 수익률은 연 9.23%로서, 윌셔5000보다 1% 인트 낮았고, S&P500보다 0.88퍼센트포인트 낮았다.

생존 펀드의 수익률은 윌셔5000보다 0.25퍼센트포인트 높았지만, 그 숫자는 수천 개 펀드 중 86개에 불과했다. 전체 펀드의 수익률은 판매수수료와 중도상환 수수료를 제외하고도 벤치마크 수익률을 따라가지 못했다.[3]

그러나 전체 펀드의 수익률이 항상 지수 수익률보다 낮았던 것은 아니다. 소형주의 수익률이 연 35.32%였던 1975~1983년에는 전체 펀드의 수익

률이 윌셔5000지수와 S&P500지수보다 높았다. 소형주의 실적이 대형주보다 높을 때에는 펀드매니저들이 소형주를 사들여 수익률을 높이므로, 펀드의 실적이 전반적으로 좋아진다. 그러나 1984년 이후 소형주 수익률이 대형주보다 내려가자, 전체 펀드의 수익률은 전체 기간 수익률보다도 더 낮아졌다. 심지어 생존 펀드의 수익률도 윌셔5000지수 수익률보다 낮아졌다.

도표 23-1은 매년 윌셔5000과 S&P500 수익률을 능가한 주식형 펀드의 비중을 보여준다.

이 40년 중 과반수 펀드의 수익률이 윌셔5000보다 높았던 해는 12년에 불과했다. 이 12년 중 10년은 소형주의 수익률이 S&P500지수 수익률보다 높은 해였다. 최근 25년 중 과반수 펀드의 수익률이 지수 수익률보다 높은 해는 6년뿐이었다.

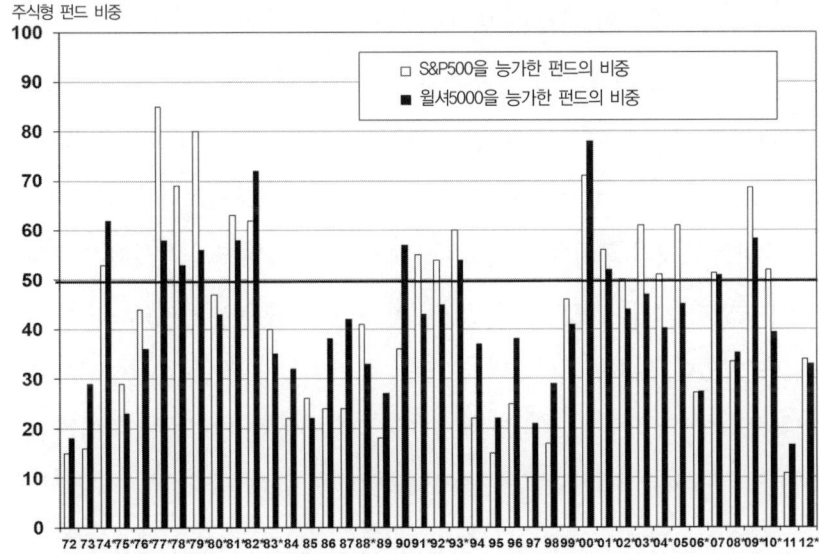

이렇게 펀드의 실적이 지수에 못 미치는 현상은 1970년대 이전에도 있었다. 1970년, 베커증권Becker Securities Corporation이 기업연금 펀드매니저들의 실적을 공개하자 월스트리트가 깜짝 놀랐다. 베커가 공개한 자료에 의하면 기업연금 펀드매니저 수익률의 중간값은 S&P500지수보다 1퍼센트포인트 낮았고, 지수 수익률보다 높은 실적을 낸 펀드매니저는 전체의 4분의 1에 불과했다.4) 이후 윌리엄 샤프와 마이클 젠센Michael Jensen 등의 후속 연구에서도 주식형 펀드의 수익률이 지수에 못 미친다는 사실이 확인되었다.

도표 23-2는 윌셔5000지수 수익률 대비 86개 생존 펀드들의 수익률 분포다. 지난 35년 동안 윌셔5000지수를 능가한 생존 펀드는 86개의 절반에도 못 미치는 38개뿐이다. 지수보다 연 1% 넘게 앞선 펀드는 22개에 불과했고, 연 2% 넘게 앞선 펀드는 7개뿐이었다. 반면에 지수보다 뒤처진 펀드는 절반이 넘었고, 1% 넘게 뒤처진 펀드가 거의 절반이었다. 게다가 판매수수료와 중도상환 수수료까지 포함하면, 실제 수익률은 더 낮아진다.

이렇게 전반적인 실적은 부진하지만, 표 23-2에서 보듯이 실적이 우수한 펀드도 있다. 전체 기간 실적이 가장 뛰어난 펀드는 루안 커니프 앤드 골드파브Ruane, Cunniff, & Goldfarb가 운용한 세쿼이아 펀드Sequoia Fund였다. 연 수익률이 14.2%로서, 윌셔5000 지수 수익률보다 연 4퍼센트포인트나 높았다. 이 펀드는 워런 버핏의 투자철학을 철저하게 따랐으며, 버크셔 해서웨이 보유 비중이 높았다. 2위는 프랭클린 템플턴이 운용한 뮤추얼 셰어즈 Z 펀드로서 연 13.7%였다. 3위는 피델리티 마젤란 펀드로서 연 13.6%였다. 4위는 찰스 머퀘이드Charles McQuaid와 로버트 몬Robert Mohn이 운용한 컬럼비아 에이콘 펀드(과거 명칭은 리버티 에이콘 펀드Liberty Acorn Fund)로서 연 12.9%였다.

이런 펀드들은 화려한 실적을 올렸지만, 운도 큰 역할을 했을지 모른다.

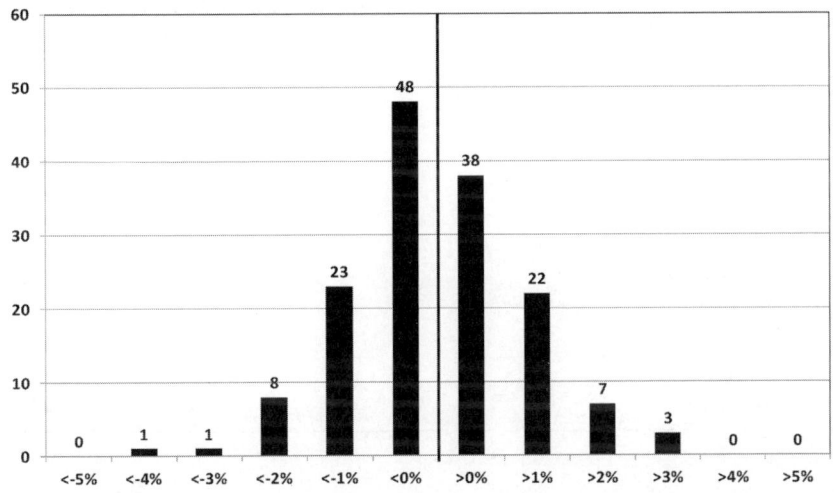

도표 23-2 | 윌셔5000지수 대비 생존 펀드들의 수익률 분포, 1972~2012년

오로지 운이 좋아서 펀드 수익률이 윌셔5000보다 4% 이상 높을 확률은 12분의 1이다. 즉, 86개 펀드를 조사하면 7개가 나올 확률이다. 그러나 실제로는 하나뿐이었다.

그러나 1977~1990년에 마젤란 펀드가 올린 실적은 운으로 설명되지 않는다. 이 기간 전설적인 투자가 피터 린치가 운용한 마젤란 펀드의 수익률은 시장보다 무려 연 13%나 높았다. 마젤란 펀드의 위험이 다소 높긴 했지만, 순전히 운이 좋아서 이 정도 실적이 나올 확률은 50만 분의 1에 불과하다![5]

더 장기간 탁월한 실적을 기록한 인물은 1965년 직물회사 버크셔 해서웨이를 인수한 전설적인 투자가 워런 버핏이다. 버크셔는 상장 자산과 비상장 자산이 포함된 '폐쇄형' 펀드여서 위 분석 대상에서 제외했다.

버핏의 1972~2012년 수익률은 연 20.1%로서, S&P500지수 수익률보다 10퍼센트포인트 이상 높다. 순전히 운으로 이런 수익률이 나올 확률은 10억

표 23-2 | 실적이 우수한 뮤추얼펀드, 1972~2012년

뮤추얼펀드	전체 펀드
세쿼이아 펀드 Sequoia Fund	14.2%
뮤추얼 셰어즈 Z 펀드 Mutual Shares Z Fund	13.7%
피델리티 마젤란 펀드 Fidelity Magellan Fund	13.6%
컬럼비아 에이콘 펀드 Columbia Acorn Fund	12.9%
T로 프라이스 소형주 T Rowe Price Small Cap	12.9%
피델리티 콘트라펀드 Fidelity Contrafund	12.4%
데이비스 NY 벤처 A Davis NY Venture A	12.4%
인베스코 컴스톡 Invesco Comstock A	12.3%
피델리티 어드바이스 O Fidelity Adv Diversified O	12.2%
야누스 펀드 D Janus Fund D	12.1%
윌셔5000지수	10.2%
S&P500지수	10.1%

분의 1보다도 작다. 1984년 컬럼비아대에서 열린 그레이엄과 도드의 《증권분석》 출간 50주년 기념식에서, 버핏은 '그레이엄-도드 마을의 위대한 투자자들'이라는 제목으로 연설했다. 이때 그레이엄과 도드가 지지하는 가치투자 기법으로 탁월한 실적을 올린 펀드매니저 9명을 열거했다.[6] 버핏의 주장은 12장에서 제시한 가치투자 전략 관련 데이터로도 뒷받침된다.

유능한 펀드매니저 찾아내기

워런 버핏과 피터 린치의 실적이 운이 아니라 실력이었음은 쉽게 알 수 있다. 그러나 다른 펀드매니저들의 실적이 운인지 실력인지를 정확하게 판단하기는 지극히 어렵다. 표 23-3은 실력이 평균 이상인 펀드매니저가 초과실적을 올릴 확률이다.[7]

확률이 놀랍다. 기대 초과 수익률이 연 1%인 유능한 펀드매니저라고 해도 10년 후 평균 수익률이 시장 수익률을 초과할 확률은 62.7%에 불과하고, 30년 후에도 초과할 확률은 71.2% 정도다. 기대 초과 수익률이 연 2%인 더 유능한 펀드매니저도 10년 후 시장을 이길 확률은 74.0%에 그친다. 이는 그가 시장을 이기지 못할 확률이 4분의 1이라는 뜻이다. 실제로 유능한 펀드매니저라고 해도 실력을 확실하게 입증하려면 오랜 기간이 필요하므로, 그 이전에 쫓겨나기 쉽다는 말이다.

무능한 펀드매니저를 찾아내기도 마찬가지로 어렵다. 통계적으로 확실하게(신뢰도 95% 이상) 무능한 펀드매니저가 되려면, 거의 15년 동안 수익률이 시장보다 연 4% 낮아야 한다. 이 기간이면 이 펀드의 자산이 인덱스펀드에 투자했을 때의 절반으로 줄어버린다.

물론 실력이 훨씬 더 뛰어난 펀드매니저라면 더 빨리 능력을 입증할 수 있다. 예를 들어 기대 초과수익률이 5%인 펀드매니저라면 1년 시장을 이길 확률이 70%이고, 2년 뒤에는 76.8%가 된다. 그러나 1970년 이래로 이런 실적을 기록한 펀드는 하나도 없었다.

하지만 이렇게 실력이 뛰어난 펀드매니저도 2년 후 시장을 이기지 못할

표 23-3 | 시장 초과 수익을 올릴 확률, 1972~2012년

기대 초과 수익률	보유 기간(년)						
	1	2	3	5	10	20	30
1%	54.1%	55.7%	57.0%	59.0%	62.7%	67.6%	71.2%
2%	58.1%	61.3%	63.8%	67.5%	74.0%	81.9%	86.7%
3%	61.9%	66.6%	70.1%	75.2%	83.2%	91.3%	95.2%
4%	65.7%	71.6%	75.8%	81.7%	89.9%	96.4%	98.6%
5%	69.2%	76.1%	80.8%	86.9%	94.4%	98.8%	99.7%

확률이 4분의 1이나 되므로, 실력을 입증하지 못하고 쫓겨날 가능성이 여전히 적지 않다.

초과 실적의 지속성

초과 실적을 낸 펀드매니저는 이후에도 계속 초과 실적을 낼까? 수많은 연구가 진행되었지만 결론은 명확하지 않다. 일부 연구에서는 펀드매니저가 한 해에 초과 실적을 내면 이듬해에도 초과 실적을 내기 쉽다고 밝혔다.8) 그러나 이는 십중팔구 펀드매니저들이 특정 '스타일' 투자 방식을 따르는데, 그 스타일에 유리한 시장 상황이 여러 해 이어지기 때문이다.

장기적으로 보면 펀드매니저가 계속해서 초과 실적을 올린다는 근거는 찾기 어렵다. 에드워드 엘튼Edward Elton, 마틴 그루버Martin Gruber, 크리스토퍼 블레이크Christopher Blake는 초과 실적이 3~5년 이어진다고 주장하지만 버튼 맬킬, 존 보글 등은 동의하지 않는다.10) 11) 어떤 경우든, 실적은 갑자기 바뀔 수 있다. 피터 린치가 떠나고 나서 마젤란 펀드의 실적이 지수보다 내려간 사실은 그다지 놀라운 일이 아니었을 것이다. 그러나 레그메이슨Legg Mason에서 밸류 트러스트Value Trust를 운용하던 빌 밀러Bill Miller는 15년 연속 S&P500지수를 이기고 나서, 2006년과 2007년 갑자기 지수에 패배했다.

펀드 수익률이 지수보다 낮은 이유

일반적으로 펀드의 수익률이 지수보다 낮은 이유는 펀드매니저의 능력이 부족해서가 아니다. 대개 펀드에 부과되는 각종 보수와 매매수수료가 연

2% 이상이기 때문이다. 첫째, 펀드매니저는 주식을 사고팔 때마다 매매수수료와 매수-매도 호가 차이를 부담해야 한다. 둘째, 투자자는 펀드 판매기관에 운용보수와 판매보수를 지급해야 한다. 셋째, 펀드매니저들은 대개 능력이 비슷한 다른 펀드매니저들과 경쟁해야 한다. 누군가 시장보다 높은 실적을 올리면, 누군가의 실적은 시장보다 낮아질 수밖에 없다.

조금 알면 더 위험

투자를 조금 아는 사람은, 투자를 전혀 모르는 채 인덱스펀드에 투자하는 사람보다도 실적이 나빠지기 쉽다. 주식 평가를 배우기 시작한 초보자는 《시장을 이기는 법》 같은 제목의 책을 즐겨 읽으며, 실적이 대폭 개선되었는데도 주가가 크게 상승하지 않은 주식을 발견하면, 저평가되었다고 생각하면서 매수한다.

그러나 노련한 투자자들은 그런 실적 개선이 지속성 낮은 특수 상황 때문인 줄 알기 때문에, 주식을 초보자들에게 넘기면서 이익을 실현한다. 이렇게 이용당하는 초보자들의 실적은 인덱스펀드에 투자하는 문외한보다도 나빠지기 일쑤다.

주식시장에서도 "조금 알면 더 위험해진다." 얼핏 보기에 이상 현상처럼 보이는 주가에도 노련한 투자자들의 평가가 반영되어 있다고 보아야 한다. 주가가 지나치게 싸거나 비싸 보인다면, 대개 그만한 이유가 있다. 초보자들이 이런 종목에 손대면 흔히 큰 손해를 보게 된다.

중급 투자자가 빠지는 함정

초보자도 지식과 경험이 쌓이면 실제로 저평가되거나 고평가된 종목을 찾아낼 수 있다. 매매수수료를 포함하고서도 이익을 내기 시작한다. 그리고 어느 수준에 이르면 초과 실적을 내기도 한다. 그러나 계속해서 초과 실적을 기록하는 사람은 소수에 불과하다. 많은 시간을 들여 분석에 몰두하지 않는 사람은 계속해서 초과 실적을 올릴 가능성이 희박해진다.

그런데도 단지 상승 종목을 선택하고 하락 종목을 피하기만 하면 된다고 생각하는 사람들은 빈번한 매매에 빠져든다. 22장에서 언급했지만, 사람들은 자신의 능력이 평균 이상이라고 생각하는 경향이 있다. 주식시장에는 세계 곳곳에서 고수들이 몰려드는데도, 사람들은 자신이 주위 사람들보다 똑똑하다고 착각한다. 그러나 이 정도 실력으로는 거래비용을 극복하고 초과 실적을 올리기가 쉽지 않다.

1975년, 그린우드 어소이에이츠(Greenwood Associates)의 업무집행 파트너 찰스 엘리스는 유력한 논문 〈패자의 게임(The Loser's Game)〉을 발표했다. 그는 거래비용을 고려하면 펀드매니저들은 시장을 이기기 어렵다고 말하면서, 다음과 같이 결론지었다. "펀드매니저들은 목표가 시장을 이기는 것이라고 자주 말하지만, 이들이 시장을 이기는 것이 아니라 시장이 이들을 이긴다." [12]

비용이 수익률에 미치는 영향

변동성 높은 시장에서 연 20~30% 수익을 노리는 투자자들에게는 연

2~3%인 운용보수와 매매수수료가 대수롭지 않게 보일지 모른다. 그러나 이런 비용은 장기 실적을 심각하게 갉아먹는다. 1,000달러를 투자했을 때 연 수익률이 11%라면, 30년 후에는 2만 3,000달러가 된다. 그러나 비용이 연 1% 발생하면 원리금이 거의 3분의 1이나 감소한다. 비용이 연 3%라면 원리금은 그 절반에도 못 미치는 1만 달러 남짓으로 줄어든다.

인덱스펀드의 인기몰이

일반 주식형 펀드의 실적이 지수에도 못 미친다는 사실이 드러나자, 사람들은 지수 실적을 추구하는 편이 유리하다는 점을 깨달았다. 이에 따라 1990년대에는 지수 실적을 추구하는 인덱스펀드 등 '소극적 투자^{passive} ^{investing}'가 엄청나게 증가했다.

가장 오래되고 인기 높은 인덱스펀드는 뱅가드 500 인덱스펀드^{Vanguard} $^{500\ Index\ Fund}$다.[13] 1976년 선구자 존 보글이 처음 도입한 이 펀드는 그해 모집한 금액이 1,140만 달러에 불과했으므로, 이 상품이 생존할 것으로 생각한 사람이 거의 없었다. 그러나 이 펀드는 느리지만 착실하게 자산이 증가하여 1995년 말에는 170억 달러에 이르렀다.

1990년대 강세장 말기에는 인덱스펀드의 인기가 치솟았다. 2000년 3월 S&P500지수가 사상 최고치에 도달하자, 이 펀드는 자산 규모가 1,000억 달러를 웃돌면서 세계 최대 주식형 펀드로 올라섰다. 인덱스펀드의 인기가 급증함에 따라 1999년에는 상반기 6개월 동안 들어온 투자 자금의 거의 70%가 인덱스펀드로 몰렸다.[14] 2013년에는 뱅가드 500 인덱스펀드의 자산 규모가 2,750억 달러를 넘어섰고, 소형주에도 투자하는 뱅가드 토털 마켓 펀드Vanguard Total Market Funds는 2,500억 달러를 끌어들였다.

인덱스펀드의 장점 중 하나는 비용이 지극히 낮다는 점이다. 뱅가드 500 인덱스펀드의 총비용은 연 0.15%에 불과하다(대형기관투자가의 비용은 0.02%까지 내려간다). 독점적인 매매 기법과 증권대여 수수료 수입 덕분에, 지난 10년 동안 뱅가드 500 인덱스펀드의 수익률이 개인 투자자는 지수보다 겨우 0.09% 낮았으며, 기관투자가는 지수보다 오히려 더 높았다.[15]

시가총액가중 지수의 함정

지금까지 인덱스펀드는 인기를 얻어 성공했지만, 장래에는 투자자들에게 문제를 일으킬 수도 있다. 이유는 간단하다. 어떤 종목이 지수에 편입되면 인덱스펀드들이 그 종목의 비중을 채우는 과정에서 주가가 상승하지만, 이후에는 주가가 하락하기 때문이다.

주가가 과대평가된 극적인 사례가 1999년 12월 S&P500지수에 편입된 야후다. 스탠더드 앤드 푸어스는 야후가 12월 8일 지수에 추가된다고 11월 30일 장 마감 후 발표했다. 이튿날 아침 야후는 전날 종가보다 거의 9달러나 상승한 115달러로 시가가 형성되었고, 계속 상승하여 12월 7일 종가가 174달러를 기록했다. 인덱스펀드들이 지수에 맞춰 사들일 수밖에 없었기 때문이다. 지수 편입이 발표되고 겨우 5일 만에 야후 주가는 64%나 치솟았다. 5일 동안의 평균 거래량은 3,700만 주로, 이전 30일 평균 거래량의 3배가 넘었다. 인덱스펀드가 사들인 마지막 날인 12월 7일에는 전체 거래량 220억

주 중 야후 거래량이 1억 3,200만 주였다.

지수에 편입되는 대부분 종목에 이런 현상이 반복된다(물론, 평균 주가 상승률은 야후보다 훨씬 낮다). 2000년 9월, 스탠더드 앤드 푸어스는 S&P500지수 편입이 주가에 미치는 영향에 관한 연구 결과를 발표했다. 지수 편입 발표일부터 발효일까지 주가 상승률은 평균 8.49%였다.[16] 발효일 이후 10일 동안 주가 하락률은 평균 3.23%로, 상승률의 약 3분의 1이었다. 그러나 발표일 1년 뒤에는 손실이 모두 사라졌으며 평균 상승률이 8.98%였다. 이 모든 주가 변동은 전반적인 시장 흐름에 반영되었다. 후속 연구에 의하면 최근에는 지수 편입 발표 후의 상승률이 전보다는 낮아졌지만, 여전히 4%가 넘는 수준이었다.[17]

시가총액가중 지수와 펀더멘털가중 지수

이런 부작용이 있지만 아직도 주요 지수는 거의 모두 시가총액가중 방식을 따른다. 즉, 시가총액(주가×발행 주식 수)을 기준으로 각 종목의 지수 비중이 결정된다. 더 최근에는 시가총액을 산출할 때 발행 주식 수 대신 유동 주식 수float-adjusted shares를 사용한다. 유동 주식 수는 발행 주식 수에서 내부자 보유 주식 수를 제외한 숫자로서, 시장에서 실제로 유통되는 주식 수를 가리킨다(신흥국은 흔히 정부가 보유한 주식 수가 매우 많다).[18]

시가총액가중 지수에는 매우 큰 장점이 있다. 첫째, 이 지수는 모든 투자자의 실적을 공정하게 반영하므로, 일부 투자자가 지수보다 높은 실적을 내면, 다른 투자자는 그만큼 실적이 지수보다 낮아진다. 둘째, 시장이 효율적이라고 가정하면 시가총액가중 포트폴리오는 위험과 수익 사이에서 최상의 균형을 유지한다. 즉 위험 수준이 같을 때에는 수익률이 가장 높고, 수익률이 같을 때에는 위험이 가장 낮다. 이런 특성을 평균-분산 효율성$^{\text{mean-variance efficiency}}$라고 부른다.

그러나 이런 특성은 매우 엄격한 가정이 유지될 때에만 나타난다. 즉 시장이 효율적이어서 주가가 항상 그 기업의 진정한 가치에 대한 불편추정치 不偏推定値여야 한다. 이는 주가가 항상 정확해야 한다는 뜻이 아니라, 주가보다 더 정확한 추정치가 없어야 한다는 뜻이다. 효율적 시장에서는 주가가 20달러에서 25달러로 상승하면 불편추정치도 25% 상승하며, 펀더멘털과 무관한 요소에 의해서는 주가가 변동하지 않는다.

그러나 12장에서 언급했듯이 기업가치와 무관한 수많은 요소에 의해서도 주가가 변동한다. 투기자들의 아무 근거 없는 매매는 물론, 유동성, 수탁책임, 세금 목적으로 실행되는 매매도 주가에 영향을 미칠 수 있다. 이렇게 기업가치와 무관한 요소에 의해서 주가가 변동하면, 주가는 이제 진정한 가치에 대한 불편추정치가 아니라 '소음'이 된다. 나는 이를 소음 시장 가설이라 부르는데, 지난 40년 동안 금융계를 지배했던 효율적 시장 가설의 훌륭한 대안이라고 생각한다.

소음 시장 가설이 시장을 더 잘 대변한다면 시가총액가중 지수는 이제 최상의 지수가 되지 못한다. 배당, 이익, 현금흐름, 순자산가치 등 펀더멘털 데이터를 기준으로 종목 비중을 결정하는 펀더멘털가중 지수가 더 낫다.[19]

펀더멘털가중 지수를 구성하는 원리는 다음과 같다. 기업의 가치를 이익으로 측정한다고 가정하자. E는 지수에 포함되는 모든 종목의 이익 합계이고, E_j가 기업 j의 이익이라면, j의 비중은 E_j/E가 된다.

시가총액가중 지수에서는 주가가 아무리 오르내려도 주식을 사거나 팔지 않는다. 시장이 효율적이어서 주가가 기업의 가치를 대변하므로, 매매할 필요가 없다고 보는 것이다.

그러나 펀더멘털가중 지수에서는 이익 등 펀더멘털 요소는 그대로인데 주가가 상승하여 비중이 증가하는 종목이 있으면, 그 종목을 매도하여 비중을 원래 수준으로 낮춘다. 반대로, 어떤 종목이 펀더멘털과 무관하게 주가가 하락하여 비중이 감소하면, 그 종목을 매수하여 비중을 원래 수준으로 높인다. 이런 거래를 리밸런싱^{rebalancing}이라고 부르는데, 대개 1년에 한 번 실행한다.

펀더멘털가중 지수의 장점 중 하나는 '거품'을 피할 수 있다는 것이다. 배당, 이익 등 객관적 가치 지표와 무관하게 갑자기 주가가 상승하면 주식을 매도하기 때문이다. 2000년 기술주 거품이 그 대표적인 사례다. 시가총액가중 지수에서는 기술주를 계속 보유했지만, 펀더멘털가중 지수에서는 주가가 급등했을 때 기술주를 매도했을 것이다.

그러나 펀더멘털가중 지수가 과대평가된 종목이나 과소평가된 종목을 찾아내지는 않는다. 이는 '소극적^{passive}' 지수이므로, 미리 정해진 공식에 따라서 종목을 사거나 팔 뿐이다. 따라서 일부 과대평가된 종목을 사고 과소평가된 종목을 파는 사례도 틀림없이 있을 것이다. 하지만 소음이 주가에 영향을 미친다면 펀더멘털보다 주가가 하락했을 때 주식을 사고 펀더멘털보다 주가가 상승했을 때 주식을 팔 경우 시가총액가중 지수보다 위험은 더 낮추고 수익률은 더 높일 수 있을 것이다.[20]

펀더멘털가중 지수의 역사

펀더멘털가중 지수의 필요성은 국제시장에서 나타났다. 일본 주식시장에 거품이 끼었던 1980년대, 투자자들은 국제분산 포트폴리오에서 일본 주식의 비중을 축소하는 일관된 방법을 탐색하고 있었다. 다행히 당시 모건스탠리 캐피털 인터내셔널^{MSCI}은 시가총액 대신 GDP를 기준으로 각국의 비중을 결정하는 국제 지수를 개발하여, 일본 주식 비중을 줄일 수 있었다.[21]

1987년, 골드만삭스 계량자산관리그룹 로버트 존스는 기업의 이익을 기준으로 지수의 종목 비중을 결정하는 미국 주식 지수를 개발하여 관리했다. 존스는 이 전략을 '경제 투자$^{economic\ investing}$'라고 불렀는데, 시가총액 대신 경제적 중요성을 기준으로 종목 비중을 결정했기 때문이다.[22] 이후 글로벌 웰스 얼로케이션$^{Global\ Wealth\ Allocation}$의 설립자 겸 CEO 데이비드 모리스는 여러 펀더멘털 요소를 하나의 '부^{wealth}' 변수로 결합하여 새로운 전략을 개발했다.

2003년, 폴 우드$^{Paul\ Wood}$와 리처드 에번스$^{Richard\ Evans}$는 100대 기업의 이익가중 지수를 분석한 논문을 발표했다.[23] 2005년 초, 리서치 어필리에이츠$^{Research\ Affiliates}$의 로버트 아노트$^{Robert\ D.\ Arnott}$는 제이슨 수$^{Jason\ Hsu}$, 필립 무어$^{Phillip\ Moore}$와 함께 〈파이낸셜 애널리스트 저널〉에 발표한 논문 〈펀더멘털 지수$^{Fundamental\ Indexation}$〉에서, 시가총액가중 지수의 결함을 지적하고 펀더멘털가중 지수 옹호론을 폈다.[24] 2005년 12월, 파워셰어즈^{Powershares}는 최초의 펀더멘털가중 ETF인 FTSE RAFI US1000을 출시했다. 이 상품은 리서치 어필리에이츠가 매출, 현금흐름, 순자산가치, 배당을 기준으로 구성한 지수를 추적했다. 6개월 뒤 위즈덤트리 인베스트먼츠$^{WisdomTree\ Investments}$는 배당 기준 지수를 추적하는 ETF 20종을 출시했고, 2007년에는 이익 기준 지수를 추적하는 ETF 7종을 추가로 출시했다.

펀더멘털가중 지수의 실적은 인상적이다. 거의 모든 미국 주식을 포함하는 배당가중 지수의 1964~2012년 수익률은 연 10.84%로, 시가총액가중 지수보다 연 1.17퍼센트포인트가 높았으며 변동성은 오히려 더 낮았다. 이렇게 수익률은 더 높고 변동성은 더 낮은 특성이 회사의 규모, 섹터, 국적에 관계없이 나타났다. 예를 들어 1996~2012년 MSCI EAFE 배당가중 지수의 수익률은 EAFE지수보다 거의 연 3.5%나 높았다.

이렇게 장기 실적이 좋은 이유는 가치주 비중이 높기 때문이다. 펀더멘털가중 지수는 배당수익률이 높거나 PER이 낮은 주식을 시가총액가중 지수보다 더 많이 보유한다. 그리고 폭넓게 분산투자하므로 가치주 포트폴리오보다 위험도 낮다. 간단히 말해서, 장기투자자에게는 펀더멘털가중 지수가 시가총액가중 지수보다도 더 매력적이다.

결론

일반 (적극 운용) 펀드들의 과거 실적은 실망스럽다. 펀드에 부과되는 각종 비용 탓에, 대부분 펀드의 수익률이 시장 평균에도 못 미쳤다. 게다가 우수한 펀드매니저를 찾아내기도 지극히 어렵다. 투자 실적이 운에 좌우되는 경우가 많기 때문이다.

비용을 고려하면 대부분 펀드의 실적이 지수에도 못 미치므로, 시가총액가중 지수나 펀더멘털가중 지수를 추적하는 펀드에 투자하는 편이 낫다.

24
장기 성장형 포트폴리오 구축

> 장기라는 것은 현재 문제에 대한 잘못된 안내자이다. 장기적으로 우리는 다 죽는다. 태풍이 오는데 그 태풍이 지나가고 시간이 많이 흐르면 바다는 다시 평온해진다는 말만 들려준다면, 경제학자들은 너무 안이하고 쓸모없는 일만 하는 것이다.
> —존 메이너드 케인스, 1924년[1]

> 내가 제일 좋아하는 것은 영원히 보유하는 것이다.
> —워런 버핏, 1994년[2]

장기적으로 보면 우리 모두가 죽기 마련이라는 케인스의 말에 이론을 제기할 사람은 아무도 없다. 그러나 우리는 장기적 관점을 오늘날 우리 행동의 지침으로 삼아야 한다. 어려운 시기에도 장기적 관점과 일관성을 유지하는 사람일수록 투자에 성공할 확률이 훨씬 높기 때문이다. 폭풍이 지나가고 나면 바다가 잔잔해진다는 사실은 쓸데없는 지식이 아니라, 엄청나게 위안을 주는 지식이다.

투자의 이론과 실제

장기투자에 성공하기가 이론상으로는 쉽지만 실제로는 쉽지 않다. 아무 예측도 하지 않고 잘 분산된 주식 포트폴리오에 투자하여 계속 보유하는 전략은 이론상 누구든지 실행할 수 있다. 그러나 우리는 모두 감정에 휩쓸려 길을 잃기 쉬우므로 이 전략을 실행하기가 쉽지 않다. 투기로 갑자기 거부가 된 사람들의 이야기를 들으면, 우리도 투기에 가담하고 싶은 유혹을 느낀다.

선택적 기억도 우리를 잘못된 방향으로 내몬다. 시장을 자세히 관찰하는 사람들은 종종 이렇게 한탄한다. "그 종목이 오를 줄 알았어. 그냥 내 판단을 따랐다면 거금을 벌었을 텐데!" 그러나 이는 후견지명이 부리는 농간이다. 우리는 의심이 컸기 때문에 자신의 판단을 따르지 않았던 것이다. 후견지명 탓에 우리는 과거 경험을 스스로 왜곡하여 잘못된 판단을 내릴 수 있으며, 예감에 의지하면서 남들을 앞지르려 시도하기도 한다.

이런 경로를 따라가면 참담한 결과를 맞이하게 된다. 지나치게 많은 위험을 떠안게 되고, 거래비용이 급증하며, 감정에 휩쓸려 주가가 하락하면 비관론에 빠지고, 주가가 상승하면 낙관론에 젖어든다. 결국, 수익률이 지수보다도 훨씬 낮아지면 우리는 좌절감을 맛보게 된다.

성공 투자 지침

좋은 실적을 달성하려면 장기적인 관점과 일관된 투자전략이 필요하다. 다음은 이 책에서 설명한 내용을 정리한 투자 원칙으로서, 초보 투자자와 노련한 투자자 모두의 실적 개선에 도움이 될 것이다.

1. 과거 데이터를 바탕으로 기대 수준을 설정하라. 지난 2세기 동안 주식의 실질 수익률은 6~7%였고, PER은 약 15였다.

배당 재투자를 포함해서 실질 수익률이 연 6.5%이면, 주식투자 원금의 구매력은 10년마다 거의 2배가 된다. 인플레이션이 연 2~3%이면, 주식의 명목 수익률은 연 9%가 되어 8년마다 투자원금이 2배로 늘어난다.

주식의 수익률은 주가 수준에 좌우되기도 한다. 실질 수익률 연 6~7%는 PER이 약 15일 때 기대되는 실적이다. 그러나 PER이 항상 15로 유지되어야 한다는 법은 없다. 12장에서 보았듯이 그동안 거래비용도 낮아졌고 채권 수익률도 내려갔으므로, 장래에는 PER이 상승할 수도 있다.

2. 장기적으로는 주식의 수익률이 채권 수익률보다도 훨씬 더 안정적이다. 주식은 채권과는 달리 인플레이션도 방어한다. 따라서 투자 지평이 길어질수록 주식의 비중을 높여야 한다.

주식의 비중은 개인의 여건에 따라 조정해야 한다. 투자 지평이 긴 사람은 주식의 비중을 압도적으로 높여야 한다. 6장에서 보았듯이 투자 기간이 20년 이상이면 주식은 채권보다 수익률도 높으면서 인플레이션 위험도 낮다.

유일한 장기 무위험 자산은 물가연동국채이다. 최근 물가연동국채의 실질 수익률은 -1~1%로서 과거 장기 수익률보다 훨씬 낮다. 과거 장기 데이터가 있는 모든 나라에서 주식의 수익률이 채권보다 훨씬 높았다.

3. 저비용 인덱스펀드의 비중이 가장 높아야 한다.

23장에서 보았듯이 1971년 이후 3년 중 2년은 광범위 시장 지수의 수익률이 일반 주식형 펀드 수익률보다 높았다. 장기 누적 실적 기준으로는 인덱스펀드들이 거의 정상을 차지한다.

주요 시장 지수를 정밀하게 추적하는 인덱스펀드와 ETF가 많이 나와 있다. 시가총액가중 인덱스펀드에 투자할 때에는 총비용이 연 0.15% 미만인 상품을 선택하라.

4. 주식 포트폴리오의 적어도 3분의 1은 국제 주식(본사가 외국에 있는 회사의 주식)에 투자하라. 고성장 국가의 주식은 흔히 과대평가 상태여서 수익률이 낮다.

현재 미국 주식시장이 세계 주식시장에서 차지하는 비중은 약 절반이며, 이 비중은 빠르게 감소하고 있다. 현재와 같은 세계 경제환경에서는 외국 주식을 반드시 보유해야 한다. 장래에는 기업의 본사가 어느 나라에 있느냐보다 그 기업이 생산하는 제품과 판매 지역이 더 중요해질 것이다.

주식 수익률의 국가 간 상관관계는 상승했지만, 그래도 국제 투자의 타당성은 여전히 높다. 지난 1세기 동안의 실적을 분석한 모든 나라에서 주식의 수익률이 채권보다 훨씬 높았다. PER이 20을 초과하는 나라에는 주식 비중을 높이지 마라. 고성장 국가들의 주식은 대개 고평가되어 있다.

5. 지금까지 가치주(배당수익률이 높거나 PER이 낮은 주식)는 성장주보다 수익률은 더 높고 위험은 더 낮았다. 가치주 인덱스펀드나 펀더멘털가중 인덱스펀드에 투자하여 가치주의 비중을 높여라.

12장에서 보았듯이 배당수익률이 높거나 PER이 낮은 종목들은 지난 50년 동안 수익률은 시장보다 높았고, 위험은 시장보다 낮았다. 그 이유 중 하나는 주가가 흔히 가치와 무관한 요소(유동성, 절세 매매, 투기, 모멘텀 매매 등)에 좌우되기 때문이다. 이런 상황에서는 주가가 펀더멘털보다 낮은 주식이 유리하다.

따라서 저비용 가치주 인덱스펀드나 펀더멘털가중 인덱스펀드에 투자하면 이러한 가격 오류를 이용할 수 있다. 지금까지 펀더멘털가중 인덱스펀드가 시가총액가중 인덱스펀드보다 수익률은 더 높고 위험은 더 낮았다.

6. 감정에 휩쓸리지 않도록 포트폴리오 관리 원칙을 확고하게 수립하라. 시장에 불안감을 느낄 때에는 자리에 앉아 이 책의 1장을 다시 읽어라.

주가는 종종 사람들의 심리에 휩쓸려 기본 가치보다 올라가거나 내려간다. 모두가 낙관할 때에는 우리도 주식을 사고 싶어지고, 모두가 비관할 때에는 우리도 주식을 팔고 싶어진다. 사람들은 이런 시장 심리에 휩쓸려 빈번하게 매매하다가 수익률이 나빠지기 쉽다. 22장에서 다룬 행동재무학은 이런 심리적 함정을 이해하고 피하는 방법을 알려준다. 1장과 5장에서 설명한 위험과 수익에 관한 큰 그림에 초점을 맞추기 바란다.

투자 계획 실행과 투자상담사

나는 주식과 채권의 기대 수익률을 명확하게 설명하고, 이런 수익률에 영향을 미치는 요소들을 분석하려고 이 책을 썼다. 투자자들은 이 책을 지침으로 삼아 직접 종목을 선택하고 포트폴리오를 구축할 수 있다. 그러나 올바른 투자를 안다고 해서, 반드시 올바른 투자전략을 실행하게 되는 것은 아니다. 피터 번스타인이 서문에서 적절히 지적했듯이, 투자의 길에는 사람들의 성공을 가로막는 함정이 많이 숨어 있다.

첫째 함정은 시장을 이기려고 시도하는 빈번한 매매다. 1년 안에 주가가 2배나 3배로 뛰는 종목이 늘 있으므로, 사람들은 연 9% 수익률에 만족하지 않는다. 사람들은 대박 종목을 꿈꾼다. 그러나 대박 종목을 찾는 사람들은 막대한 거래비용과 번번이 빗나가는 시점 선택 탓에 대부분 저조한 실적에 시달린다.

개별 종목 발굴 과정에서 쓴맛을 본 사람들은 흔히 펀드에서 높은 수익을 추구한다. 그러나 펀드 선택에도 비슷한 걸림돌이 나타난다. 이들은 '대박 종목'을 찾듯이 '대박 펀드매니저'를 찾아내어 초과 수익을 얻으려 하지만, 결국은 평균 실적에도 미치지 못한다.

마침내 펀드 선택을 포기한 사람들은 더 어려운 전략에 유혹을 느낀다. 이들은 시장 주기를 이용하는 시점 선택을 시도한다. 놀랍게도 이런 함정에 빠지는 사람들은 대개 지식이 풍부한 투자자들이다. 이제는 손끝만 까딱하면 금융 뉴스, 정보, 논평을 얼마든지 얻을 수 있으므로 온갖 견해에서 벗어나기가 지극히 어렵다. 그 결과 주가가 폭락할 때에는 공포에 사로잡히고 주가가 치솟을 때에는 탐욕에 사로잡힌다.

물론 이런 충동에 저항하는 사람도 많다. 대가들은 "끝까지 버텨라!"라고 조언하지만, 소위 전문가 등 수많은 사람이 후퇴하라고 말하면 끝까지 버티기가 쉽지 않다. 사람들은 독자적으로 행동하기보다는 군중을 따라가기가 쉽다. 케인스는 《고용, 이자, 화폐의 일반이론》에서 이렇게 말했다. "관례에 거슬러 성공하는 것보다는, 관례를 따르다가 실패하는 편이 통념상 평판에 유리하다."[3] 시장 여론을 거부하면서 군중에게서 벗어나는 것보다 전문가들의 조언을 따르다가 실패하는 편이 훨씬 쉽다.

그러면 어떻게 하라는 말인가? 투자에는 심리가 지식만큼이나 중요하다. 심리 탓에 곤경에 처했다면 전문가의 도움을 받는 편이 좋다. 다만, 이 책에서 설명한 장기투자와 분산투자 원칙에 동의하는 전문가를 선택해야 한다. 그러면 투자의 함정을 피하면서 주식이 주는 풍성한 보상을 충분히 거둘 수 있다.

결론

주식시장은 흥미진진하다. 주가 흐름은 대중매체를 지배하며, 막대한 투자자금의 흐름을 좌우한다. 이제 주식시장은 자본주의의 상징 정도가 아니다. 주식시장은 세계 거의 모든 나라에 존재하면서 세계의 자본을 배분하고 경제 성장을 이끌어내는 원동력이다. 이 책의 주제는 (이 책 초판이 나온 1994년과 마찬가지로 지금도) 주식이 장기적으로 재산을 축적하는 최고의 방법이라는 말이다.

| 감수후기 |

한국 시장 상황에 비추어 본 주식투자자의 성경

이 책은 흔히 원래의 제목과는 달리 '장기 주식투자의 바이블'로 알려져 있다. 바이블 즉 성경은 신도들이 살면서 항상 읽고 되새기는 책이다. 이 책도 투자하면서 힘들 때마다 다시 읽어보며 희망을 잃지 않도록 해주는 주식투자자의 성경이라는 의미일 것이다. 책을 감수하면서 저자의 방대한 자료와 명쾌한 논리에 놀라고 또 역자의 훌륭한 번역 솜씨에 감탄했다. 부족한 사람이 특별하게 감수할 부분이 많지 않았지만, 일반 독자의 입장에서 보다 편하게 읽히고 쉽게 이해되면 좋겠다는 소박한 욕심으로 감수 작업을 진행했다. 주식투자자의 성경으로 불리는 위대한 역작에 오점을 남기는 것은 아닌지 조심스러운 가운데 어렵사리 진행한 감수원고를 받아 든 역자와 출판사도 만족하는 듯해서 다행이라고 생각한다. 감수자는 다음과 같은 네 가지의 주제로 후기를 대신하고자 한다. 첫째, 시겔 교수는 항상 증시 낙관론자 또는 강세론자인가? 둘째, 시겔 교수의 주장처럼 한국에서도 장기투자 대상으로 주식이 유리한가? 셋째, 한국 증시에서 연준모형은 효과가 있을까? 넷째, 한국에서도 펀더멘탈가중 방식이 시가총액가중 방식보다 유리할까?

시겔 교수는 항상 증시 낙관론자 또는 강세론자인가?

제러미 시겔 교수는 흔히 대표적인 낙관론자 또는 강세론자로 불린다. 최근에 실린 여러 기사에서 이를 뒷받침하는 발자취를 찾아볼 수 있다.

주식은 경기에 앞서 움직인다. 경기가 회복하기 전에 주가가 먼저 눈치를 챘다는 듯 대상승을 시작한다는 뜻이다. 주식 연구의 권위자인 미 와튼 비즈니스 스쿨의 제러미 시겔 교수의 조사에 따르면 미 증시는 경기침체가 바닥에 도달하기 평균 5.1개월 전 반등을 시작했으며, 이때 주식을 매입하면 초기 수익률은 23.86%인 것으로 나타났다. 경기 사이클의 바닥을 정확히 맞출 수만 있다면 세계 최고의 투자가 워런 버핏에 맞먹는 수익률을 거둘 수 있다는 뜻이다. 미 경제가 금융위기의 직격탄을 맞고 경기침체에 접어들면서 미국의 주식투자자들 사이에 바닥 논쟁이 벌어지고 있다. -한국일보(2008.10.10)

글로벌 금융위기가 한창 진행되던 2008년의 증시상황은 바닥을 알 수 없는 추락을 거듭하고 있는 중이었다. 그렇게 한치 앞도 예측할 수 없는 비상사태에서 시겔 교수는 경기 침체를 확인하기 전에 먼저 증시는 반등을 시작한다며 증시 바닥론에 힘을 보태고 있었다. 실제로 증시는 이 기사가 나온 후 보름 후부터 반등하기 시작했다.

지난 8일 10552.52로 마감한 다우존스의 최고점은 지난 2007년 10월에 기록한 14164.53이다. 문제는 다우지수가 1년 사이에 61%나 올랐는데, 앞으로도 증시가 강세장을 이어갈 것인지, 아니면 약세장으로 전환할 것인지에 대한 장기적 전망을 두고 권위 있는 전문가들이 정반대의 주장을 펴고 있다는 점이다. WSJ는 'Worries Rebound on Bull's Birthday'라는 기사에서 MIT 동문으로 '절친'이라는 로버트 실러 예일대 교수와 제러미 시겔 펜실베이니아대 교수의 의견 대립을 중심으로 엇갈리는 전망을 전했지만, 제목이 시사하듯 약세장을 전망한 실러 교수에 비중을 더 두었다. -프레시안(2010.03.10), 월스트리트저널(2010.03.09)

실러 교수는 자신이 개발한 10년 평균이익을 감안한 실러PER를 근거로 당시의 PER은 20수준으로 역사적 평균인 16을 넘어섰기 때문에 평균수준으로 회귀할 것이라고 주장했지만, 시겔은 금융위기에 따른 우발적 손실을 감안하면 오히려 23%나 상승여력이 있다고 반박했다.

대표적인 낙관론자 제러미 시겔 교수에 따르면, 뉴욕증시 S&P500지수의 최근 50년간 평균 PER은 15배인데, 올해와 내년 이익 전망치 기준으로 14.3배와 13.6배에 불과하다. 현재 제로(zero) 금리가 경기 회복과 함께 상승하면서 PER의 역사적 평균인 15배로만 회복되면 S&P지수는 1591까지 올라갈 전망이다.
-조선비즈(2012.11.03)

2012년 11월에도 5~6개월 후부터 세계경제는 회복 국면에 접어들 것이며, 미국 주택시장이 조금씩 회복되고 있으므로 미국 다우지수가 내년에 17,000선을 돌파할 가능성이 70%나 된다고 주장하고 있다.

시겔 교수는 2일 경제방송인 CNBC에 출연, 다우지수는 쏠림 현상에 따라 연말에 쉽게 18,000선을 넘을 것이라며 이같이 전망했다. 그는 저금리가 주가를 높일 것이라고 내다봤다. "다우지수는 18,000 이상으로 갈 것"이라며 "19,000, 20,000선도 가능하다"고 주장했다. -연합인포맥스(2014.07.03)

월가의 대표적인 낙관론자라고 하면 제러미 시겔 교수를 빼놓을 수 없죠. 시겔 교수는 다우 17,000선 돌파를 정확히 예측한 바 있기에 그의 주장이 터무니없어 보이진 않는데요. 이번에는 연말 다우 18,000을 주장했습니다. 앞으로 4개월 동안 1,000포인트, 5%만 오르면 된다는 것인데 지정학적 리스크와 중국, 유럽 경기 부진, 금리인상 등은 이미 다 알고 있는 악재이기 때문에 시장을 더 이상 뒤흔들지 못할 것으로 진단했습니다. -SBS CNBC(2014.10.02)

시겔 교수는 금융위기가 발생해서 증시가 폭락할 때나, 상당히 반등했을 때나, 또 금융위기 전보다 더 많이 상승했을 때나 한결같이 더 상승할 것이라고 전망하는 것처럼 보인다. 경기침체가 장기화될지도 모른다는 논란에도 불구하고 시겔 교수가 주장한 대로 미국 다우지수는 실제로 연일 사상 최고치를 갱신하고 있다. 증시과열에 대한 우려와 출구전략이 본격화되면 조정이 불가피하다는 의견이 대세를 이루고 있지만 시겔 교수는 여전히 추가 상승이 가능하다는 주장을 굽히지 않고 있다.

이런 일련의 기사를 살펴보면 항간에서 시겔 교수를 낙관론자 또는 강세론자로 부르는 것도 틀린 말은 아닌 것 같다. 하지만 시겔 교수를 제대로 이해하는 것도 아닌 것 같다. 이 책에서 시겔 교수가 전달하려는 메시지는 "장기투자 대상으로 주식이 가장 유리하다"는 것이다. 이 말은 "주식이 장기적으로 상승할 것이다"라는 말과는 분명히 다르다. 앞에서 인용한 기사들에서는 증시의 펀더멘탈에 비해 저평가되어 있기 때문에 추가상승이 가능하다는 주장을 펼쳤다. 그 이야기는 펀더멘탈에 비해 저평가되지 않은 국면에서는 상승하기 어렵다는 주장과 같다. 그러므로 언제나 주식이 유리하다는 주장은 아닌 것이다.

책에서도 시겔 교수는 단기적으로는 주식이 불리할 수도 있다고 밝혔다. 그런데도 불구하고 장기적으로 주식이 유리하다는 의견은 무엇일까? 그 이유로 시겔 교수는 주식 위험프리미엄을 지적하고 있다. 주식은 채권에 비해 사업에서 비롯되는 위험이 존재한다. 그러므로 본질적으로 주식은 채권보다 어느 정도는 위험한 투자 대상일 수밖에 없다. 그런 만큼 위험에 대한 보상이 주어져야 한다는 논리다. 금리에 따라 달라지겠지만 역사적으로 약 3% 정도의 위험프리미엄이 존재한다고 말하고 있다. 단기적으로는 큰 차이가 아닐지라도 장기적으로 투자하다 보면 복리효과로 인해 그 결과는 엄청날 수 있다.

장기투자 대상으로 주식이 가장 유리하다는 시겔 교수의 주장은 증시가 어려워 보일 때마다 위로를 받고 싶은 투자자들에게 성경처럼 힘이 되고는 한다. 그런 까닭에 언론이 그의 주장을 이용하는 측면이 있다고 볼 수 있다.

한국에서도 장기투자 대상으로 주식이 유리할까?

시겔 교수의 주장처럼 한국에서도 장기투자 대상으로 주식이 가장 유리할까? 주식에 대한 위험프리미엄이라는 본질적인 면을 제외하고도 한국에서 주식투자가 유리한지 살펴보자.

첫째, 한국은 선진국 진입을 앞두고 있다. 산업혁명이 일어난 영국에서도 제조업은 점차 사라지고 런던금융시장이 주력산업으로 자리 잡고 있다. 자본주의를 꽃피운 미국에서도 이제는 제조업보다는 뉴욕증권시장이 주력산업이다. 영국과 미국의 국민은 농민 등 1차 산업 종사자에서 2차 산업인 제조업의 노동자로 바뀌었다가, 401K 등 연금제도를 통해 주주로 신분이 바뀌었다. 한국도 공장이 중국이나 동남아 등 해외로 점차 이전되고, 국민연금과 퇴직연금을 통해 점차 국민의 신분이 주주로 바뀌기 시작하고 있다. 국민의 자산에서 주식의 비중이 늘어날 전망이라는 것은 증시에 우호적일 가능성이 높다.

둘째, 선진국이 제2차 세계대전 이후 베이비부머가 나타난 것처럼 한국은 그보다 약간 늦게 한국전쟁 이후 베이비부머가 등장했다. 그런데 이들이 본격적으로 은퇴를 시작했다. 이전 세대는 부동산으로 노후를 준비했지만, 이미 부동산으로 투기하는 시대는 지났다고 보아야 한다. 그렇다고 새로운 사업을 하기에는 기대수익률 대비 리스크가 너무 크다. 이럴 때 좋은 방법은 잘 나가는 사업에 동참하는 것이다. 그것은 수많은 기업 중에 그래도 비교적 사업을 잘하고 있다는 상장된 유망기업에 투자하는 것이다. 그러면 직접 사업을 벌이지 않더라도 투자기업을 통하여 간접적으로 사업을 하는 셈이다. 즉 간접사업 또는 대리사업을 하는 것이다. 베이비부머는 한국에서

줄곧 트렌드 메이커였다. 이들이 입학하면서 입시경쟁이 발생하고, 결혼하면서 집값이 폭등하고, 자녀를 유학 보내면서 기러기아빠가 등장했다. 이제 이들 중 일부라도 노후대비로 주식에 투자한다면 새로운 트렌드가 형성될 가능성이 높다.

셋째, 한국은 자본이득세를 부담하지 않는 몇 안 되는 국가 중 하나이다. 선진국의 사례를 보면 한국에 도입되는 것은 시기가 문제일 뿐이다. 자본이득세가 실시되면 일단 세금부담이 늘어난다는 면에서 증시에 큰 악재라고 대부분 생각하고 있다. 과연 그럴까? 부동산으로 생각해보면 이해하기 쉽다. 예를 들어 강남 30평 아파트를 가진 사람이 이를 팔면서 양도세를 5천만 원을 부담했다고 하자. 같은 수준으로 이사하려면 거래비용을 제외하고도 양도세만큼 부족하게 된다. 그런 이유로 양도세가 많이 부담되는 사람은 쉽게 집을 팔지 못하게 된다. 마찬가지로 자본이득세가 실시되면 단기적으로는 악재로 반응할 수 있다. 하지만 꾸준히 상승하는 우량주의 경우에는 매도한 이후에 다시 매수하는 것이 힘들기 때문에 쉽게 매도하지 않을 가능성이 있다. 매물이 줄어든다는 것은 증시에 우호적이다.

넷째, 선진국은 대개 2%이상의 배당수익률을 보이고 있지만, 한국은 1.1% 수준에 불과하다. 한국이 이렇게 낮은 이유는 그동안 성장에 집중하기 위해서 배당보다는 내부유보를 선호했기 때문이다. 그런데 한국의 성장률이 선진국처럼 둔화된다면 주주에게 더 이상 내부유보를 고집할 명분이 없어진다. 심지어 정부에서는 내부유보에 대한 세금부과도 고려하고 있다. 그러므로 점차 배당수익률이 선진국처럼 높아질 가능성이 높다. 최근의 저금리 상황을 고려하면 주식투자매력이 매우 높아지는 셈이다. 채권투자자들이 주식투자자로 전환될 가능성이 높아진다.

마지막으로 한국에서 통일은 반드시 풀어야 할 과제이다. 혹시라도 우리 세대에 통일이 이루어진다면 그 영향력은 대단할 것이다. 일단 둔화되는 성장엔진이 다시 타오를 것이다. 그리고 컨트리 리스크라고 평가절하되던 국가위험이 낮아질 것이다. 또 충분한 인구를 바탕으로 자립적인 내수시장이 형성될 것이다. 그래서 성장률이 높아지고 위험이 낮아지면, 만년 저평가 상태의 한국 증시의 PER은 선진국수준으로 정상화될 수 있다. 적어도 50%에서 많게는 100%까지 상승할 수도 있다. 그렇게 되면 박근혜 대통령의 말처럼 통일은 대박이 된다. 장기적인 주식투자자에게는 큰 선물이 될 수 있다.

한국 증시에서 연준모형은 효과가 있을까?

책에서 시겔 교수는 주식에 투자하는 것이 가장 유리하다고 주장했다. 시겔 교수가 제시한 방대한 자료를 보면 수긍이 가지 않을 수 없다. 그러나 세계 증시에서 2%도 미치지 못하는 한국 증시에 주로 투자하는 우리도 그럴까? 실제로 한국 증시는 아시아 외환위기를 거치면서 2000포인트를 쉽게 극복하지 못하고 있다. 그래서 한국 투자자들은 자신도 모르게 박스권 트레이딩에 익숙해지고 있다. 그런 이유는 여러 가지가 있다. 가장 중요한 이유는 한국이 수출에 의존도가 높은 경제 구조를 가지고 있어서 글로벌 환경에 예민하기 때문이다.

그래서 한국 투자자들은 국내 기업뿐만 아니라 주요국가의 경제사정도 살펴야 한다. 선진국에 비해 증시 변동성이 높다는 것은 단점인 동시에 장점이기도 하다. 다시 말해서 잘 대응하면 투자수익기회가 자주 발생한다는 의미이다. 일단 국제 분산투자를 하지 않는 순수 국내투자자의 입장에서 연준모형을 적용해 보자. 연준모형이란 채권금리와 주식수익률을 비교해서 유리한 쪽으로 투자를 전환하는 모형이다. 여기서는 주식 100% 또는 채권 100%로 전환하는 것보다 주식과 채권에 적절한 비율로 배분하는 방법을 시도해 보려고 한다.

채권금리로는 국고채 3년물 금리를 기준으로 했다. 주식수익률은 한국은행 경제통계에 기록된 PER의 역수로 계산되었다. 검증기간은 아시아 외환위기가 시작되기 전인 1996년 1월말부터 최근인 2015년 2월말까지 총 19년 1개월간이다. 포트폴리오 구성방법은 이렇다. KOSPI와 국고채 3년물에 분산투자한다. 주식수익률을 주식수익률과 채권금리의 합계로 나눈 값을 KOSPI에 투자하는 비중으로 정한다. 나머지는 국고채 3년물에 투자한다. 1달이 경과하면 다시 계산하여 변동에 따라 비중을 리밸런싱한다. 국고채는 항상 최근월물을 기준으로 한다. 편의상 주식과 채권의 매매수수료는 계산하지 않는다. 다만 채권 이자에 대한 소득세는 감안한다. 마찬가지로 주식에서 발생하는 배당도 계산하지 않는다. 비교하기 쉽게 연준모형 국내 포트폴리오는 KOSPI지수로 환산하기로 한다.

1996년 1월말에 KOSPI는 878.82였다. 그래서 연준모형 국내 포트폴리오도 878.82로 출발했다. 2015년 2월말에 KOSPI는 1985.80으로 125.96%의 투자수익률을 보였다. 검증결과 연준모형 국내 포트폴리오는 2015년 2월말에 5140.57로 484.94%의 투자수익률을 보였다. 시겔 교수가 권하는 것처럼 모두 주식에 투자하지 않고, 비교적 금리가 낮은 국고채와 분산했는데도 오히려 주식에 100% 투자한 경우보다 훨씬 좋은 결과를 보였다. 아직 한국 증시가 장기 대세 상승을 보이지 않고 박스권에서 등락을 거듭했기 때문에 리밸런싱의 효과가 있었다고 해석할 수도 있다.

    이번에는 세계 증시에서 가장 중요한 미국과 분산하는 방법을 생각해 볼 수 있다. 아시아 외환위기 상황을 복기해 보면 한국은 외환보유고 부족으로 당시 달러환율이 2000원대를 잠시 돌파하기도 했고, 우량회사채 금리도 25%까지 치솟고, KOSPI는 300포인트를 밑돌았다. 그렇지만 뉴욕증시는 당연히 멀쩡했다. 그러니까 한국 투자자가 제대로 연준모형을 구축하려면 한국의 국고채가 아니라 미국의 재무성증권TB를 기준으로 해야 한다. 이렇게 연준모형 국제 포트폴리오는 KOSPI와 TB 5년물에 분산투자하기로 한다. 연준모형 국내 포트폴리오와 운용방법은 동일하지만, 다만 TB를 기준으로 삼을 때 환율을 추가로 고려하기로 한다.

    1996년 1월말에 KOSPI는 878.82였다. 그래서 연준모형 국제 포트폴리오도 878.82로 출발했다. 2015년 2월말에 KOSPI는 1985.80으로 125.96%의

투자수익률을 보였다. 검증결과 연준모형 국제 포트폴리오는 2015년 2월말에 6039.96으로 587.28%의 투자수익률을 보였다. 시겔 교수가 권하는 것처럼 모두 주식에 투자하지 않고, 비교적 금리가 낮은 TB와 분산했는데도 오히려 주식에 100% 투자한 경우보다 훨씬 좋은 결과를 보였다. 특히 연준모형 국내 포트폴리오보다 더 좋았던 이유는 TB 5년물의 금리가 국고채 3년물보다 안정적이었기 때문이 라고 해석할 수도 있다.

이러한 검증결과는 장기적으로 주식이 유리하다고 할지라도 단기적으로 불안할 수도 있기 때문에 보다 안정적인 채권과 분산하여 리밸런싱을 지속하는 편이 100% 주식에 투자하는 것보다 유리할 수 있다는 것이다. 한국과 같이 글로벌 경제 환경에 예민하게 변동하는 특성을 가진 증시에서는 특히 효과적이라고 볼 수 있다. 연준모형이 미국의 기준금리를 판단하기 위해 고안되었지만, 오히려 한국 투자자에게 도움이 된다는 것은 재미난 일이다.

한국에서도 펀더멘탈가중 방식이 시가총액가중 방식보다 유리할까?

시겔 교수는 시가총액가중 지수보다 펀더멘탈가중 지수가 의미가 있다고 주장했다. 더 나아가 가치주에 투자하는 것이 성장주에 투자하는 것보다 유리하다고 주장했다. 두 가지 이야기 모두 기업의 펀더멘탈에서 비롯되는 초과이익이 존재한다는 의미이다. 이는 미국 학계에서 대세론을 유지하는 효율적 시장가설과 다른 주장이다. 어떠한 정보를 활용해도 초과이익은 얻을 수 없다는 것이 효율적 시장가설의 주장이다. 그런 의미에서 그들은 가치투자라는 방식을 인정하지 않는다. 워런 버핏처럼 성공한 가치투자자가 있더라도 많은 투자자 가운데 극단에 서있는 이상현상일 뿐이라는 것이다. 이에 대해 워런 버핏은 가치투자의 아버지 벤저민 그레이엄의 제자들이 모두 탁월한 투자실적을 올렸다며 반박한 적 있다.

효율적 시장가설에 함몰되지 않은 시겔 교수의 균형 잡힌 자세에 경의를 표하며 그가 말한 대로 펀더멘탈가중 방식이 과연 한국에서도 통하는지 살펴보자. 검증기간은 연준모형과 마찬가지로 1996년 1월말부터 2015년 2월말까지 19년 1개월간으로 한다. KOSPI에 상장된 모든 주식을 검증할 수 없기 때문에 업종 대표주 10종목을 임의로 선정했다. 선정된 종목은 다음과 같다. 삼성전자, POSCO, SK텔레콤, 한국전력, 현대자동차, 삼성화재, 신세계, 현대모비스, S-Oil, 삼성물산이다. 검증기간 중 발행주식수 변동과 펀더멘탈 데이터는 금융감독원 전자공시 시스템DART을 참조했다. 10종목으로 구성된 시가총액가중 포트폴리오는 종목별로 발행주식수에 주가를 곱한 종목별 시가총액을 10종목 시가총액의 합계로 나누어 종목별 투자비중을 산출했다. 발행주식수의 변동이 없다면 처음에 투자한 대로 보유하기만 하면 된다. 그러나 대상 종목들은 적잖이 변동이 발생하여 비중조절이 꾸준하게 진행되었다.

1996년 1월말에 KOSPI는 878.82였다. 그래서 시가총액가중 포트폴리오도 878.82로 출발했다. 2015년 2월말에 KOSPI는 1985.80으로 125.96%의 투자수익률을 보였다. 검증결과 시가총액가중 포트폴리오는 2015년 2월말에 5778.16으로 557.49%의 투자수익률을 보였다. KOSPI보다 월등하게 투자수익률이 높았던 이유는 선정된 10종목이 KOSPI에 비해 우수했기 때문이다. 즉 종목을 잘 선정한 결과이다.

이번에는 펀더멘탈가중 포트폴리오를 구성해 보자. 종목은 시가총액가중 포트폴리오와 마찬가지로 선정했다. 시가총액가중 포트폴리오에서는

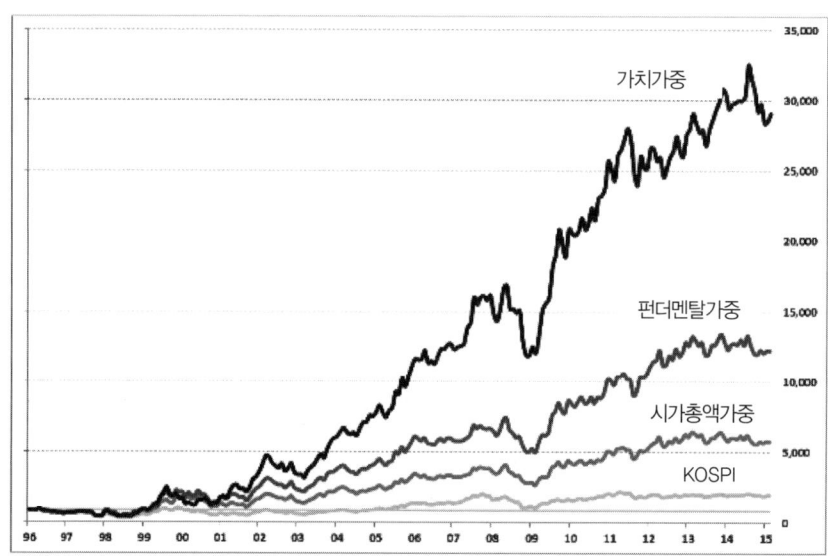

종목별 비중을 발행주식수에 주가를 곱한 시가총액을 기준으로 삼았다. 펀더멘탈가중 포트폴리오에서는 종목별 비중을 발행주식수에 내재가치를 곱한 내재가치총액을 기준으로 삼는 것만 다르다. 즉 각 종목별 내재가치총액을 10종목 내재가치총액의 합계로 나누어 종목별 투자비중을 산출했다.

1996년 1월말에 KOSPI는 878.82였다. 그래서 펀더멘탈가중 포트폴리오도 878.82로 출발했다. 2015년 2월말에 KOSPI는 1985.80으로 125.96%의 투자수익률을 보였다. 검증결과 펀더멘탈가중 포트폴리오는 2015년 2월말에 12233.97로 1292.09%의 투자수익률을 보였다. 시가총액가중 포트폴리오에 비해 734.60%p 더 높은 수익률을 보였다. 펀더멘탈가중 포트폴리오가 시가총액가중 포트폴리오에 비해 훨씬 유리하다는 의미이다. 다시 말해서 펀더멘탈을 기준으로 한다면 초과이익이 존재한다는 증거이다. 한국 증시는 가치투자를 하기에 좋은 환경이라는 것이다.

그런데 시가총액가중 포트폴리오는 대형주에 더 많이 투자하겠다는 방법이다. 유망한 기업에 더 투자하는 것이 마땅한데도 단지 시가총액이 크다는 이유만으로 더 많이 투자하겠다는 것은 논리적으로 이해가 가지 않는 부분이다. 펀더멘탈가중 포트폴리오가 주가 대신 내재가치를 기준으로 운용하여 합리적인 기준을 보강한 점은 사실이다. 그러나 역시 발행주식수가 많은 주식 즉 대형주에 더 많이 투자한다는 기본 틀은 변하지 않는다. 이런 의미에서 감수자는 다른 기준을 제시해 본다.

어떤 종목의 내재가치를 주가로 나눈 값을 가치비율Value Ratio이라고 한다. 가치비율이 1보다 높다면 내재가치에 비해 저평가되어 있다는 의미이고, 가치비율이 1보다 작다면 내재가치에 비해 고평가되어 있다는 의미이다. 가치비율을 서로 비교하여 상대적으로 저평가되어 있는 종목에 더 투자하고, 고평가되어 있는 종목에 덜 투자하는 것이 논리적으로 합당하다고 본다. 이제는 발행주식수와 관계없이 종목별 투자비중을 구하려고 한다. 이렇게 구성하는 포트폴리오를 내재가치가중 포트폴리오 줄여서 가치가중 포트폴리오라고 부르자. 종목별 투자비중은 가치비율을 10종목 가치비율 합계로 나누어 산출한다.

1996년 1월말에 KOSPI는 878.82였다. 그래서 가치가중 포트폴리오도 878.82로 출발했다. 2015년 2월말에 KOSPI는 1985.80으로 125.96%의 투자수익률을 보였다. 검증결과 가치가중 포트폴리오는 2015년 2월말에 29068.09로 3207.62%의 투자수익률을 보였다. 시가총액가중 포트폴리오에 비해 2650.13%p, 펀더멘탈가중 포트폴리오에 비해 1915.53%p 더 높은 수익률을 보였다. 규모를 고려하지 않고 오로지 내재가치와 주가를 비교해서 투자하는 것이 가장 유리하다는 의미이다. 가치투자에서는 내재가치에 비해 주가가 낮을수록 안전마진이 크다고 말한다. 가치가중 포트폴리오는 안전마진이 높은 종목에 효과적으로 집중하는 방법이다. 이런 논의에 대해 관심있는 독자는 제 졸저 《전략적 가치투자》를 참조하기 바란다.

제러미 시겔 교수는 한 치 앞도 보이지 않는 주식투자라는 망망대해에서 방대한 역사적 자료와 명쾌한 논리로 나침판과 같은 길잡이 역할을 하는 분이다. 이런 명저가 우리에게 제공된다는 사실 자체로 감사한 일이다. 더구나 투자서 분야에서 국내 최고의 번역자로 손꼽히는 분의 손을 거쳐 가독성을 높였다는 것은 기막힌 행운이라고 할 수 있다. 어려운 출판업계 상황에도 불구하고 출간을 결심해준 이레미디어 관계자 여러분께 독자의 한 사람으로서 감사드리며 글을 마친다.

감수자 신진오
밸류리더스 회장

| 감사의 글 |

그동안 《주식에 장기투자하라》를 칭찬해주고 개정판을 내도록 격려해준 개인과 조직을 모두 열거하기란 불가능하다. 지난 4개 판에 데이터를 제공해준 분들이 이번 5판에 대해서도 기꺼이 데이터를 제공해주었다. 도이체방크Deutsche Bank 미국 주식 최고 전략가 데이비드 비안코David Bianco가 제공한 S&P500지수의 과거 이익과 이익률은 주식시장 평가 챕터에 매우 유용한 데이터였다. 뱅가드Vanguard의 선임 투자전략가 월터 렌하르트Walter Lenhard는 23장에 필요한 뮤추얼펀드의 과거 실적 자료를 또 제공해주었다. 워튼Wharton 경영대학원 동료 제러미 토바크만Jeremy Tobacman은 행동재무학 자료 개정을 도와주었다.

1990년대 초 이 책 초판에서도 조사와 데이터 분석을 맡아주었던 숀 스미스Shaun Smith의 노력이 없었다면, 이 개정판은 나올 수 없었을 것이다. 《투자의 미래The Future for Investors》 조사 책임자였던 제러미 슈워츠Jeremy Schwartz는 5판에서도 값진 도움을 주었다.

메릴 린치, 모건 스탠리, UBS, 웰스파고 등 수십 개 금융회사의 세무상담사 수천 명과, 그동안 세미나와 공개 토론회에서 소중한 피드백을 제공해준 여러분께도 특별히 감사한다.

이번에도 가족들의 지원 덕분에 개정판을 쓸 수 있었다. 이제 아들들은 자라서 출가했으므로, 내가 개정판을 쓰는 오랜 기간 아내 엘렌이 오롯이 그 대가를 치를 수밖에 없었다. 나는 아내와 함께 베네치아에서 아드리아해로 내려가는 유람선 여행 일정에 맞추려고, 맥그로힐 출판사에 자료를 넘겨주는 마감일을 9월 1일로 정했다. 5판이 마지막 개정판이라고 아내에게 약속할 수는 없지만, 이 개정판을 마친 덕분에 우리는 매우 반가운 시간을 맞이하게 되었다.

| 주 |

1장

1. Benjamin Graham and David Dodd, 《증권분석Security Analysis》, New York: McGraw-Hill, 1934, p. 11.
2. Roger Lowenstein, 'A Common Market: The Public's Zeal to Invest', 〈월스트리트저널 Wall Street Journal〉, September 9, 1996, p. A11.
3. 2009년 3월 CNBC 쇼에서 한 논평. 당시는 2008~2009년 약세장 저점이었음.
4. Irving Fisher, 《The Stock Market Crash and After, New York》, Macmillan, 1930, p. xi.
5. 'The Crazy Things People Say to Rationalize Stock Prices', 〈포브스Forbes〉, April 27, 1992, p. 150.
6. 라스콥은 빨리 부자가 되고 싶어하는 대중의 욕구에 영합하여 대안도 제시했다. 자기 돈 200달러에 차입한 돈 300달러를 보태서 500달러를 주식에 투자하는 방식이다. 이 방식에 의한 수익률이 1929년에는 부진했지만, 20년 뒤에는 단기국채 투자수익률보다 높았다.
7. Irving Fisher, 《How to Invest When Prices Are Rising》, Scranton, PA: Lynn Summer & Co., 1912.
8. Edgar L. Smith, 《Common Stocks as Long-Term Investments》, New York; Macmillan, 1925, p. v.
9. 같은 책, p. 81.
10. 'Ordinary Shares as Investments', 〈The Economist〉, June 6, 1925, p. 1141.
11. John Maynard Keynes, 'An American Study of Shares Versus Bonds as Permanent Investments', The Nation & The Athenaeum, May 2, 1925, p. 157.
12. Edgar Lawrence Smith, 'Market Value of Industrial Equities', 〈Review of Economic Statistics〉, vol. 9 (January 1927), pp. 37-40, and 'Tests Applied to an Index of the Price Level for Industrial Stocks', 〈Journal of the American Statistical association〉, Supplement, March 1931, pp. 127-135.
13. Siegfried Stern, 《Fourteen Years of European Investments》, 1914-1928, London: Bankers' Publishing Co., 1929.
14. Chelcie C. Bosland, 《The Common Stock Theory of Investment, Its Development and

Significance》, New York: Ronald Press, 1937.

15. 다음의 서문에서 발췌: Irving Fisher in Kenneth S. Van Strum, 《Investing in Purchasing Power》, New York: Barron's, 1925, p. vii. 매주 〈배런스 Barron's〉에 글을 쓰던 밴 스트럼 Van Strum이 스미스의 연구를 뒷받침했다.

16. Robert Loring Allen, 《Irving Fisher: A Biography》, Cambridge: Blackwell, 1993, p. 206.

17. 〈Commercial and Financial Chronicle〉, September 7, 1929.

18. 'Fisher Sees Stocks Permanently High', 〈뉴욕타임스 New York Times〉, October 16, 1929, p. 2.

19. Lawrence Chamberlain and William W. Hay, 《Investment and Speculations》, New York: Henry Holt & Co., 1931, p. 55, 강조 부분은 그가 표시.

20. Graham and Dodd, 《Security Analysis》 2nd ed., New York: McGraw-Hill, 1940, p. 357.

21. 그는 저평가 수준을 '내재가치'의 약 25%로 추산했다. Alfred Cowles III and Associates, 《Common Stock Indexes 1871-1937》, Bloomington, IN: Principia Press, 1938, p. 50.

22. Wilford J. Eiteman and Frank P. Smith, 《Common Sock Values and Yields》, Ann Arbor: University of Michigan Press, 1962, p. 40.

23. 'Rates of Return on Investment in Common Stocks', 〈Journal of Business〉, vol. 37 (January 1964), pp. 1-21.

24. 같은 책, p. 20.

25. 〈Journal of Business〉, vol. 49 (January 1976), pp. 11-43.

26. 《Stocks, Bonds, Bills, and Inflation Yearbooks》, 1983-1997, Chicago: Ibbotson and Associates.

27. William Baldwin, 'The Crazy Things People Say to Rationalize Stock Prices', 〈Forbes〉, April 27, 1992, pp. 140-150.

28. 셜먼은 3개월 뒤인 1995년 12월 낙관론으로 전향했다. 오랜 기간 배당수익률을 강조했던 자신의 판단이 부정확했다고 인정했다.

29. Roger Lowenstein, 'A Common Market: The Public's Zeal to Invest', 〈Wall Street Journal〉, September 9, 1996, p. A1.

30. Floyd Norris, 'In the Market We Trust', 〈New York Times〉, January 12, 1997.

31. Henry Kaufman, 'Today's Financial Euphoria Can't Last', 〈Wall Street Journal〉, November 25, 1996, p. A18.

32. Robert Shiller and John Campbell, 'Valuation Ratios and the Long-Run Stock Market Outlook', 〈Journal of Portfolio Management〉, vol. 24 (Winter 1997). 실러 모델은 11장에서

더 자세히 논의함.

33. 〈뉴스위크Newsweek〉, 1998년 4월 27일. 대부분 주간지의 표지기사에서 다룬 시장흐름은 빗나가기 일쑤였다.〈비즈니스위크BusinessWeek〉는 1979년 8월 13일 표지기사로 'The Death of Equities'를 실었으나, 3년 뒤 거대 강세장이 시작되었다.

34. 나는 〈월스트리트저널〉 인터뷰 기사를 통해서 이들의 주장을 즉각 반박했다. 나는 그들의 분석이 잘못되었으며, 주식의 실질 수익률이 당시 4%였던 물가연동국채보다 높아야 한다고 설명했다. 내가 조너선 클레먼츠Jonathan Clements와 인터뷰한 다음 기사를 참조하라. 'Throwing Cold Water on Dow 36,000 View', 〈Wall Street Journal〉, September 21, 1999.

35. 'Big Cap Tech Stocks Are a Sucker's Bet', 〈Wall Street Journal〉, March 14, 2000, p. A8.

36. Paul Sloan, 'The Craze Collapses', 〈U.S. News & World Report Online〉, November 30, 2000.

37. 헤지hedge는 '상쇄offset'한다는 뜻이다. 예를 들어 외국시장에 투자할 때, 선물시장을 이용하면 환 손실을 방어할 수 있다. 헤지펀드는 종종 시장흐름과 반대 방향으로 포지션을 구축하기도 한다.

38. Jeremy Grantham, 'A Global Bubble Warns Against the Stampede to Diversify', 〈Financial Times〉, April 24, 2007, p. 38.

39. 실제로 리먼이 파산하기 며칠 전까지도, REIT 지수는 2007년 7월 정점 수준에서 겨우 25% 내려온 정도였다. 반면에 당시 주택건설회사 주가는 2005년 7월 정점을 기록하고 나서 이미 60% 넘게 하락한 상태였다.

40. 다음을 참조하라. 'At Lehman, How a Real-Estate Start's Reversal of Fortune Contributed to Collapse', 〈Wall Street Journal〉, October 1, 2008.

2장

1. 프랑스 투자은행 나티시Natixis는 일찌감치 6월에 리먼과 거래관계를 단절했다. 〈The Financial Crisis Inquiry Report〉에 의하면, 9월 초 JP모건, 시티그룹, 뱅크 오브 아메리카 모두 리먼에 추가 담보를 제공하지 않으면 거래를 단절하겠다고 통보했다.

2. TED 스프레드(국채와 유로달러), LIBOR-OIS 스프레드(리보와 연방기금 금리), 국채와 기업어음 스프레드 등 위험 스프레드가 극적으로 증가했다. 수요일에는 '블룸버그 금융

상황 위험지수Bloomberg Financial Conditions Index of Risk'가 과거 16년 평균 수준보다 4~5 표준편차나 높아졌다. 다음을 참조하라. Michael G. Rosenberg, 'Financial Conditions Watch', 〈Bloomberg〉, September 18, 2008.

3. 9월 15일 월요일, 프라이머리Primary MMF는 리먼의 기업어음을 1달러당 80센트로 평가했다. 화요일에는 웹사이트에 다음과 같이 게시했다. "리먼 브라더스 지주회사가 발행하고 프라이머리 MMF가 보유한 채무증서(액면가 7억 8,500만 달러)의 가치를 뉴욕 오후 4시 기준 제로로 평가하였습니다. 그 결과 프라이머리 MMF의 순자산가치는 오후 4시 현재 주당 0.97달러가 되었습니다."

4. 단기국채 수익률이 16%까지 올라갔던 1980년대, 나는 강의 중 학생들에게 1930년대 대공황기에는 투자자들이 수익률 0.1%에도 흥분했다고 말했다. 학생들은 못 믿겠다는 듯 고개를 저었고, 이런 별난 역사가 다시는 반복되지 않을 것으로 생각했으므로 모두가 함께 웃었다.

5. 분기별 명복 GDP 변동률의 표준편차가 1947~1983년에는 5.73%였으나, 1983~2009년에는 2.91%로 하락했다.

6. The Jerome Levy Economics Institute of Bard College, Working Paper No. 74, May 1992; Robert Pollin, 'The Relevance of Hyman Minsky', Challenge, March/April 1997.

7. 서브프라임 모기지 사태는 월스트리트 회사들만의 책임이 아니었다. 정치인들은 수백만 미국인들에게 내 집 장만이라는 '아메리칸 드림'을 실현해 주고 싶었으므로, 패니메이, 프레디맥 등 정부후원기관에 자격 미달자들에게도 대출을 제공하라고 종용했다.

8. 모기지 금리는 명목 금리이므로, 모기지 증권 투자자들이 주목하는 지수도 명목 지수다.

9. 대공황 기간인 1928~1932년 동안 명목 주택가격도 대폭 하락했고, 부동산 가격 지수도 25.9% 하락했다. 그러나 이 기간에는 CPI 하락률도 거의 똑같았다. 연준은 디플레이션을 피하려는 의지도 있었고, 권한(통화창출권)도 있었으므로, 분석가들이 이런 데이터를 무시했다고 가정하는 편이 합리적이다.

10. 'Absence of Fear', CFA Society of Chicago Speech, June 28, 2007, reported by Robert Rodriguez, CEO of First Pacific, http://www.fpafunds.com/docs/special-commentaries/absence_of_fear.pdf?sfvrsn=2.

11. Deutsche Bank Trustee Reports, http://csmoney.cnn.com/2007/10/15/markets/junk_mortgages.fortune/index.htm?postversion=2007101609.

12. Noelle Knox, '43% of first time home buyers put no money down', 〈USA Today〉, January 18, 2006, p. 1A.

13. Charles Himmelberg, Chris Mayer, and Todd Sinai, 'Assessing High House Prices, Bubbles, Fundamanetals and Misperceptions', 〈Journal of Economic Perspective〉, vol. 19, no. 4 (Fall 2005), pp. 67–92. 주택 가격이 정점에 이르렀을 때 이들이 쓴 다음 기사도 참조하라. 'Bubble Trouble? Not Likely', 〈Wall Street Journal〉, September 19, 2005.

14. 주택저당대출공시법Home Mortgage Disclosure Act 데이터에 의하면, 두 번째 주택 구입자금 대출의 비중이 2000년 8.6%에서 2004년에는 14.2%로 증가했다. 이는 같은 기간 이 대출금 증가율이 연 16%였다는 뜻이다. 실제로 대출 건수는 40만 5,000건에서 88만 1,200건으로 2배 증가했다. 다음을 참조하라. Keunwon Chung, 〈Second-Home Boom〉, at http://www.realtor.org/resorts/resorts/reisecondhomeresearch. 그는 미국 부동산 중개사 협회 통계 전문가다.

15. Robert Shiller, 《Irrational Exuberance》, 2nd ed., Princeton, NJ: Princeton University Press, 2005, Chap. 2. 다음도 참조. 〈Forbes〉 칼럼니스트인 Gary Shilling, e.g., 'End of the Bubble Bailouts', 〈Forbes〉, August 29, 2006.

16. Dean Baker, 'The Menace of an Unchecked Housing Bubble', 〈Economists' Voice〉, vol. 3, no. 4 (2006), article 1; 'The Run-Up in Home Prices: Is It Real or Is It Another Bubble?', 〈CEPR〉, August 2002; and 'The Housing Bubble and the Financial Crisis', 〈Real-World Economics Review〉, no. 46, March 20, 2008.

17. 이 밖에도 경제 위기를 경고한 사람들이다. 경제 컨설턴트 겸 〈포브스〉 칼럼니스트 Gary Shilling('End of the Bubble Bailouts', 〈Forbes〉, August 29, 2006), UBS 선임 경제고문 George Magnus('What This Minsky Moment Means', FT, August 22, 2007).

18. 일각에서는 주택 수요가 증가하여 가격이 상승하면, 주택 공급도 증가하여 가격이 다시 하락할 것으로 보았다. 주택 수요가 증가할 때 공급이 제한된 토지는 가격이 계속 상승하겠지만, 주택 가격에서 차지하는 비중이 약 20%에 불과하므로, 주택 가격이 2배가 되려면 토지가격은 5배가 되어야 한다.

19. 그가 68세에 죽기 3개월 전에 발간되었다.

20. Testimony of Dr. Alan Greenspan before the Committee of Government Oversight and Reform, October 23, 2008. p. 2.

21. 일각에서는 그린스펀이 순진하게도 효율적 시장 가설EMH를 믿었다고 비난했다. 그러나 그린스펀이 실제로 EMH를 믿었다면, 1996년 12월 연설에서 '이상과열'을 절대 언급하지 않았을 것이다. 게다가 EMH는 시장 가격이 항상 정확하다고 주장하는 것도 아니다. 단지 노련한 트레이더들이 거래하는 덕분에 시장 가격이 명백하게 잘못 형성되지는 않으므로, 평

범한 투자자들이 이익을 얻기가 어렵다는 뜻이다. 주택가격 상승이 뒷받침될 정도로 주택시장의 패러다임이 바뀌었는가에 대해서는 전문가들 사이에서도 견해 차이가 컸다.

22. 스탠퍼드대 교수 존 테일러John G. Taylor는 그린스펀이 금리를 지나치게 장기간 낮게 유지했다고 비난했다(저서: 《Getting off Track: How Government Actions and Invention Caused, Prolonged, and Worsened the Financial Crisis》). 이 밖에도 주택시장 거품에 대해 연준을 비난한 사람은 다음과 같다. 케이토연구소Cato Institute의 제럴드 오드리스콜Gerald O'Driscoll, 엔시마 글로벌Encima Global 사장 데이비드 몰패스David Malpass, 텍사스주 하원의원 론 폴Ron Paul.

23. BBC news sourcing Federal Reserve, Bank of England, and SIFMA, news.bbc.co.uk/2/hi/business/7073131.stm.

24. 펀드 명칭이 환상적이었다. 예를 들면, '하이 그레이드 스트럭처드 크레딧 스트래티지 인헨스트 레버리지 펀드High-Grade Structured Credit Strategies Enhanced Leverage Fund'.

25. 베어스턴스와 시티뱅크는 판매 상품을 부외 항목으로 처리하여 문제를 회피하려 했다. 그러나 부도가 증가하면서 투자자들이 상품의 위험성을 제대로 알리지 않았다고 불만을 제기하자, 회사 법률 고문이 상품을 회사 대차대조표에 다시 올리라고 권고했다.

26. 연방정부의 채권이더라도 중앙은행이 명시적으로 보증하지 않으면 '무위험' 자산으로 인정받지 못한다. 2011-2012 유로존 위기가 그런 사례다.

27. 새 대출의 명칭은 '자산 유동화 기업어음 뮤추얼펀드 대출Asset-Backed Commercial Paper Money Market Mutual Fund Liquidity Facility' 이었다.

28. 기업들은 임금 등을 지급할 때 무이자 계좌(요구불 예금계좌)를 사용했다. 연준은 지급 시스템이 계속 작동하려면 이런 계좌의 안전성이 지극히 중요하다고 생각했다.

29. 1996년에는 예금 대비 FDIC 신탁기금 비율이 1.25%였지만, 2008년 9월에는 1.0% 미만이었다.

30. 버냉키는 나보다 8년 뒤 MIT 경제학과에서 같은 전공으로 박사 학위를 받았다. MIT 경제학과는 케인스 학풍으로 유명하지만, 통화주의 사상과 통화 역사에도 강점이 있다.

31. 2002년 11월 8일 발표. 통화정책은 14장에서 다룸.

32. 12 USC 343. 1932년 7월 21일 법에 따라 추가(47 Stat. 715); 1935년 8월 23일 법에 따라 개정 (49 Stat. 714); 1991년 12월 19일 법에 따라 개정 (105 Stat. 2386).

33. 다음을 참조. Chapter 8 in Henry M. Paulson, Jr., 《On the Brink》, New York: Hachette Book Group, 2010.

34. 다음을 참조. Peter Chapman, 《The Last of the Imperious Rich: Lehman Brothers

1844-2008》, New York: Penguin Group, 2010, pp. 262-263.

35. 공화당 지지자였던 버냉키는 이러한 금융기관 구제를 좋아하지 않았다. 2009년 7월 캔자스시티 타운홀 미팅에서 그는 말했다. "나는 2차 대공황기의 연준의장이 되고 싶지 않습니다. 나도 여러분처럼 이런 금융회사들의 구제를 혐오하지만, 마지못해서 구제했습니다." Associated Press, Monday, July 27, 2009, 'Bernanke Had to 'Hold My Nose' over Bailouts'.

36. Allan Melter, 'What Happened to the 'Depression'?' 〈Wall Street Journal〉, August 31, 2009.

3장

1. 분기 GDP 데이터가 있었다면, 감소율이 더 높았을 것이다. 분기 GDP 데이터는 1946년부터 산출되었다.
2. Joseph Swanson and Samuel Williamson, 'Estimates of National Product and Income for the United States Economy, 1919-1941', 〈Explorations in Economic History〉, vol. 10, no. 1 (1972); and Enrique Martinez-Garcia and Janet Koech, 'A Historical Look at the Labor Market During Recessions', Federal Reserve Bank of Dallas, 〈Economic Letter〉, vol. 5, no. 1(January 2010).
3. 유가가 급락했던 2008년 7월~12월의 물가지수 하락률이었다.
4. 물가 하락률이 27%였으므로, 부채의 실질 부담률은 1/0.73 = 1.37 즉, 37% 증가한다.
5. 대공황 기간과는 달리, 대침체 기간에는 GDP 감소를 완화하는 요소들이 있었다. FDIC 예금 보험이 있었고, 넉넉한 실업수당이 지급되었으며, 소득과 자산가격이 하락하자 자동으로 세금부담도 감소하였고 연방정부가 지출을 확대했다.
6. Table A-1, in Milton Friedman and Anna Schwartz, 《A Monetary History of the United States, 1867-1960》, Princeton, NJ: Princeton University Press, 1963.
7. 1973~1974년에는 인플레이션이 훨씬 심했으므로, 실질 가격 기준으로는 1974년과 2008년 주가 하락률이 거의 똑같다.
8. 1987년 10월 20일 아침, VIX(약간 다른 지수옵션으로 산출)가 거의 1700이었다. 이후 VIX가 50에 도달한 사례는 다음과 같다. 1997년 아시아 통화위기, 1998년 LTCM 파산, 2001년 9.11 테러 직후, 2002년 약세장 바닥. 자세한 내용은 19장 참조.

9. 시상 변동성에 대한 분석과 그 영향에 대해서는 16장과 19장 참조.
10. 달러 기준으로 세계 모든 시장의 하락률이 50% 이상이었다. 이탈리아, 핀란드, 벨기에, 러시아, 그리스, 오스트리아는 하락률이 70% 이상이었고, 아일랜드는 80% 이상이었다. 이탈리아, 포르투갈, 스페인, 그리스 등은 2009년 3월 반등하고 나서, 유로존 위기 기간에 신저가를 기록했다. 아테네 증권거래소는 2012년 6월 주가지수가 1999년 9월 고점 기준으로 92.7%나 폭락했다.
11. 2007년 10월부터 2009년 3월까지 JP모건 신흥시장 통화지수는 달러 대비 약 19% 하락했다. 현지통화 기준으로는 신흥시장의 하락률도 약 53%로서, 선진국시장과 거의 같았다.
12. 미국 최고급 쇼핑몰을 보유한 제너럴 그로스 프로퍼티스General Growth Properties의 주가는 리먼이 파산하여 채권자들이 대출금 상환을 요구하자 20달러가 넘던 수준에서 20센트 밑으로 폭락했다.
13. 더 투기성이 강한 모건 스탠리 닷컴 지수Morgan Stanley Dot Com Index는 2000년 1월~2002년 3월 동안 96% 폭락했다.
14. 약세상 바닥에서 2.5년이 지난 2012년 9월에도, 이들 주가는 고점 대비 각각 89%, 95%, 98% 하락한 상태였다.
15. 금융위기에 큰 피해를 보지 않은 웰스 파고와 JP모건도 약세장 저점에서는 주가 하락률이 각각 80%와 70% 수준이었으나, 2013년에는 반등하여 신고점을 기록했다.
16. 대공황 기간에는 물가가 하락했으므로, 기업들의 실질 이익 하락률은 이보다 완만했다. 10장 참조.
17. 더 상세한 설명은 11장 참조.
18. 케이스-실러 지수에 의하면, 부동산 가격은 2006년 5월 정점을 기록하고 나서 주가가 정점에 도달한 2007년 10월에는 이미 약 8% 하락한 상태였다. 주거용 부동산 가격은 2006년 5월이 정점이었다.
19. MIT Center for Real Estate prices, all commercial index.
20. Atif Mian and Amir Sufi, 'Household Leverage and the Recession of 2007-09', 〈IMF Economic Review〉, vol. 58, no. 1 (2010), pp. 74-117.
21. 연방준비은행권(화폐)도 금리가 제로다. 투자자들은 약간의 마이너스 금리가 거액을 편리하고 안전한 금융상품으로 보유하는 대가라고 간주했다.
22. 킹은 이렇게 말했지만, 금융위기 기간에 금리가 조작되었다는 사실을 전혀 몰랐다고 주장했다.
23. 금융위기 기간에 영국 금융서비스 당국은 금융시스템의 신뢰도를 높이려고, 자사가 금

리를 낮춰 보고해도 인정해주었다고 바클레이즈가 주장했다.
24. 석유 제품 가격의 비중을 3분의 1로 하고, 다른 19개 상품의 가격을 산술평균하여 산출했다.
25. 출처: the law firm Davis Polk & Wardwell LLP in its 'Summary of the Dodd-Frank Wall Street Reform and Consumer Protection Act, Enacted into Law on July 21, 2010'.
26. 도드-프랭크 법에 의하면, 리먼 파산 직후 MMF 원금보장에 사용되었던 안정기금 같은 펀드도 금지된다.
27. 2013년 1월에 나온 재무부 보고서에 의하면, 2012년 12월 31일 현재 재무부는 부실자산구제프로그램(TARP)에 따라 투입된 자금 4,180억 달러의 거의 97%인 4,050억 달러를 현금으로 회수했다.

4장

1. Pew Research Center, 'The Impact of Long-Term Unemployment', July 26, 2010.
2. National Center for Health Statistics: National Vital Statistics Reports, www.cd.gov/nchs. 유색인의 기대수명은 백인보다 짧으나, 그 차이가 계속 감소하여 현재는 약 4년이다.
3. James Vaupel, 'Setting the Stage: A Generation of Centenarians?', 〈Washington Quarterly〉, vol. 23, no. 3 (2000), pp. 197-200.
4. 'Forever Young', 〈Economist〉, page 15, March 27, 2004.
5. Pauline Givord and Jean-Yves Fournier, 'Decreasing Participation Rates for Old and Young People in France', Institute of Economics and Statistics, 2001.
6. 물론 은퇴 기간 소비를 줄인다면, 이보다 더 일찍 은퇴할 수도 있다. 여기서는 은퇴 기간 소비 수준이 은퇴 전의 80%라고 가정했다.
7. 다음을 참조하라. Robert D. Arnott and Denis B. Chaves, 'Demographic Changes, Financial Markets, and the Economy', 〈Financial Analysts Journal〉, vol. 68, no. 1 (January/February 2012), p. 23; and Zheng Liu and Mark M. Spiegel, 'Boomer Retirement: Headwinds for U.S. Equity Markets?', 〈Federal Reserve of San Francisco Economic Letter〉, August 22, 2011. 인구가 주가에 미치는 영향을 설명한 최초의 대중 서적은 1989년 해리 덴트Harry Dent가 쓴 《다가오는 거대 호황The Great Boom Ahead》였다. 2009년 발간한 개정판에서는 각국의 인구를 바탕으로 무서운 예측을 제시했다.

8. Homi Khara, 'The Emerging Middle Class in Developing Countries', Working Paper No. 285, OECD Development Centre.

9. Charles Tansey, 'Expanding U.S. Sales Overseas with Export Financing', Trade and Industry Development, February 29, 2012, http://www.tradeandindustrydev.com/Indstry/Manufacturing/expanding-us-sales-overseas-export-financing-6169.

10. 미국에서는 생산성을 노동시간당 산출량으로 정의하지만, 유럽에서는 흔히 노동자당 산출량으로 정의한다.

11. 미국의 생산성 증가율은 2차 세계대전 직후 약간 상승했지만, 1960년 이후에도 생산성 증가율이 대폭 둔화하는 모습은 나타나지 않고 있다.

12. Robert Gordon, 'Is U.S. Economic Growth Over? Faltering Innovation Confronts Six Headwinds', NBER #18315, August 2012. 답변은 다음을 참조하라. John Cochrane of the University of Chicago in his blog at http://johnhcochrane.blogspot.com/2012/08/gordon-on-growth.thml.

13. Tyler Cowen, 《The Great Stagnation: How America Ate All the Low-Hanging Fruit of Modern History, Got Sick, and Will (Eventually) Feel Better》, New York: Dutton Adult, 2011.

14. 시점 기준은 상품이 발명된 때가 아니라, 미국과 선진국 일반 대중이 널리 사용하게 된 때다.

15. 〈The Economist〉, January 12, 2013, p. 21.

16. 엘-에리언El-Erian은 2009년 5월 월간 뉴스레터 PIMCO에 '뉴 노멀The New Normal'이라는 표현을 썼다. 빌 그로스도 1개월 뒤 'Staying Rich in the New Normal'이라는 글에서 뉴 노멀의 성장 변수를 구체적으로 언급했다.

17. Jeremy Grantham of GMO and Christopher Brightman of Research Affiliates.

18. Michael Rothschild, 《Bionomics》, New York: Henry Holt, 1990.

19. Charles I. Jones, 'Sources of U.S. Economic Growth in a World of Ideas', 〈American Economic Review〉, vol. 92, no. 1 (March 2002), p. 234; and Charles I. Jones and Paul M Romer, 'The New Kaldor Facts: Ideas, Institutions, Population, and Human Capital', 〈American Economic Journal: Macroeconomics〉, vol. 2 (January 2010), pp. 224-245.

20. 다른 낙관적 견해로 다음을 참조하라. Martin Neil Baily, James M. Manyika, and Shalabh Gupta, 'U.S. Productivity Growth: An Optimistic Perspective', International Productivity Monitor, Spring 2013, pp. 3-12.

21. Ben Bernanke, Graduation Address, Bard College at Simon's Rock, MA, May 18, 2013.

5장

1. G. William Schwert, 'Indexes of United States Stock Prices from 1802 to 1897', 〈Journal of Business〉, vol. 63 (July 1990), pp. 399–426.

2. 초기 배당수익률에 대해서는 다음을 참조하라. Walter and Steven Smith, 《Wall Street》, New York: Columbia University Press, 1991; William Goetzmann and Phillipe Jorion, 'A Longer Look at Dividend Yields', 〈Journal of Business〉, vol. 68, no. 4 (1995), pp. 483–508, and William Goetzmann, 'Patterns in Three Centuries of Stock market Prices', 〈Journal of Business〉, vol. 66, no. 2 (1993), pp. 249–270. 초기 주식시장에 대해서는 5장 참고자료 참조.

3. William Goetzmann and Roger G. Ibbotson, 《A New Historical Database for NYSE 1815–1925: Performance and Predictability》, reprinted in The Equity Risk Premium, New York: Oxford University Press, 2006, pp. 73–106.

4. 괴츠만과 이봇슨은 배당 정보가 없는 주가 데이터에 대해 두 가지 가정을 세워 주식수익률을 추정했다. 첫째, 배당이 전혀 없다는 가정을 세워 수익률을 추정했고 ('저배당수익률' 추정치), 둘째, 배당 정보가 있는 주가 데이터와 배당수익률이 똑같다는 가정을 세워 수익률을 추정했다('고배당수익률' 추정치). 이 두 추정치의 중간값이 6.52%로서, 내가 처음에 생각했던 추정치 6.4%보다 약간 높았다.

5. Robert Shiller, 《Market Volatility》, Cambridge, MA: MIT Press, 1989.

6. 《Ibbotson Stocks, Bonds, Bills, and Inflation (SBBI) Classic Yearbook》, published annually by Morningstar, Chicago.

7. 19세기 초 경제학자 블라젯Blodget은 당시 미국의 부(富)가 거의 25억 달러라고 추산했다. 따라서 133만 달러는 0.5%에 불과하다. S. Blodget, Jr., 〈Economica, A Statistical Manual for the United States of America〉, 1806 ed., p. 68.

8. 과거 수익률 산출 과정에 대해서는 다음을 참조하라. Jeremy Siegel, 'The Real Rate of Interest from 1800–1900: A Study of the U.S. and the U.K.', 〈Journal of Monetary Economics〉, vol. 29 (1992), pp. 227–252.

9. 14장에서 자세히 다룸.

10. 지폐 본위제에서는 인플레이션이 발생하지만, 보존 상태가 좋은 19세기 지폐는 현재 골동품 시장에서 액면가보다 훨씬 높은 가격에 거래되고 있으므로, 장기 투자수익률이 금보다 더 높다. 따라서 낡은 매트리스에서 금괴가 나오는 것보다 19세기 지폐가 나오는 편

이 더 유리하다.

11. 다음 자료에서는 미국 주식의 장기 실질 수익률을 '시겔 상수'라고 불렀다. Andrew Smithers and Stephen Wright, 《Valuing Wall Street: Protecting Wealth in Turbulent Markets》, New York: McGraw-Hill, 2000.

12. Bill Gross, 'The Death of the Cult of Equities', PIMCO Newsletter, August 2012.

13. GDP 실질 증가율은 투자자들이 배당과 자본 손익의 절반을 소비한다고 가정했을 때 주식의 장기 실질 수익률과 일치한다.

14. 대공황이 다시 온다는 두려움 탓에 물가연동국채TIPS 수익률이 일시적으로 3%까지 상승했다. 사람들은 디플레이션에 대비하려고 황급히 물가연동국채를 사들였다.

15. 주식 프리미엄 분석에 대해서는 다음을 참조하라. Jeremy Siegel and Richard Thaler, 'The Equity Premium Puzzle', 〈Journal of Economics Perspectives〉, vol. 11, no. 1 (Winter 1997), pp. 191-200; 'Perspectives on the Equity Risk Premium', 〈Financial Analysts Journal〉, vol. 61, no. 1 (November/December 2005), pp. 61-73, reprinted in Rodney N. Sullivan, 《Bold Thinking on Investment Management》, CFA Institute, 2005, pp. 202-217.

16. 다음을 참조하라. J. Brown, William N. Goetzmann, and Stephen A. Ross, 'Survival', 〈Journal of Finance〉, vol. 50 (1995), pp. 853-873.

17. Elroy Dimson, Paul Marsh, and Michael Staunton, 《낙관론자들의 승리Triumph of Optimists: 101 Years of Global Investment Returns》, Princeton, NJ: Princeton University Press, 2002.

18. Dimson, Marsh, and Staunton, 《낙관론자들의 승리》. 이들은 발간 후 3개국을 목록에 추가했다.

19. 《낙관론자들의 승리》는 세계 주식의 장기 수익률을 과소평가했을 수도 있다. 이 책은 1900년부터 분석을 시작했지만, 그 이전 30년 동안 미국을 포함한 세계 주식의 수익률이 매우 높았기 때문이다. 미국의 30년 수익률도 1900년 이후 수익률보다 훨씬 높았고, 영국도 마찬가지였다.

20. 최근까지 가장 오래 사업을 유지한 회사는 1767년에 설립된 코네티컷의 특수소재 제조업체 덱스터Dexter Corp.였다. 이 회사는 2000년 9월 인비트로젠Invitrogen Corp.에 인수되었고, 인비트로젠은 2008년 어플라이드 바이오시스템스Applied Biosystems와 합병하여 라이프 테크놀로지스Life Technologies Inc.가 되었다. 두 번째로 사업을 오래 유지한 회사는 보운 앤드 코Bowne & Co.(1775)로 인쇄업체였다. 2010년 RR도넬리RR Donnelley에 인수되었다. 가장 오래된 상장 은행은 1782년에 설립된 퍼스트 내셔널 뱅크 오브 펜실베이니아First National Bank of Pennsylvania(현재 웰스파고의 자회사)와, 1784년에 설립된 뱅크 오브 뉴욕 코프Bank of New York Corp.(현재

BNY 멜론BNY-Mellon)다.
21. Werner and Smith, Wall Street, p. 82.
22. 체서피크 델라웨어Chesapeake and Delaware 운하와 스퀼킬Schuylkill 운하는 합자회사로, 1825년 주식 가치가 둘 다 100만 달러가 넘었다. 다음 분으로부터 얻은 정보다. Stephen Skye, president of the Neversink Valley Museum of History and Innovation.

6장

1. Irving Fisher, et al., 《How the Invest When Prices Are Rising, Scranton》, PA: G. Lynn Sumner & Co., 1912, p. 6.
2. R. Arnott, 'Bonds, Why Bother?', 〈Journal of Indexes〉, May/June 2009.
3. 22장에서 손실 회피 성향이 투자실적에 미치는 영향을 분석한다.
4. 이는 채권 수익률과 주가가 같은 방향으로 움직인다는 뜻이다.
5. 이 꼭지가 어려우면 건너뛰어도 전체 흐름을 이해하는 데 문제가 없다.
6. 참조할 만한 탁월한 문헌은 다음과 같다. Luis M. Viceira and John Y. Campbell, 《Strategic Asset Allocation: Portfolio Choice for Long-Term Investors》, New York: Oxford University Press, 2002; Nicholas Barberis, 'Investing for the Long Run When Returns Are Predictable', 〈Journal of Finance〉, vol. 55 (2000), pp. 225-264. 폴 새뮤얼슨은 투자자들의 위험 회피 계수가 1보다 크면, 주식의 평균회귀 성향이 증가한다는 사실을 밝혔다. 다음을 참조하라. Paul Samuelson, 'Long-Run Risk Tolerance When Equity Return Are Mean Regressing: Pseudoparadoxes and Vindications of 'Businessmen's Risk'', in W. C. Brainard, W. D. Nordhaus, and H. W. Watts, eds., 《Money, Macroeconomics, and Public Policy》, Cambridge, MA: MIT Press, 1991, pp. 181-200; Zvi Bodie, Robert Merton, and William Samuelson, 'Labor Supply Flexibility and Portfolio Choice in a Lifecycle Model', 〈Journal of Economic Dynamics and Control〉, vol. 16, no. 3 (July-October 1992), pp. 427-450. 보디, 머튼, 새뮤얼슨은 주식 투자수익이 근로소득과 관계가 있으므로, 주식 보유량은 연령에 따라 달라질 수 있다고 밝혔다.

7장

1. 최초의 다우 12종목에 속했던 시카고 가스Chicago Gas Company는 피플스 에너지Peoples Energy, Inc.가 되었고, 1997년 5월까지 다우존스공익기업평균Dow Utilities Average에 포함되었다.
2. 종목이 교체되거나 주식분할이 발생할 때 다우지수를 산출하는 절차는 다음과 같다. 이런 변화가 발생하기 전의 지수와 발생한 후의 지수를 산출한다. 변화 발생 후 지수를 발생 전 지수와 같게 해주는 새 제수除數를 측정한다. 주식분할 탓에 제수는 시간이 흐를수록 감소하는 경향이 있다. 그러나 2013년 9월에 그랬던 것처럼 저가주가 고가주로 교체되면 제수가 증가할 수도 있다.
3. 가격가중 지수에서는 주식이 분할된 종목은 지수에 미치는 영향이 전보다 감소하고, 나머지 종목들은 지수에 미치는 영향이 약간 증가한다. 1914년 이전에는 주식분할이 발생하면 제수를 바꾸는 대신, 해당 종목에 주식분할 비율을 곱해서 지수를 산출했다. 그러면 이 종목의 주가가 상승할수록 지수에서 차지하는 비중이 증가했는데, 이는 오늘날 시가총액 가중 지수에서 나타나는 현상과 비슷하다.
4. 다우 종목들의 평균 배당수익률은 대개 시장보다 높으므로, 실제로는 십중팔구 이보다 더 높을 것이다.
5. 인플레이션 탓에 유서 깊은 벤치마크가 무너진 사례에 대해서는 11장 첫 번째 꼭지를 참조하라.
6. 2004년부터 스탠더드 앤드 푸어스는 시가총액을 산출할 때 발행주식 수 대신 '유동 주식 수'를 사용했다. 이에 따라 월마트 같은 종목은 월튼Walton 가족의 보유 수량이 많아서, 지수 비중이 감소했다.
7. 2013년 S&P500지수 편입 기준은 (1) 시가총액이 40억 달러 이상이고, (2) 회사의 국가별 고정자산과 매출 중 미국 비중이 가장 커야 하며(50%를 초과할 필요는 없음), (3) 4분기 연속 GAAP 이익 흑자를 기록했고, (4) 지배구조가 미국 관행과 일치해야 한다.
8. 나스닥 딜러들은 주식을 중개하는 대신 매매하므로, 나스닥 거래량에는 이중계산이 일부 포함된다. Anne M. Anderson and Edward A. Dyl, 'Trading Volume: NASDAQ and the NYSE', ⟨Financial Analysts Journal⟩, vol. 63, no. 3 (May/June 2007), p. 79.
9. CRSP지수와 매우 비슷한 지수는 Dow Jones Wilshire5000 지수로서, 1974년부터 약 5,000종목으로 구성되었다.
10. 1,700종목으로 구성된 밸류라인Value Line 지수는 원래 개별 종목의 주가 변동을 기하평균으로 산출했으므로, 지수가 실제보다 낮게 나왔다. 결국 밸류라인 지수는 기하평균 방식

을 버리고 산술평균 방식을 채택했고, 복제도 가능해졌다.

8장

1. 상장 기준 등은 스탠더드 앤드 푸어스 웹사이트에서 볼 수 있다.
2. 1997년부터 SIC에 캐나다와 멕시코 기업들이 포함되었고, 명칭도 북미산업분류체계North American Industry Classification System: NAICS로 바뀌었다.
3. 패니메이와 프레디맥은 2008년 7월 법정관리에 들어간 시점부터 지수에서 제외되었다.
4. 표 8-3은 분사와 분배를 모두 포함해서 계산한 수익률이고, 표 8-2는 분배받은 주식을 모두 팔아 생존 기업에 재투자한 것으로 가정한 수익률이다.
5. 이 회사는 종목 코드 MO도 되찾았다. 트레이더들은 '빅 모Big Mo'라는 애칭으로 불렀다.
6. 비상장 회사는 누적 수익률을 S&P500지수 수익률로 가정했다.
7. 2006년 말까지는 최초 S&P500지수의 수익률이 0.89% 포인트 더 높은 것으로 나왔다. 이후 (거의 모두 1957년 이후 편입된) 금융주들의 수익률이 시장보다 훨씬 낮았다.

9장

1. Letter to M. Leroy, 1789.
2. McCulloch v. Maryland, 1819.
3. Excerpts from 'The Templeton Touch' by William Proctor, quoted in Charles D. Ellis, ed., 《Classics》, Homewood, IL: Dow Jones-Irwin, 1989, p. 738.
4. 도표 9-2는 실질 총수익률은 7%(실질 주가 상승률 5%, 배당수익률 2%), 자본이득과 배당소득에 대한 세율은 23.8%로 가정함. 인플레이션이 3%면 세전 명목 총수익률은 10%가 된다. 자본이득에 대한 최고 세율이 15%에서 23.8%로 인상되면서, 인플레이션 세금이 거의 2배가 되었다.
5. 2013년 부부의 자본이득에 대한 한계 세율(의료부가세 포함)은 7만 2,500달러까지는 0%, 25만 달러까지는 15%, 45만 달러까지는 18.8%, 45만 달러 초과분에 대해서는 23.8%다.

10장

1. Robert Arnott, 'Dividends and the Three Dwarfs', 〈Financial Analysts Journal〉, vol. 59, no. 2 (March/April 2003), p. 4.

2. 주당 실질 이익 증가율은 실질 GDP 증가율의 약 절반이었고, NIPA 이익 증가율은 실질 GDP 증가율과 같았다.

3. 세후 기업 이익은 다음에서 인용. Table 1.12 line 45, of NIPA. '국민National' 소득에는 미국 자본이 외국에서 벌어들인 이익이 포함된다.

4. Myron J. Gordon, 《The Investment, Financing, and Valuation of the Corporation》, Homewood, IL: Irwin, 1962.

5. 여기서도 자본이득과 배당소득에 적용되는 세율이 같다고 가정. 9장 참조.

6. 워런 버핏의 버크셔 해서웨이처럼 배당을 지급하지 않는 기업도 가치가 있는 이유는 장래에 자산을 청산하여 주주들에게 분배할 수 있기 때문이다.

7. John Burr Williams, 《The Theory of Investment Value》, Cambridge, MA: Harvard University Press, 1938, p. 30.

8. 국세청에 보고하는 이익은 이와 다를 수 있다.

9. 다음 분으로부터 얻은 정보다. David Bianco, chief U.S. equity strategist of Deutsche Bank.

10. 이제는 모든 규정이 단일 '회계기준체계accounting standard codification: ASC'로 구성되었으므로, FASB는 'accounting standard update(ASU)'를 발표한다.

11. 다음을 참조하라. Dan Givoly and Carla Hayn, 'Rising Conservatism: Implications for Financial Analysis', 〈Financial Analysts Journal〉, vol. 58, no. 1 (January-February 2002), pp. 56-74.

12. 국제회계기준은 일부 상황에서 자산 평가증을 허용한다.

13. 경제분석국BEA은 이 불균형에 대해 다음 자료를 제출했다. 'Comparing NIPA Profits with the S&P500 Profits' written by Andrew W. Hodge in Survey of Current Business, vol. 91 (March 2011). 경제분석국이 정의하는 기업 이익은 '재무 기준 및 세금 기준으로 조정, 보완, 통합한' 미국 기업의 이익이다. 호지스Hodges가 S&P500 이익에 가장 가깝다고 지적한 데이터는 Table 1.12, line 45다.

14. 회계와 GDP 계정 둘 다 과소평가된다. 다음을 참조하라. Leonard Nakamura, 'Investing in Intangibles: Is a Trillion Dollars Missing from GDP?', 〈Business Review〉,

Federal Reserve Bank of Philadelphia, Fourth Quarter 2001, pp. 27-37. 2013년부터 경제분석국은 연구개발비를 투자로 간주하여 GDP 계정에 포함했다.

15. 14장에서 논의.

16. 월스트리트 분석가들은 기업이 전통적으로 이익에 포함하거나 제외하는 항목들을 고려하여 영업이익을 추정한다. GAAP 이익을 추정하는 사례는 거의 없다. 기업의 일회성 손익이 언제 발생할지 예측하기 어렵기 때문이다.

17. 흔히 분기 실적을 전반적으로 평가하는 기준이, 실적의 65%가 컨센서스 추정치를 초과하느냐이다.

11장

1. Graham and Dodd, 'The Theory of Common-Stock Investment', 《Security Analysis》 2nd ed., New York: McGraw-Hill, 1940, p. 343.

2. 〈BusinessWeek〉, August 9, 1958, p. 81.

3. 'In the Market', 〈BusinessWeek〉, September 13, 1958, p. 91.

4. Molodovsky, 'The Many Aspects of Yields', 〈Financial Analysts Journal〉, vol. 18, no. 2 (March-April 1962), pp. 49-62.

5. 다음을 참조하라. Siegel, Jeremy J., 'The S&P Gets Its Earnings Wrong', 〈The Wall Street Journal〉, February 25, 2009, p. A13.

6. 이익을 모두 배당으로 지급하면 배당수익률이 이익수익률과 같아진다. 그러나 이익수익률은 자본이익률(이익/자본)과 달라질 수 있다. 자본은 시가가 아니라 장부가로 평가하기 때문이다.

7. 로버트 실러는 주식시장 변동성과 행동재무학에 이바지한 공로로 2013년 노벨 경제학상을 받았다.

8. J. Y. Campbell and R. J. Shiller, 'Valuation Ratios and the Long-Run Stock Market Outlook', 〈Journal of Portfolio Management〉, Winter 1998, pp. 11-26; Campbell and Shiller, 'Stock Prices, Earnings and Expected Dividends', 〈Journal of Finance〉, vol. 43, no. 3 (July 1988), pp. 661-676. 로버트 실러가 연준에서 발표한 자료의 근거는 1996년 7월 21일 자신의 웹사이트에 올린 다음 논문이었다. 'Price Earnings Ratios as Forcasters of Returns: The Stock Market Outlook in 1996'.

9. CAPE 모형을 이용하면 미래 10년의 실질 수익률을 1/3 표준편차 이내로 설명할 수 있다. 따라서 매우 유용한 주가 예측 모형이다.

10. 도표 11-3에서 장기 실질 수익률 평균은 6.54%다. 실러 CAPE 모형에서 예측하는 2013~2023년 실질 수익률 평균은 4.16%다.

11. 1996년 7월 논문에서 실러는 S&P500 지수가 앞으로 10년 동안 38.07% 하락할 것으로 예측했다. 이 기간 실제 S&P500 상승률은 41%였고, 실질 수익률은 5.6%였지만, 강세장이 진행될수록 이 모형의 정확도가 높아졌다. 1999년 3월 S&P500 지수는 50% 이상 하락하면서 실러의 비관론을 뒷받침했다.

12. Jeremy J. Siegel, 'The CAPE Ratio: A New Look', working paper, May 2013.

13. S&P500 이익과 똑같은 제수를 사용하는 과정에서 NIPA 이익이 과소평가되었다.

14. Joel Lander, Athanasios Orphanides, and Martha Douvogiannis, 'Earnings Forecasts and the Predictability of Stock Returns: Evidence from Trading the S&P', Federal Reserve, January 1997. Reprinted in the 〈Journal of Portfolio Management〉, vol. 23 (Summer 1997), pp. 24-35. 이전 버전은 1996년 10월에 발표되었다.

15. James Tobin, 'A General Equilibrium Approach to Monetary Theory', 〈Journal of Money, Credit, and Banking〉, vol. 1 (February 1969), pp. 15-29.

16. Andrew Simthers and Stephen Wright, 《Valuing Wall Street: Protecting Wealth in Turbulent Markets》, New York: McGraw-Hill, 2000.

17. David Bianco, 'S&P500 Margins: Facts and Fiction', DB Markets Research, May 17, 2013; Bianco, Monthly US Strategy Update, January 24, 2013, p. 26.

18. Charles M. Jones, 'A Century of Stock Marekt Liquidity and Trading Costs', working paper, May 23, 2002.

19. John B. Carlson and Eduard A. Pelz, 'Investor Expectations and Fundamentals: Disappointment Ahead?', Federal Reserve Bank of Cleveland, 〈Economic Commentary〉, May 1, 2000.

20. Rajnish Mehra and Edward C. Prescott, 'The Equity Premium: A Puzzle', 〈Journal of Monetary Economics〉, vol. 15 (March 1985), pp. 145-162.

21. 메흐라와 프레스콧은 콜스 재단 데이터를 1872년까지 거슬러 올라가며 분석했다. 그러나 주식 수익률의 평균회귀 속성에 대해서는 언급하지 않았다.

22. 다음을 참조하라. Jeremy Siegel, 'Perspectives on the Equity Risk Premium', 〈Financial Analysts Journal〉, vol. 61, no. 1 (November/December 2005), pp. 61-73, Reprinted

in Rodney N. Sullivan, ed., 《Bold Thinking on Investment Management, The FAJ 60th Anniversary Anthology》, Charlottesville, VA: CFA Institute, 2005, pp. 202-217.
23. Chelcie C. Bosland, 《The Common Stock Theory of Investment》, New York: Ronald Press, 1937. p. 132.

12장

1. Graham and Dodd, 'Price Earnings Ratios for Common Stocks', 《Security Analysis》 2nd ed., New York: McGraw-Hill, 1940, p. 530.
2. 회귀방정식에서는 상관계수를 그리스 문자로 표시한다. 두 번째 상관계수 베타는 '개별 종목'의 수익률과 '시가총액가중 시장 포트폴리오' 수익률 사이의 상관관계로 계산한다. 첫 번째 상관계수인 알파는 '시가총액가중 시장 포트폴리오' 대비 초과수익률을 가리킨다.
3. 다음을 참조하라. William Sharpe, 'Capital Asset Prices: A Theory of Market Equilibrium Under Conditions of Risk', 〈Journal of Finance〉, vol. 19, 3 (September 1964), p. 442, and John Lintner, 'The Valuation of Risk Assets and the Selection of Risky Investment in Stock Portfolios and Capital Budgets', 〈Review of Economics and Statistics〉, vol. 47, no. 1 (1965), pp. 221-245.
4. 1980년 베타가 엑손모빌은 0.600이었고, IBM은 0.930이었다.
5. Eugene Fama and Ken French, 'The Cross Section of Expected Stock Return', 〈Journal of Finance〉, vol. 47, (1992), pp. 427-466.
6. Eugene Fama and Ken French, 'The CAPM Is Wanted, Dead or Alive', 〈Journal of Finance〉, vol. 51, no. 5 (December 1996), pp. 1947-1958.
7. Benjamin Graham and David Dodd, 《Security Analysis》, New York: McGraw-Hill, 1934.
8. Rolf Banz, 'The Relationship Between Return and Market Value of Common Stock', 〈Journal of Financial Economics〉, vol. 9 (1981), pp. 3-18.
9. 데이터 출처: 《Stocks, Bonds, Bills, and Inflation (SBBI) 2007 Yearbook》, Chicago: Morningstar publications. Chap. 7.
10. 소형주 지수는 시대에 따라 기준이 바뀌었다. 1981년 이전에는 뉴욕증권거래소 상장 종목 중 시가총액 하위 20%였고, 1982~2000년에는 'Dimensional Fund Advisors Small Company Fund'였으며, 2001년 이후에는 Russell2000 지수다.

11. Graham and Dodd, 《Security Analysis》, 2nd ed., 1940, p. 381.

12. 다음을 참조하라. Robert Litzenberger and Krishna Ramaswamy, 'The Effects of Personal Taxed and Dividends on Capital Asset Prices: Theory and Empirical Evidence', 〈Journal of Financial Economics〉, 1979, pp. 163-195.

13. James P. O'Shaughnessy, 《What Works on Wall Street》, 3rd ed., New York: McGraw-Hill, 2003.

14. John R. Dofrman, 'Study of Industrial Averages Finds Stocks with High Dividends Are Big Winners', 〈Wall Street Journal〉, August 11, 1988, p. C2.

15. 다우지수는 베타가 1 미만인데도, 1957~2012년 수익률이 S&P500지수보다 0.80% 포인트 높았다. 다우 종목 선정은 〈월스트리트저널〉 편집장이 담당한다. S&P500지수 종목은 주로 시가총액과 수익성을 기준으로 선정된다.

16. S. F. Nicholson, 'Price-Earnings Ratios', 〈Financial Analysts Journal〉, July/August 1960, pp. 43-50; and Sanjoy Basu, 'Investment Performance of Common Stocks in Relation to Their Price-Earnings Ratio: A Test of the Efficient Market Hypothesis', 〈Journal of Finance〉, vol. 32, (June 1977), pp. 663-682.

17. Graham and Dodd, 《Security Analysis》, 1934, p. 453. 강조는 두 사람이 함.

18. 그레이엄과 도드도 PER 기준에 유연성을 발휘했다. 《증권분석》 2판에서는 합리적인 PER 상한선을 16에서 20으로 높였다. (Graham and Dodd, 《Security Analysis》, 2nd ed., 1940, p. 533.)

19. 이익이 없거나 적자인 기업도 최고 PER 그룹에 포함했다. 4분기 실제 이익 데이터를 사용하려고, 수익률 계산 기간을 2월 1일부터 이듬해 2월 1일까지로 했다.

20. Dennis Stattman, 'Book Values and Expected Stock Returns', unpublished MBA honors paper, University of Chicago; and Fama and French, 'The Cross Section of Expected Stock Returns'.

21. Graham and Dodd, 《Security Analysis》, 1934, pp. 493-494.

22. 데이터 출처: Fama-French website, http://mba.tuck.dartmouth.edu/pages/faculty/ken.french/data-library.html.

23. 데이터 출처: 같은 사이트.

24. 수요가 많은 공모주는 공모가에 확보하기가 매우 어렵다. 투자은행과 증권회사들이 자사의 주요 고객들에게 주로 배분하기 때문이다.

25. 2003년 말일까지 생존한 회사가 약 3분의 1이었다. 나머지 회사의 수익률은 이봇슨

Ibbotson 소형주 지수 수익률로 대체했다. (주9 참조).

26. John Y. Campbell (with Jens Hilscher and Jan Szilagyi), 'In Search of Distress Risk', revision of National Bureau of Economic Research Working Paper No. 12362, Cambridge, MA, March 2007.

27. John Y. Campbell and Tuomo Vuolteenaho, 'Bad Beta, Good Beta', 〈American Economic Review〉, vol. 94, no. 5 (December 2004), pp. 1249–1275.

28. 행동재무학은 22장에서 다룬다.

29. 다음을 참조하라. 'The Noisy Market Hypothesis', 〈Wall Street Journal〉, June 14, 2006.

30. September 2006. Robert D. Arnott, Jason C. Hsu, Jun Liu, and Harry Markowitz, 'Can Noise Create Size and Value Effects?(October 24, 2011)', AFA 2008 New Orleans Meetings Paper, available at SSRN, http://ssrn.com/abstract=936272 or http://dx.doi.org/10.2139/ssrn.936272.

31. Roger G Ibbotson, Zhiwu Chen, Daniel Y. J. Kim, and Wendy Y. Hu, 'Liquidity as an Investment Style', forthcoming, 〈Financial Analysts Journal〉.

32. 추가 정보는 다음을 참조하라. Chapter 9, 'Liquidity Investing', in 《SBBI》, 2013 Classic Handbook.

13장

1. 다음에서 강연한 원고: Annual Conference of the Financial Analysts Federation, May 2, 1984.

2. 5장 참조.

3. EAFE는 Europe, Australia, Asia, and the Far East를 뜻하며, 2013년 6월 현재 포함되는 나라는 호주, 오스트리아, 벨기에, 덴마크, 핀란드, 프랑스, 독일, 홍콩, 아일랜드, 이스라엘, 이탈리아, 일본, 네덜란드, 뉴질랜드, 노르웨이, 포르투갈, 싱가포르, 스페인, 스웨덴, 스위스, 영국이다. 캐나다는 포함되지 않는다. 그리스는 2013년 6월 신흥국으로 재분류되었다.

4. Martin Mayer, 《Markets》, New York: Norton, 1988, p. 60.

5. 나머지 외국기업 5개는 캐나다 기업들로서, 다음과 같다. Nortel Networks, Alcan, Barrick Gold, Placer Dome, Inco.

6. 5개 지역(미국, EAFE, 유럽, 일본, 신흥시장)을 대표하는 지수는 다음과 같다. 미국

(S&P500 Index), EAFE(EAFE Index), 유럽(iShares S&P Europe 350), 일본(Nikkei Dow Jones Index), 신흥시장(iShares MSCI Emerging Markets Index).
7. 시가총액 순위이며, 부채는 포함하지 않는다.
8. 〈Economist〉, 'Supermajordammerung', August 3, 2013, p. 22.

14장

1. Martin Zweig, 《Winning on Wall Street》, updated ed., New York: Warner Books, 1990, p. 43.
2. Linda Grant, 'Striking Out at Wall Street', 〈U.S. News & World Report〉, June 30, 1994, p. 59.
3. 'World Crisis Seen by Vienna Bankers', 〈New York Times〉, September 21, 1931, p. 2.
4. 'British Stocks Rise, Pound Goes Lower', 〈New York Times〉, September 24, 1931, p. 2.
5. 유가가 폭락하여 2008년 7월 인플레이션이 전년 동기 대비로는 −2.1%였으나, 역년(歷年) 기순으로는 금융위기 이후 디플레이션이 발생하지 않았다.
6. 남북전쟁 기간에 정부가 발행한 지폐는 '그린백greenbacks'이라고 불렀다. 지폐의 가치를 보장하는 것이 금이 아니라, 지폐에 인쇄된 파란색 잉크뿐이었기 때문이다. 그러나 20년 뒤 정부는 이 지폐도 전액 금으로 상환했으므로, 남북전쟁 기간에 발생한 인플레이션을 모두 없앴다.
7. 'We Start', 〈BusinessWeek〉, April 26, 1933, p. 32.
8. 《Economic Report of the President》, Washington, D.C.: Government Printing Office, 1965, p. 7.
9. 《Economic Report of the President》, Washington, D.C.: Government Printing Office, 1969, p. 16.
10. 2000년 의회는 험프리 호킨스 법을 폐지했으나, 연 2회 연준의장 보고를 여전히 요구하고 있다.
11. 다음을 참조하라. Fisher, The Rate of Interest, New York: Macmillan, 1907.
12. 1974년 8월 2-5일 갤럽 조사.

15장

1. 'Science and Stocks', 〈Newsweek〉, September 19, 1966, p. 92.
2. Peter Lynch, 《전설로 떠나는 월가의 영웅One Up on Wall Street》, New York: Penguin, 1989, p. 14.
3. Wesley C. Mitchell and Arthur Burns, 'Measuring Business Cycles', 〈NBER Reporter〉, 1946, p. 3.
4. 1802~1854년 데이터는 다음에서 가져옴. Wesley C. Mitchell, 《Business Cycles: The Problem and Its Setting》, Studies in Business Cycles No. 1, Cambridge, MA: National Bureau of Economic Research, 1927, p. 444. 1854년 이후 미국 침체에 관한 데이터는 다음에서 가져옴. NBER website(http://www.nber.org),
5. Robert Hall, 'Economic Fluctuations', 〈NBER Reporter〉, Summer 1991, p. 1.
6. 19장에서 1987년 주식시장 붕괴를 논의하고, 이 붕괴가 경기 침체로 이어지지 않은 이유를 설명한다.
7. 2000~2002년 약세장을 설명하는 방법은 두 가지다. 첫째, 약세장은 하나로, 2000년 9월 1일 정점을 기록했고, 2002년 10월 9일 47.4%가 하락하여 바닥을 기록했다고 보는 방법이다. 둘째, 약세장은 2개로, 하나는 2000년 9월 1일 정점을 기록하고서 9.11테러 10일 후 35.7% 하락하여 2001년 9월 21일 바닥을 기록한 것이고, 또 하나는 이어서 22.1% 반등하여 2002년 3월 19일 정점을 기록한 다음 33% 하락하면서 10월에 끝난 약세장이다.
8. 다음을 참조하라. 'Does It Pay Stock Investors to Forecast the Business Cycle?', 〈Journal of Portfolio Management〉, vol. 18 (Fall 1991), pp. 27-34.
9. Stephen K. McNees, 'How Large Are Economic Forecast Errors?', 〈New England Economic Review〉, July/August 1992, p. 33.
10. 'New Wave Economist', 〈Los Angeles Times〉, March 18, 1990, Business Section, p. 22.
11. Leonard Silk, 'Is There Really a Business Cycle?', 〈New York Times〉, May 22, 1992, p. D2.
12. 다음을 참조하라. Steve Weber, 'The End of the Business Cycle?', 〈Foreign Affairs〉, July/August 1997.
13. 〈Blue Chip Economic Indicators〉, September 10, 2001, p. 14.
14. 〈Blue Chip Economic Indicators〉, February 10, 2002, p. 16.
15. Transcript of Federal Open Market Committee meeting on December 11, 2007, p. 35.

16장

1. 표 16-1에서 1933년 3월 15일 변동률 15.34%는 일일 변동률로 보기 어렵다. 그해 3월 3일~3월 15일까지 은행 업무 중단 기간이었기 때문이다.
2. 다음 연구를 확대 적용한 자료다. David M. Cutler, James M. Poterba, and Lawrence H. Summers, 'What Moves Stock Prices', 〈Journal of Portfolio Management〉, Spring 1989, pp. 4-12.
3. 1989년 10월 폭락의 원인을 차입매수 실패 탓으로 돌리는 사람들도 있지만, 시장은 사소한 뉴스에도 폭락할 정도로 이미 취약한 상태였다.
4. Virginia Munger Kahn, 〈Investor's Business Daily〉, November 16, 1991, p. 1.

17장

1. 대개 추정치의 중간값과 범위를 발표한다. 조사기관에 따라 컨센서스 추정치가 다소 다를 수 있지만, 대개 매우 비슷하다.
2. John H. Boyd, Jian Hu, and Ravi Jagannathan, 'The Stock Market's Reaction to Unemployment News: 'Why Bad News Is Usually Good for Stocks'', EFA 2003 Annual Conference, December 2002, Paper No. 699.
3. Martin Zweig, 《Winning on Wall Street》, New York: Warner Books, 1986, p. 43.

18장

1. 리오 멜라메드는 세계적인 주가지수 선물시장을 운영하는 International Money Market을 설립했다. Quoted in Martin Mayer, 《Markets》, New York: Norton, 1988, p. 111.
2. Peter Lynch, 《One Up on Wall Street》, New York: Penguin, 1989, p. 280.
3. 《2013 Investment Company Fact Book》, Investment Company Institute, p. 9.
4. Robert Steiner, 'Industrials Gain 14.53 in Trading Muted by Futures Halt in Chicago', 〈Wall Street Journal〉, April 14, 1992, p. C2.
5. 'Flood in Chicago Waters Down Trading on Wall Street', 〈Wall Street Journal〉, April 14,

1992, p. C1.

6. SEC는 2007년 '업틱룰 uptick rule(직전 주가 변동이 상승이었을 때에만 공매도를 허용하는 규정)'을 폐지했다. 그러나 2010년 2월, 주가가 10% 이상 하락했을 때에는 다시 업틱룰을 적용하기로 했다.

7. 1997~2012년 동안 스파이더 SPDRs는 자본이득을 분배하지 않았으나, 뱅가드 500 인덱스 펀드는 여러 번 분배했다(2000년 이후에는 뱅가드도 분배한 적이 없다).

8. 실제로는 시가총액 100대 종목으로 구성된 S&P100 지수옵션이 가장 활발하게 거래된다. S&P500 지수옵션은 기관투자자들 사이에서 널리 이용된다.

9. 19장에서 변동성 지수인 VIX를 다룬다.

10. 최초 논문은 1973년 발표되었다. fischer Black and Myron Scholes, 'The Pricing of Options and Corporate Liabilities', 〈Journal of Political Economy〉, vol. 81, no. 3, pp. 637–654. 피셔 블랙은 1997년 노벨상을 받기 전에 사망했으므로, 마이런 숄즈는 윌리엄 샤프, 밥 머튼과 함께 노벨상을 받았다.

19장

1. 2012년 말 세계 주식시장 시가총액은 55조 달러.

2. James Stewart and Daniel Hertzberg, 'How the Stock Market Almost Disintegrated a Day After the Crash', 〈Wall Street Journal〉, November 20, 1987, p. 1.

3. Martin Mayer, 《Markets》, New York: Norton, 1988, p. 62.

4. 2% 규정 산출 기준으로 다우지수 대신 뉴욕증권거래소 지수가 사용되었다.

5. 1998년 이전에는 다우지수가 350포인트 하락하면 뉴욕증권거래소 거래가 1.5시간 중단되었고, 550포인트 하락하면 그날 거래가 중단되었다. 1997년 10월 27일, 아시아 금융위기 탓에 다우지수가 554포인트 하락하여 규정에 따라 그날 거래가 중단되었다. 이 거래 중단에 대해 항의가 빗발쳤으므로, 뉴욕증권거래소는 거래 중단 기준 낙폭을 훨씬 늘렸다. 이후로는 아직 낙폭 기준에 따라 거래가 중단된 적이 없다.

6. 다우지수가 350포인트 이상 하락하여 거래가 중단되고 나서 다시 시장이 열렸을 때, 사람들이 앞 다투어 매물을 던졌으므로 몇 분 만에 다우지수가 550포인트 이상 하락했다.

7. SEC and CFTC, 〈Findings Regarding the Market Events of May 6, 2010〉, September 30, 2010.

8. e-mini 시장을 통해서 매도했다. 계약당 가격이 약 5만 달러였다.

9. 이 설명에 대해 시카고상업거래소가 즉각 반박했는데, 시장 폭락 전 3.5분 동안 나온 대량 매도주문은 S&P500 선물 전체 거래량의 5% 미만이었다고 주장했다. 다음 웹사이트를 참조하라. http://cmegroup.mediaroom.com/index.php?s=43&item=3068.

10. Tom Lauricella and Peter McKay, 'Dow Takes a Harrowing 1010.14 Point Trip', 〈Wall Street Journal〉, May 7, 2010.

11. 레버리지 증권이나 가격이 3달러 미만인 증권은 한도가 더 높다.

12. Charles D. Ellis, ed., 'Memo for the Estates Committee, King's College, Cambridge, May 8, 1938', 《Classics》, Homewood, IL: Dow Jones-Irwin, 1989, p. 79.

13. 블랙-숄즈 공식으로 계산한다. 18장 참조.

14. 2003년까지 VIX 산출 기준은 S&P100지수였다.

15. John Maynard Keynes, 《고용, 이자, 화폐의 일반이론The General Theory of Employment, Interest and Money》, First Harbinger Edition, New York: Harcourt, Brace & World, 1965, p. 157.

16. Robert Shiller, 《Market Volatility》, Cambridge, MA: MIT Press, 1989; 'Do Stock Prices Move Too Much to Be Justified by Subsequent Changes in Dividends?', 〈American Economic Review〉, vol. 71 (1981), pp. 421-435. 이 논문 발표 후 과도한 유동성을 분석한 논문들이 줄지어 나왔다.

17. 이 시장 변동성 연구 덕분에 2013년 로버트 실러는 노벨 경제학상을 받았다.

18. Memorandum from Dean Witter, May 6, 1932.

19. Keynes, 《The General Theory of Employment, Interest and Money》, p. 149.

20장

1. Graham and Dodd, 《Security Analysis》, New York: McGraw-Hill, 1934, p. 618.

2. Martin Pring, 《Technical Analysis Explained》, 3rd ed., New York: McGraw-Hill, 1991, p. 31; David Glickstein and Rolf Wubbels, 'Dow Theory Is Alive and Well!', 〈Journal of Portfolio Management〉, April 1983, pp. 28-32.

3. 〈Journal of the American Statistical Association〉, vol. 20 (June 1925), p. 248. 다음에서 한 논평. Aldine Club in New York on April 17, 1925.

4. Paul Samuelson, 'Proof That Properly Anticipated Prices Fluctuate Randomly', 〈Industrial

Management Review〉, vol. 6 (1965), p. 49.

5. 더 일반적으로 말하면, 주가 변동에 그 발생 확률을 곱한 값을 모두 더하면 제로가 된다. 이를 마팅게일martingale이라고 부르는데, 랜덤워크(상승 확률 50%, 하락 확률 50%)는 특별한 경우다.

6. 도표 20-1B는 1991년 2월 15일~7월 1일, 도표 20-1E는 1992년 1월 15일~6월 1일, 도표 20-1H은 1990년 6월 15일~11월 1일.

7. Martin Zweig, 《Winning on Wall Street》, New York: Warner Books, 1990, p. 212.

8. 다음을 참조하라. William Brock, Josef Lakonishok, and Blake Lebaron, 'Simple Technical Trading Rules and Stochastic Properties of Stock Returns', 〈Journal of Finance〉, vol. 47, no. 5 (December 1992), pp. 1731-1764. 이동평균을 처음으로 완벽하게 분석한 책은 다음과 같다. H. M. Gartley, 《Profits in the Stock Market》, New York: H. M. Gartley, 1930.

9. William Gordon, 《The Stock Market Indications》, Palisades, NJ: Investors Press, 1968.

10. Robert W. Colby and Thomas A. Meyers, 《The Encyclopedia of Technical Market Indicators》, Homewood, IL: Dow Jones-Irwin, 1988.

11. 주가가 랜덤워크라면, 매수 매도 건수는 터널의 폭에 반비례한다.

12. 과거에는 지수의 일중 고가, 저가를 그날 각 종목이 도달한 최고가와 최저가를 기준으로 산출했는데, 이를 이론적 고가, 저가라고 한다. 실제 고가는 지수가 장중에 도달한 최고가를 가리킨다.

13. Narasimhan Jegadeesh and Sheridan Titman, 'Returns to Buying Winners and Selling Losers: Implications for Stock Market Efficiency', 〈Journal of Finance〉, vol. 48, no. 1 (March 1993), pp. 65-91.

14. 모스코위츠Moskowitz와 그린블라트Grinblatt는 이런 전략의 성공이 개별 종목의 모멘텀이 아니라 산업의 모멘텀 덕분임을 밝혔다. 다음을 참조하라. Tobias Moskowitz and Mark Grinblatt, 'Do Industires Explain Momentum?', 〈Journal of Finance〉, vol. 54, no. 4 (August 1999), pp. 1249-1290.

15. Thomas J. George and Chuan-Yang Hwang, 'The 52-Week High and Momentum Investing', 〈Journal of Finance〉, vol. 59, no. 5 (October 2004), pp. 2145-2176.

16. Werner F. M. De Bondt and Richard Thaler, 'Does the Stock Market Overreact?', 〈Journal of Finance〉, vol. 40, no. 3 (July 1985), pp. 793-805.

17. Glenn N. Pettengill, Susan M. Edwards, and Dennis E. Schmitt, 'Is Momentum Investing

a Viable Strategy for Individual Investors?', 〈Financial Services Review〉, vol. 15, no. 3 (2006), pp. 181-197.

18. Burton Malkiel, 《시장 변화를 이기는 투자 A Random Walk Down Wall Street》, New York: Norton, 1990, p. 133.

19. 다음을 참조하라. William Brock, Josef Lakonishok, and Blake LeBaron, 'Simple Technical Trading Rules and Stochastic Properties of Stock Returns', 〈Journal of Finance〉, vol. 47, no. 5 (December 1992), pp. 1731-1764, and Andrew Lo, Harry Mamaysky, and Jiang Wang, 'Foundations of Technical Analysis: Computational Algorithms, Statistical Inference, and Empirical Implementation', 〈Journal of Finance〉, vol. 55, (2000), pp. 1705-1765.

20. Graham and Dodd, 《Security Analysis》, 2nd ed., New York: McGraw-Hill, 1940, pp. 715-716.

21장

1. 소형주 수익률이 연 30%가 넘었던 1975~1983년을 포함한다.
2. Donald Keim, 'Size-Related Anomalies and Stock Return Seasonality: Further Empirical Evidence', 〈Journal of Financial Economics〉, vol. 12 (1983), pp. 13-32.
3. Robert Haugen and Josef Lakonishok, 《The Incredible January Effect》, Homewood, IL: Dow Jones-Irwin, 1989, p. 47.
4. 다음을 참조하라. Gabriel Hawawini and Donald Keim, 'On the Predictability of Common Stock Return: World-Wide Evidence', in Robert A. Yarrow, Vojislav Macsimovic, and William T. Ziemba, eds., 〈Handbooks in Operations Research and Management Science〉, vol. 9, North Holland, 1995, Chap. 17, pp. 497-544.
5. 이 증거를 탁월하게 요약한 자료는 다음과 같다. Gabriel Hawawini and Donald Keim, 'The Cross Section of Common Stock Returns: A Review of the Evidence and Some New Findings', in Donald B. Keim and William T. Ziemba, eds., 《Security Market Imperfections in Worldwide Equity Markets》, Cambridge: Cambridge University Press, 2000.
6. Jay Ritter, 'The Buying and Selling Behavior of Individual Investors at the End of the

Year', 〈Journal of Finance〉, vol. 43 (1988), pp. 701-717.

7. Edward M. Saunders, Jr., 'Stock Prices and Wall Street Weather', 〈American Economic Review〉, vol. 83 (December 1993), pp. 1337-1345.

8. 물론 호주와 뉴질랜드 시장에 투자하는 사람 중 북반구에 사는 사람도 많다.

9. R. A. Ariel, 'A Monthly Effect in Stock Returns', 〈Journal of Financial Economics〉, vol. 18 (1987), pp. 161-174.

10. 배당을 포함하면, 다우 종목의 월 상반기 수익률과 월 하반기 수익률의 격차가 더 벌어진다. 다우 종목 중 약 3분의 2가 월 상반기에 배당을 지급하기 때문이다.

22장

1. David Dreman, 《데이비드 드레먼의 역발상 투자Contrarian Investment Strategies: The Next Generation》, New York: Simon & Schuster, 1998.

2. Frank J. Williams, 《If You Must Speculate, Learn the Rules》, Burlington, VT: Freiser Press, 1930.

3. Daniel Kahneman and Amos Tversky, 'Prospect Theory: An Analysis of Decision Under Risk', 〈Econometrica〉, vol. 47, no. 2 (March 1979).

4. Robert Shiller, 'Stock Prices and Social Dynamics', 《Brookings Papers on Economic Activity》, Washington, DC: Brokings Institution, 1984.

5. Robert Shiller, 'Do Stock Prices Move Too Much to Be Justified by Subsequent Changes in Dividends?', 〈American Economic Review〉, vol. 71, no. 3 (1981), pp. 421-436. 19장 참조.

6. Solomon Asch, 《Social Psychology》, Englewood Cliffs, NJ: Prentice Hall, 1952.

7. Morton Deutsch and Harold B. Gerard, 'A Study of Normative and Informational Social Influences upon Individual Judgment', 〈Journal of Abnormal and Social Psychology〉, vol. 51 (1955), pp. 629-636.

8. Charles Mackay, 《대중의 미망과 광기Memoirs of Extraordinary Popular Delusions and the Madness of Crowds》, London: Bentley, 1841.

9. 다음을 참조하라. James Surowiecki, 《The Wisdom of Crowds》, New York: Anchor Books, 2005.

10. Robert Shiller, 'Conversation, Information, and Herd Behavior', 〈American Economic Review〉, vol. 85, no. 2 (1995), pp. 181-185; D. Bikhchandani, David Hirshleifer, and Ivo Welch, 'A Theory of Fashion, Social Custom and Cultural Change', 〈Journal of Political Economy〉, vol. 81 (1992), pp. 637-654; and Abhijit V. Banerjee, 'A Simple Model of Herd Behavior', 〈Quarterly Journal of Economics〉, vol. 107, no. 3 (1992), pp. 797-817.

11. Brad Barber and Terrance Odean, 'Trading Is Hazardous to Your Wealth: The Common Stock Investment Performance of Individual Investors', 〈Journal of Finance〉, vol. 55 (2000), pp. 773-806.

12. B. Fischhoff, P. Slovic, and S. Lichtenstein, 'Knowing with Uncertainty: The Appropriateness of Extreme Confidence', 〈Journal of Experimental Psychology: Human Perception and Performance〉, vol. 3 (1977), pp. 552-564.

13. A. H. Hastorf, D. J. Schneider, and J. Polefka, 〈Person Perception, Reading〉, MA: Addison-Wesley, 1970. 기본귀인오류Fundamental Attribution Error이라고도 함.

14. 과신의 근거가 성공이라고 보는 모형에 대해서는 다음을 참조하라. Simon Gervais and Terrance Odean, 'Learning to Be Overconfident', 〈Review of Financial Studies〉, vol. 14, no. (2001), pp. 1-27.

15. 과신의 근거가 대표성 어림셈이라고 보는 모형에 대해서는 다음을 참조하라. N. Barberis, A. Shleifer, and R. Vishny, 'A Model of Investor Sentiment', National Bureau of Economic Research (NBER) Working Paper No. 5926, NBER, Cambridge, MA, 1997, or Kent Daniel, David Hirshleifer, and Avandihar Subrahmanyam, 'Investor Psychology and Security Market Under and Overreactions', 〈Journal of Finance〉, vol. 53, no. 6 (1998), pp. 1839-1886.

16. 데이터마이닝에 대해서는 다음을 참조하라. Andrew Lo and Craig MacKinlay, 'Data Snooping Biases in Tests of Financial Asset Pricing Models', 〈Review of Financial Studies〉, vol. 3, no. 3 (Fall 1999), pp. 431-467.

17. 다음을 참조하라. 《행운에 속지 마라Fooled by Randomness: The Hidden Role of Chance in Life and the Markets》, 2005.

18. Dreman, 《Contrarian Investment Strategies》.

19. Richard Thaler, 'Mental Accounting and Consumer Choice', 〈Marketing Science〉, vol. 4, no. 3 (Summer 1985), pp. 199-214 and Nicholas Barberis, Ming Huang and Richard H. Thaler, 'Individual Preferences, Monetary Gambles, and Stock Market Participation:

A Case for Narrow Framing', 〈The American Economic Review〉, vol. 96, no. 4 (Sep., 2006), pp. 1069-1090.

20. Richard H. Thaler, 'Metal Accounting Matters', 〈Journal of Behavioral Decision Making〉, vol. 12 (1999), pp. 183-206.

21. Hersh Shefrin and Meir Statman, 'The Disposition to Sell Winners Too Early and Ride Losers Too Long: Theory and Evidence', 〈Journal of Finance〉, vol. 40, no. 3 (1985), pp. 777-792.

22. 다음을 참조하라. Tom Chang, David Solomon, and Mark Westerfield, 'Looking for Someone to Blame: Delegation, Cognitive Dissonance, and the Disposition Effect', 〈Journal of Finance〉, May 2013.

23. Leroy Gross, 《The Art of Selling Intangibles》, New York: New York Institute of Finance, 1982.

24. Amos Tversky and Daniel Kahneman, 'Judgment Under Uncertainty: Heuristics and Biases', 〈Science〉, vol. 185 (1974), pp. 1124-1131.

25. Terrance Odean, 'Are Investors Reluctant to Realize Their Losses?', 〈Journal of Finance〉, vol. 53, no. 5 (October 1998), p. 1786.

26. Hersh Shefrin and Richard Thaler, 'An Economic Theory of Self-Control', 〈Journal of Political Economy〉, vol. 89, no. 21 (1981), pp. 392-406.

27. 다음을 참조하라. Paul Sloan, 'Can't Stop Checking Your Stock Quotes', 〈U.S. News & World Report〉, July 10, 2000.

28. Shlomo Bernartzi and Richard Thaler, 'Myopic Loss Aversion and the Equity Premium Puzzle', 〈Quarterly Journal of Economics〉, 1995, pp. 73-91.

29. 주식 프리미엄에 대해서는 5장을 참조하라.

30. Humphrey B. Neill, 《The Art of Contrary Thinking》, Caldwell, ID: Caxton Printers, 1954, p. 1.

31. Graham and Dodd, 《Security Analysis》, New York: McGraw-Hill, 1934, p. 12.

32. VIX에 대해서는 19장을 참조하라.

33. Werner F. M. De Bondt and Richard H. Thaler, 'Does the Stock Market Overreact?', 〈Journal of Finance〉, vol. 49, no. 3 (1985), pp. 793-805.

34. 이 전략은 12장에서 논의했다.

23장

1. Benjamin Graham and Seymour Chatman, ed., 《벤저민 그레이엄Benjamin Graham: The Memoirs of the Dean of Wall Street》, New York: McGarw-Hill, 1996, p. 273.

2. Charles D. Ellis, 'The Loser's Game, 〈Financial Analysts Journal〉, vol. 31, no. 4 (July/August 1975).

3. 펀드 데이터 출처: Walter Lenhard of the Vanguard Group. 다음을 참조하라. John C. Bogle, 《승자의 게임Bogle on Mutual Funds》, Burr Ridge, IL: Irwin Professional Publishing, 1994.

4. Burton G. Malkiel, 《A Random Walk Down Wall Street》, 5th ed., New York: Norton, 1990, p. 362.

5. 린치가 운용한 기간 마젤란 펀드 수익률의 표준편차는 21.38%였고, 윌셔5000은 13.88%였다. 둘의 상관계수는 0.86이었다.

6. 'The Superinvestors of Graham-and-Doddsville', 〈Hermes, the Columbia Business School Magazine〉, 1984 (reprinted 2004).

7. 1971년 이후 일반 주식형 펀드 수익률과 시장 수익률의 상관계수는 0.88로서, 펀드 투자자가 떠안는 위험은 시장과 비슷한 수준이다.

8. Darryll Hendricks, Jayendu Patel, and Richard Zeckhauser, 'Hot Hands in Mutual Funds: Short-Run Persistence of Relative Performance, 1974-1988', 〈Journal of Finance〉, vol. 48, no. 1 (March 1993), pp. 93-130.

9. Edwin J. Elton, Martin J. Gruber, and Christopher R. Blake, 'The Persistence of Risk Adjusted Mutual Fund Performance', 〈Journal of Business〉, vol. 69, no. 2 (April 1996), pp. 133-157.

10. Burton Malkiel, 《A Random Walk Down Wall Street》, 8th ed., New York: Norton, 2003, p. 372-374.

11. John C. Bogle, 《모든 주식을 소유하라The Little Book of Common Sense Investing》, Hoboken, NJ: Wiley, 2007, Chap. 9.

12. Ellis, 'The Loser's Game', 〈Financial Analyst Journal〉, p. 19.

13. 뱅가드 500 인덱스 펀드가 나오기 5년 전, 웰스파고Wells Fargo가 동일비중 인덱스펀드 '샘소나이트Samsonite'를 출시했지만, 운용자산 규모가 증가하지 않았다.

14. Heather Bell, 'Vanguard 500 Turns 25, Legacy in Passive Investing', 〈Journal of Index Issues〉, Fourth Quarter 2001, pp. 8-10.

15. 최소 투자액이 2억 달러 이상인 Vanguard Institutional Index Fund Plus는 2013년 6월 30일까지 10년 동안 수익률이 S&P500지수보다 0.03% 포인트 높았다.
16. Roger J. Bos, 《Event Study: Quantifying the Effect of Being Added to an S&P Index》, New York: McGraw-Hill, Standard & Poor's, September 2000.
17. 다음을 참조하라. David Blitzer and Srikant Dash, 'Index Effect Revisited', Standard & Poor's, September 20, 2004.
18. 유동 주식과 비유동 주식을 구분하는 명확한 기준 같은 것은 없다. 인덱스펀드가 보유하는 주식이 대주주 가족이 보유하는 주식보다도 유동성이 낮을지 모른다.
19. 다음 사실을 공개한다. 나는 펀더멘털가중 ETF를 발행하는 '위즈덤트리 인베스트먼츠'의 선임 투자전략 고문이다.
20. Robert d. Arnott, Jason C. Hsu, and Phillip Moore, 'Fundamental Indexation', 〈Financial Analyst Journal〉, vol. 61, no. 2 (March/April 2005). 다음도 참조하라. Social Science Research Network (SSRN).
21. Henry Fernandez, 'Straight Talk', 〈Journal of Indexes〉, July/August 2007.
22. Robert Jones, 'Earnings Basis for Weighting Stock Portfolios', 〈Pensions and Investments〉, August 6, 1990.
23. Paul C. Wood and Richard E. Evnas, 'Fundamental Profit-Based Equity Indexation', 〈Journal of Indexes〉, Second Quarter 2003.
24. Arnott, Hsu, and Moore, 'Fundamental Indexation', 〈Financial Analysts Journal〉.

24장

1. John Maynard Keynes, 《A Tract on Monetary Reform》, London: Macmillan, 1924, p. 80.
2. Linda Grant, 'Striking Out at Wall Street', 〈U.S. News & World Report〉, June 20, 1994, p. 58.
3. John Maynard Keynes, 《The General Theory of Employment, Interest and Money》, First Harbinger Edition, New York: Harcourt, Brace & World, 1965, p. 158.

주식에 장기투자하라

초판 1쇄 발행 2015년 6월 10일
초판 16쇄 발행 2025년 1월 5일

지은이 제러미 시겔
옮긴이 이 건
감 수 신진오

펴낸곳 (주)이레미디어
전 화 031-919-8511
팩 스 0303-0515-8907
주 소 경기도 파주시 문예로 21, 2층
홈페이지 www.iremedia.co.kr
이메일 ireme@iremedia.co.kr
등 록 제396-2004-35호

편 집 유소영, 김현정
디자인 에코북디자인
마케팅 장아름

저작권자 ⓒ 제러미 시겔, 2014, 2008, 2002, 1998, 1994
이 책의 저작권은 저작권자에게 있습니다. 서면에 의한 허락 없이 내용의 전부 혹은 일부를 인용하거나 발췌하는 것을 금합니다.

ISBN 978-89-91998-99-5 13320

-책값은 뒤표지에 있습니다.
-잘못된 책은 구입하신 서점에서 교환해드립니다.

이 책은 투자참고용이며, 투자 손실에 대해서는 법적 책임을 지지 않습니다.